Collection « L'esprit économique »

fondée par Sophie Boutillier et Dimitri Uzunidis en 1996
dirigée par Sophie Boutillier, Blandine Laperche, Dimitri Uzunidis

Si l'apparence des choses se confondait avec leur réalité, toute réflexion, toute Science, toute recherche serait superflue. La collection « L'esprit économique » soulève le débat, textes et images à l'appui, sur la face cachée économique des faits sociaux : rapports de pouvoir, de production et d'échange, innovations organisationnelles, technologiques et financières, espaces globaux et microéconomiques de valorisation et de profit, pensées critiques et novatrices sur le monde en mouvement...
Ces ouvrages s'adressent aux étudiants, aux enseignants, aux chercheurs en sciences économiques, politiques, sociales, juridiques et de gestion, ainsi qu'aux experts d'entreprise et d'administration des institutions.

La collection est divisée en six séries :

Dans la série *Economie et Innovation* sont publiés des ouvrages d'économie industrielle, financière et du travail et de sociologie économique qui mettent l'accent sur les transformations économiques et sociales suite à l'introduction de nouvelles techniques et méthodes de production. L'innovation se confond avec la nouveauté marchande et touche le cœur même des rapports sociaux et de leurs représentations institutionnelles.

La série *Economie formelle* a pour objectif de promouvoir l'analyse des faits économiques contemporains en s'appuyant sur les approches critiques de l'économie telle qu'elle est enseignée et normalisée mondialement. Elle comprend des livres qui s'interrogent sur les choix des acteurs économiques dans une perspective macroéconomique, historique et prospective.

Dans la série *Le Monde en Question* sont publiés des ouvrages d'économie politique traitant des problèmes internationaux. Les économies nationales, le développement, les espaces élargis, ainsi que l'étude des ressorts fondamentaux de l'économie mondiale sont les sujets de prédilection dans le choix des publications.

La série *Krisis* a été créée pour faciliter la lecture historique des problèmes économiques et sociaux d'aujourd'hui liés aux métamorphoses de l'organisation industrielle et du travail. Elle comprend la réédition d'ouvrages anciens, de compilations de textes autour des mêmes questions et des ouvrages d'histoire de la pensée et des faits économiques.

La série *Clichés* a été créée pour fixer les impressions du monde économique. Les ouvrages contiennent photos et texte pour faire ressortir les caractéristiques d'une situation donnée. Le premier thème directeur est : mémoire et actualité du travail et de l'industrie ; le second : histoire et impacts économiques et sociaux des innovations.

La série *Cours Principaux* comprend des ouvrages simples, fondamentaux et/ou spécialisés qui s'adressent aux étudiants en licence et en master en économie, sociologie, droit, et gestion. Son principe de base est l'application du vieil adage chinois : « le plus long voyage commence par le premier pas ».

L'économie du Bénin

De l'indépendance
à l'ère de la rupture : 1960-2026

5-7, rue de l'École-Polytechnique ; 75005 Paris

http://www.editions-harmattan.fr/

ISBN : 978-2-336-58529-1
EAN : 9782336585291

John O. Igué

L'économie du Bénin

De l'indépendance à l'ère de la rupture : 1960-2026

Préface d'Adékpédjou Sylvain Akindès

L'Harmattan

De l'auteur

1. De moi-même :

- *Le territoire et l'Etat en Afrique, les dimensions spatiales du développement, Paris*, Ed. Karthala, 1995, 277 pages
- *Le Bénin et la mondialisation de l'économie, les limites de l'intégrisme du marché*. Paris, Ed. Karthala, 1999, 310 pages.
- *Les Yoruba en Afrique de l'Ouest francophone : Essai sur une diaspora.* Paris, Présence Africaine ; 2003. 165 pages
- *L'Afrique de l'Ouest, entre espace, pouvoir et société : une géographie de l'incertitude*. Paris, Ed. Karthala, 2006, 555 pages.
- *Les villes précoloniales d'Afrique Tropicale*. Paris, Editions Karthala, 2008, 222 pages.
- *Les béninois de la Diaspora : cas du Ghana, de la Côte-d'Ivoire et du Gabon*, Fonds des Nations-Unies pour la Population, Cotonou, Imprimerie ATG, 2008, 224 pages
- *Les activités du secteur informel au Bénin : des rentes d'opportunité à la compétitivité nationale,* Paris, Ed. Karthala ; 2019, 252 pages
- *Histoire de l'intégration régionale en Afrique de l'ouest, plaidoyer pour une intégration régionale réussie* ; Editions universitaires européennes, 2020, 209 pages
- *Géographie et développement en Afrique de l'Ouest,* Paris, Ed. Karthala, 2020, 289 pages.

2. En collaboration :

- *Etat-entrepôt au Bénin, commerce informel ou solution à la crise* ? Paris, Ed. Karthala, 1992, 207 pages ;
- *Ṣábẹ́-Ìdàdú: une ancienne cité du Moyen-Bénin*, Paris, Les Impliqués Editeur, 2024, 292 pages

3. Sous la direction de :

- *Aspect du sous-développement*, Travaux du Département de Géographie N° Spécial – Université Nationale du Bénin, Cotonou, 1979, 207 pages
- *Pour une meilleure approche régionale du Développement en Afrique de l'Ouest*, Paris, Les Editions de l'OCDE, 2003
- *L'Afrique de l'Ouest dans la compétition mondiale : Quels atouts possibles ?* Paris, Ed. Karthala, 2004, 503 pages ;

- *Les Etats-nations face à l'intégration régionale en Afrique de l'Ouest : le cas du Bénin,* Paris, Ed. Karthala, 2006, 248 pages
- *Maîtrise de l'espace et développement en Afrique : Etat des lieux,* Paris, Ed. Karthala, 2010, 340 pages ;
- *Frontières, espaces de développement partagé*, Paris, Ed. Karthala, 2010, 212 pages
- *Sortir du sous-développement : Quelles nouvelles pistes pour l'Afrique de l'Ouest ? Aspects historiques, institutions et intégration régionale (Tome1)*, Paris, Ed. L'Harmattan, 2011, 320 Pages ;
- *La jeunesse en Afrique de l'Ouest : un potentiel pour construire.* Paris, Ed. L'Harmattan, 2014, 224 pages ;
- *Growth and development in west Africa*, Berlin, Ed. Verlag Dr Koster, 2015, 350 pages

Préface

Assumer la responsabilité de préfacer cet ouvrage du Professeur John IGUE, est pour nous, une tâche lourde à laquelle nous nous soumettons bien volontiers pour deux raisons essentielles. La première est qu'un tel travail aurait été inspirant pour notre propre gouverne dans l'aventure de la publication de nos propres réflexions sur l'action politique au « Bénin postcolonial ». Il aurait permis d'exprimer nos points de vue de manière plus complète sur les faits politiques des périodes qui nous ont intéressées. L'analyse des choix en matière d'orientation du développement met en évidence la nécessité d'intégrer une réflexion sur la prise en compte des cultures béninoises. La seconde est qu'il nous permet aujourd'hui de rendre un hommage posthume à notre ami, le Professeur Thomas HOUEDETE disparu alors même que nos échanges avaient ouvert la voie à une collaboration utile en vue de la compréhension partagée des grandes orientations du développement économique du Bénin.

John IGUE est l'un des rares enseignants de nos universités à s'être investi dans des activités de recherche centrées sur des caractéristiques des efforts du développement économique béninois. Il l'a fait de manière constante et active, fournissant des données quantifiées nécessaires à une approche concrète des initiatives des autorités béninoises et des « partenaires au développement ». Le cadre du *Laboratoire d'Analyse Régionale et d'Expertise Sociale (LARES)* a permis de récolter des éléments chiffrés sur les principales tendances que révèlent les actions des pouvoirs publics.

Mais que faut-il entendre par l'économie nationale ? Pour convenir d'une compréhension de cette notion : nous retenons la suivante : *« L'économie nationale représente l'****ensemble des activités de production, de distribution et de consommation de biens et de services*** *d'une nation ; gérées par ses acteurs et encadrées par sa politique économique. Elle est souvent mesurée à travers des indicateurs comme le produit intérieur brut (PIB), et sa bonne santé est essentielle pour le bien-être des citoyens et la prospérité collective du pays ».*

L'ouvrage de notre ami John IGUE, qui embrasse toute la période postcoloniale, nous paraît pouvoir combler les insuffisances inhérentes au découpage adopté par nos propres réflexions. Il réalise une synthèse qui est essentielle dans une appréciation exhaustive de l'évolution politique du pays. Il traduit une vision globale et assez complète pour servir de document fiable dans toute entreprise d'analyse en profondeur des faits économiques qui ont marqué la gouvernance béninoise depuis l'accession à la souveraineté internationale.

La nature pédagogique de la présentation en facilite la consultation et indique parfaitement un souci de concision de l'auteur. Il manifeste ainsi une volonté de contribuer à fortifier les informations utiles aux différents chercheurs intéressés par les données fiables sur les performances de l'économie béninoise.

Dans ce précieux outil, mis à la disposition du public intéressé par une vision dynamique des efforts des chercheurs, l'auteur se penche sur les bases matérielles nécessaires à une orientation fiable pour le développement de l'économie béninoise. À ce sujet, John IGUE s'inscrit dans une définition générale de la notion qui apporte peu d'importance à l'influence de la Culture d'un peuple dans son adhésion à toute forme d'action publique. Cependant, l'engagement social de l'auteur reste éloigné de toute sous-estimation de cet impact culturel sur le mode de vie et de raisonnement des Béninois. Cet engagement est particulièrement visible dans les chapitres consacrés aux principales orientations et stratégies du développement économique du Bénin. IGUE John cite les principales catégories de groupes socioéconomiques du pays. Il en notifie neuf : « Les Fons, les Adjas ; les Yorubas, les Baribas, les Peuls ; les Ottamaris ; les Yoa-Lokpa ; les Dendis » et autres... L'importance de ces divers « groupes socioéconomiques » dans l'occupation du territoire national béninois est contrastée. Leur contribution à l'édification de l'économie béninoise n'a malheureusement fait l'objet d'aucune publication accessible. Dans quelle mesure la culture de chacun de ces groupes intervient-elle dans la contribution au développement de l'économie nationale ? Les données disponibles ne permettent pas de répondre à cette préoccupation. Celle-ci n'a jamais retenu les réflexions de la part des structures officielles chargées de conduire la contribution des citoyens à l'effort de développement économique. On pourrait pourtant supposer que ce sont des paramètres qui doivent influencer les orientations de choix nécessaires pour une conduite éclairée de la politique de développement. À la différence des pays colonisés par les anglophones, le Bénin comme la grande majorité des pays anciennes colonies françaises est dirigé par des cadres qui ont été formés pour recopier sans grand effort d'adaptation de l'administration du pays aux cultures des populations. Il n'est pourtant pas évident que le mode de développement soit indépendant des us et coutumes des hommes. Ce paramètre s'est cependant imposé. Ainsi, même les organismes mis en place par le colonisateur pour encadrer la production agricole d'exportation ont toujours pris le soin de s'associer les services de sociologues **béninois** pour leurs actions de mobilisation des paysans.

Dans ce livre, l'accent est mis, à juste titre, sur le rôle des « classes politiques » et sur leurs principales préoccupations de classe. Les formes d'organisations qu'elles ont adoptées et les options de développement apparaissent fortement influencées par les valeurs héritées du colonisateur. Par ailleurs, il convient de mentionner la fragilité des classes politiques béninoises. Celles-ci ont leur racine dans la polarisation des enjeux politiques autour « des questions rentières ». Le souci qui les anime semble être de maintenir ainsi, et coûte que coûte, leurs anciens privilèges économiques ; cela conduit à un degré regrettable de fermeture à d'autres classes pour mieux se structurer. Il en est résulté « l'absence dans le pays d'un véritable leader national ».

Un des plus grands défis du développement du Bénin dans les prochaines années évoqués dans l'ouvrage sera de pouvoir maitriser le dynamisme démographique, condition essentielle pour lutter contre la pauvreté, assurer une alimentation adéquate à la population et préserver l'environnement. Mais, est-il prouvé qu'il soit le principal défi ?

À ce sujet, a été conçue aux premières heures de l'Indépendance une doctrine : celle de champs collectifs. Cela se traduit par des affirmations comme : « le pays ne peut atteindre sa promotion économique qu'en développant sa production agricole dans le secteur des exportations par l'augmentation des surfaces cultivées et des rendements ». Rester dans l'arrimage de l'économie coloniale. Il s'agirait de faire émerger des villages-centres qui deviendraient des « cellules de développement ». Les initiatives sont nombreuses qui répondent à l'action de sensibilisation du gouvernement appelant au « retour des jeunes à la terre ». Mais aucune étude préalable n'a été évoquée comme ayant motivé le choix. La saturation de la fonction publique semble l'avoir inspiré. Mais il est évident que le choix préserve l'orientation précédente. La boussole qui a pu guider les options prises est visiblement la perpétuation de l'économie coloniale.

Le développement fait dans l'ouvrage permet d'affirmer que toutes les orientations servant de base de l'action économique au Dahomey et au Bénin traduisent une sorte de cécité, dans la mesure où elles ont favorisé le développement en maintenant le pays dans une logique de dépendance et d'intégration à une économie de type néocolonial. Si l'on veut faire une exception pour la période révolutionnaire, on pourrait mentionner un effort hésitant reproduisant des modèles extérieurs tout en négligeant les spécificités du pays.

Ainsi, l'effort principal semble orienté vers le domaine rural sans qu'il soit défini la nature des productions envisagées et les éléments qui justifient ces choix. La tendance au copiage d'expériences observées sous d'autres cieux s'est imposée. À l'orée de l'indépendance, c'est Israël qui a servi d'inspiration pour la définition des actions arrêtées dans l'effort d'organisation du monde rural.

Du point de vue des objectifs poursuivis, le secteur agricole béninois est choisi comme principal levier de développement, de création de la richesse et d'emploi au Bénin. Les projets prioritaires sont ceux qui concernent les cultures d'exportation telles que le coton, l'anacarde, le soja et l'ananas. Aujourd'hui, en 2025, ces priorités ne semblent pas avoir changé. Il est indéniable que l'empreinte coloniale demeure, notamment au sein d'une frange de la population béninoise dont les intérêts restent étroitement liés à l'exploitation du pays.

Il a fallu attendre l'avènement de la « période révolutionnaire » pour l'adoption de deux plans de développement qui ont servi de support à l'orientation de la politique économique où « l'agriculture est la base de l'économie et l'industrie son moteur ». Aucune précision sur le secteur secondaire et son financement. Pour quel bilan ? L'échec du régime révolutionnaire n'a pas permis de tirer des leçons objectives des deux plans de développement.

C'est dans ces circonstances qu'interviennent les Études nationales de prospective à long terme : Bénin 2025. « Le Bénin est en 2025, un pays phare, un pays bien gouverné, uni et de paix, à économie prospère et compétitive, de rayonnement culturel et de bien-être social ». La formule est belle. De tout temps, les tentatives de définition des orientations du développement économique du Bénin ne résultent pas d'initiatives nationales. En effet, ici encore, c'est le Programme des Nations Unies pour le Développement (PNUD) qui a pris l'initiative de mettre sur pied, en 1988, le Programme futur africain pour « aider quelques pays africains à réaliser des études prospectives à l'échelon national ». L'expérience a montré que les secteurs primaire et secondaire n'induisent pas la croissance économique.

Aujourd'hui, c'est autour des trois paliers suivants que fut rédigé le Plan d'action du gouvernement (PAG) chargé de préciser les actions à mener pendant le régime de la rupture :

- la diversification de la production agricole avec en soutien le développement des services ;
- la transformation agroindustrielle et le développement accru des services ;
- l'exportation des connaissances à travers les innovations et les biotechnologies.

On constate dans les faits que le secteur des infrastructures, des BTP, celui qui justement favorise la corruption, semble caractériser aujourd'hui notre « développement », et ce, malgré les PAG.

Quels ont été les contraintes et les obstacles dans la mise en œuvre des diverses options retenues ? De manière générale, la première étape des préoccupations des pouvoirs publics est caractérisée par le manque de ressources financières pour faire face aux différentes charges de l'Etat. Ce défaut financier résulte de deux situations : la crise de l'économie de traite et le reflux des travailleurs dahoméens des anciens territoires de l'AOF et de l'AEF. En conséquence, l'objectif des préoccupations fut d'équilibrer le budget national. Ont suivi les réformes d'ajustement structurel, qui n'ont pas impulsé une croissance remarquable. Leur effet semble même avoir privé les responsables du pays de toute volonté d'initiative réfléchie et sortant de l'ornière coloniale.

La mal-gouvernance a pu servir de justification à l'absence de résultat. Encore faut-il clarifier la notion de mal gouvernance, ce que l'on y met si facilement. On accusera aussi le multipartisme intégral d'en être la cause. N'aurait-il pas fallu interroger l'absence de tout véritable projet de société et les ambitions personnelles trop prononcées des responsables des pouvoirs publics pour fonder un projet de vision du développement économique ? La finalité des divers programmes recommandés par « la communauté internationale » est de perpétuer la dépendance du pays aux intérêts occidentaux.

La question reste posée malgré les considérations utiles et pertinentes exposées dans la troisième partie de la réflexion : les acquis et défis de « l'économie béninoise de l'indépendance à l'ère de la Rupture : 1960-2026 ».

Il faut espérer qu'une nouvelle contribution vienne combler les attentes sur les choix indispensables à opérer par la classe politique béninoise.

Adékpédjou Sylvain AKINDES,

Professeur de mathématiques, puis directeur général du ministère chargé de l'enseignement supérieur et de la recherche scientifique et ensuite, directeur d'un établissement de formation professionnelle de l'Université Nationale du Bénin. Il a terminé sa carrière administrative et politique comme député à l'Assemblée nationale et ministre de l'Environnement, de l'Habitat et de l'Urbanisme. Écrivain, il est aujourd'hui simple observateur de l'activité politique nationale.

Avant-propos

L'idée de cet ouvrage est née de la remarquable contribution de notre frère A. Sylvain AKINDES sur **Essai d'Histoire du Temps Présent au Bénin Postcolonial : problématique d'un engagement politique** rédigé en quatre tomes consacrés à l'évolution politique du Bénin de 1946 à 2006. Malgré la qualité de ce travail, celui-ci soulève tout de même une question : la politique sert à quoi ? À mobiliser les citoyens pour la gestion du pays ou à mener des combats d'intérêts partisans pour des causes inavouables, fondées le plus souvent sur le partage des ressources du pays par un groupe d'intérêt organisé en partie politique ?

C'est à partir de ces questions qu'on a estimé que toute action politique devrait viser à mettre le pays sur orbite de développement afin que les militants puissent accéder au bonheur. Ce bonheur ne peut être procuré qu'à partir des activités économiques prospères. D'où la question de savoir des différentes actions politiques qu'ont menées les Béninois de 1946 à 2006, quels sont ses acquis économiques ? Cette entreprise vise à y apporter de réponses à partir de notre connaissance à laquelle s'ajoute les apports de quelques intellectuels béninois comme d'Almeida Claude, Pognon Guy, Hountondji Paulin et Houssa Romain[1] qui se sont penchés sur le même sujet.

En effet, nous sommes arrivés au Bénin en 1970 comme jeune fonctionnaire de l'Etat, à la fin de la guerre du Biafra qui a failli emporter la Fédération nigériane entre 1966 et 1969. Les conséquences de cette guerre étaient partout visibles à Cotonou, à travers d'innombrables bars et buvettes installés le long de la plage, la construction et la rénovation des hôtels et l'arrivée d'importants migrants en provenance du Nigeria, des autres pays de la région et du monde. Tous ces faits ont entrainé une effervescence économique dominée par le commerce du cacao nigérian dont la réexportation a complètement changé le fonctionnement du Port autonome de Cotonou.

Ces innovations qu'avait connues l'ancien Dahomey nous ont jeté sur la voie de l'économie en publiant un rapport intitulé **L'impact de la guerre du**

---

[1] **d'Almeida Claude (1998)** : *Le devenir du franc CFA face à l'euro*, Perspective africaine, Cotonou

d'Almeida Claude (1998) : *Monnaie et financement de l'économie béninoise*, document CDAL

Pognon Guy S. André (2003) : *Navigation dans l'espace de l'économie : économie, combat contre la rareté et la pauvreté : combat pour le service de la vie* ; Cotonou : Éditions catholiques du Bénin

Hountondji Paulin (2000) (éd.), *Économie et société au Bénin*, Paris, Éditions L'Harmattan

Houssa Romain (2023) *The Benin institutional diagnostic project*, Cambridge University Press

Biafra sur l'économie du Dahomey. Malheureusement le caractère pointu de ce rapport ne nous a pas permis de le rendre public bien qu'il fût accepté pour publication par les Éditions Renaissance du Professeur Hountondji Paulin.

Puis quelques années après la guerre du Biafra, les pays voisins comme le Nigeria, le Niger et le Togo ont connu un enrichissement spectaculaire du fait de la mise sur le marché de leurs importantes ressources minières que sont le pétrole, l'uranium et les phosphates. Le Bénin, malgré sa révolution, a saisi cette opportunité pour développer une politique de réexportation[2]. Celle-ci fut une réussite. Elle a dopé la capacité commerciale du pays et a amélioré de façon substantielle les recettes de l'Etat. Le fonctionnement de cette politique de réexportation nous a poussés à publier un autre livre intitulé **L'État entrepôt au Bénin, commerce informel ou solution à la crise ?** paru aux Éditions Karthala en 1992. Ce livre a connu beaucoup de succès à cause de son titre. Depuis lors, les activités informelles sont devenues le secteur structurant de l'économie béninoise.

Pour montrer les enjeux que représente ce secteur informel dans l'économie nationale, nous avons écrit un troisième ouvrage sur **Les activités du secteur informel au Bénin : des rentes d'opportunité à la compétitivité nationale** paru aux Éditions Karthala en octobre 2019.

Ce sont ces différentes contributions qui nous donnent aujourd'hui la possibilité de compléter les réflexions politiques de A. Sylvain AKINDES par leurs acquis économiques.

Cette entreprise s'écarte quelque peu de celle A. Sylvain AKINDES sur deux points : la périodisation et l'importance du travail. Sur la périodisation, notre réflexion s'étend de 1960 à 2026. Nous avons écrit un seul volume à la place de quatre tomes publiés par AKINDES. Nous avons choisi donc de balayer toute la période allant de l'indépendance à nos jours en mettant sur le marché, un ouvrage plus allégé et plus manipulable par ceux qui s'y intéresseront.

Nous tenons à remercier tous ceux qui nous ont aidés à réaliser ce travail. Notre gratitude va principalement à nos collaborateurs du Laboratoire d'Analyse Régionale et d'Expertise Sociale (LARES) notamment à Monsieur Soulé Bio Goura et Mademoiselle Bayanathou Touré pour les soins avec lesquels ils ont amélioré l'aspect formel du texte ; à Monsieur Adékpédjou Sylvain AKINDES pour avoir accepté de préfacer ce travail et à notre assistante Madame Charlotte HOUEMAVO qui s'est chargée de la mise en forme du manuscrit.

Cotonou, le 30 juillet 2025

---

[2] Cette politique consiste à importer du marché international des biens au-delà des besoins domestiques et à exporter souvent en contrebande sur le surplus vers les pays voisins en exploitant les différences de règlementations commerciales

Introduction

Les performances économiques et sociales font partie des critères de développement d'un pays. Celles-ci, pour le Bénin, peuvent s'analyser selon quatre périodes qui ont fortement déteint sur les résultats obtenus : i) crise des institutions étatiques de la période 1960-1972 ; ii) période révolutionnaire entre 1972-1989 ; iii) Renouveau démocratique allant de 1990 à 2016 ; iv) régime de la rupture entre 2016-2026.

En accédant à l'indépendance le 1er août 1960, l'ancien Dahomey bénéficiait de deux avantages sur lesquels la communauté internationale s'était basée pour dire que de tous les États d'Afrique-Occidentale française qui avaient accédé à leur autonomie interne, seul le Dahomey disposait des atouts nécessaires à la réussite de son indépendance : la qualité des élites intellectuelles et l'évolution de la société. Ces deux atouts étaient considérés comme des facteurs essentiels à la réussite de l'autonomie interne.

Ceux qui voyaient l'ancien Dahomey à travers ces deux acquis avaient malheureusement oublié que la qualité des élites et l'évolution de la société reposaient sur les avantages de la fuite de cerveaux. Ce sont les rentes générées par celle-ci qui ont permis à l'ancien Dahomey d'être en avance sur les autres États de l'AOF. Cette fuite de cerveaux qui avait favorisé l'évolution de la société dahoméenne était seulement limitée à la partie méridionale du pays. Le reste du territoire national à partir de la localité de Sèto (commune de Djidja) était exclu de cette évolution sociale, faute de pouvoir bénéficier de la rente de cerveaux exclusivement cantonnée dans les principales villes du sud.

Avec les indépendances acquises à partir de 1960, beaucoup de pays dans lesquels le colonisateur français avait massivement utilisé les Dahoméens comme intermédiaires à l'administration coloniale avaient expulsé la plupart de ces Dahoméens. C'est le cas de la Côte-d'Ivoire en 1958 avec 17.000 expulsés, du Congo en 1962 avec environ 3000 renvoyés et du Niger en 1963 avec 6.918 personnes remerciées.[3] Les autres pays comme l'ancienne Haute-Volta, la Guinée, le Mali et le Sénégal, sans expulser les Dahoméens, ne leur offraient plus suffisamment de sécurité. Beaucoup de ces Dahoméens donnaient alors leur démission de la fonction publique de ces pays pour rentrer chez eux.

En dehors de l'arrêt des rentes de cerveaux qui résulte de ces expulsions massives, le pays devait aussi faire face à l'insertion de ces expulsés dans la fonction publique. Il en a résulté le gonflement des effectifs de l'administration dans une ambiance de rétrécissement des recettes publiques. En effet, ces rapatriements coïncidaient avec la crise de l'économie de traite, notamment du secteur palmier à huile, principale ressource du pays à l'époque. Les dérivés du palmier traditionnel, huile de palme et palmiste, ne

---

[3] **Igue, O. J.** (1983) *Analyse démographique du Bénin méridional*

pouvaient plus supporter la concurrence des produits du palmier sélectionné à très haut rendement à l'hectare à condition d'être soutenus par des subventions dites « d'améliorations structurelles ». Dans ce cadre, le pays avait soutenu les huiles rouges pour environ 470 millions de francs CFA par an entre 1961 et 1963. Cette politique de soutien devint une charge assez lourde pour le budget de l'État dans la mesure où elle grevait très sérieusement les ressources financières du pays largement compromises par l'insertion dans la fonction publique des travailleurs expulsés de l'étranger.

Entre 1960 et 1968, le déficit du trésor était d'environ 1, 5 milliards de francs CFA par an. Durant ces huit années, le déficit public cumulé s'élevait à 13,4 milliards de francs CFA, financés à concurrence de 8,3 milliards par des subventions budgétaires françaises, 0,5 milliard par les avances de la Banque Centrale des États de l'Afrique de l'Ouest (BCEAO) et la liquidation des avoirs du trésor et 5,6 milliards par un endettement à vue à l'égard des fournisseurs privés.[4]

« Il n'a jamais pu être question dans ces conditions d'un financement quelconque du développement par l'État »[5] . Au contraire, cela avait engendré des abattements successifs de salaires à 10% dans un premier temps puis à 25% dans un second temps. Ces abattements de salaires ont pour conséquence de fragiliser l'État.

Ainsi la déliquescence des finances publiques devint la cause de l'instabilité politique. Le Bénin, ancien Quartier latin de l'Afrique, devint « l'enfant malade de l'Afrique » se traduisant par des coups d'État répétés entre 1960 et 1972[6].

C'est pour parer à cette instabilité institutionnelle que les jeunes militaires de l'armée intervenaient dans la gestion du pays à partir des différents coups d'État dont le dernier est celui du 26 d'octobre 1972. Les militaires qui ont fait le coup d'État du 26 octobre 1972 ont centré leur action sur l'expérience révolutionnaire qui a fonctionné de 1972 à 1989 avec des résultats mitigés. Cette période est sanctionnée par la main mise totale de l'État sur l'économie en nationalisant les principaux secteurs de production et en remerciant les Français qui contrôlaient l'essentiel du pays. Cette politique de nationalisation s'est aussi accompagnée d'un choix idéologique, celui du marxisme-léninisme et du changement de nom du Dahomey en République populaire du Bénin en novembre 1975.

Cette période révolutionnaire a apporté la stabilité dans les institutions étatiques et une gestion économique marquée par deux étapes.

---

[4] **IGUE, O. J. et al** (1992): *L'État entrepôt au Bénin*, Paris, Édition Karthala,

[5] **Samir Amin** (1984), *L'Afrique de l'Ouest bloquée*, Paris, Ed. De minuit

[6] Cf ci-joint la date des différents coups d'État : 1er : 1963 ; 2e : 1965 ; 3e : 1967 ; 4e : 1969 ; 5e : 1972

La première est allée de 1972 à 1982, sur une dizaine d'années. Le pays a connu une véritable prospérité qui s'est appuyée sur celle des pays voisins à partir de leurs richesses naturelles comme les phosphates au Togo, l'uranium au Niger et surtout le Pétrole au Nigeria.

Pour profiter des rentes de ces matières premières qui manquaient cruellement au Bénin, le régime révolutionnaire inventa une politique de réexportation basée sur le captage d'une partie des rentes des matières premières de ces pays limitrophes. Celle-ci a fait du marché Dantokpa à Cotonou et de celui d'Ifangni à la frontière bénino-nigériane des zones franches de commerce. On exposait sur ces deux marchés des produits agricoles et ceux importés du marché international à partir des avantages que l'appartenance du Bénin à la zone CFA permettait. Cette politique de réexportation a apporté deux avantages pour le Bénin : la consolidation des recettes budgétaires d'une part et la croissance économique d'autre part. La forte circulation monétaire venant à la fois des pays de la zone CFA et du Nigeria à laquelle s'ajoute une bonne recette douanière sont à l'origine de la consolidation budgétaire et de la croissance économique. Elles ont fortement dopé l'économie à tel point que sa croissance qui était très faible entre 1960 et 1972 est allée à plus de 8 % par an pour atteindre 11 % en 1981.

À partir de ces bons résultats économiques, le pays s'est engagé dans de profondes réformes économiques sanctionnées par la nationalisation des grandes entreprises du secteur privé à laquelle s'était ajoutée une vigoureuse politique d'industrialisation marquée par la création de plus d'une cinquantaine d'industries structurées par le complexe sucrier de Savè, les cimenteries d'Onigbolo, de Cotonou et de Agblangandan, les brasseries de Cotonou, de Parakou et de Bohicon et les complexes textiles de Parakou, Lokossa et Cotonou.

La deuxième étape a commencé en 1982. Elle est marquée par une crise des matières premières des pays voisins, la mauvaise gestion des entreprises d'État, l'essoufflement du commerce de réexportation. Cette situation déboucha sur la récession économique qui s'est aggravée entre 1984 et 1989 en entraînant le non-paiement des salaires aux travailleurs à partir de 1987. Cette récession a obligé le régime révolutionnaire à faire appel aux Institutions de Bretton Woods pour négocier avec elles un programme d'ajustement structurel. C'est dans ce contexte de déliquescence économique et sociale que fut initiée la conférence nationale des forces vives de la nationale qui a eu lieu en février 1990 et dont les résultats ont débouché sur la période du Renouveau démocratique.

Cette conférence qui a vu la participation de toutes les couches vives de la nation a mis fin à la révolution et s'est traduite par l'avènement de la démocratisation de l'État et de la société.

Durant cette période du Renouveau démocratique, le pays s'est énormément enrichi de la « rente de la démocratie » à partir du soutien financier apporté par les partenaires techniques au développement au centre desquels se trouvaient les Institutions de Bretton Woods.

Malheureusement, ces énormes rentes n'ont pas débouché sur le développement économique, mais sur une gestion opaque avec le règne de la gabegie tant du temps de Soglo, de Kérékou que de Yayi Boni. En dehors de la facilité dans la gestion administrative et de la transformation du paysage urbain de Cotonou, aucun résultat probant n'est à signaler durant la période comparée à celle de la révolution.

Durant le Renouveau démocratique, on a tourné le dos aux résultats de la révolution pour retourner à la privatisation des secteurs vitaux de l'économie dont la conséquence fut une forte dépendance du pays vis-à-vis des anciennes puissances colonisatrices, notamment la France. À cette forte emprise des anciennes puissances colonisatrices, s'est ajoutée sous le règne de Kérékou et de Yayi Boni, la Chine, qui fut le principal bailleur de fonds du temps de Yayi Boni. Elle était présente partout : agriculture, infrastructures, commerce et santé. Il n'y a que le secteur de l'éducation qui soit épargné par cette forte emprise chinoise.

En dehors de l'environnement social, marqué par la stabilité des institutions, la paix et la liberté individuelle, cette période n'a pas fait progresser le pays sur le plan économique dans la mesure où sa croissance économique n'a pas dépassé 5 %.

Sur le plan social, malgré la paix, la stabilité et la liberté individuelle, la démocratisation ayant entraîné le multipartisme intégral a plutôt plongé le pays dans le tribalisme qui le gangrenait entre 1960 et 1972, à partir de la multiplication des formations politiques qui ne sont plutôt que des clubs électoraux. Dans une kyrielle de 150 partis politiques environ, se dégageaient néanmoins quelques formations d'obédience régionaliste : la Renaissance du Bénin dont les zones d'influences sont les régions d'Abomey et de Cotonou, le Parti social-démocratie (PSD) cantonné dans le Mono, le Parti républicain du Dahomey (PRD) devenu parti du Renouveau Démocratique au lendemain de la conférence nationale, localisé dans la zone de Porto-Novo, le Mouvement africain pour le Développement et le Progrès (MADEP) en pays nago du sud-est du pays, le Front d'Action pour le renouveau (FAR Alafia) créé en 1994 pour soutenir le retour de Kérékou au pouvoir, etc.

Quand Yayi Boni est arrivé au pouvoir, d'autres partis politiques se sont ajoutés à ces grandes formations comme Force Cauris du Bénin Emergent (FCBE), et une kyrielle de petits partis résultants de la scission de certaines formations politiques, le Far Alafia des cadres Bariba du Nord, etc.

C'est dans cette ambiance économique et politique mitigée que fut élu le président Patrice Talon en avril 2016. Celui-ci tourne totalement le dos aux acquis démocratiques issus de la Conférence des forces vives de la Nation pour installer le régime de la rupture. Ce régime a mis fin au multipartisme intégral et à la liberté démocratique en créant de façon bureaucratique deux partis dans lesquels il obligea toutes les forces politiques du pays à adhérer, l'Union progressiste (UP) et le Bloc républicain (BR). Il met ainsi fin à la démocratie et instaure un système de gestion fondé sur la fin des libertés individuelles. Ce revirement de la situation a fait perdre au pays sa fierté démocratique. Il l'a plongé dans un profond isolement vis-à-vis des États de la région et des bailleurs de fonds internationaux.

C'est au cours de son second mandat et face à la pression de l'opinion qu' "il jette du leste" en autorisant la création de nouveaux partis politiques autres que les siens. C'est dans ce contexte que l'ancien parti (FCBE) fut rénové et que se créa le Rassemblement des démocrates.

Malgré la restructuration du FCBE et la création du parti « les Démocrates », la liberté individuelle est restée sous contrôle. Tous ceux qui résistent à cela sont emprisonnés ou exilés.

Sur le plan économique, le pays se porte mieux à partir des réformes courageuses qu'il a engagées comme la fin de la corruption généralisée et la réorientation de l'économie vers des politiques de transformation des matières premières à partir de la création de la zone économique spéciale de Glo Djigbé.

Sous Talon, le pays a renoué avec une forte croissance à partir de 2018 surtout. Celle-ci est due à l'amélioration des secteurs productifs et des services. Ainsi, la production de coton est allée de 325.000 à la fin de 2016 à plus de 700.000 tonnes aujourd'hui. Malgré cette bonne performance économique, la population est restée sur sa faim à cause de la mauvaise distribution des fruits de croissance. Beaucoup de Béninois manifestent aujourd'hui de profonds regrets vis-à-vis des anciens régimes de la période du Renouveau démocratique.

Pour aller au fond des transformations économiques causées par ces quatre périodes, ce document est structuré comme suit :

I. Cadre géographique, options économiques et stratégies de développement
II. Les résultats obtenus
III. Les stratégies alternatives d'un développement efficient, solidaire et durable

Première partie :
Cadre géographique, options économiques et stratégies de développement

Cette première partie vise à présenter les bases géographiques et socioéconomiques du pays ainsi que les réformes préconisées pour en tirer profit. Elle est structurée en trois chapitres. Le premier décrit le cadre du développement économique à travers ses atouts et contraintes. Le second présente les options du développement c'est-à-dire les objectifs poursuivis pour améliorer les conditions de vie des Béninois de 1960 à 2026 en insistant sur les progrès qui en découlent. Le troisième chapitre analyse les stratégies mises en place pour faire de ces options une réussite.

Dans cette première partie, on peut mesurer les différentes segmentations du développement du pays. En effet, chaque période identifiée est fondée sur une stratégie et une idéologie qui lui sont propres et qui attestent de la vision de ses dirigeants et de leurs ambitions pour le pays. Elle nous a paru importante pour mieux comprendre ce qui se passera par la suite entre échec et succès déterminés par le contexte régional et international.

Chapitre I

Les bases matérielles de l'économie

L'économie béninoise est soumise à des contraintes structurelles fortes qui proviennent de sa géographie, de son histoire, de sa population et de ses institutions de développement.

I. Présentation du pays

1.1. Le cadre géographique

Situé sur le golfe de Guinée, le Bénin fait partie des petits États de l'Afrique de l'Ouest tant par sa superficie, sa population que par son assiette économique.

Sa superficie est de l'ordre de 114.762 km² ; celle-ci place le Bénin en septième position des pays les moins étendus de l'Afrique de l'Ouest devant le Cabo verde (4030 km²), la Gambie (10.200 km²), la Guinée-Bissau (30.800 km²), le Togo (56.600 km²), la Sierra Léone (70.000 km²) et le Libéria (111.000 km²).

Sa population est estimée à environ 13 712 828 habitants en 2023 selon les données des Nations unies. Par cet effectif, le Bénin occupe la huitième place parmi les pays les moins peuplés de la région comme le Capo-Verde (598 682 hbts), la Guinée-Bissau (2 139 516 hbts), la Gambie (2 773 168 hbts), la Mauritanie (4 862 988 hbts), la Sierra Leone (5.000.000 hbts), le Libéria (8 908 040 hbts) et le Togo (9 053 799 hbts).

Son revenu par tête d'habitant est de 1 411 $ en 2023. Comparé aux autres États de la région, il vient en cinquième position après le Nigeria, la Côte-d'Ivoire, le Sénégal et le Ghana.

A partir de ces indicateurs, le Bénin occupe une position moyenne en Afrique de l'Ouest. Ses performances économiques et sociales sont parmi les meilleures en terme de croissance économique de l'ordre de 6,5 % et d'ambiance sociopolitique marquée par une longue stabilité et la paix.

Mais si on se penche de très près sur ces différentes données, celles-ci restent déterminées par une situation géographique particulière qu'on pourrait analyser de plusieurs manières :

D'abord à partir de la forme du pays qui rappelle celle d'une coupe s'évasant vers le haut et qui le rattache à la série des États allongés "elongated states" selon les classifications du géographe américain Ham J. de Blij[7]. Cette forme allongée fait de ce pays un simple couloir de passage pour le drainage vers la côte, ensuite vers l'extérieur des biens produits par les pays de l'hinterland soudano-sahélien situés au Nord et dans lequel sont taillés de très grands espaces territoriaux tels que le Mali et le Niger.

Ensuite, la personnalité géographique de ce couloir se définit à travers ses différentes unités de relief et les innombrables groupes socioculturels qu'on y rencontre.

Le relief béninois est fort simple ; du sud vers le nord, on distingue successivement :

- une petite plaine côtière à peine large de 3 kilomètres. Elle est formée d'une succession de cordons littéraux à l'intérieur desquels se sont constitués des lacs et lagunes qui séparent cette plaine du plateau sédimentaire du continental terminal.
- Ce plateau s'étend sur toute la partie méridionale sur environ 120 kilomètres. Ses caractéristiques essentielles reposent d'abord sur son allure légèrement inclinée du sud vers le nord avec un maximum de commandement d'environ 120 m d'altitude dans sa partie septentrionale. Il est ensuite fragmenté en plusieurs blocs par les vallées des principaux cours d'eau du pays que sont l'Ouémé et le Couffo qui descendent du Nord et par une dépression longitudinale d'orientation est-ouest formée pendant l'éocène. Il en résulte l'apparition de plusieurs unités morphologiques telles que les plateaux de Porto-Novo – Pobè, d'Allada, de Bopa et d'Abomey.

[7] **Ham J. de BLIJ** (1977); *Human Geography : culture, society and space*. John WILEY and SONS.. p. 375.

Carte N° 1 : *Relief du Bénin*

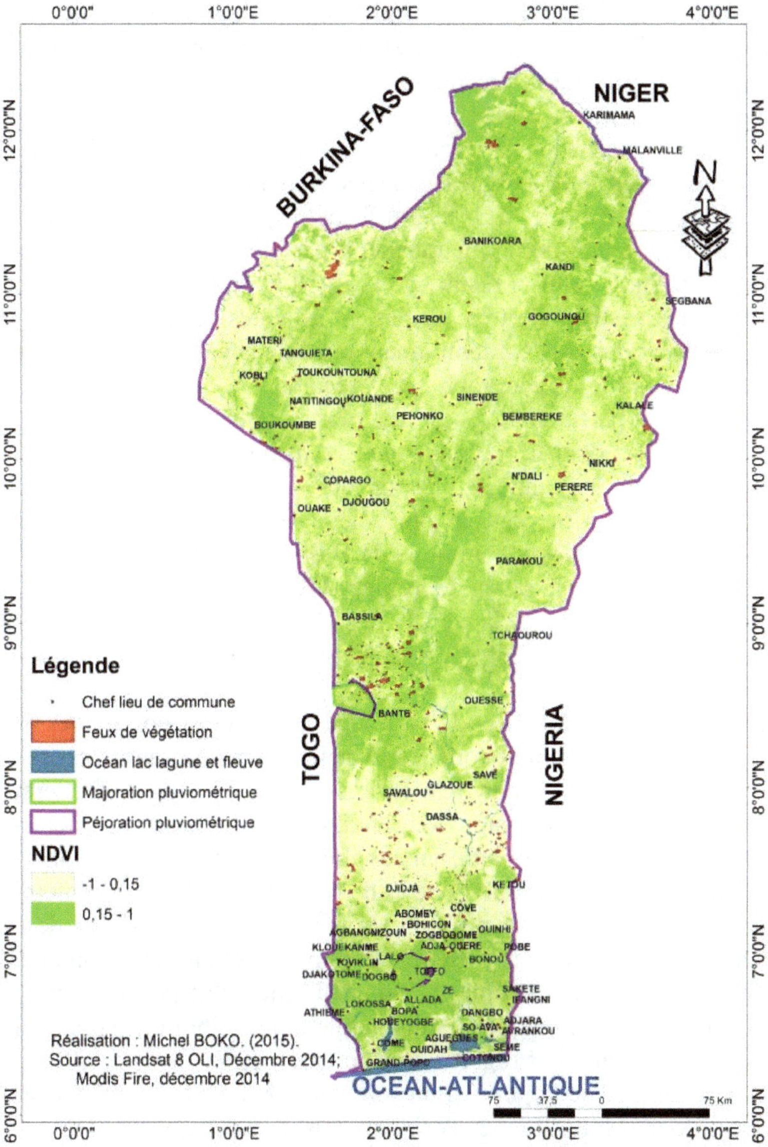

Chacun de ces plateaux a une allure plate résultant de l'absence de tout écoulement qui découle de la très grande perméabilité des matériaux argilosableux qui constituent son substratum géologique. Ces matériaux argilosableux ont une bonne aptitude agronomique justifiant de ce fait leur forte occupation humaine.

Au-delà d'Abomey, à partir de la localité Dan s'étend la vaste pénéplaine du précambrien jusqu'au niveau de la ville de Kandi où commence encore une nouvelle formation sédimentaire qui se prolonge jusqu'au fleuve Niger, limite nord du pays. Les formations précambriennes essentiellement composées de roches granitiques ont une allure monotone. Il s'agit d'une vieille surface d'aplanissement fortement érodée pour ne laisser en place que les roches résiduelles granito-gneissiques formant le relief de pain de sucre. Ceux-ci se présentent tantôt isolés, tantôt alignés en de petits chaînons comme les collines de Dassa, d'Ifita, de Savè et les *Monts* Kouffe au Moyen-Bénin. La pénéplaine granito gneissique a un faible peuplement par opposition aux plateaux sédimentaires du Sud ; celui-ci résulte de la fragilité de ses sols. Cependant, on y rencontre les vestiges de très vieilles et brillantes civilisations comme celles des *Yoruba* et des *Bariba*, témoignant ainsi de la capacité des hommes à s'adapter à des conditions géographiques précaires.

Il n'y a que la partie nord-ouest qui abrite une véritable chaîne de montagnes, l'Atacora, dont le prolongement va jusqu'au Togo et au Ghana. Celle-ci est d'altitude moyenne, d'environ 600 mètres, avec néanmoins la présence de quelques pics dont le plus élevé se trouve dans les Monts Sagbarao (658 mètres) dans la commune de Bassila. Cette chaîne formée de schistes et de quartzites a servi de refuge à des populations fuyant les envahisseurs lors des razzias esclavagistes des 18e et 19e siècles. Il en a résulté sa relative forte occupation en dépit des difficultés qu'elle offre aux activités agricoles.

Ces différentes unités de relief dérivent des formations géologiques dont les potentialités sont encore mal connues. Ainsi, le Bénin se classe parmi les pays de l'Afrique les plus pauvres en ressources minérales facilement exploitables. Certes, la dépression longitudinale de l'éocène est riche en calcaire dont une partie fait l'objet d'une exploitation industrielle à Onigbolo et à Massè dans les communes de Pobè et d'Adja-Ouèrè. On note également la présence du fer et des phosphates à l'extrême nord-ouest ainsi que de l'or dans la chaîne de l'Atacora. Il n'y a que la région côtière qui recèle un peu de pétrole dont la mise en exploitation n'a donné qu'une faible production.

Sur le plan démographique, le Bénin compte aujourd'hui une soixantaine de groupes socioéconomiques répartis en neuf catégories :

1) les Fon, 39,2% de la population sont composés de dix - entités (Fon, Goun, Aïzo, Mahi, Wémè, Tori, Kotafon, Tofin, Sèto, Tchi) ;
2) les Adjas, 15,2% de la population sont constitués de 9 entités : Adja, Sahouè, Xwla, Pla, Mina, Péda, Défi, Ouatchi, Popo ;

3) les Yoruba, 14,5% de la population avec plusieurs entités comme les Ajasè, les Awori (Ifongni), Sakété, Itakon, Ipobè, Ohori-Ijé, Kétou, Sabè, Idaasa, Ifè, Isa, Manigri, Alejo, Mokolé, etc. ;
4) les Baribas 9,2% de la population, composée seulement de trois entités : les Bariba, Boo, Boko ;
5) les Peuls, 7,3% de la population composée des Peul, Fulfuldé, Gando ;
6) les Ottamaris, 6,4% de la population, représentée par les Ottamari, Berba, Bésorabè, Waama, Natimba, Gourmantché, Yendé, Gabanga, Hossori, Bettyobé ;
7) les Yoa-Lokpa, 4,3% de la population avec treize entités : les Yoa, Lokpa, Pila-Pila, Dompargo, Anii, Kotokoli, Foodo, Taneka, Soruba, Biyobè, Kebyè ;
8) les Dendis, 2,5 % de la population avec deux entités : les Dendi, Djerma ;
9) les étrangers, 1, 4 % de la population constituée essentiellement de Haoussa, Cotimba, Zerma, et autres.

La répartition de ces différents groupes socioculturels sur l'ensemble du territoire atteste d'une densité moyenne d'environ 90 habitants au km². Mais cette densité cache de très fortes disparités régionales qui font que la partie méridionale, comprise entre la mer et la latitude d'Abomey, soit environ 1/10 e de la superficie nationale, accueille les 2/3 de la population avec une densité moyenne de l'ordre de 250 habitants au km². Cette densité n'est que de 60 habitants au km² dans le département des Collines et entre 30 à 50 habitants au km² dans les quatre départements du nord. Cette inégale répartition de la population a des conséquences fâcheuses sur le disponible foncier par habitant qui n'est que de 0.60 hectare dans les départements de l'Atlantique et de l'Ouémé, de 0.50 hectare dans ceux du Mono et du Couffo, de 3 hectares dans le Département des Collines, de 2,50 hectares dans la Donga et l'Atakora et de 5 hectares dans le Borgou et l'Alibori.

À ce disponible foncier disparate s'ajoute la rareté des ressources minières facilement exploitables.

L'état des lieux effectué par la Direction générale de l'Office Béninois de Recherche Géologique et Minière, est très modeste*. En dehors du calcaire, du marbre et des pierres ornementales, le Bénin est encore pauvre en ressources minières, comparé à ses voisins. Ici les minerais qui sont particulièrement abondants comme le calcaire pour lequel les possibilités sont immenses, le marbre, l'argile, le kaolin, ou le sable siliceux ne peuvent donner naissance qu'à des industries de bâtiments (ciment, carreaux, briques cuites, tuiles et sanitaires) ou de verres. Aucune de ces matières premières ne favorise une véritable industrie lourde comme la métallurgie ou la sidérurgie. Comparé à ses voisins de la région, le Bénin souffre cruellement de l'inexistence de

* *Magazine de l'Entreprise N° s 41 et 42 / 2005*

minerais métalliques, de métaux précieux comme l'or ou le diamant et même des phosphates indispensables pour enrichir les sols et améliorer la production agricole.

À ces raretés de ressources minières facilement exploitables s'ajoutent aussi les contraintes de l'exiguïté territoriale et quelques pesanteurs issues de l'histoire nationale.

L'exiguïté territoriale a toujours été un obstacle majeur à l'épanouissement des Béninois, d'où leur forte propension à émigrer. Mais cette émigration a fortement diminué ces temps-ci en plaçant le pays dans une situation d'accueil des étrangers, notamment ceux originaires de l'Afrique Centrale. Il semble plutôt que les Béninois cherchent à greffer leur territoire sur ceux des pays voisins pour mieux bénéficier de leurs ressources naturelles. C'est grâce à ce greffage qu'il s'est développé ici depuis peu des régions transfrontalières dynamiques à partir desquelles s'est mise en place une activité de réexportation assez active.

L'apparition de ces zones transfrontalières, véritables enclaves qui s'interposent entre le Bénin et ses voisins, est devenue l'un des fondements de l'économie nationale. C'est l'importance de ces activités transfrontalières qui a fait qualifier le pays *d'État-entrepôt.* Cette vocation d'*État-entrepôt* signifie donc qu'une attention particulière doit être accordée à l'aménagement des régions frontalières.

Quant aux tendances lourdes du pays, celles-ci pourraient être appréciées tant au niveau politique, économique que social.

Au niveau politique, on peut mentionner la fragilité des classes politiques béninoises. Celles-ci ont leur racine dans la polarisation des enjeux politiques autour des questions rentières. Le souci qui anime chaque classe politique de maintenir coute que coute ses anciens privilèges économiques, ne lui permet pas d'être ouverte à d'autres classes pour mieux se structurer, d'où l'absence dans le pays d'un véritable leader national[8]. Cela a tendance à rendre instable la situation politique, avec le besoin de quelqu'un qui soit capable d'arbitrer les différents conflits qui en résultent fréquemment.

[8] L'évolution politique du pays fait apparaître jadis trois pôles de pouvoir centrés sur Porto-Novo, Abomey et Parakou. Depuis le Renouveau démocratique, peu de choses ont changé malgré la multitude des partis politiques. Les forces politiques sont toujours polarisées autour des grandes régions du pays dominées par les pôles de Parakou (Fard Alafia), de Porto-Novo (PRD), d'Abomey (RB) auxquelles s'ajoutent les régions du Mono, du Couffo contrôlé par le PSD et du Plateau du sud-est soumis à l'influence du MADEP. Ce cloisonnement régional des classes politiques béninoises montre bien l'enjeu des intérêts économiques motivés par le partage des rentes du pouvoir à travers les différents portefeuilles ministériels et postes de directeur. Malgré la naissance de l'UP et de BR ces derniers temps, peu de choses ont changé par rapport à cette régionalisation du pouvoir politique au Bénin.

Il est pourtant difficile de gérer un pays qui n'est finalement gouverné qu'à partir d'un large consensus qui éprouve de la peine à résister au temps. Ainsi, malgré les atouts de la démocratie béninoise, la fragilité des classes politiques empêche le pays d'être bien gouverné. Ces classes sont davantage mues par des intérêts égoïstes que le bien-être de la nation. Elles sont d'ailleurs constituées aujourd'hui plutôt pour des raisons de partage de rentes de pouvoir que pour l'enracinement de la démocratie d'où leur recomposition permanente se traduisant par la disparition subite de plusieurs formations politiques et la réapparition de nouvelles, par la naissance des alliances de circonstances. C'est le cas ces dernières années de plusieurs démissions dont a été victime le parti ‘‘Les Démocrates’’

Sur le plan économique, les tendances lourdes peuvent être appréciées par le caractère mono sectoriel des activités, toujours fondé sur le poids excessif d'une seule culture de rente. De même, le pays est trop dépendant de ses voisins, à partir des activités de réexportation. Ces différentes contraintes méritent d'être prises au sérieux pour envisager une diversification économique conséquente.

Au niveau de la société, on peut aussi évoquer la difficulté du pays à valoriser son potentiel intellectuel. En effet, malgré les différents reflux de ses travailleurs des pays africains, le Bénin continue toujours d'animer la fuite de cerveaux, à partir de laquelle il dispose à l'étranger d'une diaspora intellectuelle de haut niveau de connaissance notamment dans le domaine technologique et médical. Pour le moment, cette diaspora ne contribue que très faiblement à l'essor économique du pays, malgré les tentatives des Nations Unies, de l'associer à la gestion des affaires publiques entre 1985 et 1990. Il paraît donc indispensable d'impliquer ces intellectuels à la gestion du pays par la création d'***une unité d'intelligence stratégique*** dont le rôle serait d'améliorer la capacité institutionnelle en gestion stratégique de développement. Cette démarche doit aussi permettre de favoriser une meilleure gestion des politiques publiques dans un environnement changeant et de plus en plus complexe. Enfin, une telle initiative peut préparer le pays à mieux faire face à l'incertitude de notre temps engendrée par les conséquences néfastes de la mondialisation et du multilatéralisme.

La plus grande faiblesse des Béninois en matière culturelle est leur forte propension à copier l'Occident. Malgré les atouts dont dispose le pays, peu de Béninois, à la différence de leurs homologues anglophones, sont soucieux de valoriser leur patrimoine culturel à travers leurs comportements et leurs capacités à résister aux influences étrangères dans ce domaine.

Ce complexe joue aussi contre l'appui dont pourraient bénéficier les populations locales dans la recherche d'une stratégie endogène de développement et les artisans pour mieux valoriser leur métier. Pourtant, le pays aurait pu s'appuyer sur son environnement régional pour mieux valoriser ses atouts culturels et technologiques, en s'inspirant par exemple du Nigeria et du Ghana qui sont très dynamiques dans ce domaine.

Certes, ces dernières années, les autorités du pays, dans le souci de promouvoir le tourisme, ont créé une journée culturelle appelée « Vodun day ». Cette initiative a beaucoup d'échos qui peuvent aider le pays à améliorer cette conscience culturelle.

1.2. Les contraintes écologiques

Sur le plan naturel, le Bénin bénéficie des avantages non négligeables, notamment dans le domaine climatique. De ce point de vue, le Bénin se situe dans la zone guinéo-équatorienne avec un régime de pluie bimodal dans la partie méridionale du pays, offrant la possibilité de deux cycles culturaux, même si la pluviométrie moyenne de 900 à 1200 mm par an est jugée insuffisante et quelques fois mal répartie dans le temps et dans l'espace. Il existe aussi les possibilités offertes par les eaux de surface inexploitées auxquelles s'ajoutent environ 31.000 hectares de lacs et lagunes pouvant faire l'objet d'irrigation. La partie nord du pays bénéficie également d'une pluviométrie suffisante qui permet de pratiquer les activités agricoles sur l'ensemble du territoire national.

Carte N°2 : *Zones écologiques du Bénin*

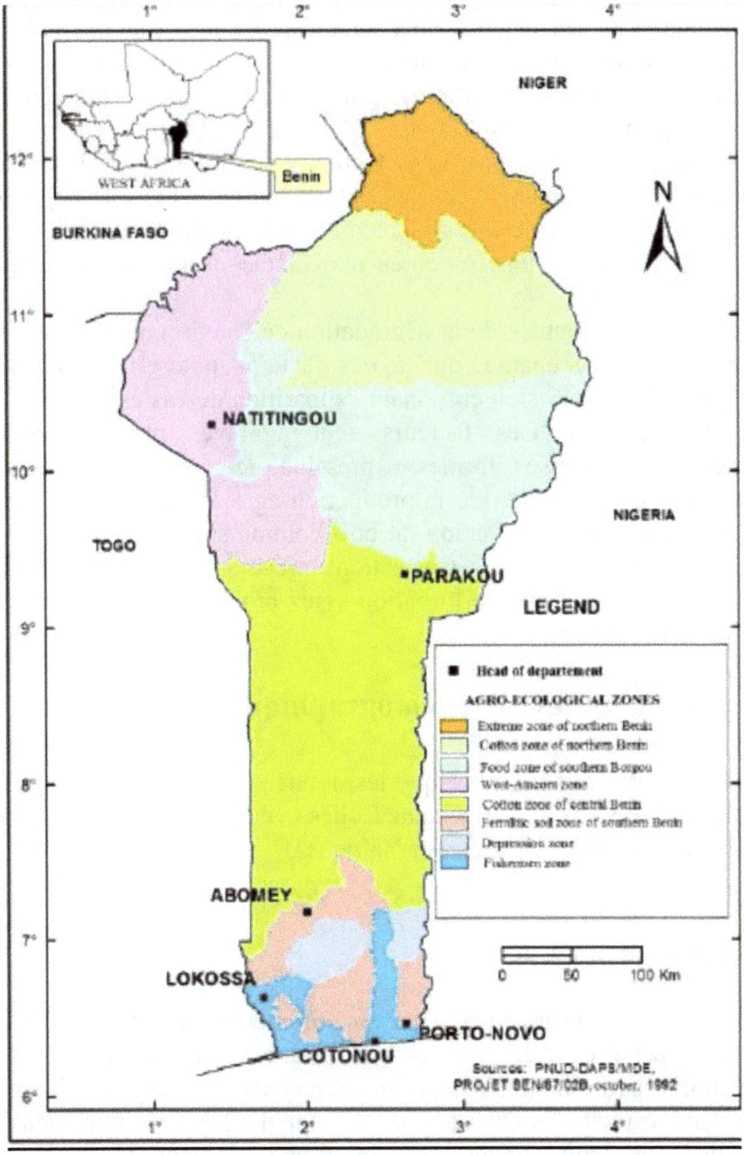

Mais l’une des faiblesses du système écologique est celle de la question foncière. En effet, le développement de l'agriculture béninoise semble être compromis par l'inadéquation qui existe actuellement entre populations et disponibilités foncières. Il en résulte le morcellement excessif des exploitations agricoles. Ainsi, la taille moyenne d'une exploitation est d'environ 1,7 ha pour une famille de 7 personnes. Seulement 5 % des exploitations dans le Sud et 20% dans le Nord disposent de plus de 5 ha. Dans l'ensemble du pays, 34% des exploitations ont une taille inférieure à 1 ha.

L'accès à la terre devient de plus en plus difficile dans le Sud. Les exploitations déjà trop petites s'amenuisent à mesure qu'elles sont divisées par voie d'héritage. Les jachères se font de plus en plus rares, et dans certaines parties du Sud, ont totalement disparu. Même là où la terre apparaît peu occupée, comme c'est le cas dans les Collines, le Borgou et l'Atacora, le développement extraordinaire du coton, de l'anacarde ajouté à la vague des migrations agricoles rend désormais précaire cette faible occupation. Cette question foncière devient donc un enjeu majeur face à la modernisation de l'agriculture béninoise.

Celle-ci se trouve doublée de la dégradation de l'environnement devenue de plus en plus préoccupante, due à des facteurs naturels (changement climatique, inondation, érosion entraînant l'apparition de vastes étendues des sols ferrugineux, etc.). Ces facteurs sont aggravés par des actions anthropiques, sous diverses formes : pression démographique, feux de brousse, techniques extensives de la production agricole, concurrence entre agriculteurs et éleveurs et utilisation du bois comme source d'énergie par la grande majorité des ménages, etc. Ces actions ont pour conséquence le déclin de la fertilité des sols, et une perturbation assez prononcée du processus de développement durable.

II. Les contraintes sociodémographiques

Elles constituent au même titre que les données de géographie physique des obstacles majeurs au développement. Celles-ci concernent à la fois les legs de l'histoire et les déterminants démographiques.

2.1. Au plan historique

La nature du pays est caractérisée par son étirement vers l'intérieur. Il s'agit d'un couloir qui pénètre l'intérieur du continent sur environ 750 km. C'est donc un simple couloir pour maintenir la présence française dans le golfe du Bénin si célèbre dans le récit des explorateurs et pour drainer vers l'extérieur les ressources de l'hinterland sahélien, d'où l'importance des activités de transit.

Le système de prélèvement est un legs de l'histoire nationale. Les principaux groupes socioculturels du pays, notamment les Bariba et les Fon, n'ont vécu que de ce système.

Le fonctionnement du système politique bariba est basé sur les razzias qu'organisaient les princes hors du royaume. Les butins qui en résultaient servaient à nourrir la Cour et tous les dignitaires du pays.

L'ancien royaume du Danxomè fondé par les Fon vers 1625 sur le plateau d'Abomey n'a affermi ses institutions administratives qu'en mettant sur pied une structure d'économie de traite négrière d'abord et de l'huile de palme ensuite. Le développement de la traite négrière s'appuyait sur des entreprises de razzias très développées dans la périphérie du royaume. Une partie des esclaves non vendus aux négriers contribuait au développement du palmier à huile après l'abolition du commerce des esclaves.

Ces différents systèmes de prélèvement des moyens nécessaires à la gestion de l'État hors du contexte local étaient restés en vigueur pendant longtemps, notamment après la colonisation, avec les revenus apportés par la fuite de cerveaux.

La question relative à la modification des rapports sociaux est aussi importante. On peut signaler, à ce propos, l'intensité des relations sociales dans le Golfe du Bénin liant les peuples yoruba du Nigeria, fon du Danxomè et akan du Ghana. L'intervention de trois puissances colonisatrices (Anglais, Allemand et Français) dans le Golfe a débouché sur la remise en cause de ces relations. Le meilleur exemple pour illustrer cela concerne les relations entre Yoruba de Porto-Novo, d'Abeokuta et de Lagos. Au niveau de ces trois villes s'était constitué un puissant réseau marchand composé à la fois des Yoruba de souche et de ceux revenus du Nouveau Monde, mieux connus sous l'étiquette d'Afro-Brésiliens ou Agouda. Tous avaient réussi à créer un véritable réseau de solidarité fondé sur la culture yoruba. Ce réseau fut très actif sur le plan commercial et intellectuel. Mais cette solidarité de culture gênait l'administration française. Elle se voyait obligée de considérer le quartier *Sadognon* à Porto-Novo, base de ce réseau, comme un bastion de l'influence britannique sur son territoire. Elle a donc essayé de la briser. Ce qui provoqua en ce moment une cassure dans cet ensemble yoruba : i) les Agouda revenus de l'exil ont joué le jeu de la colonisation et ont rallié l'administration française et la religion catholique ; ii) les Yoruba de souche ont refusé de faire le jeu de la France. Pour se démarquer, ils ont adopté l'islam comme religion et ont préféré l'étiquette *malé*, c'est-à-dire musulman à celui de Yoruba. Ces derniers transforment leurs relations avec les villes nigérianes d'Abeokuta et de Lagos d'officiel au clandestin.

Cette différenciation entre Yoruba "purs" et Afro-Brésiliens sanctionnée par la démarcation religieuse sera désormais le facteur du dynamisme du secteur commercial informel toujours symbolisé par la ville de Porto-Novo et le groupe yoruba-malé.

Les fonctions de transit, le système de prélèvement et le rôle prépondérant des Yoruba dans les activités commerciales informelles éloignent le pays d'une forte tradition productive. Il fonctionne selon une logique plus spéculative que productive. Ce sont là autant de contraintes qui conditionnent les différentes options économiques choisies par ce pays depuis son indépendance.

2.2. Les déterminants sociodémographiques

La question soulevée par les paramètres démographiques dans l'économie est celle de la capacité du pays à produire suffisamment pour nourrir sa population, ou à offrir des conditions socio-économiques appropriées pour faire face à la demande de ces populations en pleine croissance. Ainsi, les liens entre populations et activités économiques revêtent plusieurs aspects.

- La croissance démographique

Les données relatives à cette question indiquent une croissance démographique élevée de l'ordre de 3,2% selon le recensement de 2013. Son niveau moyen pour la période 1979-1992 est de 3%. Si cette tendance se maintient, la population béninoise sera supérieure à 14.150.000 habitants en 2026.

Les études sur les Perspectives à Long Terme d'Afrique de l'Ouest réalisées par l'unité CINERGIE de la Banque africaine de Développement et le Club du Sahel de l'OCDE, publiées en 1994, estiment que le Bénin passera d'ici à l'an 2020 d'un pays d'émigration à celui d'immigration, en raison de sa position géographique et de ses performances démocratiques actuelles. Cette tendance s'est déjà confirmée, suite aux graves crises politiques qui ont secoué les pays limitrophes, à partir de leur incapacité à bien gérer leur processus démocratique. Ainsi, plusieurs milliers de réfugiés se sont installés déjà et ont participé au renforcement de la croissance démographique. Cette immigration laisse présager que d'ici à l'an 2026, la population béninoise avoisinerait plutôt les 14 millions d'habitants avancés par l'Institut National de Statistiques et d'Analyse économique (INSAE).

Cette forte croissance démographique impulsée par le dynamisme interne de la population et l'immigration aura plusieurs conséquences sur la production : i) la hausse de la demande alimentaire ; ii) la dégradation de l'écosystème naturel, à partir d'une forte densité d'occupation de l'espace et de la demande en bois de chauffe et en charbon de bois.

La hausse de la demande alimentaire risque donc de ne pas être satisfaite par la production locale, mais plutôt par les importations alimentaires du marché international. La situation sera d'autant plus alarmante que les jeunes qui contribueraient à la production agricole pour des raisons d'éducation en seront désormais épargnés. De même, la lutte pour les droits de l'enfant empêche de plus en plus les familles d'utiliser ces enfants à la production agricole.

La deuxième difficulté qu'engendre cette forte évolution démographique concerne la surcharge de l'espace par effet de densité avec pour conséquence la dégradation rapide de l'environnement provoquée par la demande de bois de chauffe et surtout le modèle de production agricole basé sur le système extensif. Cette croissance démographique assez élevée agira donc négativement sur la qualité des sols et sur la végétation sans laquelle il ne peut avoir une bonne pluviométrie.

Mais la principale contrainte de la croissance démographique réside dans l'absence d'un marché suffisamment dynamique et captivant pour servir de support au développement économique et particulièrement à l'agriculture. Néanmoins, il se pourrait que la croissance démographique qui résulterait de cette évolution de la population crée des conditions favorables de marché par suite de la croissance urbaine qui en découlerait.

-La croissance urbaine

L'un des changements majeurs qu'ont connus les États d'Afrique de l'Ouest, et singulièrement le Bénin, depuis leur accession à l'indépendance, est sans aucun doute l'essor extraordinaire des villes, se traduisant par l'amorce d'un véritable réseau urbain à l'échelon national. Ainsi, les projections faites par l'INSAE estiment que d'ici à l'an 2026, la population urbaine du Bénin passera de 2.190.000 habitants en 1997 (soit 37,9% de la population) à 7.680.000 habitants en 2026 (soit 54,30 % de la population). Si ces tendances se confirment, en l'an 2026, les urbains seront plus nombreux que les ruraux. Mais si l'on intègre à ces données les flux migratoires, il y a de fortes chances que l'évolution de la population urbaine soit encore plus rapide. En décomposant cette croissance urbaine, région par région, il se dégage deux tendances majeures. La première concerne les régions où la population urbaine sera déjà supérieure à la population rurale avant l'an 2026. Il s'agit notamment des départements du Littoral, de l'Atlantique et de l'Ouémé déjà soumis à une très forte urbanisation. La deuxième porte sur l'émergence des villes secondaires qui deviendront des relais à l'exode rural.

La croissance urbaine au niveau national sera renforcée par d'autres processus d'urbanisation auxquels sont intégrées les villes béninoises. On peut mentionner à ce propos le développement extraordinaire des villes côtières du golfe de Guinée, depuis la Côte-d'Ivoire jusqu'au delta du Niger où est en train de se mettre en place une chaîne de villes qui fera de cette région d'Afrique de l'Ouest la plus urbanisée du continent noir. On y dénombre déjà plusieurs dizaines de villes encadrées par 6 principales métropoles de plus de 3 millions d'habitants chacune : Abidjan, Accra, Lagos, Ibadan, Bénin City, l'ensemble Abba/Port Harcourt. Ces grosses agglomérations satellisent d'autres centres de plus d'un million d'habitants chacun : Lomé, Cotonou, Abeokuta, etc. Entre ces différentes villes se trouvent plusieurs centres secondaires dont la population tourne entre 100.000 et 500.000 habitants.

La concentration de ces villes côtières provoque deux conséquences pour l'agriculture. Un basculement démographique à la faveur des États du Golfe du Bénin d'une part, et de la partie méridionale de la République du Bénin d'autre part, faisant de cette partie méridionale un important foyer de peuplement avec une demande alimentaire qui ira de plus en plus croissante. La deuxième conséquence est l'élargissement de l'espace béninois, consécutif à la mutation spatiale qu'entraîne cette évolution urbaine du golfe du Bénin, avec pour conséquence un niveau élevé de l'intégration par les marchés.

Somme toute, le processus urbain dans lequel est impliqué actuellement le Bénin joue un rôle important sur le développement des marchés, facteur de la demande alimentaire, et de la transformation du monde rural. En effet, plus l'on se rapproche des villes, plus les incitations à produire pour l'alimentation sont importantes. Cela signifie donc que les politiques agricoles uniquement orientées vers la demande nationale risquent de ne plus fonctionner face à ce niveau élevé d'intégration par les marchés, induit par cette forte urbanisation.

Au total, le dynamisme de la population comme déterminant des activités économiques revêt plusieurs dimensions, par exemple celles des migrations et de l'exode rural qui agissent sur la croissance urbaine et aussi sur la perte du dynamisme des campagnes. Ce dernier aspect exerce un impact sur la situation économique marquée par la faible performance des principaux secteurs productifs entraînant pour conséquence la paupérisation du monde rural. Ainsi, le plus grand défi du développement du Bénin dans les prochaines années sera de pouvoir faire face à ce dynamisme démographique, afin de lutter contre la pauvreté, de mieux faire face à l'alimentation correcte des populations et de pouvoir sauvegarder l'environnement. « Les disparités entre les villes et les campagnes s'accentuent d'une année à l'autre et entraînent une faible participation de certaines régions à la production de la richesse et, dans le même temps, une répartition inéquitable des fruits de la croissance. Pour améliorer cette situation, l'Agenda spatial 2016-2030 propose une approche de développement des territoires qui rompt avec la logique essentiellement sectorielle et économique mise en œuvre jusqu'à présent »[9].

« L'Agenda spatial prévoit une dizaine de centres urbains comme villes-motrices devant structurer les pôles régionaux de développement. Il s'agit d'Abomey, Cotonou, Bohicon, Djougou, Kandi, Lokossa, Malanville, Natitingou, Parakou et Porto-Novo. Six pôles régionaux ont été identifiés pour contribuer de façon significative au développement équilibré du territoire national, à l'amélioration du niveau d'attractivité et de compétitivité des différents territoires. Il s'agit du *: i) pôle régional de développement du sud entraîné par Cotonou ; ii) pôle régional de développement du sud-est, entraîné par Porto-Novo ; iii) pôle régional de développement du sud-ouest, entraîné par la ville de Lokossa ; iv) pôle régional de développement du centre, entraîné par le doublet urbain Abomey-Bohicon ; v) pôle régional de développement du nord-est, entraîné par Parakou et l'ensemble Kandi-*

---

[9] *Plan de développement 2018-2025*

Malanville ; vi), pôle régional de développement nord-ouest entraîné par le couple Djougou-Natitingou. »

La structuration du pays en ces pôles de développement permettra de rééquilibrer les villes béninoises et de les organiser autour des enjeux de développement.

III. Le cadre institutionnel

Le développement ne peut se faire que s'il bénéficie d'un cadre institutionnel bien pensé, en particulier la nature et l'évolution du cadre administratif national à partir duquel se fait la mobilisation des hommes pour des tâches de production et se diffusent aussi les innovations qui viennent du sommet. Les unités administratives sont les meilleurs cadres d'application de toutes les propositions et décisions gouvernementales.

Depuis la colonisation, le cadre administratif béninois a évolué suivant quatre étapes :

a. De la conquête coloniale à l'indépendance

Pendant la colonisation, le territoire de l'ancien Dahomey fut divisé en treize cercles et seize subdivisions dont la nomenclature est donnée par le tableau ci-dessous.

Tableau n°1 *: Les unités administratives pendant la colonisation*

Cercles	Chefs-Lieux	Subdivisions
Porto-Novo	Porto-Novo	Banlieue Adjohoun Sakété Gbessou
Cotonou	Cotonou	
Ouidah	Ouidah	
Mono	Grand-Popo	Athiémé Bopa
Alladah	Alladah	Abomey-Calavi
Abomey	Abomey	Parahoué Covè
Holli-Ketou	Pobè	Ketou

Savalou	Savalou	Savè
Borgou	Parakou	Bembéréké Nikki
Moyen-Niger	Kandi	Guéné
Djougou	Djougou	Bassila
Atakora	Natitingou	Kouandé Tanguiéta
Zangnanado	Zangnanado	

Source : DESANTI H., Du Dahomey au Bénin-Niger – Paris, Éditions LAROSE, 1945.

Les chefs-lieux de ces différentes unités administratives correspondent grosso modo aux anciennes villes nées des anciennes structures traditionnelles, bien que les Français aient choisi de liquider définitivement, à partir de leur politique d'assimilation, toutes les anciennes autorités traditionnelles. Ce n'est que de façon exceptionnelle que ces Français ont choisi de s'installer hors de ces anciennes localités : exemple de Pobè par rapport à Adja-Ouerè, d'Aplahoué vis-à-vis de Sè.

b. Après l'indépendance

Après l'indépendance en 1960, les anciens cercles et subdivisions ont fait place à six départements et à trente sous-préfectures suivant l'ordre ci-après :

Tableau n°2 *: Évolution des unités administratives après l'indépendance*

Départements	**Chefs-lieux**	**Sous-préfectures**
Sud-Est (5 sous-préfectures)	Porto-Novo	Porto-Novo (Banlieue) Adjohoun, Sakété, Pobè, Ketou
Sud (4 sous-préfectures)	Cotonou	Cotonou, Abomey-Calavi, Alladah, Ouidah
Sud-Ouest (4 sous-préfectures)	Lokossa	Athiémé, Grand-Popo, Aplahoué, Bopa
Centre (5 sous-préfectures)	Abomey	Abomey, Zangnanado, Dassa-Zoumé, Savalc Savè
Nord-Est (7 sous-préfectures)	Parakou	Parakou, Nikki, Bembéréké, Kandi, Banikoa Segbana, Malanville
Nord-Ouest (5 sous-préfectures)	Natitingou	Natitingou, Djougou, Boukoumbe, Koandé, Tanguiéta

Source : Géographie du Dahomey, Éditions NOTRE MILIEU, Caen, 1963.

c. Durant la période révolutionnaire

En 1974, on procéda à une autre réforme qui transforma les anciennes préfectures en province et les sous-préfectures en districts. Mais les six anciennes préfectures n'ont pas été modifiées, exceptée la dénomination des départements qui deviennent des Provinces dont leur appellation fait référence aux traits historiques et géographiques à la place de leur positionnement. Ainsi, le Sud-Est devient la Province de l'Ouémé, le Sud, la Province de l'Atlantique, le Sud-Ouest, la Province du Mono, le Centre, la Province du Zou, le Nord-Est devient le Borgou, et le Nord-Ouest, l'Atakora. Les Sous-préfectures ont été transformées en Districts dont le nombre passe de 30 à 44.

En 1978, les 44 districts sont portés à 84. Par rapport à 1974, cette dernière réforme administrative introduisit plusieurs innovations.

D'abord, on distingue désormais deux catégories de districts, urbains et ruraux.

Ensuite, à chacun de ces districts, est associé un certain nombre de communes urbaines et rurales.

Enfin, tous les chefs-lieux de district sont devenus des communes urbaines, quels que soient l'effectif de leur population, le caractère lâche ou compact de la localité choisie et le niveau de son équipement.

Ces innovations ont ainsi supprimé la hiérarchie fonctionnelle existant entre les différentes villes du Bénin.

Mais le plus important à signaler est l'esprit qui a guidé la réforme : « rapprocher l'administré de l'administrateur.» Ainsi définie, cette entreprise a un but essentiellement politique dicté par l'unique souci de mieux quadriller le pays pour faciliter la meilleure mobilisation des habitants.

Par rapport aux différentes expériences évoquées ci-dessus, elle se singularise de plusieurs manières.

Premièrement, elle n'a aucun fondement régional. La plus belle illustration est le refus de s'appuyer sur les grosses unités administratives telles que les provinces dont la vocation serait de jouer le rôle d'animateur régional en résolvant partiellement les problèmes soulevés par la non-intégration nationale.

Deuxièmement, dans le choix des nouveaux chefs-lieux de district, on avait fait fi des gros noyaux préexistants et surtout des anciennes relations politiques à l'échelon traditionnel à partir desquelles se définissaient tous les rapports sociaux. Il en est résulté, au niveau des populations administrées, de longs débats historiques qui ont finalement pénalisé beaucoup de localités dont les populations sont considérées comme de véritables réactionnaires.

Malgré l'appréciation qu'on en fait, ces débats historiques ont pour conséquence de priver certains districts de la force vive nécessaire à leur mise en valeur, d'affaiblir l'influence des chefs-lieux sur la plupart des villages qui leur sont dépendants.

Enfin, pour un petit pays comme le Bénin, il a manqué de moyens financiers suffisants pour soutenir le projet. L'absence de ce soutien financier se ressent sur le terrain par une lente croissance et un équipement dérisoire. Dans une étude (Ahoyo, 1984) concernant la partie méridionale du pays, l'auteur a montré que, dans leur rôle d'encadrement sous-régional, seuls quelques districts ont l'envergure nécessaire pour assumer ce rôle. Concernant l'emprise locale des chefs-lieux, ce sont curieusement les anciens cercles et subdivisions transformés en districts qui se sont montrés plus dynamiques. Tous ceux qui ont été nouvellement créés, faute d'expérience et peut-être aussi d'un soutien local ferme, piétinent toujours. Et Ahoyo de conclure : « créer de nouveaux districts et ériger leurs chefs-lieux en communes urbaines est un acte politico-administratif relativement facile à prendre. Doter ces nouvelles communes d'une grille minimale d'équipements pour en faire de véritables petites villes est une entreprise autrement plus difficile qui nécessite la définition d'une politique à long terme[10]. »

[10] AHOYO, R. (1984) : Les activités et équipements urbains dans la région méridionale de la République populaire du Bénin, Cotonou, Projet PUB.

Carte N° 3: *Carte administrative du Bénin*

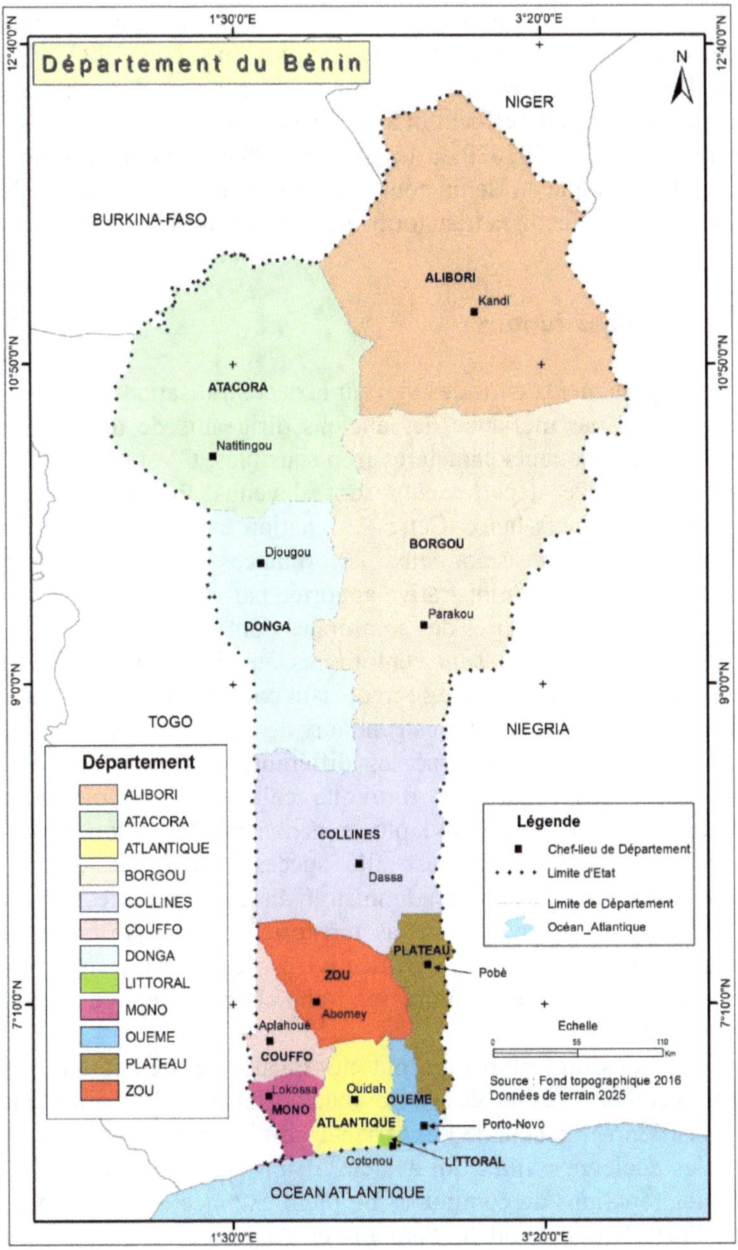

d. La période du renouveau démocratique

Ces différentes unités administratives sont restées en vigueur jusqu'à la Conférence Nationale des Forces vives de la nation en février 1990 qui a fait évoluer les Provinces en Départements et les Districts en Sous-préfectures sans toutefois toucher à leur effectif et à leur dénomination. Il faudra attendre la proclamation de la loi n°97029 du 15 janvier 1999 portant organisation des communes en République du Bénin pour voir évoluer les Départements de six à douze et les Sous-préfectures transformées en 77 communes.

e. Le temps de la rupture

Les douze départements issus de la loi sur la décentralisation de 1999 n'ont jamais été installés par méfiance des anciens dirigeants de désigner leurs chefs-lieux en raison de leurs caractères trop sensibles. C'est du temps de la rupture que ces douze départements sont devenus fonctionnels par la désignation de leurs chefs-lieux. Cette désignation est accompagnée de la classification des communes selon leurs performances économiques. L'autre aspect de la modification administrative apportée par le régime de la rupture concerne la réduction des libertés des communes dont les comptabilités ne se font plus sur place. Celles-ci sont centralisées au niveau du ministère de l'Intérieur et de la sécurité publique se traduisant par l'uniformité des salaires octroyés aux maires et aux secrétaires généraux des départements.

Si on essaie de passer en revue les différentes étapes de la réforme administrative au Bénin, on peut dire que celles-ci ont introduit dans l'administration territoriale béninoise, plusieurs niveaux de gestion territoriale avec des échelles inégales. On est allé successivement de cercles en départements, puis de subdivisions administratives en sous-préfectures, sans toutefois respecter les mêmes contenus territoriaux à chaque étape de la réforme. Mais la remarque la plus significative est le fait que jusqu'ici, on a toujours respecté le schéma colonial sans chercher à créer de véritables régions économiques.

Ainsi, les 77 sous-préfectures qui ont été transformées en communes de plein exercice peuvent être classées en trois catégories selon la qualité de leurs équipements et l'enracinement de l'expérience administrative :

- les anciennes villes qui avaient assumé pendant longtemps soit les fonctions de communes de plein exercice, comme Cotonou, Porto-Novo, Ouidah, Parakou et Abomey, soit qu'elles sont restées des chefs-lieux de département sont expérimentées et jouissent d'un minimum d'équipements de base pour mieux se prendre en charge ;

- les premiers cercles et subdivisions qui ont été transformés en sous-préfectures après l'indépendance et qui sont au nombre de 30, possèdent également quelques équipements de bases et sont relativement expérimentés dans la gestion administrative locale ;
- les anciens districts issus des réformes de 1974 et 1978, transformés ensuite en sous-préfectures puis en communes aujourd'hui. Ces derniers, par contre, n'ont que peu évolué par manque d'un minimum d'équipements de base et de véritables expériences d'autogestion en relation avec le caractère dirigiste du régime marxiste-léniniste qui les avait créés.

Il en résulte aujourd'hui plusieurs disparités dans le fonctionnement des communes béninoises : disparités d'expérience, de taille et de moyens.

Ces réformes se sont très peu préoccupées des questions territoriales de développement. Il n'y a pas de région dans la hiérarchie administrative béninoise à la différence des autres pays de la région, montrant ainsi les problèmes actuels de l'aménagement du territoire au Bénin.

Au-delà des contraintes majeures qui viennent d'être énumérées, le Bénin dispose aussi d'importants atouts qui peuvent être considérés comme ses principales forces.

IV. Les atouts du pays

La première force du pays réside dans la valorisation du capital humain. Celle-ci passe par plusieurs considérations :

- **l'optimum de la population** capable d'impulser un réel dynamisme à l'économie béninoise. Cette question passe par la gestion de la croissance démographique en terme à la fois de la dynamique de production, de la pression sur les ressources naturelles disponibles et du marché de consommation. Sur cette base, beaucoup de pays comme le Sénégal et la Guinée ont estimé que le rapport homme-espace ne crée pas suffisamment d'opportunités de développement dans leurs pays, à partir d'une mauvaise répartition des densités de population. Celle-ci entraîne des angles morts à l'intérieur du pays qui empêchent une dotation équilibrée de l'espace national en équipements de base, indispensables à l'amélioration du niveau de vie des populations[11] ;

---

[11] Lorsqu'un pays présente beaucoup de disparités en matière du peuplement, c'est-à-dire la manière dont les hommes se répartissent sur l'ensemble du territoire, ce pays a tendance à concentrer ses efforts dans les zones densément peuplées, entraînant des zones d'abandon qualifiées d'angles morts. Dans le cas du Sénégal, le conflit

- **la dynamique spatiale**, à partir de l'émergence des pôles régionaux de développement pouvant servir de frein à l'exode rural et favoriser un développement équilibré de la nation ;
- **la gestion de la migration**. Celle-ci est particulièrement importante au Bénin, d'abord parce que les conclusions de l'étude WALTPS estiment que ce pays passera à terme d'une situation d'émigrants à celle de terre d'asile pour les populations de la région, d'abord à cause des avantages de la paix sociale, ensuite parce que la partie méridionale s'inscrit dans la dynamique des villes côtières du golfe du Bénin évoquée plus haut. Enfin, la proximité du Nigeria transformera le Bénin en un foyer d'immigration d'ici peu. Cette tendance se dessine d'ailleurs déjà depuis l'organisation de la Conférence nationale des Forces vives. Ainsi, le Bénin a eu à accueillir les réfugiés tchadiens, nigériens, togolais et ivoiriens sans compter les Zaïrois et les Congolais qui s'étaient installés dans le pays depuis bien longtemps. Le Bénin ne s'est pas encore préparé à assumer ce rôle de pays d'accueil, habitué pendant longtemps à vivre plutôt de la rente apportée par la fuite de cerveaux. La gestion de cette fuite de cerveaux apparaît comme le second enjeu de la question migratoire dans les stratégies du futur ;
- **la qualité de la formation intellectuelle et technique**. Quand les Béninois parlent du capital humain à valoriser, c'est sur la formation intellectuelle et technique que tout le monde se focalise. Ici aussi, il faudrait changer les mentalités actuelles des citoyens, peu propices au progrès et à la transparence dans la gestion des affaires publiques. Il existe à ce niveau beaucoup de pesanteurs psychologiques et de blocages de tout genre qui mériteraient d'être intégrés dans les approches du futur afin que les Béninois de demain se débarrassent de la peur, de l'intimidation et des préjugés occultes, pour se faire pleinement confiance dans le travail et la recherche d'une solidarité collective, indispensable au progrès du pays.

La seconde force du pays se trouve dans les opportunités régionales.

L'importance de cette question est d'abord liée à la taille du pays, ensuite à l'influence grandissante du Nigeria et enfin aux exigences d'un monde en pleines mutations.

Ici aussi, il faudrait envisager plusieurs approches possibles : i) les cadres régionaux officiels tels que proposés à travers la CEDEAO et l'UEMOA; ii) les dynamismes régionaux non officiels, mais largement partagés par les populations à la base, avec deux options possibles :

---

casamançais résulte de ce sentiment d'abandon comparé aux investissements réalisés dans la région du Cap Vert où se concentre l'essentiel de la population sénégalaise.

- l'intégration par les marchés, qui fait du marché Dantokpa de Cotonou et de ses satellites de l'intérieur comme Porto-Novo, Bohicon, Azové, Glazoué, Djougou, Parakou, Malanville... un même espace économique que les marchés des pays limitrophes comme Lagos, Abeokuta, Ibadan, Ilorin (Nigeria), Lomé, Djeta, Kétao (Togo), etc.
- L'intégration par la polarisation urbaine due à l'essor exceptionnel des villes côtières des États du golfe du Bénin. Cet essor urbain mérite d'être souligné parce que la mondialisation de l'économie est uniquement un phénomène urbain, et de ce point de vue, peut trouver donc un cadre approprié à partir de ce développement exceptionnel des villes côtières.

En effet, et pour paraphraser Olivier Dollfuss *"l'architecture métropolitaine mondiale est celle des mégapoles où sont rassemblés les sièges des grandes organisations et agences internationales, les Banques Centrales à l'origine des grandes monnaies, et les principales places financières du monde"*[12].

Il n'y a pas de raison qu'à terme, les grandes villes du golfe du Bénin peuplées de plus de trois millions d'habitants chacune, telles que Lagos, Ibadan, Accra et Abidjan ainsi que leurs satellites, Lomé, Cotonou, Abeokuta, Port Harcourt, etc., ne fonctionnent pas comme les vecteurs de la mondialisation en Afrique de l'Ouest. Cette question mérite d'être posée parce que bientôt toutes ces villes côtières vivront d'une économie pétrolière et gazière qui renforcera considérablement leurs capacités économiques. Il paraît donc urgent que le Bénin intègre ces évolutions dans ses stratégies du futur. L'intérêt d'une telle démarche se situe d'ailleurs à plusieurs niveaux : i) d'abord, la dénomination même du Bénin, à la place du Dahomey, inscrit déjà cette intégration à l'ensemble des États du golfe du Bénin dans la mémoire collective ; ii) ensuite, seule cette dénomination peut confirmer le fonctionnement actuel du pays beaucoup plus tourné vers les périphéries frontalières.

Mais le plus grand atout du pays est la proximité du Nigeria dont les avantages peuvent être considérés comme les principales ressources du pays. Par rapport à cette proximité, le Bénin dispose désormais d'un marché de plus de 250 millions de consommateurs qui peut servir de levier à un

---

[12] **Olivier DOLLFUS** (1994) : *L'Espace monde*, Paris, Economica, p.23.

développement économique dynamique. Dans ce cadre s'observent plusieurs évolutions de l'espace qui ne peuvent laisser indifférents les décideurs politiques et opérateurs économiques béninois. Celle-ci est marquée par une forte urbanisation côtière depuis Abidjan en Côte-d'Ivoire jusqu'au delta du Niger faisant ainsi des villes côtières du golfe de Guinée l'épicentre des nouveaux changements mondiaux.

Le second aspect de cette évolution porte sur les projets régionaux, tels que les projets industriels conjoints, les projets de gazoduc ouest-africain (WAPCO : West African Pipeline Company), d'interconnexion électrique ou celui des infrastructures de la Zone de libre-échange continental.

*

* *

Comme on peut le constater, le Bénin fait face à plusieurs défis qui obèrent son développement et limitent sa capacité à innover dans les approches du développement économique. C'est en jouant sur l'élargissement de son espace de manœuvre qu'il se porte mieux ; d'où l'importance de la fuite de cerveaux dans le passé. Après le reflux de ces travailleurs béninois de l'étranger, il s'est mieux porté en inventant le système commercial de réexportation qui l'a fait qualifier d'*État entrepôt*.

Ce système de réexportation est en voie d'essoufflement en raison de la disparition progressive des facteurs de son fonctionnement : la diffusion des rentes des matières premières venant des États limitrophes. Sur quel pilier s'appuiera donc le pays pour son avenir ? Être le champion de l'intégration régionale de proximité. Ce faisant, le Bénin pourra exporter son intelligence et sa capacité technique. C'est en s'orientant dans cette voie qu'il peut abandonner la prépondérance du secteur agricole dans l'économie et se lancer vers les secteurs porteurs d'avenir comme le secondaire et le tertiaire. Pour le moment, les options choisies depuis l'indépendance portent sur la priorité donnée à l'agriculture et constituent les axes essentiels de développement de 1960 à aujourd'hui.

Chapitre II

Les principales options économiques

Le choix des orientations du développement économique est propre à chaque période. Ces orientations sont définies suivant les contextes locaux, régionaux et l'environnement international. Ce choix s'appuyait principalement sur le conseil des experts étrangers qui encadraient les dirigeants au début de l'autonomie interne. Depuis 1972, celui-ci dépend plutôt de la capacité des Béninois à prendre en main leur destin.

I. De l'indépendance à 1972

Cette période est caractérisée par le faible niveau intellectuel des dirigeants majoritairement issus des instituteurs qui constituaient à l'époque la base de l'élite dahoméenne. À ces instituteurs s'ajoutaient quelques médecins africains et cadres techniques formés dans les écoles régionales créées par la France. Il s'en est suivi une forte emprise des conseillers internationaux sur ces premiers responsables du pays qui ont opté pour deux grandes orientations de la société et de l'économie béninoise.[13]

1.1. La structuration du peuplement

Elle a pour objectif de lutter contre l'excessif éparpillement de la population sur le territoire national et de permettre aux populations des régions dégradées dans lesquelles la production agricole est aléatoire de bénéficier de nouvelles terres agricoles. Cette structuration du peuplement a porté principalement sur la gestion rationnelle de l'habitat à partir d'une politique de regroupements villageois adoptée depuis 1961.

Celle-ci était conçue pour favoriser la concentration des efforts de développement et permettre une meilleure circulation des informations au sein de la population rurale. Le pays comptait en 1959 quelque 12 000 villages. L'objectif était de ramener cet effectif à 3 250 afin de créer les bases solides de développement. La population moyenne de ces 3 250 villages serait alors

[13] À ce propos, on peut se référer à cette citation tirée de Sylvain A. Akindes : « On assiste à un défilé de missions agricoles françaises et autres, pour la mise en œuvre des programmes élaborés par les experts français qui ont conçu le plan de développement du nouveau État » Cf. **Essai d'Histoire du Temps Présent au Bénin Postcolonial**, Tome 1 1946-1972, De l'Instabilité au Marxisme-léninisme, Cotonou, Star Editions

de 1 500 habitants. Cette forte réduction du nombre des villages suppose une transformation profonde des habitudes et des mentalités. Il s'agit en somme de faire émerger des *villages-centres* qui seraient appelés à devenir des « *cellules de développement* ».

L'idée de la création de ces *villages-centres* reposait sur le fait qu'il manquait à l'époque un échelon intermédiaire entre les différentes unités administratives que sont les sous-préfectures et les arrondissements. Pour que les décisions des pouvoirs publics puissent atteindre la base, l'État avait besoin de relais qui le mettraient en relation constante avec les autorités villageoises. C'est la raison qui a poussé, l'État à faire émerger de gros bourgs appelés à accueillir un minimum d'infrastructures économiques et à servir de pôles d'attraction à des zones plus ou moins importantes. Dans ces gros villages, seraient affectés des agents de l'administration pour y représenter l'autorité du sous-préfet dont ils auraient assumé la plupart des responsabilités à l'échelon de base : recensements, contrôle de registres d'état civil, établissements des listes électorales, collecte des impôts, etc.

En dépit des intentions louables qui l'animaient, cette expérience de regroupements villageois n'a donné que de maigres résultats. Environ 1 400 villages ont été touchés sur les 12 000 existant à l'époque. C'est surtout dans le Borgou que ce regroupement a eu des résultats probants avec la transformation de toutes petites localités comme Soawolou, Ina, Guessou-Sud, Gamia, etc., en de gros bourgs. Il semble que les régions situées au sud, ayant connu une période de transformations due à la traite des esclaves et à l'importance du commerce de traite, n'ont pas réagi favorablement à cette expérience qui a pris fin avec le coup d'État de 1963. Néanmoins, elle a favorisé des brassages de populations dans le Borgou avec l'émergence de gros villages qui en sont résultés.

1.2. Le développement agricole

La réforme du secteur agricole était la principale action des dirigeants de l'époque. Celle-ci était considérée comme le support principal de l'économie qui ne s'était finalement pas libérée de la tutelle coloniale. C'est à partir de ces activités agricoles que se perpétuaient l'économie de prédation et la dépendance du pays vis-à-vis de la métropole.

Dans ce cadre, les politiques menées portaient sur trois principales actions :

- *La lutte contre l'insécurité alimentaire et la faible productivité de l'agriculture*

Cette lutte a débouché sur plusieurs expériences comme la généralisation des champs collectifs et la colonisation agricole organisée.

- *La généralisation des champs collectifs*

Cette option cadre avec l'orientation socialiste du Parti dahoméen de l'unité (PDU), la cheville ouvrière du gouvernement à l'indépendance du pays en 1960.

« La doctrine élaborée à ce sujet est rappelée par l'article dont un extrait est mentionné ci-dessous :

*« **Définition d'une doctrine de champs collectifs :***

Le Dahomey ne peut dans l'immédiat atteindre sa promotion économique que de développer sa production agricole.

Les terres cultivables ne manquent pas, les masses rurales ont des disponibilités en travail actuellement sous-employées.

Il faut que ce potentiel soit utilisé pour mettre en valeur le sol dahoméen dans le cadre d'une formule qui permette :

- *le plein emploi de la main-d'œuvre agricole ;*
- *l'augmentation en priorité des productions d'exportation par une action simultanée sur les surfaces qui doivent augmenter les rendements ;*
- *l'application de techniques culturales rationnelles ;*
- *l'amélioration du bien-être du monde rural.*

Les coopératives pourraient jouer ce rôle. Mais sans attendre la mise en place du nombre important de celles-ci qu'il aurait fallu créer, mise en place qui se heurte souvent à des problèmes complexes constituant un élément frein au développement agricole et pour ne pas perdre du temps devenu précieux ; la création du champ collectif doit permettre d'atteindre ces objectifs.

Le champ collectif est le champ de la collectivité villageoise réalisé sous la responsabilité du conseil de village sous la tutelle du comité départemental du développement rural et dont le produit de la vente des récoltes est une source du budget villageois.[14] »

Sur les réactions des populations face à cette expérience de champs collectifs et les résultats obtenus, Akindes A. Sylvain, écrit ceci : « en dépit de toutes les réalités du terrain, qui le démentent, le bilan officiel est, sans surprise, « concluant » la similitude est frappante avec les champs de « travaux forcés » de triste mémoire dont les populations ont été débarrassées grâce à l'action du RDA, avec le soutien du parti communiste français. La résistance des paysans est d'autant plus forte que le climat politique est devenu intenable pour bon nombre de citoyens sur toute l'étendue du territoire dahoméen. Un plaidoyer pathétique est élaboré pour la réquisition des chômeurs des rues de Cotonou afin qu'ils rejoignent les champs collectifs, à

[14] *Aube nouvelle du 14 avril 1962, citée par Sylvain A. Akindes, Op Cit*

l'image des appels cycliques actuels au retour à la terre, lancés en direction des chômeurs au Bénin. Au-delà des objectifs quantitatifs, ce sont, on le voit bien, des orientations qui condamnent notre pays à renforcer notre assujettissement à la politique coloniale. »

Dans le domaine de la colonisation agricole organisée, les expériences de l'époque portent sur :

- *La création des fermes-pilotes pour le retour en milieu rural de jeunes volontaires des villes*

Cette expérience est partie d'un constat portant sur le taux élevé de chômage des jeunes, de l'ordre de 50 % vers 1960. La direction de la main-d'œuvre a alors décidé d'organiser en partenariat avec l'État d'Israël à partir de 1961 le retour de certains jeunes à la terre. Il fut mis en place une expérience de fermes-pilotes de type kibboutz pour ces jeunes dont l'âge est compris entre 20 et 30 ans. Plusieurs fermes furent ainsi créées dans les zones peu occupées et riches en terres : Hinvi (commune de Toffo), Ouassa-Pehunco, Kétou, Toui (région de Savè), Akpassi (région de Bantè), etc. Ainsi 650 jeunes de Cotonou firent acte de candidature et purent rejoindre ces différentes fermes. Ces volontaires furent logés, nourris et reçurent l'outillage indispensable à la production agricole. On leur allouait une indemnité de 250 F CFA par semaine comme argent de poche, laquelle aide devait s'effacer progressivement après la première récolte. Cette expérience n'a, elle aussi, connu qu'un résultat mitigé en raison de manque de distractions dans ces fermes souvent éloignées des agglomérations. Néanmoins, elle a entraîné un certain brassage de populations dans leurs zones d'implantation.

- *La ferme-école d'Adjara*

La jeunesse ouvrière chrétienne (JOC) du Dahomey créa cette ferme en 1954 pour faciliter, en leur donnant une formation professionnelle, le retour à la terre de jeunes ruraux partis en villes. Les stages qui étaient au départ d'une durée de deux ans dans cette école ont finalement été ramenés à six mois. Cette expérience a pu accueillir entre 1954 et 1961 quelques centaines de jeunes qui ont pu bénéficier des subventions gouvernementales pour s'installer après leur formation. Ainsi la première promotion a reçu un prêt de 4 000 000 de FCFA pour l'achat de terrains, d'outillages et pour l'entretien des jeunes jusqu'aux premières récoltes. Le village d'origine de ces jeunes s'était engagé à mettre à leur disposition un terrain suffisamment important pour réaliser les activités productives. Mais cette expérience s'est arrêtée avec la fin du régime en 1963.

- *Les tentatives de la Fédération nationale de scoutisme*

Au même moment, la Fédération dahoméenne de scoutisme a lancé une expérience d'éducation de base afin de permettre la création de fermes modernes dans quelques villages du Dahomey. Ainsi, au milieu de 1958, plusieurs fermes furent implantées dans le pays pour promouvoir la culture du haricot vert dont les résultats furent satisfaisants dès le début de l'expérience. Mais, à l'indépendance en 1960, cette expérience de production du haricot vert n'a plus de débouchés, les consommateurs français étant partis. Elle fut arrêtée.

- *La colonisation agricole organisée*

Elle est marquée par les implantations des colons agricoles à Bigina, Diépani, et Kouyépani.

Elles concernent le département de la Donga. La zone choisie pour implanter les colons agricoles est la commune de Bassila aux sols riches et abondants. L'expérience avait débuté depuis 1962 en faveur des populations Lokpa et Otamari venant des communes de Ouaké, de Boukoumbé et de l'arrondissement de Kouaba dans la commune de Toukountouna.

La première vague des colons était celle des Lokpa dont le déplacement fut organisé par un pasteur de la « *Sudan Interior Mission* ».

La première équipe installée portait sur 100 pionniers, tous originaires de la même localité. Elle s'était soldée par la création de la ferme de Biguina I à une vingtaine de kilomètres au sud de la ville de Bassila. L'expérience de Biguina I, rapidement concluante, entraîna la fondation de Biguina II, puis Biguina III par des colons de même provenance entre 1962 et 1965. Les trois Biguina comptaient 2 000 habitants en 1974[15].

Lors du recensement national de 1979, il n'en restait que 761 dont 120 à Biguina I, 320 à Biguina II et 321 à Biguina III.

Cette baisse sensible de la population entre 1974 et 1979 traduit l'échec de cette expérience. L'opération qui avait très bien marché au départ s'était finalement arrêtée après le départ du pasteur américain de la *Sudan Interior Mission.*

La deuxième expérience portait sur la migration Otamari des secteurs de Kouaba et de Boukoumbé ; celle-ci fut organisée par les autorités administratives à la suite des crises de famine que ces secteurs ont connues entre 1962 et 1964. Ainsi, en 1963, sur la demande des pouvoirs publics, les communautés chrétiennes des anciennes sous-préfectures de Boukoumbé et

---

[15] **Agbo, V.** (1974) : *Introduction à l'étude des mouvements de population dans l'Atacora et leur impact sur l'économie régionale*, IRAD, Porto-Novo,.

de Natitingou invitèrent leurs fidèles à aller s'installer dans les terres vacantes de Bassila à l'instar des Lokpa originaires de la commune de Ouaké qui venaient de créer les fermes de Biguina.

De cette deuxième expérience sont nées les localités de Diépani et de Kouyépani. On estime à environ 3 000 le nombre des colons Otamari qui se sont installés dans la région entre 1963 et 1968. Ainsi de Diépani I on est allé à Diépani II et III tout comme ce fut le cas des Biguina. En 1979, les trois Diépani totalisaient seulement 276 habitants, dont 115 pour Diépani I, 140 pour Diépani II et 21 pour Diépani III. Par contre, Kouyépani, dès le départ, n'a pas connu de succès.

Par rapport à leur population de départ évaluée à 3 000 habitants en 1968, on constate ici aussi une certaine régression démographique qui traduit le peu de réussite de cette colonisation agricole organisée.

Mais sur ces expériences officielles se sont greffés des mouvements spontanés qui ont permis, toujours dans la même commune de Bassila, la création des fermes de Boni N'Po (4 habitants), Djato (6 habitants), N'Cha (57 habitants), Sindjaloum (24 habitants). Toutes ces fermes sont situées autour du village d'Aoro à 20 kilomètres au sud de Bassila centre.

On peut estimer à environ 1 500 le nombre total des colons qui étaient affectés par ce programme de colonisation organisée. Par rapport à l'effectif de population de ces fermes aujourd'hui d'environ 5 000 individus, on peut parler de la réussite de cette expérience.

- *L'aménagement de la basse vallée de l'Ouémé*

La basse vallée de l'Ouémé fait partie de l'une des plus riches régions du continent africain dues à la fertilité exceptionnelle des sols qui se régénèrent chaque année par apports des limons charriés par le fleuve Ouémé. Cette basse vallée, large de près de 20 km et longue d'environ 90 km, est la principale spécificité du pays Wémè et peut-être de tout le sud- Bénin en raison de sa beauté naturelle et de son potentiel agricole.

Au milieu de cette vallée constituée essentiellement d'une plaine alluviale coulent les fleuves Ouémé et So. Le premier se jette dans la lagune de Porto-Novo, le second déverse ses eaux dans le lac Nokoué. La présence de ces deux fleuves fait de cette vallée une région permanemment humide offrant ainsi à l'agriculture un cadre idéal de production.

C'est à l'indépendance en août 1960 que de gros efforts de mise en valeur des potentialités de cette basse vallée ont été fournis. Le jeune État pour prendre en compte les recommandations de « la Mission de l'Ouémé » met sur pied entre 1963 et 1964 un petit projet à Houéda dans l'arrondissement d'Azowlissè (commune d'Adjohoun) confié aux Chinois. Ces derniers ont conclu à la suite de « la Mission de l'Ouémé » que la riziculture irriguée donne de bons résultats sur les sols de la basse vallée.

- *La rénovation du palmier à huile*

La culture du palmier à huile a été mise sur pied au Bénin sous le règne du roi Guézo. Pendant longtemps, ce palmier avait permis au royaume du Danxomè et à la colonie du Dahomey d'asseoir une certaine puissance commerciale et économique. Grâce aux produits qu'on en tire (huile de palme, palmiste, alcool, etc.), le palmier à huile procurait jusqu'au milieu des années 70, environ 70% de la valeur des exportations du Dahomey et engloutissait la plus grande partie des investissements destinés au développement du monde rural.

Les premières tentatives de modernisation de la palmeraie dahoméenne ont démarré en 1947 avec la mise en place au sein du service de l'agriculture d'un département spécialisé dans le domaine de palmier à huile, appelé Secteur de rénovation de la palmeraie (SRP). La création de ce département a permis la réalisation de plusieurs blocs de palmiers sélectionnés. Cette expérience a été concrétisée par la loi 61 /67 portant statut général des coopératives agricoles promulguée en 1961. À cet effet, on avait imaginé la structure des coopératives sur le modèle des Moshav Chitoufi israéliens.

À l'indépendance, trois raisons fondamentales ont poussé les autorités à envisager le développement et la modernisation de ce secteur palmier à huile :

- le rôle prépondérant du produit dans les revenus de l'État ;
- le palmier traditionnel n'était plus rentable sur le marché international comparé au palmier sélectionné en cours d'expérimentation en RDC, au Nigeria, etc. La production et le rendement de ce palmier à huile traditionnel étaient en état de dégradation continue : de 16427 tonnes d'huile de palme exportées en 1955, on est passé à 9256 tonnes en 1963, soit une baisse de 43,7% en l'espace de dix ans ;
- la station de l'Institut de recherche en Huile et Oléagineux (IRHO) de Pobè, créée en 1923 avait obtenu des résultats satisfaisants qu'il fallait vulgariser.

De ce fait, le développement de palmier à huile implique donc la modernisation du système de production afin de permettre au Bénin de : i) maintenir sa place de choix sur le marché ouest-africain ; ii) valoriser les acquis technologiques de la station de Pobè ; iii) améliorer le développement économique national à partir des ressources qui seraient générées par cette modernisation.

Comme on peut le constater, les orientations économiques de cette première phase ont totalement fait l'impasse sur l'industrialisation. Les nouveaux États indépendants étaient condamnés à approvisionner la métropole en denrées de première nécessité à l'état brut.

II. La période révolutionnaire

Les politiques économiques pendant cette période révolutionnaire étaient définies à travers les deux plans d'État qui ont servi de support à l'orientation économique. Dans le premier plan, cette politique reposait sur le postulat selon lequel « l'agriculture est la base de l'économie et l'industrie son moteur ». Ce qui revient à développer en même temps l'agriculture et l'industrie comme supports au développement rural. Il s'agissait surtout de satisfaire la demande intérieure et d'améliorer les échanges du pays vis-à-vis du marché international. Il s'en est suivi plusieurs options à la fois dans les domaines agricole, industriel et commercial attestant ainsi le choix d'une autre voie totalement différente de celle de la première période.

2.1. Au plan agricole

Dans le second plan (1983-1987), les options économiques dans le secteur agricole étaient définies par rapport à une nouvelle stratégie de développement autocentrée et autoentretenue, qui s'est fortement inspirée du plan d'action de Lagos adopté en 1980 par les chefs d'États africains. Cette stratégie de développement autocentré et autoentretenu avait pour objectif principal la création d'une demande intérieure forte accompagnée d'un surplus alimentaire mobilisable à des fins de formation de capital. C'est dans ce contexte que le pilier essentiel de ce deuxième plan est le secteur agricole. Cela s'est traduit par : (i) l'élargissement du marché intérieur par le développement des cultures vivrières (ii) la commercialisation vers les pays voisins du surplus agricole (iii) le réinvestissement des gains réalisés dans ce secteur agricole en vue de l'amélioration du niveau de vie des populations et de la balance commerciale.

C'est suite à ces deux nécessités (l'agriculture comme pilier de l'industrie et l'agriculture devant améliorer le niveau de vie des populations) que les principaux secteurs de productions qui suivent ont été définis : i) le développement des cultures vivrières ii) le renforcement des aménagements hydroagricoles ; iii) la promotion des filières maraichères ; iv) le développement des cultures d'exportations.

Durant cette période révolutionnaire, les objectifs assignés à la politique agricole peuvent se résumer en trois points : i) assurer l'autosuffisance alimentaire au niveau national et local ; ii) assurer l'approvisionnement des industries nationales en matières premières, de manière à leur permettre de fonctionner à plein rendement ; iii) promouvoir l'organisation des producteurs afin qu'ils mettent en commun et gèrent de façon collective certains moyens de production.

La mise en œuvre de ces différentes politiques comporte des mesures portant sur la recherche agronomique centrée sur l'amélioration des principales plantes cultivées (coton, maïs, riz et niébé), la réorganisation des services de vulgarisation, la mise en place d'un nouveau système d'approvisionnement en intrants couplé avec une politique de crédits en adéquation avec les exigences du calendrier agricole, et l'organisation rationnelle de la commercialisation des produits agricoles d'exportation, basée sur la politique des prix incitatifs.

2.2. Le secteur industriel

Les objectifs assignés à l'industrialisation sont de faire de cette activité le moteur du développement économique avec la réorganisation complète du secteur. L'industrialisation à l'époque avait pour objectifs : i) le renforcement de l'indépendance nationale ; ii) la valorisation de façon rationnelle de toutes les richesses existantes ; iii) l'augmentation du niveau de vie des populations par la création d'emplois nouveaux et de revenu ; iv) l'industrie doit devenir le facteur de la croissance économique en structurant tout l'appareil productif national, en dirigeant le processus d'accumulation au profit de la population, en développant les exportations de biens manufacturés, en renforçant la capacité technologique des Béninois et en absorbant les forces de travail excédentaires du monde rural.

Pour ce faire, les industries privilégiées portaient sur les biens de production

Au total, l'État contrôlait toutes les branches d'activités industrielles avec des entreprises publiques et parapubliques orientées vers six principaux secteurs : textiles, brasseries, agroalimentaires, matériaux de construction, imprimeries et services.

Les opérateurs privés ne détenaient que quelques entreprises industrielles de moyennes importances dans les secteurs de la transformation des métaux, du travail de cuir, des aliments de bétail, de la minoterie et la parfumerie.

Les petites et moyennes entreprises étaient classées dans la catégorie de l'artisanat et s'employaient dans les domaines de la boulangerie, de la menuiserie, de la matelasserie et des services de réparation.

2.3. La politique commerciale de réexportation

Celle-ci a été mise en place pour tirer profit des avantages de la rente des matières premières des pays voisins à partir de 1973. Elle était fondée sur un système d'importation massive des biens manufacturés venant du marché international et réexportés vers les pays limitrophes, principalement le Nigeria. Cette nouvelle politique commerciale a été une grande réussite. Elle a permis aux pays d'améliorer quelque peu les recettes budgétaires et est demeurée très active jusqu'à l'avènement du régime de la rupture.

III. Durant le Renouveau démocratique

Les principales orientations économiques de la période découlent des conclusions de la Conférence des forces vives de la nation de février 1990, des conditionnalités des différents programmes d'ajustements structurels et des recommandations de la Conférence économique de 1996. Comparées à la période précédente, ces options ont fait totalement table rase des voies choisies par les révolutionnaires pour s'orienter vers le libéralisme économique.

3.1.Économie libérale et privation des secteurs vitaux de l'économie

Cette politique de libéralisation économique résulte d'une part des résultats de la conférence des forces vives de la nation de février 1990 dont l'une des conclusions porte sur le choix de l'économie libérale afin de faire table rase des options économiques de la période révolutionnaire caractérisée par la main mise de l'Erat sur tous les secteurs vitaux de l'économie. Elle fait suite aussi aux exigences de la mondialisation de l'économie qui se traduisaient au Bénin par l'ampleur des réformes engagées dont trois méritent d'être signalées : i) la démocratisation de l'État et de la société, ii) l'amélioration du cadre macro-économique, iii) la pratique de la bonne gouvernance.

- La démocratisation de l'État a mis fin aux dix-sept années de régime marxisme-léninisme dominé par le parti État du PRPB. Une nouvelle constitution a été élaborée. Elle consacre l'État de droit et la reconnaissance du multipartisme intégral. Cette constitution propose aussi comme option économique le libéralisme intégral.
- C'est en 1989 que le Bénin a entamé les réformes macro-économiques avec l'adoption du premier Programme d'Ajustement structurel dans un contexte économique catastrophique. Les objectifs de ce premier programme qualifié **de programme**

d'assainissement peuvent se résumer en deux points : i) le rétablissement d'un système bancaire sain, ii) l'instauration d'une économie de marché, à travers un programme de libéralisation et de réorganisation des services publics.

- La bonne gouvernance est prise en compte dans les différentes orientations économiques et principalement dans les résultats de la Conférence économique nationale qui a eu lieu en décembre 1996. Ainsi on pouvait lire dans les conclusions de cette Conférence les recommandations suivantes :

Les conditions de succès de la Conférence économique dépendent des stratégies de développement adoptées. À ces stratégies « *doit être associée la bonne gouvernance afin d'introduire la rationalisation dans la gestion des biens publics et sociaux, et l'amélioration de l'efficacité de l'action publique pour favoriser l'essor économique du pays... La bonne gouvernance doit aussi permettre à l'État d'éviter que se reproduisent dans ce pays les faits répréhensibles que l'on pourrait qualifier de "Plus jamais çà" comme l'improvisation, la corruption, la mauvaise gestion des ressources, l'absence de contrôle dans la gestion des biens publics, la dégradation de l'espace sécuritaire, la mauvaise circulation de l'information, le laxisme et l'irresponsabilité* ».

« La bonne gouvernance passe inévitablement par la moralisation de la vie publique. C'est pourquoi les gouvernants doivent définir très rapidement des actions visant à réduire le train de vie de l'État, à réprimer et à sanctionner les délinquants, qu'ils soient de l'administration publique ou du secteur privé. À ce propos, l'adoption des lois sur la moralisation de la vie publique paraît indispensable, etc.»[16]

Toutes ces réformes ont créé ici de nouvelles conditions d'un développement économique durable dont les grandes orientations ont été définies lors de la Conférence économique nationale.

3.2. Détente politique et enracinement du processus démocratique

Le Bénin est entré dans le 21e siècle dans un contexte mondial marqué par :

- un processus avancé de démocratisation avec une plus grande liberté d'expression et une participation plus accrue des groupes sociaux à la prise de décision politique ;
- une aspiration ascendante à plus de justice sociale et un engagement plus affirmé à promouvoir le développement des couches vulnérables et défavorisées.

---

16 *Conférence économique nationale, synthèse des recommandations. Cotonou, mai 1997.*

C'est conscient de tous ces enjeux qu'il urge de favoriser une détente politique et de travailler à l'enracinement du processus démocratique dans le pays.

En effet, la République du Bénin a connu une instabilité politique et institutionnelle dans le passé qui a poussé les jeunes militaires de l'armée nationale à opter pour la révolution après le coup d'État du 26 octobre 1972. Cette expérience a ramené la paix et la stabilité dans le pays avec un accent particulier au militantisme politique. Le caractère contraignant de ce militantisme a abouti à la démobilisation et à la démotivation à l'égard des tâches productives. La convocation de la conférence des forces vives de la nation en février 1990 a permis une certaine détente sociale qu'il est nécessaire de sauvegarder. Cela a aussi permis l'alternance politique devenue un facteur de progrès. Cela doit être mis à profit pour réussir les efforts déployés en faveur du développement économique et social. Cela est d'autant plus nécessaire que la fin du communisme dans les pays d'Europe de l'Est a débouché sur un environnement international favorable à la paix et à la démocratie.

IV. Le temps de la rupture

Les orientations économiques du temps de la rupture sont définies dans trois documents mis en circulation depuis 2016 : le plan de développement national : 2018-2025, le Programme d'action du gouvernement et le Plan spécial du développement agricole (PSDA). Ces différents documents concernent tous les secteurs de la vie économique nationale. Mais il ne sera question ici que des options relatives à l'agriculture, à l'industrie et aux échanges commerciaux.

4.1. Sur le plan agricole

La décennie 2016-2026 est marquée par deux réformes qui ont déteint sur les productions agricoles au Bénin : l'élaboration du plan du développement national (2018-2023) et les programmes d'action du gouvernement (PAG).

Ces différents documents ont permis au régime en place d'entreprendre plusieurs actions de modernisation du secteur agricole : i) la territorialisation du développement ; ii) les subventions aux engrais ; iii) le retour du secteur privé dans les principales filières agricoles ; iv) la mécanisation agricole ; v) La création du Fonds national de développement agricole (FNDR).

a. La territorialisation du développement

Elle est devenue une nécessité parce que les différentes unités administratives qui existent dans le pays ont été mises en place uniquement pour la nécessité d'encadrement administratif des citoyens. Elles ne correspondent pas à un espace homogène de développement. Elles n'ont pas une envergure géographique pour promouvoir ce développement. Il s'en suit un débordement des ressources naturelles qui empêche les spécialisations économiques de ces unités administratives depuis les départements jusqu'aux communes.

En effet, le Bénin fait partie des rares pays africains qui n'a que deux échelons de commandement administratif : les départements et les communes. Il manque ici une échelle régionale devant servir de support au développement. C'est pour parer à cela que la territorialisation du développement est devenue une urgence. Celle-ci a été mise en place à partir des résultats de l'Agenda spatial adopté par le régime de Yayi Boni qui a fortement mis l'accent sur l'aménagement du territoire par la promotion des pôles régionaux de développement.

Le contenu de ces pôles de développement était déjà défini dans cet Agenda spatial. L'objectif poursuivi ici est d'inscrire le développement dans des cadres géographiques appropriés et de procéder aux opérations de spécialisations économiques à partir des atouts naturels. C'est en se fondant sur ces facteurs écologiques que le ministère de l'Agriculture et de l'Élevage a défini sept régions agricoles qui se présentent comme l'indique le tableau ci-après :

Tableau n° 3 *: La régionalisation du développement*

N°	Identification des régions	Atouts naturels	Potentialités agricoles et économiques
1	Vallée du Niger (formation du sédimentaire irriguée par le Niger et ses affluents l'Alibori, la Sota et le Mekrou	Irrigation	Riz et maraichage (oignon, tomate et pomme de terre). Élevage bovin, caprin et volaille.
2	Nord Borgou -Sud Alibori (formation du cristallin)	Cultures pluviales et abondance du pâturage	Coton, cultures locomotives, maïs, sorgho et soja. Élevage bovin, caprin et volaille.
3	Chaîne de l'Atacora (sol du birrimien)	Formation sableuse, très légère et perméable de faible profondeur	Coton, riz, maïs, manguier et légumineuses (niébé, arachide). Élevage Bovins, caprins et volailles.
4	Colline et Borgou-Sud (Formation du précambrien ancien)	Formation du cristallin avec un sol sableux très perméable, mais peu profond	Anacarde, coton, cultures locomotives, maïs, riz, niébé, manguier, soja, manioc, igname. Élevage intensif de bovins, caprins et volailles.
5	Dépression médiane de la Lama (formée à l'éocène)	Sol noir lourd, mais riche	Filière agrumes, mangues, palmiers à huile, riz, maïs, niébé, arachide. Petit élevage et espace agro sylvo pastoral
6	Plateau de Sakété, Pobè, Kétou,	Sol rouge formé sur le continental terminal	Palmier à huile, maïs ; de légumineuses, de manioc et riz.
7	Plateau de la basse côte du continental terminal : Allada, Abomey, Abomey-Calavi, Mono,	Sol profond et riche formé sur le continental terminal associé aux lacs et lagunes	Aquaculture, ananas, riziculture, maraichage, maïs, manioc, palmier à huile et petit élevage[17]

Source : Rapport de performance du secteur agricole, ministère de l'Agriculture et de l'Élevage, 2020

[17] *Stratégie nationale de mécanisation agricole au Bénin : 2022-2026, ministère de l'Agriculture et de l'élevage, août 2021, P 17.*

Carte N°4 : *Zones agroécologiques*

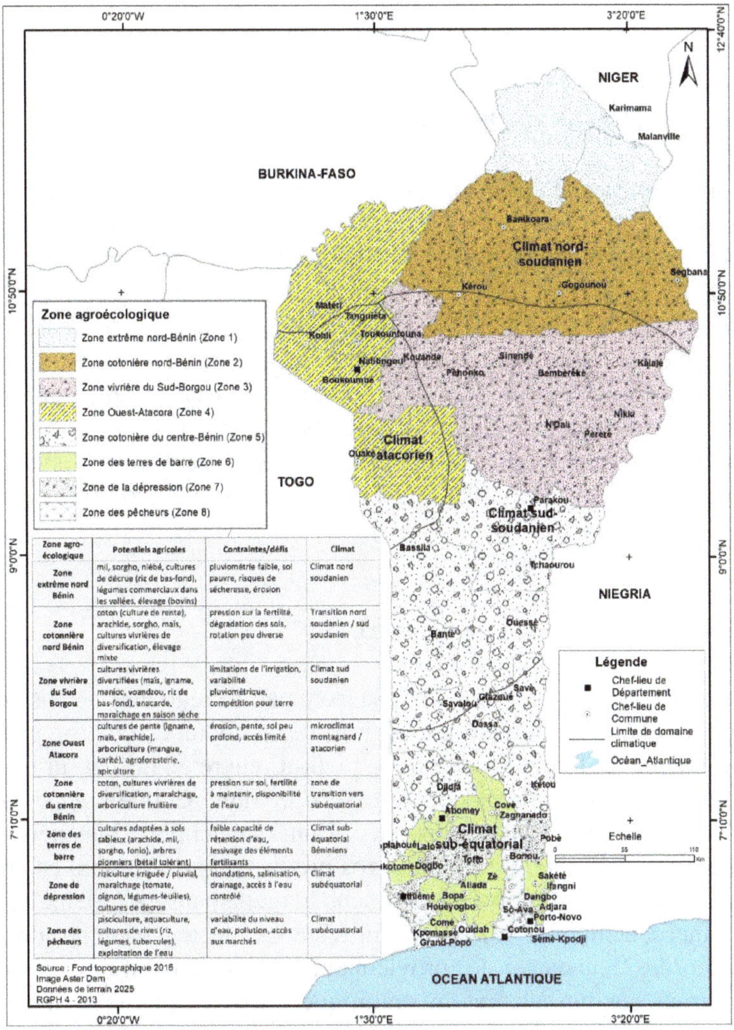

Zone agro-écologique	Potentiels agricoles	Contraintes/défis	Climat
Zone extrême nord Bénin	mil, sorgho, niébé, cultures de décrue (riz de bas-fond), légumes commerciaux dans les vallées, élevage (bovins)	pluviométrie faible, sol pauvre, risques de sécheresse, érosion	Climat nord soudanien
Zone cotonnière nord Bénin	coton (culture de rente), arachide, sorgho, maïs, cultures vivrières de diversification, élevage mixte	pression sur la fertilité, dégradation des sols, rotation peu diverse	Transition nord soudanien / sud soudanien
Zone vivrière du Sud Borgou	cultures vivrières diversifiées (maïs, igname, manioc, voandzou, riz de bas-fond), anacarde, maraichage en saison sèche	limitations de l'irrigation, variabilité pluviométrique, compétition pour terre	Climat sud soudanien
Zone Ouest Atacora	cultures de pente (igname, maïs, arachide), arboriculture (mangue, karité), agroforesterie, apiculture	érosion, pente, sol peu profond, accès limité	microclimat montagnard / atacorien
Zone cotonnière du centre Bénin	coton, cultures vivrières de diversification, maraîchage, arboriculture fruitière	pression sur sol, fertilité à maintenir, disponibilité de l'eau	zone de transition vers subéquatorial
Zone des terres de barre	cultures adaptées à sols sableux (arachide, mil, sorgho, fonio), arbres pionniers (bétail tolérant)	faible capacité de rétention d'eau, lessivage des éléments fertilisants	Climat sub-équatorial Béniniens
Zone de dépression	riziculture irriguée / pluvial, maraichage (tomate, oignon, légumes-feuilles), cultures de décrue	inondations, salinisation, drainage, accès à l'eau contrôlé	Climat subéquatorial
Zone des pêcheurs	pisciculture, aquaculture, cultures de rives (riz, légumes, tubercules), exploitation de l'eau	variabilité du niveau d'eau, pollution, accès aux marchés	Climat subéquatorial

Malgré ces préoccupations régionales, ce schéma de territorialisation du développement mérite d'être amendé en y ajoutant deux autres pôles : la bande côtière et la basse vallée de l'Ouémé.

La bande côtière est faite de sables marins formés pendant le quaternaire. Elle n'est propre qu'à la culture maraichère et à la plantation de cocotier, mais elle est bordée de lacs et lagunes qui faisaient l'objet d'une intense activité de pêche. Elle abrite aujourd'hui les grosses agglomérations comme Cotonou, Ouidah, Grand-Popo et Sèmè Kpodji, ses joyaux économiques.

La basse vallée de l'Ouémé a toujours été analysée et présentée comme le plus grand potentiel agricole du Bénin par la richesse de son sol qui se renouvelle régulièrement chaque année par apport des limons charriés par les fleuves Ouémé et Sô. Elle est donc totalement différente du pôle 7 dans lequel elle est inscrite.

b. Les subventions aux intrants agricoles

Elles ont commencé à partir de la campagne 2022-2023 suite aux renchérissements des prix des engrais, en l'occurrence le NPK et l'urée, provoqués d'une part par la pandémie de Covid-19 et d'autre part par la guerre Russo-Ukrainienne. Avant ces deux crises, l'engrais était cédé aux paysans entre 12.000 et 12.500 francs CFA le sac de 50kg. Pendant la crise de Covid-19 et la guerre en Ukraine, le prix du sac de 50kg du NPK est monté à 22.500 francs CFA et celui de l'urée à 28. 200 francs CFA. Cette augmentation du prix des engrais a rendu la vie dure aux paysans béninois. C'est pour aider ces derniers que le gouvernement a pris la décision de subventionner les engrais en ramenant le prix de sac de 50kg de NPK et de l'urée à 14.000 francs CFA.

c. La mécanisation de l'agriculture

Celle-ci avait débuté sous l'ère de Yayi Boni par la création d'une usine de montage de tracteurs à Ouidah. Le régime de la rupture a renforcé cette initiative, pour pallier l'insuffisance de la main-d'œuvre en milieu rural suite aux conséquences de la scolarisation et de l'exode rural. Celle-ci ne peut être une réussite que si elle est accompagnée d'une subvention financière aux agriculteurs. Pour le moment, seuls les gros producteurs nantis sont capables de financer cette mécanisation qui ne touche actuellement qu'à peine 0, 5% de la paysannerie béninoise. Mais les limites à cette mécanisation ne sont pas seulement d'ordre financier. Elles proviennent aussi de la nature des sols peu profonds formés sur un substratum granitique qui n'est pas favorable à la mécanisation et aussi par le manque d'ouvriers compétents pour réparer les tracteurs en cas de panne.

d. Le rôle du secteur privé

La participation du secteur privé au développement agricole est devenue nécessaire suite à la privatisation de la Sonapra par les régimes précédents. Celle-ci concerne surtout le secteur cotonnier comme on le verra plus tard.

Du point de vue des objectifs poursuivis, il s'agit de *faire du secteur agricole béninois le principal levier de développement, de création de la richesse et d'emploi au Bénin.* Cela consiste à s'appuyer sur le développement des projets phares et des projets prioritaires. Les premiers portent sur le développement des filières à haute valeur ajoutée comme l'ananas, l'anacarde, les produits maraichers auxquelles s'ajoute le renforcement des produits conventuels comme le riz ; le maïs le manioc et l'igname et la mise en valeur de la basse vallée de l'Ouémé

Les projets prioritaires sont ceux qui concernent les cultures d'exportation telles que le coton, l'anacarde, le soja et l'ananas. C'est à partir de ces différentes options qu'il faudrait analyser les résultats obtenus par le régime de la rupture.

4.2. La réorganisation du secteur industriel

La politique industrielle durant le régime de la rupture s'inscrit dans le cadre du pilier n°2 du programme d'action du gouvernement, à savoir « poursuivre la transformation structurelle de l'économie ». Ce pilier 2 est décomposé en trois axes : i) le renforcement du cadre macro-économique et le maintien de sa stabilité ; ii) l'accélération de la croissance économique ; iii) la promotion d'une éducation de qualité.

C'est au niveau de l'accélération de la croissance économique, et les actions prioritaires qui en découlent qu'est mentionnée la nécessité de stimuler l'industrialisation par « la création d'un fonds de bonification de crédits pour les entreprises industrielles ». Mais dans ce plan d'action du gouvernement, il manque des projets industriels à restructurer ou à promouvoir.

C'est plutôt dans le plan national de développement 2018-2025 qu'il est énuméré à la page 100, les facteurs favorables qui prédisposent le Bénin au développement de l'industrie comme : i) la croissance démographique et la forte demande de produits alimentaires transformés en milieu urbain ; ii) l'existence de ressources et de mains d'œuvres à bon marché, iii) l'existence de potentiels importants d'agro-industries à valoriser ; etc.

C'est à partir de ces atouts que le régime a pu créer la zone industrielle de Glo Djigbé.

4.3. L'assainissement des principaux secteurs de développement

C'est dans ce contexte que sont définies les principales actions à mener dans le secteur commercial. De ces actions, on peut mentionner la nécessité de continuer à promouvoir les échanges avec les pays limitrophes et à augmenter la part du Bénin dans le commerce international afin de réduire de façon substantielle le déficit de la balance commerciale qui résulte du niveau assez faible des exportations du pays actuellement dominé par le coton et les dérivés de l'anacarde.

Pour faire suite à ces préoccupations, les réformes mises en œuvre sont : « i) la mise en place d'un bordereau de frais unique et d'un bordereau de suivi électronique des cargaisons des marchandises ; ii) la création du guichet unique des opérateurs du commerce extérieur ; iii) la mise en place d'un centre de contrôle informatique de la gestion des camions gros porteurs par la Société des transports terrestres du Bénin (STTB) ; iv) la limitation des postes de contrôle sur les corridors routiers pour réduire le temps de contrôle des véhicules ; v) la dématérialisation des procédures de prédédouanements ; vi) la promulgation par le gouvernement du Bénin de la loi 2017/21 portant protocole d'amendements relatifs à l'insertion de l'accord sur la facilitation des échanges (AFE) dans l'annexe 1 de l'accord instituant l'OMC. »

*

* *

L'analyse des options économiques de l'indépendance à l'ère de la rupture montre que celles-ci sont centrées sur la promotion agricole à laquelle furent assignées deux missions : la sécurité alimentaire des populations et l'offre des matières premières aux industries. Tous les régimes qui se sont succédés à la tête du pays n'ont pas évolué dans ce domaine.

En effet, tous sont soumis aux mêmes contraintes, celles de rembourser les dettes contractées par l'État auprès des Institutions internationales de financements et des banques de la place. Au vu de cela, leurs marges de manœuvre restent assez étroites bien que sachant que l'avenir n'est pas dans la promotion du secteur primaire dont l'essor condamne les pays africains à la dépendance. Celle-ci empêche de structurer l'économie nationale autour des enjeux porteurs comme la promotion des activités innovantes, gage d'un développement harmonieux et durable. Il s'en suit l'élaboration des mêmes stratégies de développement dont le fondement repose sur la planification.

Chapitre III

Les stratégies de développement

Celles-ci n'ont jamais été les mêmes d'une période à l'autre compte tenu des discours sur le développement et du contexte international. De l'indépendance à nos jours, elles portent sur six principaux choix à partir desquels sont définis les différents axes du développement national.

I. La planification du développement, première génération[18]

De **1960 à 1990**, les discours qui ont été à la mode dans les pays sous-développés concernent le développement endogène et la nécessité d'une économie planifiée afin d'éviter de naviguer à courte vue. Tenant compte de cela, les instruments de stratégie de développement sont formulés à travers les différents plans de développement économique et social.

Le Bénin a connu plusieurs plans de développement économique dont la mise en application fut arrêtée par les programmes d'ajustement structurel. Mais suite à l'arrêt de ces programmes, de nouvelles générations de plans de développements ont été conçues conformément aux quatre périodes d'évolution du pays.

1.1. Les plans de la période 1960-1972

Cette période a connu trois plans de développement. La plupart de ces plans sont l'œuvre des experts français dont notamment un certain Casati qui fut responsable de l'élaboration du second plan de la période de 1966-1970.

- À propos de ces plans, voici ce qu'écrit Sylvain Adépédjou Akindes : « on assiste à un défilé de missions agricoles françaises et autres pour la mise en place des programmes élaborés par les experts français qui ont conçu les plans de développement du nouvel État ; entre autres, la mission de l'Institut français des recherches fruitières (IFAC) pour un développement de la culture fruitière au Dahomey ;

[18] La rédaction de cette partie s'est profondément inspirée du travail de **Justin GNIDEHOU** : *L'évolution de l'économie, de la politique et de programmes de développement du Bénin de 1980 à 1995* – décembre 1995.

- mission chinoise (FORMOSE) pour les études préliminaires du bassin de l'Ouémé à mettre en culture rizicole ;
- mission canne à sucre de l'Institut de recherche pour l'agriculture tropicale (IRAT) qui vise à voir les possibilités d'implantation d'une industrie sucrière (zones atlantique et mono), l'intérêt et les possibilités techniques d'un artisanat sucrier, un programme d'introduction et d'expérimentation de la canne à sucre ;
- mission d'aide et de coopération (FAC) pour l'étude du mouvement mutualiste dans le département du Centre »[19]

A partir de ces différentes missions, trois plans de développement ont été élaborés entre 1960 et 1972 :

- le **premier plan quadriennal 1962 - 965,** avait pour objectif de permettre aux autorités de mettre en place des institutions politiques, administratives, économiques et socioculturelles solides. Ce plan devait également assurer l'accroissement de la production agricole, la réduction des déficits budgétaires et de la balance commerciale et l'augmentation sensible du revenu par tête d'habitant.
- Le **second plan quinquennal**, **1966 – 1970** qui fut qualifié de révolutionnaire par le Président Soglo, lors de sa présentation officielle, le 3 mars 1966, avait pour stratégies :
  - parfaire l'indépendance nationale en liquidant les contradictions qui existaient sur le plan financier et économique ;
  - accroître la production nationale à un rythme plus rapide que celui de la croissance démographique en vue d'améliorer le niveau de vie de la population ;
  - préparer les bases d'une troisième étape qui démarrerait en 1971 et serait celle d'une croissance accélérée afin de combler le retard de l'économie nationale par rapport aux économies des pays déjà engagés dans cette voie.

- **Le plan intérimaire 1971 – 1972** se résume comme suit :

- réduire la dépendance vis-à-vis de l'extérieur sur le plan des investissements et de la balance des paiements ;
- rechercher un équilibre budgétaire permettant à la fois d'assurer la bonne marche des services, de faire face aux nouvelles charges récurrentes et d'accroître les investissements nationaux ;
- engager des réformes de structure à tous les niveaux et dans les secteurs d'activités économiques ;
- adopter en matière de développement rural, un système d'organismes d'intervention à gestion administrative et financière autonome et à

[19] **Akindes, O. S.** ; Op Cit

caractère progressivement national à partir de la création des Centres d'action régionale pour le développement rural (CARDER) ;
- dans le domaine industriel, procéder à la déconcentration industrielle par l'implantation des industries sur les lieux de production de la matière première ;
- en matière de commercialisation des produits, qu'ils soient vivriers ou d'exportation, mettre en place l'Office de commercialisation agricole du Dahomey (OCAD) qui devra être l'instrument d'assainissement des circuits commerciaux ;
- réorganiser toute l'infrastructure (routière, portuaire, ferroviaire, de télécommunication, etc.) dans le but de valoriser la position géographique qui fait du Bénin un pays de transit pour ses voisins, le Nigeria, le Togo, le Ghana, le Burkina Faso et surtout le Niger.

1.2. Les plans de développement de la période révolutionnaire

Cette période a été marquée par l'étatisation de la quasi-totalité des structures de production de biens et de services. Deux plans de développement économique et social ont été mis en œuvre entre 1972 et 1989. Les contenus et les orientations de ces plans ont été définis par une série d'évènements politiques qui ont servi de cadre idéologique à leur formulation. Il s'agit d'un côté du discours-programme du 30 novembre 1972 et de l'autre, du discours d'orientation nationale du 30 novembre 1974.

- Le premier discours donne les orientations du développement économique selon les termes ci-après :

- en ce qui concerne le monde rural, il s'agira d'exploiter au mieux les vocations naturelles du pays tant du point de vue des cultures industrielles que vivrières, de l'élevage et de la pêche ;
- dans le domaine des entreprises industrielles et commerciales et les institutions financières, l'objectif était la prise en charge progressive par l'État du contrôle des secteurs vitaux de l'économie et la mise en valeur rapide des ressources nationales ;
- dans le domaine de l'Eduction et de la formation des Cadres, il a été défini les modalités d'installation d'un système d'éducation démocratique et patriotique qui permette l'enseignement d'une science et d'une technique modernes au service des intérêts du peuple ;
- en ce qui concerne la santé et les affaires sociales, la nouvelle politique devait porter essentiellement sur les masses populaires ;
- dans le domaine de l'administration, il s'agissait de :
    - ❖ restaurer et affermir l'autorité de l'État ;
    - ❖ améliorer l'efficacité de l'administration en la débarrassant des procédures tracassantes et stérilisantes ;

- rapprocher par la décentralisation le pouvoir du citoyen ;
- garantir l'indépendance de la justice ;
- en ce qui concerne la politique extérieure, les rapports du Bénin avec les pays étrangers doivent reposer sur le principe du non-alignement, d'égalité, du respect mutuel de la souveraineté, des avantages réciproques et de la dignité nationale. Dans ce sens, il a été demandé au gouvernement de renégocier tous les accords de coopération économique, culturelle et de défense qui lient le Bénin aux pays étrangers.

- Le discours d'orientation nationale du 30 novembre 1974 a comme principales conclusions dans le domaine économique et social: i) organiser et diriger l'édification de l'économie nationale à la lumière des principes et des lois du socialisme scientifique et cela en comptant d'abord sur les forces nationales, les ressources nationales et sur l'initiative créative des larges masses laborieuses ; ii) revaloriser la culture nationale, les langues nationales et les traditions nationales dans la lutte contre la domination étrangère ; iii) maîtriser les acquis de la science et de la technique pour les mettre au service du peuple ; iv) organiser scientifiquement les forces sociales et productives du Bénin pour la défense de la révolution.

La mise en œuvre des orientations de ce discours a commencé dès le 14 décembre 1974 par la prise en charge des secteurs vitaux de l'économie nationale. Cette mise en œuvre a été possible grâce au séminaire national sur les problèmes économiques, financiers et budgétaires qui s'est déroulé en juillet 1974. Ce sont finalement les conclusions de ce séminaire national qui ont servi de base au premier plan triennal de la période 1977-1980.

- Les grandes orientations de ce plan triennal se résument comme suit : i) assurer un développement démocratique ; ii) promouvoir un développement indépendant ; iii) promouvoir un développement planifié ; iv) jeter les bases d'une industrialisation solide ; v) définir une stratégie de substitution des exportations par l'élargissement du marché intérieur ; vi) choisir les techniques maîtrisables ; vii) tendre vers une croissance autoentretenue.
- Le **deuxième plan quinquennal** de cette période révolutionnaire va de **1983 à 1987.** Ses grandes orientations constituent une traduction au niveau national du plan d'action de Lagos pour la mise en œuvre de la stratégie de Monrovia adoptée par le premier sommet économique des Chefs d'États et de gouvernement de l'Organisation de l'Unité africaine (OUA) tenu à Lagos en avril 1980.

Le plan d'action de Lagos définit les mesures nécessaires pour asseoir les bases d'une économie autocentrée et autoentretenue et pour renforcer la coopération économique sous-régionale et régionale.

Le principe d'économie autocentrée vise à créer un marché intérieur ayant une dimension critique suffisante pour constituer une base de consommation qui puisse permettre l'installation d'entreprises industrielles productrices de biens de consommation dans des conditions de viabilité économique acceptable.

Par le concept de croissance autoentretenue, il s'agit de générer une partie appréciable des moyens qui permettent d'élargir l'appareil de production nationale.

Bien que ce plan n'ait pas été formellement approuvé par le Parlement, ses différentes orientations ont été mises en œuvre jusqu'à la signature du premier programme d'ajustement structurel avec le Fonds Monétaire International et la Banque Mondiale en 1989.

Au total, ces différents plans, qu'il s'agisse de la période précédente ou de celle dite révolutionnaire, ont permis de définir les priorités de développement dans le pays dans les domaines industriels et artisanaux, de l'équipement et des transports, du développement rural, de l'éducation et de la santé, du commerce et du tourisme.

L'investissement prévisible pour la mise en application du plan triennal 1977-1980 est ventilé comme suit :

- Industrie et artisanat : 115 518 000 000 de FCFA
- Équipement : 44 875 900 000 FCF
- Transports : 32 120 500 000 FCFA
- Développement rural : 26 00 1 400 000 FCFA
- Éducation : 15 968 600 000 FCFA
- Santé : 6 773 600 000 FCFA
- Commerce : 3 465 000 000 FCFA
- Tourisme : 3 190 000 000 FCFA

Quant au deuxième plan quinquennal de 1983-1987, dont les principaux objectifs portent sur : i) l'accroissement de la production agricole ; ii) la réhabilitation des unités industrielles existantes et l'extension de la branche des industries agroalimentaires et des industries de substitution aux importations ; iii) l'extension et le renforcement des infrastructures de transport et de communication ; iv) l'extension de la capacité de la formation technique et professionnelle ; v) le renforcement de la capacité d'administration du développement économique. Les moyens financiers à mobiliser font l'objet du tableau ci-après.

Tableau n°4 *: Projection de la valeur ajoutée par secteur de moyens à mobiliser (en milliards de FCFA)*

Secteurs	**1983**	**1984**	**1985**	**1986**	**1987**	**Taux de croissance annuel (TCAM) %**
Développement rural	118,6	121,2	125,6	129,4	133,0	2,9
Industrie	8,7	10,6	13,2	15,1	17,2	10,7
Énergie	4,3	5,7	6,6	7,4	8,2	17,5
Bâtiments et travaux publics	20,2	23,0	26,3	29,9	34,1	14
Commerce (et service	74,0	75,8	77,6	79,5	81,4	2,4
Transports et communications	39,0	39,9	40,9	41,9	42,9	2,4
Administration publique	23,3	23,3	23,3	23,3	23,3	0
	285,1	299,5	313,5	326,5	340,1	49,9

Source : Plan quinquennal 1983-1987 ; Direction du Plan et de la Prospective du MPRE.

Comme on peut le constater, ces différents plans de développement demandent de moyens financiers importants qui dépassent largement la capacité économique du pays.

Les options politiques de la période fondées sur le marxisme-léninisme ne permettaient pas non plus de solliciter le concours des partenaires au développement dont la plupart sont hostiles à l'expérience politique béninoise. En conséquence, seuls quelques aspects de ce programme ont pu être réalisés. Mais si l'on se réfère aux dépenses du plan triennal 1977 – 1980, on constate le rôle prépondérant accordé aux investissements industriels de l'ordre de 111 500 000 000 FCFA largement supérieur aux autres secteurs, montrant ainsi la spécificité de cette époque révolutionnaire comparée aux autres périodes.

Quoiqu'il en soit, ces différents plans de développement ont été définitivement abandonnés avec la souscription du pays aux programmes d'ajustement structurel à partir de 1989.

II. Les programmes d'ajustement structurel

2.1. Les composantes du PAS

Par composantes du PAS, deux questions seront évoquées : les objectifs des programmes, dans quelles conditions ces objectifs peuvent-ils être atteints ?

Les raisons qui justifient l'adoption du PAS dans les pays pauvres en général et au Bénin en particulier sont relativement les mêmes :

- déséquilibre prononcé de la balance commerciale, entraînant du coup celle des paiements. D'où la nécessité de faire appel à l'épargne extérieure pour financer ce déficit. Si l'épargne extérieure vient spontanément s'investir dans le pays, il n'est plus nécessaire de souscrire à un Programme d'Ajustement structurel. Lorsque cette possibilité n'existe pas, le pays en question est obligé de faire appel à des financements exceptionnels qui ne peuvent venir que du FMI. Mais avant que celui-ci ne réponde favorablement, il pose ses conditions, parmi lesquelles il y a la réduction du déficit budgétaire, soit par la diminution des dépenses, soit par l'augmentation des recettes ou les deux à la fois ;

- situation d'endettement chronique, même si la balance commerciale est excédentaire. La souscription aux programmes d'ajustement structurel permet de bénéficier du réaménagement de la dette de la part des créanciers publics et privés.

Au départ, le programme ne concerne que ces deux situations. Mais l'ampleur des financements exceptionnels pour soutenir la balance des paiements a nécessité le recours de la Banque Mondiale qui, à l'origine, se contentait de faire des prêts d'investissements et d'assistance technique, dont le remboursement s'échelonne sur plusieurs années. L'intérêt de la Banque Mondiale pour les Programmes d'Ajustement structurel vient surtout de l'espoir que ces programmes devraient favoriser la croissance économique.

Les préoccupations du FMI, essentiellement basées sur la stabilité monétaire et de la Banque Mondiale, orientées vers la promotion de la croissance économique, se traduisent dans les faits, par la stabilisation du déficit extérieur et la restructuration de l'appareil productif. C'est l'ensemble de ces deux mesures qui constitue les objectifs fondamentaux des Programmes d'Ajustement structurel.

Pour atteindre ces objectifs, les réformes préconisées concernent tous les secteurs de la vie économique.

L'agriculture, avec pour proposition le désengagement de l'État, l'arrêt aux subventions et la nécessité de relever les prix aux agriculteurs, pour inciter ces derniers à produire davantage.

L'industrie, avec allégement des coûts de production, la baisse de la fiscalité, la réforme du marché de travail, etc. L'État doit également se désintéresser de plus en plus de ce secteur, en privatisant les entreprises publiques.

Le commerce, avec la libéralisation des prix et la suppression des monopoles d'importation et autres systèmes de quota. L'État doit aussi libéraliser le commerce extérieur en supprimant les barrières non tarifaires et en abaissant les tarifs extérieurs.

Le secteur financier, en renonçant à la fixation administrative des taux d'intérêt, en liquidant les banques tombées en faillite, en particulier les banques étatiques.

Le système éducatif, en demandant à l'État de mettre uniquement l'accent sur l'enseignement primaire et professionnel, et de se désengager progressivement du supérieur jugé trop coûteux et peu adapté au fonctionnement de la société.

La santé où il est suggéré à l'État de mettre l'accent sur les soins primaires de base.

L'État avec la réduction de ses effectifs, le regroupement des Ministères si possible, et la diminution des dépenses militaires et de prestige.

Bref, tous les secteurs de la vie économique et sociale sont concernés par les réformes du PAS. C'est au vu de ces réformes et du sérieux avec lequel elles sont mises en place que les Institutions de Bretton Woods s'engagent à octroyer les prêts dénommés Prêts d'Ajustement structurel.

Le caractère pressant et obligatoire de ces réformes incite tout le monde à parler des conditionnalités du PAS. Ces conditionnalités deviennent pesantes parce que les anciens bailleurs de fonds bilatéraux eux aussi commencent à s'aligner sur la Banque Mondiale et le FMI pour exiger que le pays souscrive aux PAS avant de continuer à bénéficier de leurs aides.

2.2. La mise en œuvre du programme

C'est en 1989 que le Bénin a souscrit à son premier Programme d'Ajustement structurel dans un contexte économique catastrophique. Les objectifs de ce premier programme qualifié de programme d'assainissement peuvent se résumer en deux points : i) le rétablissement d'un système bancaire sain ; ii) l'instauration d'une économie de marché, à travers un programme de libéralisation et de réorganisation des services publics.

Ce programme avait bénéficié du soutien de la Banque Mondiale à travers un crédit d'ajustement structurel mis en place en juin 1989 et également celui du FMI à travers un autre crédit dénommé Facilités d'Ajustement structurel mis en place en 1989. Mais ce programme n'a pas pu être conduit à terme, compte tenu de l'évolution politique ayant débouché sur l'organisation de la Conférence nationale des Forces vives de la nation, et par la suite au changement de régime politique.

Aussitôt son arrivée au pouvoir, le Président Soglo entame de nouvelles négociations qui ont abouti à la signature d'un second accord d'ajustement portant sur la période 1992-1994. Ce second accord a été baptisé, Programme d'Assainissement et de Réformes économiques. Il est également soutenu par la Banque et le FMI, à travers le crédit d'Ajustement structurel II, octroyé par la Banque et les facilités d'Ajustement structurel renforcé du FMI mises en place en janvier 1993. L'objectif de ce second programme est identique à celui du premier. Il s'articule autour des quatre points suivants : i) rétablir l'équilibre budgétaire ; ii) restructurer le système bancaire ; iii) restructurer les entreprises publiques ; iv) rétablir les conditions d'une croissance durable.

Le troisième programme a été négocié au milieu de l'année 1994 sous la dénomination de Programme de relance et de la croissance durable. Il a également bénéficié du soutien de la Banque Mondiale à travers le crédit d'ajustement structurel III mis en place en 1995, et du FMI à travers les facilités d'ajustement structurel renforcé mises en place en août 1996. Ce troisième programme vise à :

- améliorer l'efficacité du secteur privé ;
- mettre en place les infrastructures et les services sociaux de base nécessaires à la croissance ;
- favoriser la diversification de l'économie et le développement de l'appareil productif;
- remédier aux défaillances de l'administration publique, par un redéploiement des effectifs, une rationalisation des barèmes de traitement, etc.

L'application de ces différents programmes a débouché sur la reprise de la croissance et l'amélioration substantielle de l'économie béninoise.

2.3. Les résultats des différents programmes

Ces différents programmes d'ajustement structurel ont donc permis à l'État de réformer profondément les secteurs économiques et sociaux. Sur le plan économique, le pays a renoué avec la croissance et les principaux secteurs de production ont été assainis.

De façon globale, les résultats qui sont consignés dans les différents documents portent sur les points suivants : i) la réorientation fondamentale de la politique économique du pays, centrée sur la réduction de la taille et du rôle du secteur public ; ii) , la création d'un environnement plus favorable au secteur privé ; iii) l'assainissement des finances publiques et la réforme du cadre réglementaire.

A partir de 1991, la croissance du PIB a redémarré, l'inflation a été maîtrisée, le solde primaire des opérations financières de l'État est redevenu positif, le système bancaire inspirait à nouveau confiance aux opérateurs économiques, et les réserves de change avaient augmenté considérablement.

En 1994, la stratégie d'ajustement a été renforcée par la dévaluation du franc CFA, considérée comme indispensable au démarrage de la compétitivité extérieure du Bénin. Enfin, la croissance a atteint 5 % en 1995...

Malgré ces résultats encourageants, le PAS a entraîné dans la société béninoise un certain nombre de problèmes qui méritent d'être bien analysés et qui, peut-être, justifient aussi la nécessité pour l'État d'organiser une conférence économique nationale.

III. La recherche d'un consensus national : conférence économique de décembre 1996

L'idée d'une conférence économique nationale a été avancée pour la première fois au cours de la conférence nationale des forces vives de la nation en février 1990. Cette idée découle de ce que l'ampleur des questions politiques n'a pas permis d'aborder à fond les problèmes de développement économique et social du Bénin.

L'évolution de la situation économique et sociale pendant la transition et le premier quinquennat du Renouveau démocratique essentiellement caractérisée par la mise en œuvre des deuxième et troisième programmes d'ajustement structurel et leur impact tant sur les données économiques que sur la situation sociale du pays a ravivé, dans bien des esprits, la nécessité d'un débat national autour des questions de développement.

Prenant en compte cette donnée essentielle et animé par une volonté politique évidente de développer une approche participative nouvelle pour la recherche de solutions aux problèmes de développement de la nation, le Président de la République a inscrit dans son programme de gouvernement, l'organisation d'une concertation nationale.

C'est dans ce contexte que la conférence économique nationale a été organisée comme une consultation populaire pour faire le point et poser correctement les problèmes autour d'une thématique centrale, le développement économique et social et son corollaire, la réduction de la pauvreté.

Les travaux issus de cette conférence économique nationale ne sont ni le programme de gouvernement ni un plan de développement. Ils ont porté sur une analyse collective de la situation économique et sociale du Bénin et ont débouché sur d'importantes orientations et recommandations qui doivent servir de socle à tout programme de développement durable basé sur les préoccupations majeures des différentes couches sociales de la nation.

Parmi les recommandations de cette conférence, celles qui paraissent essentielles se formulent comme suit :

- *développer le capital humain* : cette recommandation vise à replacer l'homme au cœur du processus de développement en prenant des mesures vigoureuses pour profiler l'éducation, renforcer la formation, la capacité d'innovation et de gestion du Béninois, améliorer sa santé et lui assurer une meilleure alimentation ;
- *instaurer la bonne gouvernance par la moralisation de la vie publique* et la définition des actions visant à réduire le train de vie de l'état, à réprimer et à sanctionner les délinquants, qu'ils soient de l'administration publique ou du secteur privé ;

- *rechercher une nouvelle éthique de développement* afin que l'économie béninoise ne soit plus pilotée à vue. Il devient donc impérieux qu'une vision stratégique et prospective guide désormais les programmes de développement économique et la conduite ordonnée des actions opérationnelles et des investissements ;
- *enraciner le développement dans la culture nationale* pour rendre le processus de ce développement plus endogène ;
- *promouvoir les secteurs stratégiques pour un développement durable.* Dans ce domaine, une attention particulière doit être réservée à la promotion du secteur privé par la simplification des procédures d'enregistrement commercial et la mise en place sans délai d'un centre de normalisation des entreprises (guichet unique). Le second volet de cette action concerne l'agriculture pour laquelle la conférence demande que les décisions issues de la table ronde sur le secteur rural soient mises en œuvre. Enfin, en ce qui concerne le secteur industriel, il est proposé la création des zones industrielles dans chaque département, etc. ;
- *impliquer les jeunes dans le processus de développement*, en prenant en compte le fait que l'avenir de la nation dépend d'eux ;
- *valoriser la participation des femmes au développement* ;
- *mobiliser les ressources financières nécessaires au développement du pays* ;
- *mieux intégrer le Bénin dans son contexte régional et international* afin de permettre au pays de mieux vendre sa position géographique en le considérant comme un marché de 250 millions de producteurs ;
- *mettre en place et dynamiser les structures de concertation et de développement* par la création d'un forum national de développement, la création d'un comité national paritaire pour le développement rural, la mise en place d'un comité de suivi de l'évolution d'application de la charte culturelle, issue des états généraux de la culture organisée en 1995.

Au total, ces principales recommandations ont débouché sur la mise sur pied d'un comité national de suivi dont la mission principale a été de transformer l'essentiel de ces recommandations en programmes d'action de gouvernement (PAG). Ces programmes d'action de gouvernement ont été chiffrés à environ 238 750 000 000 de FCFA réparties comme suit : 1996 : 32 954 000 000 FCFA, 1997 : 100 88 000 000 FCFA, 1998 : 105 700 000 000 FCFA. Leur mise en application a fait l'objet du programme d'investissement public (PIP).

À la différence des plans de développement analysés ci-dessus et tenant compte des exigences des différents programmes d'ajustement structurel auxquels le pays est soumis, ce programme d'action de gouvernement reste plutôt un simple catalogue des principales réalisations par absence d'une cohérence interne et d'une vision globale du pays. C'est pour corriger cela qu'il fut décidé la réalisation des études nationales prospectives à long terme (NLTPS, Bénin 2025).

IV. Les études nationales de prospective à long terme : Bénin 2025

Bien que faisant partie de l'une des recommandations de la conférence économique nationale de décembre 1996, la nécessité de réaliser ces études prospectives fait suite à une longue expérience de réflexion prospective en Afrique de l'Ouest.

4.1. Le contexte de l'étude

Depuis peu, l'Afrique de l'Ouest a bénéficié de plusieurs expériences de réflexion prospective. La première est celle menée par les pays sahéliens réunis au sein du Comité Inter-Etats de Lutte contre la Sécheresse au Sahel (CILSS) entre 1985 et 1986. Cette première démarche prospective est sanctionnée par la publication d'un ouvrage intitulé : *Le Sahel face aux Futurs : dépendance croissante ou transformation structurelle ?*

L'objectif de cet exercice est de dessiner la configuration possible du Sahel à l'horizon 2010. Malheureusement, le travail a débouché sur des conclusions assez pessimistes qui consacrent le renforcement de la dépendance du Sahel dans le domaine alimentaire, financier et culturel.

C'est après ce premier exercice que le Programme des Nations Unies pour le Développement (PNUD) a mis sur pied, à partir de 1988, le Programme **futur africain** basé à Abidjan en Côte-d'Ivoire ayant pour mission d'aider quelques pays du continent à réaliser des études prospectives à l'échelon national. Deux pays avaient terminé leur processus NLTPS, la Côte-d'Ivoire et l'Ile Maurice. Quatre autres étaient dans les différentes phases de ce processus : le Gabon, la Guinée-Bissau, le Capo-Verde et la Zambie. D'autres pays se préparaient à démarrer le processus : le Malawi, le Swaziland devenu Eswatini, le Sénégal, la Tanzanie, le Burkina Faso, Madagascar, São Tomé-et-Príncipe, le Zimbabwe et le Bénin.

Les résultats des études prospectives de la Côte-d'Ivoire sont centrés sur trois points principaux :

- faire de la Côte-d'Ivoire le deuxième pôle de développement en Afrique de l'Ouest après le Nigeria. Cette option suppose une croissance à deux chiffres, d'ici à l'an 2000 ;

- faire de la Côte-d'Ivoire le pays le plus industrialisé de l'Afrique de l'Ouest ;
- réduire les flots migratoires dont souffre le pays afin que les vrais Ivoiriens puissent mieux bénéficier des fruits de la croissance économique.

En marge du processus NLTPS, le Ghana a procédé à un exercice analogue ayant débouché sur la publication d'un ouvrage intitulé : *Ghana-Vision 2020, the first step 1996-2000.* Dans cet ouvrage figure l'essentiel des orientations économiques pour les 25 prochaines années. Selon le document, la philosophie qui sous-tend le développement économique est de permettre au Ghana d'entrer dans le concert des Nations les plus avancées du monde, en quittant son statut d'alors pour devenir, celui des pays à revenus intermédiaires. Pour cela, le pays mise sur cinq principaux secteurs de développement :

- la promotion des ressources humaines ;
- l'accélération de la croissance économique ;
- l'essor de l'agriculture ;
- le développement des villes ;
- l'amélioration de l'environnement socioéconomique.

Tenant compte de sa position géographique favorable et de sa bonne réputation, le pays offrira les facilités d'importation, développera le tourisme et encouragera les investissements privés étrangers. À terme, l'objectif principal est de devenir le Singapour de la région en misant sur les facilités monétaires, les activités de transit et le développement du tourisme.

Toujours en marge des NLTPS, l'unité CINERGIE de la Banque africaine de Développement, en associant avec le Secrétariat du Club du Sahel de l'OCDE, a initié entre 1992 et 1994, un autre exercice prospectif portant sur l'ensemble des 16 États de la région auxquels furent associés le Cameroun, la République centrafricaine et le Tchad. Cet exercice est baptisé *Étude des Prospectives à Long Terme en Afrique de l'Ouest*, bien connu sous son sigle anglais de WALTPS.

Les résultats de cette réflexion ont été publiés sous forme d'un rapport de synthèse intitulé *Pour préparer l'avenir de l'Afrique de l'Ouest : une vision à l'horizon 2020.* Les principales conclusions de l'étude peuvent se résumer en trois points :

- l'Afrique de l'Ouest est soumise à deux chocs principaux : une croissance démographique rapide et une insertion brutale aux marchés internationaux ;
- elle est affectée par une forte mobilité régionale entraînant une urbanisation galopante, avec 70% de la population urbaine à l'horizon 2020 ;
- cette urbanisation deviendra le principal enjeu de la sous-région en favorisant le dynamisme du marché agricole.

Cette dernière étude a connu beaucoup de succès auprès des bailleurs de fonds malgré les énormes problèmes qu'elle a soulevés en raison de son orientation uniquement centrée sur la dynamique démographique et les avantages de l'urbanisation.

Enfin, les États du CILSS, suite à la conclusion de l'étude WALTPS peu favorable à leurs pays dont l'avenir dépend très étroitement des États côtiers, ont encore décidé à partir de 1995 de conduire une seconde réflexion prospective intitulée Sahel 21 qui essaie de réfléchir aux tendances négatives soulevées par la WALTPS. Les conclusions de cet exercice ont été rendues publiques lors de la conférence du 20e anniversaire du Club du Sahel ayant eu lieu à Banjul les 10 et 11 septembre 1997.

L'hypothèse du travail est la même que celle ayant justifié la première expérience de 1985 : la fragilité du Sahel et la pauvreté extrême de sa population comme conséquence de la vulnérabilité écologique. Pour lutter contre cela, les Sahéliens envisagent désormais plusieurs stratégies :

- promouvoir les ressources humaines en réaffirmant leur attachement aux valeurs essentielles qui fondent la société sahélienne : cohésion familiale et solidarité communautaire ;
- créer un espace social, politique, culturel et économique harmonisé ;
- reverdir le Sahel :
- mener des politiques nationales favorables à l'unification à terme des pays sahéliens en une fédération d'États ;
- mettre en place une politique de coopération renouvelée, mieux maîtrisée par les Sahéliens, avec réduction de leur dépendance vis-à-vis de l'aide extérieure, base essentielle de financement des économies sahéliennes.

Ces différentes expériences d'études prospectives méritent d'être mentionnées à cause de leurs orientations, des approches qui ont sous-tendu chaque exercice et des conclusions obtenues.

Ainsi, la première étude conduite par le CILSS est centrée sur une seule problématique : la dépendance croissante du milieu.

Au contraire, les exercices nationaux dans le cadre du programme NLTPS, visent surtout à l'amélioration des bases nationales de développement en mettant l'accent sur la gouvernance, la promotion du capital humain, une croissance économique durable et mieux distribuée et une meilleure intégration des pays dans leur région et dans l'économie mondiale.

Mais au-delà de ces orientations générales, chaque pays essaie de se positionner autrement, d'où l'intérêt de la Côte-d'Ivoire à devenir le second pôle de développement en Afrique de l'Ouest et du Ghana à imiter Singapour dans les services qu'il pense offrir à la région ouest-africaine.

L'étude WALTPS, au contraire, est centrée sur la dynamique démographique et régionale en gommant les frontières d'États. Du coup, ses conclusions restent très optimistes en dépit de la forte croissance démographique et urbaine considérée dans le travail comme le meilleur atout de la région pour son développement futur.

Le Sahel 21, tout en reconnaissant la vulnérabilité des pays sahéliens, vise à transformer ces pays en une fédération d'États afin de créer de nouvelles opportunités de développement basées sur les facilités spatiales.

Ces différents rappels montrent bien que les études prospectives ne peuvent donner de bons résultats que lorsqu'elles ciblent bien la problématique centrale de la réflexion et se terminent par une nouvelle image à donner à la nation. A partir de ces deux exigences, il paraît alors possible de mieux réfléchir au processus béninois de NLTPS.

4.2. La vision

La vision dégagée par les études nationales de prospective, Bénin 2025, repose sur deux constats : l'image du Bénin en l'an 2025 et les fondements de la vision.

En ce qui concerne le premier point, le Bénin a exercé dans le passé la fonction de pourvoyeurs de ressources humaines de qualité au plan africain et mondial. Il peut aussi se glorifier d'être le berceau de Vodoun connu comme valeur culturelle de par le monde et d'être depuis la convocation de la conférence nationale de 1990 le laboratoire des réformes démocratiques et des changements politiques en Afrique.

Il a été un pays phare. Il voudrait, à travers la bonne gouvernance, consolider l'unité nationale, asseoir une économie prospère et compétitive, assurer le bien-être de la population, développer une culture convergente et rayonnante et retrouver son statut prestigieux du pays émetteur des idées nouvelles en Afrique. C'est sur la base de cette forte aspiration à une renaissance mondiale du pays qu'a été construite la vision Bénin 2025 formulée comme suit :

Le Bénin est en 2025, un pays phare, un pays bien gouverné, uni et de paix, à économie prospère et compétitive, de rayonnement culturel et de bien-être social.

Trois conditions qui constituent des axes stratégiques doivent être réunies pour la réalisation de cette vision.

Une démocratie enracinée dans un pays de bonne gouvernance. Dans ce cadre, il s'agira de : i) promouvoir l'État de droit, les libertés démocratiques et la bonne gouvernance ; ii) gérer les solidarités et renforcer l'unité nationale et la paix ; iii) promouvoir des pôles régionaux de développement ;

Une économie en croissance forte, saine et durable. Pour cela, les différentes politiques économiques doivent permettre de : i) édifier une économie prospère et compétitive tirée par le secteur privé ; ii) moderniser l'appareil productif national ; iii) promouvoir des pôles régionaux de développement ; iv) accroître le rôle du Bénin dans l'intégration régionale et la coopération internationale ;

Enfin, une réponse satisfaisante doit être apportée à la demande sociale. Le Gouvernement doit créer les conditions permettant de : i) assurer et accroître le minimum social commun des populations (défini comme la demande minimale en termes de santé, d'éducation, d'eau potable, d'habitat et de sécurité alimentaire) ; ii) favoriser l'émergence d'une culture de développement ; iii) consolider la solidarité familiale et communautaire.

Quant aux fondements de cette vision, ceux-ci reposent sur quatre principaux objectifs qui permettront au pays de rayonner en Afrique et dans le monde et de servir de modèle. Il s'agit de : i) la bonne gouvernance ; ii) l'unité nationale ; iii) une économie prospère et compétitive ; iv) une culture convergente et rayonnante de bien-être social.

Autour de ces différents aspects furent formulées quelques stratégies pour le développement du Bénin à l'horizon 2025. Il s'agit notamment :

- de concilier la démocratie pluraliste avec la pratique de la bonne gouvernance et la diversité ethnique ;
- de promouvoir l'éducation, la formation et les savoir et savoir-faire endogènes ;
- de créer une zone monétaire alternative à la zone franc ;
- de renforcer l'appareil productif par une économie durable ;
- de concilier la poussée démographique actuelle avec l'urbanisation galopante et la gestion rationnelle de l'environnement.

La formulation de ces principaux objectifs repose sur la ferme conviction que le futur n'est pas prédéterminé. Chaque peuple a le devoir d'envisager un type d'avenir qui intègre ses ambitions, ses rêves et de se mobiliser autour de ce choix qui devient pour lui un défi. La vision Bénin 2025 ambitionne de mobiliser les Béninois autour d'un idéal commun ; elle peut être considérée comme un rêve réalisable.

Malheureusement, pour des raisons diverses, les conclusions de cette réflexion prospective n'ont jamais été traduites en scénarios opérationnels et le pays se comporte comme s'il n'a jamais organisé de telles réflexions. De ce point de vue, il continue de dépendre des indications de développement suggérées à travers les différents programmes d'ajustement structurel, dont notamment la stratégie de réduction de la pauvreté (DSRP) qui fut considérée comme le plan stratégique de développement à la fin du règne de Kérékou.

V. La stratégie de réduction de la pauvreté (2003-2005)

La mise en place des différents programmes d'ajustement structurel a permis l'amélioration substantielle de la situation économique, financière et sociale et le rétablissement des grands équilibres macro-économiques. Ces résultats favorables, s'ils ont contribué à réduire la pauvreté en milieu urbain, n'ont pas eu d'impact significatif sur le niveau de vie en milieu rural où la pauvreté et les inégalités se sont paradoxalement aggravées. L'inadéquation et la faible synergie des politiques économiques et sociales, notamment celles en direction du monde rural, l'inefficacité des mesures de redistribution équitables de la croissance liée aux difficultés de transmission de ces mesures aux populations cibles et l'utilisation peu développée des indicateurs de résultats et d'impact, expliquent pour l'essentiel cette évolution paradoxale. De même, plusieurs programmes ou projets à caractère socio-économique réalisés durant les périodes d'application du PAS se sont avérés non viables et peu utiles, du fait de la faible participation des populations rurales à leur préparation et à leur survie. Enfin, la dimension sociale, quand bien même elle était prise en compte dans les programmes d'ajustement, n'a pas reçu l'indice de priorité nécessaire.

Au total, le bilan de plus d'une décennie de Programmes d'ajustement structurel au Bénin a montré que, malgré le rétablissement des grands équilibres macro-économiques et les progrès réalisés sur le plan social, le phénomène de pauvreté persiste et s'aggrave en milieu rural.

Le document de stratégie de réduction de la pauvreté (DSRP) a été élaboré en tirant leçon de cette situation. En conséquence, il s'agit d'une part, d'une stratégie globale de lutte contre la pauvreté qui au lieu d'être axée seulement sur la croissance économique, ou exclusivement sur les services sociaux, intègre toutes les dimensions du développement et de la lutte contre la pauvreté. D'autre part, cette stratégie sans négliger la prise en compte de la pauvreté urbaine ou périurbaine, met davantage l'accent sur le monde rural. De plus, elle a été élaborée avec la participation des populations concernées.

Cette stratégie de réduction de la pauvreté est ainsi fondée sur une stabilité macro-économique à moyen terme soutenue par une accélération et une redistribution judicieuse de la croissance. Le document dont l'objectif explicite est la réduction de la pauvreté, apporte aussi des réponses appropriées aux demandes sociales de base des populations qui s'expriment en termes d'éducation, de santé, d'eau potable, d'habitat et d'assainissement, de désenclavement, de sécurité alimentaire, d'emplois durables, de protection sociale, de même qu'aux questions d'environnement et de promotion de la femme.

Ses principaux axes sont :

- d'une part, un renforcement des politiques macro-économiques, une accélération des réformes structurelles et institutionnelles, la bonne gouvernance et la promotion des investissements privés ;
- d'autre part, une plus grande priorité aux secteurs sociaux à travers : i) une allocation plus importante des ressources issues de la croissance et de l'assistance extérieure ; ii) des politiques sociales élaborées avec la participation des populations ; iii) le renforcement des capacités de gestion, d'absorption et de contrôle des ressources de ces secteurs au niveau central et décentralisé.

L'appréciation complète de la stratégie permet de distinguer :

1) les objectifs qui sont définis comme suit :

S'appuyant sur la déclaration de politique de population et les grands objectifs de réduction de la pauvreté retenus au cours des sommets de Copenhague, du Caire, de Pékin, de Rio de Janeiro et réaffirmés lors de la réunion de Libreville, le gouvernement a défini les objectifs quantitatifs suivants de réduction de la pauvreté à l'horizon 2015 :

- réduire de 50 % la proportion de la population béninoise vivant en dessous du seuil de pauvreté. Ce qui équivaudrait à faire passer l'indice de la pauvreté de 30 % en 2000 à 15 % en 2015 ;
- relever l'espérance de vie à la naissance de 54 ans en 2000 à 65 ans en l'an 2015 ;
- réduire le taux de mortalité infanto-juvénile de 165 pour mille en 1998 à 90 pour mille en 2015 ;
- réduire le taux de mortalité maternelle de 500 pour mille naissances vivantes en 1998 à 390 pour mille en 2015 ;
- réduire de 50 % le nombre de personnes souffrant de malnutrition par rapport au niveau actuel d'ici à 2015 ;
- assurer l'instruction primaire universelle en faisant passer le taux brut de scolarisation de 81 % en 2000 à 99 % en 2015 ;
- assurer l'accès aux services de santé de la reproduction par l'intermédiaire du système de santé primaire à tous les individus en âge de se reproduire à l'horizon 2015 ;
- diminuer le taux de prévalence du sida et des MST.

2) Les axes d'action portent sur : i) le renforcement du cadre macro-économique à moyen terme ; ii) le développement du capital humain et la gestion de l'environnement ; iii) le renforcement de la gouvernance et des capacités des pauvres à participer au processus de décision et de production.

3) Les priorités du gouvernement par rapport à ces différents axes sont formulées comme suit :i) la consolidation de la stabilité macro-économique du Bénin ; ii) l'amélioration de l'accès à l'éducation de base, à l'alphabétisation, aux soins de santé primaire et à l'eau potable, la lutte contre le VIH/Sida et le paludisme ; iii) la lutte contre la corruption, la consolidation de la démocratie et la décentralisation ; iv) la promotion de l'emploi durable et le renforcement des capacités des pauvres à mener des activités génératrices de revenus et un bon aménagement du territoire national.

Au total, cette stratégie de réduction de la pauvreté, de par sa formulation et son contenu, a la même structure que les anciens plans de développement, à la seule différence qu'il s'agit plutôt d'un catalogue de réalisations socio-économiques largement dominé par les aspects sociaux du développement. Bien que cette stratégie se réfère dans son introduction à la vision stratégique du Bénin à l'horizon 2025, il manque à ses orientations une vision globale et surtout le caractère spécifique des problèmes béninois à résoudre dans la mesure où ce sont les mêmes indications qu'on suggère à tous les pays africains soumis aux programmes d'ajustement structurel.

Ainsi, en l'absence d'une vision globale de développement, le Bénin continue toujours de dépendre de l'économie d'opportunité dont la base matérielle repose sur les relations de proximité avec ses voisins immédiats, le Nigeria en particulier.

Le défi actuel est de partir des différentes stratégies de développement formulées jusqu'ici pour envisager de nouvelles perspectives d'un développement durable.

VI. Le retour à la planification de développement, deuxième génération

Ce retour s'explique par l'élaboration de deux nouveaux plans après les différents programmes d'ajustement structurel.

6.1. Le plan d'orientation 1998-2002

Ce plan résulte de l'une des conclusions de l'étude nationale des prospectives de développement à long terme lancé en 1993. Il a pour objectif de « lutter contre la pauvreté afin de consolider la croissance économique ». Il s'agit d'un cadre cohérent de référence à l'action gouvernementale. Il s'appuie sur les objectifs et les mesures identifiées dans le Programme d'ajustement structurel de la période 1998 -2002. Il prend également en compte les résolutions et recommandations de la conférence économique nationale et intègre le Programme d'action du gouvernement. Les stratégies retenues devaient permettre d'améliorer significativement la situation économique et sociale du pays entre 1998 et 2002.

Pour parvenir à cela, ce plan doit « contribuer à relancer les défis majeurs que sont : i) l'amélioration de l'environnement macro-économique ; ii) la consolidation de la croissance économique ; iii) le développement du capital humain ; iv) le renforcement de la bonne gouvernance.

Dans ce cadre, les orientations suggérées consistent à :

- opérer des mutations progressives dans l'allocation des ressources en faveur des secteurs sociaux en vue de créer les conditions favorables à la participation de toutes les couches à la production des richesses nationales et à la consolidation de l'unité nationale ;
- assurer la diversification et la compétitivité de la production nationale afin de répondre aux exigences de la mondialisation et aux nécessités d'intégration économique sous régional ;
- créer un marché intérieur dense dans le cadre de la mise en œuvre des actions visant à garantir à chaque Béninoise et chaque Béninois, le minimum social commun ;
- transformer la position de transit du pays en une opportunité de développement par la mise en place d'un cadre institutionnel, réglementaire et juridique sain, attrayant et transparent, d'un système bancaire dense et diversifié et d'infrastructures de communication et de transport modernes et judicieusement répartie sur l'ensemble du territoire national ;
- moderniser et professionnaliser l'administration publique en vue de lui faire jouer le rôle d'agent efficace de développement ;
- réaliser de grands travaux en vue de mettre en place des infrastructures de transport, de communication et de navigation nécessaires à la production et à la promotion de l'emploi »

6.2. Le plan de développement économique 2018 – 2025

Le plan national de développement 2018-2025 fait partie de la nouvelle génération des plans nationaux de développement économique. Il s'écarte des anciens plans par ses fondements, ses objectifs et son orientation.

Du point de vue de ses fondements, il s'appuie tout comme le plan d'orientation 1998-2002 sur les recommandations de la *vision Bénin Alafia 2025*. Il complète cette vision des objectifs du développement durable (ODD) et de l'agenda 2063 de l'Union africaine.

Il fut adopté en conseil des ministres le 27 juillet 2016 comme une feuille de route pour l'élaboration du programme d'action du gouvernement (PAG) 2016-2021. Il est le premier niveau de déclinaison de la *vision Bénin Alafia 2025*.

Son objectif est de définir les repères stratégiques pour l'action du gouvernement sur les huit années qui séparent 2025, échéance de la réalisation et de la concrétisation de la *vision Bénin Alafia 2025*. Ce plan se distingue des autres plans par :

- « la prise en compte de la vision 2025, des ODD et de l'agenda de l'Afrique à partir de ses quatre principales orientations que sont : i) la croissance économique et la transformation structurelle, ii) la réduction des inégalités et l'amélioration de l'inclusion sociale, iii) la durabilité environnementale, iv) la gouvernance efficace et inclusive ;
- son caractère d'instrument d'orientation à long terme et de pilotage des choix des objectifs stratégiques de développement ;
- son cadre de mise en œuvre et de suivi intégrant les outils de gestion axés sur les résultats et les indicateurs de mesure des performances des dynamiques de changements opérés ».

Ce plan vise à faire du Bénin « un pays bien aménagé, doté d'infrastructures et de services au bénéfice de la société et d'une économie compétitive, valorisante pour l'ensemble du pays, respectueuse de l'environnement, et ouverte sur l'Afrique et le monde à travers ces trois options que sont : i) le renforcement des pôles de développement et l'amélioration des réseaux structurants, ii) le développement des espaces frontaliers, iii) la promotion d'un développement économique durable qui protège et valorise à la fois, l'environnement national, le patrimoine culturel et le capital humain » .

Les expériences des pays émergents ont montré que la croissance économique résulte des secteurs secondaires et tertiaires alors que celle du Bénin est basée essentiellement sur les secteurs primaires et les services. Il devient donc impératif pour l'économie béninoise d'engager la transformation structurelle en vue de faire des secteurs secondaires et tertiaires les moteurs de la croissance économique.

L'objectif de ce plan est de positionner le Bénin dans les perspectives d'exploiter toutes les possibilités offertes par les innovations technologiques pour se développer.

Fort de ce qui précède et tenant compte du niveau de développement du pays, le Plan national de développement 2018-2025 trace pour le Bénin, une nouvelle trajectoire de l'économie nationale afin d'aboutir à une forte croissance économique, inclusive et durable de l'ordre de 10% en 2025. Pour ce faire, il s'agira de partir des trois paliers ci-dessous :

- la diversification de la production agricole avec en soutien le développement des services ;
- la transformation agroindustrielle et le développement accru des services ;
- l'exportation des connaissances à travers les innovations et les biotechnologies.

C'est autour de ces trois paliers que fut rédigé le Plan d'action du gouvernement (PAG) chargé de préciser les actions à mener pendant le régime de la rupture.

*

* *

Mis à part les programmes d'ajustement structurel, ces différents plans témoignent de l'effort que fournissent les autorités béninoises pour asseoir leurs actions autour d'une stratégie afin d'éviter de naviguer à courte vue. De 1960 à aujourd'hui, ces documents, quelles que soient les démarches de leur élaboration et de leur orientation, visent les mêmes objectifs : promouvoir le développement national par l'assainissement et l'amélioration des bases de l'économie et de la société. Mais à la pratique, les résultats attendus de leurs exécutions ne sont pas les mêmes. Ils dépendent de la nature des gouvernements qui sont chargés de les appliquer. Ceux-ci ne fonctionnent pas de la même manière. Entre les libertés accordées aux citoyens et la confiscation de celles-ci, il s'ensuit des aptitudes différentes à être à l'écoute de ces citoyens et à les impliquer correctement dans la mise en exécution de ces différents plans. Il s'en suit aussi leurs capacités à mobiliser l'épargne intérieure pour financer les actions qui s'y découlent.

Dans la plupart des cas, ce sont plutôt les aides extérieures qui sont sollicitées. Lorsque celles-ci tardent à venir ou ne se manifestent pas, le financement des actions définies à partir de ces stratégies de développement devient impossible de même que les résultats attendus. La période révolutionnaire a souffert de cela. C'est grâce au soutien du Nigeria que les grands projets de l'époque comme le complexe sucrier de Savè, la cimenterie d'Onigbolo et le premier agrandissement du port de Cotonou ont pu être réalisés.

Durant le Renouveau démocratique, malgré les rentes de la démocratie, les ambitions des dirigeants pour leurs pays ont souffert des conditionnalités du PAS. La meilleure illustration de cela est celui d'avoir vidé les orientations de la Conférence économique de 1996, de leurs contenus en les transformant en de simples catalogues d'actions baptisés pompeusement Programme d'Action du gouvernement sans cohérence interne et sans priorité d'action.

Quand on voit aujourd'hui la liste des actions à réaliser dans le PAG 2018-2025, il n'est pas superflu de s'interroger sur comment toutes ces actions seront financées sans compromettre l'avenir du pays vis-à-vis de ceux qui apportent leurs aides.

Ce sont ces remarques qui déteignent sur les résultats obtenus de ces stratégies et qui empêchent le pays de s'orienter vers d'autres options d'avenir autres que le développement rural.

Les pays qui arrivent à avancer actuellement sont ceux qui financent leurs développements à partir de l'épargne intérieure ou des apports de leurs diasporas. Le progrès qu'a connu la Chine ces dernières années est dû à cela. Ce sont les Chinois de l'extérieur ayant choisi Singapour comme base à partir de la China Heritage Center qui financent en bonne partie le développement actuel de ce pays. Les États d'Israël et de Liban ne vivent que de leurs diasporas. Les pays du Golfe sont devenus les joyaux de l'humanité à partir de leurs fonds souverains constitués de la bonne gestion de leurs mannes pétrolières. Il n'y a que l'Afrique au sud du Sahara qui soit encore dépendante de l'aide internationale pour son avenir bien qu'elle soit immensément riche en ressources du sous-sol. Tant qu'il en sera ainsi, il faut craindre que la dépendance, le sous-développement et la pauvreté restent toujours son héritage.

Pour revenir à la situation du Bénin, cette analyse comparative des stratégies de développement observées de l'indépendance à 2026 permet de distinguer quatre stratégies qui cadrent parfaitement avec les quatre périodes identifiées. Ainsi de 1960 à 1972, les stratégies mises en place proviennent des experts internationaux qui sont venus au secours de notre pays pour conseiller les nouveaux dirigeants dont le niveau intellectuel est insuffisant pour faire face aux exigences d'un État souverain. Il s'en est suivi la prédominance du secteur agricole dans le processus du développement.

À la révolution de 1972 à 1989, les jeunes cadres du pays, militaires, intellectuels de gauche et syndicalistes ont réagi contre cet encadrement des experts internationaux en proclamant la révolution et en respectant les principes qui vont avec. C'est le retour au nationalisme sanctionné par une politique dirigiste visant à promouvoir la souveraineté nationale dans tous ses différents aspects. Cette expérience unique dans la région ouest-africaine a fait peur malgré ses bons résultats. Il s'en est suivi son échec et sa fin.

Entre 1990 et 2016, le pays s'est engagé dans ce qu'il fut qualifié du Renouveau démocratique avec le retour à la liberté individuelle et à l'avènement du capitaliste par la promotion du secteur privé. Les stratégies mises en place pour développer le pays ont été imposées à travers les Programmes d'ajustement structurel avec le retour à l'économie libérale et la promotion d'un secteur privé balbutiant sans moyens et sans grande expérience pour faire face à la concurrence internationale. Face à cela, le peu qui marche dans le pays est tombé sous l'escarcelle des multinationales qui exploitent le pays sans toujours rendre compte.

C'est suite à cela, que s'est installé le régime de la rupture avec son mode de gestion basé sur la confiscation de la démocratie et la restriction des libertés individuelles par un dirigisme d'État sur fond de privatisation de l'économie. Malgré ses quelques bons résultats, les fruits de la croissance économique qui en résultent ne sont pas partagés. Il ne peut en être autrement, car le dirigisme d'État est incompatible avec la privatisation de l'économie qui ne peut prospérer que dans un contexte de liberté individuelle absolue.

De ces différentes contradictions, comment a fonctionné l'économie béninoise des origines à nos jours ? C'est à cette question, qu'on tâchera d'apporter de réponse dans les parties qui vont suivre.

Deuxième partie :

Les résultats obtenus

Cette deuxième partie présente les résultats obtenus des différentes options choisies et stratégies adoptées par les responsables politiques du pays depuis 1960. Elle est structurée en cinq chapitres axés sur les activités de productions et sur les résultats macroéconomiques qui en résultent conformément aux réformes engagées par les régimes politiques qui se sont succédés à la tête du pays depuis son accession à l'autonomie interne.

L'analyse du secteur agricole par lequel commence cette deuxième partie est centrée sur les principaux secteurs de productions comme celui du vivrier, les activités maraichères et les cultures d'exportation. Elle fait l'impasse sur l'élevage parce que ce secteur n'est pas dépendant des différentes périodes qui structurent ce travail.

Les activités industrielles qui viennent en deuxième position ont beaucoup progressé depuis 1960 en contribuant de façon substantielle à la richesse nationale. Celles-ci d'à peine 4% du PIB en 1960 ont actuellement atteint 16% du PIB.

Les échanges commerciaux constituent la partie la plus importante de ces activités économiques. Ils ont beaucoup progressé dans le pays en raison du contexte national marqué par sa forte croissance démographique et sa forte urbanisation. À cela s'ajoutent les conséquences des relations avec l'extérieur, notamment avec le Nigeria. Ce pays dépend depuis son accession à la souveraineté nationale de ses voisins immédiats pour sa sécurité alimentaire en raison des crises sociopolitiques qui l'affectent périodiquement et aussi de sa politique monétaire marquée le plus souvent par des hauts et des bas. Cette instabilité monétaire caractérisée par la permanente fluctuation obère ses réserves de change. C'est en s'appuyant sur ses voisins immédiats, tous appartenant à la zone Franc, avec une monnaie convertible et stable que le Nigeria arrive à surmonter ses difficultés de réserve de change. Par rapport à ce besoin, le Bénin occupe une position exceptionnelle due à sa proximité des grandes villes nigérianes dont il faut assurer un meilleur approvisionnement en denrées de premières nécessités. Cela fait aujourd'hui du Bénin, le voisin le plus convoité pour ce géant de l'Afrique.

L'évolution de ces différents secteurs de production impacte sur la situation macroéconomique marquée par un endettement chronique qui rejaillit sur un important déficit des balances commerciales et des paiements, le tout corroboré par une aide internationale massive, notamment à partir de la révolution. Cette situation constitue aujourd'hui le plus grand défi à l'économie béninoise dont il faut prendre grande conscience pour l'avenir. Ce déficit chronique des balances commerciales et des paiements aurait pu constituer un sérieux goulot d'étranglement, n'eût été l'appartenance du pays à la zone CFA. Les générations d'avenir doivent s'y pencher sérieusement pour envisager une autre politique économique à travers de nouvelles activités qui puissent corriger cette situation.

En dehors des principaux secteurs économiques évoqués ci-dessus, le régime de la rupture a promu l'économie numérique pour cadrer avec les exigences actuelles du monde marquées par le développement extraordinaire des technologies de l'information et de la communication (TIC) illustrée ces derniers temps par les débats sur l'intelligence artificielle. Cette économie numérique qui vise à conférer aux activités économiques une certaine durabilité est encore balbutiante pour qu'on y consacre un chapitre. Son importance et ses enjeux actuels feront seulement l'objet d'un encadré à la fin du chapitre 6 consacré aux activités commerciales.

Chapitre IV

Dans le domaine agricole

La base de développement économique de la plupart des États africains au sud du Sahara repose essentiellement sur l'agriculture. Il n'y a que quelques rares pays comme la Guinée-Conakry, le Mali, le Niger et le Nigeria qui en Afrique de l'Ouest possèdent des ressources minières importantes sur lesquelles se fonde leur économie. Les autres comme le Sénégal, la Côte-d'Ivoire, le Ghana et le Bénin sont des pays agricoles : le Sénégal avec l'arachide, la Côte-d'Ivoire et le Ghana avec le cacao et le Bénin avec palmier à huile. Le Sénégal vient de découvrir un important gisement de pétrole et de gaz dont l'exploitation lui permettra de sortir de cette catégorie de pays agricoles.

Dans le cas du Bénin, le secteur agricole occupe 70% de la population active et contribue pour près de 23,3% au PIB. Il fournit 75% des recettes d'exportation et 15% des recettes de l'État. Ce secteur agricole est structuré autour de quatre principales spéculations : les céréales, les tubercules, les cultures maraichères et celles dites d'exportation.

Cette agriculture est caractérisée par la prédominance des exploitations vivrières du type familial avec une faible mécanisation. Le Bénin compte 651 067 exploitations agricoles dont les 86% sont dirigés par des hommes et 14% par des femmes ; 27,3% de ces exploitations ont moins d'un hectare et le reste tourne autour de 5 ha et plus. Actuellement les céréales occupent le premier rang en termes de superficies emblavées. La principale culture pratiquée est le maïs avec 62,7% des exploitations agricoles. Il est suivi par le coton 7,8% ; l'igname 5,8% ; le manioc 5,3% ; le sorgho 5,1% ; le riz 1,8% ; l'arachide 1,6% ; le palmier à huile 1,5% ; les légumineuses 1,1%. [20]

Ces exploitations sont orientées principalement vers la polyculture vivrière associée le plus souvent au petit élevage.

Cette agriculture a pour objectifs la sécurité alimentaire et nutritionnelle de la population, la compétitivité, la modernisation des systèmes de production des exploitations familiales. Elle vise à terme : i) à couvrir les besoins alimentaires et nutritionnels à travers la production locale et la sauvegarde des moyens d'existence pour les populations béninoises ; ii) à assurer l'accroissement des revenus ; iii) à rendre le secteur attractif.

[20] Ces chiffres proviennent du ministère de l'Agriculture

I. Les stratégies de développement agricole

Une bonne partie de ces stratégies est déjà présentée dans le chapitre II relatif aux options économiques. Elles sont définies selon les différentes périodes considérées :

De 1960 à 1972 : cette période est marquée par le réaménagement du peuplement à partir de la politique de regroupement villageois et de la colonisation agricole auxquels s'ajoutent les grands projets de développement comme ceux de l'aménagement de la basse vallée de l'Ouémé et de la rénovation du secteur palmier à huile.

La crise de palmier à huile a coïncidé avec le régime révolutionnaire qui a débuté en octobre 1972.

Pendant la Révolution (1972-1989)

Les stratégies de développement agricole ont été élaborées en se basant sur le principe « l'agriculture comme base et l'industrie son moteur ». De ce principe, il fut assigné à l'agriculture deux principales missions : i) assurer la sécurité alimentaire ; ii) fournir les matières premières aux industries.

La première mission, celle de la sécurité alimentaire, avait débouché sur la création d'un organisme chargé de la promotion de l'agriculture dénommé le Centre d'actions régionales pour le développement rural (Carder) réparti dans les différentes régions du pays. Cette structure avait pour mission d'assurer un encadrement efficace des producteurs avec le recrutement de 5000 encadreurs ruraux qui constituaient à l'époque la cheville ouvrière du développement rural.

La mission des Carder est de fournir aux paysans des semences améliorées à partir d'une multitude de fermes semencières dont la plus importante est celle de Niaouli (Arrondissement d'Atogon) dans la commune d'Allada.

A partir des actions des Carder, le régime révolutionnaire a fait la promotion des principales cultures vivrières et celles dites d'exportation centrée essentiellement sur la culture cotonnière auxquelles s'ajoutent l'anacarde, les fruits dont notamment les oranges et la mangue structurés autour des unités de transformation. Elle s'est aussi occupée de la gestion de l'environnement par une politique vigoureuse de plantations de nouvelles essences forestières portant sur le teck, les bois de chauffe et le contrôle des anciennes forêts classées. Pour cette gestion des forêts, il fut créé une structure de gestion dénommée la Société Nationale pour l'exploitation des forêts (Sonafor).

A partir de ces actions, le régime a pu créer de nouvelles sociétés agricoles comme la Société nationale de promotion agricole (Sonapra), chargée de gérer la production cotonnière et dix usines d'égrenage qui s'occupent de la transformation du coton graine en coton fibre destiné à l'exportation.

À l'ère du **Renouveau démocratique (1990-2016)** dont l'option relève essentiellement des Programmes d'ajustement structurel, les actions menées pour promouvoir le développement rural ont essentiellement porté sur la restructuration des anciennes sociétés d'État qui s'occupaient du secteur rural comme la Sonapra, la Société nationale d'exploitation forestière (Sonafor) et la Société nationale de fruits et légumes (Sonafel). Mais elle a substitué à ces anciennes sociétés d'État de nouvelles comme l'Office national de bois (Onab) chargé exclusivement de l'exploitation de bois, notamment les forêts de teck d'Agrimè (commune de Zogbodomè) et de Djimè sur le plateau de l'Ouémé. La Sonapra fut dénationalisée entre 1991 et 2002, mais les Carder sont maintenues en place jusqu'à ces dernières années avant de les transformer en Agences territoriales de développement agricole (ATDA) toujours pour s'occuper de la promotion des cultures vivrières et d'exportation.

Aujourd'hui avec **le régime de la rupture (2016-2026),** les stratégies mises en œuvre sont la territorialisation du développement, les subventions aux engrais, le retour du secteur privé dans les principales filières agricoles, la mécanisation agricole et la création du Fonds national du développement agricole (FNDA).

Toutes ces actions ont déjà fait l'objet d'un développement dans le chapitre II consacré aux options choisies. On n'insistera que sur le Fonds national de développement agricole qui est un instrument public majeur pour financer les activités agricoles. Ce financement concerne surtout les acteurs des chaînes de valeurs ajoutées à travers quatre mécanismes à savoir : i) l'opérationnalisation du Fonds national de développement agricole en synergie avec les autres fonds et instruments de financement, ii°) le renforcement des mécanismes assurantiels dans le secteur agricole, iii) la gestion des calamités dans ce secteur, iv) le renforcement du fonds d'appui au développement des communes, volet agriculture (FADeC- Agriculture). Cette stratégie de financement du secteur agricole a été élaborée et validée en 2020. Elle offre désormais un cadre cohérent de financement agricole dans son ensemble. Le montant de ce fonds avoisine 100 milliards de francs CFA destinés aux entreprises agricoles, aux exploitants agricoles, aux micros, petites et moyennes entreprises. Il sert aussi à garantir à 50% les prêts des promoteurs et entrepreneurs agricoles et à bonifier les taux d'intérêt des crédits mis en place au profit des bénéficiaires.

II. Les résultats obtenus

Ces résultats concernent les secteurs céréaliers, les racines et tubercules, les productions maraichères et les cultures d'exportation.

2.1. Le secteur céréalier

Ce secteur est très mal renseigné. Seuls les superficies cultivées et les rendements théoriques estimés permettent de connaître le niveau approximatif de la quantité produite. Selon les statistiques officielles, les taux de croissance moyens des trois principales productions céréalières : maïs, mil-sorgho, et riz durant la période révolutionnaire sont respectivement de l'ordre de 4, 1% entre 1972 et 1975 ; 4, 02 % entre 1975 et 1990.

Dans le domaine céréalier, on n'insistera que sur deux produits compte tenu des enjeux qu'ils représentent dans la production et la consommation : le maïs et le riz.

Le cas du maïs :

Selon les statistiques agricoles, la production de maïs avoisine actuellement 2.000.000 tonnes et constitue ainsi la première céréale cultivée au Bénin.

C'est entre 1910 et 1920, c'est-à-dire pendant la Première Guerre mondiale que le maïs est entré dans l'ancien Dahomey par le biais d'une société allemande de Hambourg qui s'était installée à Lomé (Togo) pour acheter de maïs dans tout le golfe du Bénin. Elle avait le monopole du commerce de maïs au Togo, au Dahomey d'alors et au Nigeria. Les autorités françaises de l'époque saisissaient cette opportunité pour encourager de façon systématique la culture de maïs dans le sud du Bénin. C'est le début de la diffusion de cette céréale.

De cette expérience naquirent d'importants marchés de collectes de maïs comme Pobè dans le Plateau, Dogbo dans le Mono et Houègbo dans la commune actuelle de Toffo.

C'est de cette expérience que le maïs est devenu aujourd'hui la principale céréale cultivée au Bénin. On le retrouve dans l'ensemble du territoire national avec une forte concentration dans les départements de l'Alibori (17,89%) de l'Atacora (15,90%), du Borgou (14,67%) et du Plateau (13,82%).

Mais par commune, c'est Kétou qui vient en tête avec 121.712 tonnes (7,7%) suivies de Kandi avec 86.234 tonnes (5,8%), Kérou : 80.840 (5,1%) ; Ségbanna : 59.730 tonnes (3,8%) ; Gogounnou : 52.739 tonnes (3,3%)

Du point de vue de son évolution dans le temps, la filière a connu plusieurs phases, en passant de l'interventionnisme d'État à la libéralisation du marché afin de permettre l'arrivée de nouveaux acteurs sur le marché. C'est à partir de la révolution que cette filière s'est véritablement structurée pour devenir aujourd'hui la première production céréalière du pays. Pendant la révolution, la filière était gérée par les Carder qui ont installé un peu partout des fermes semencières dont la plus importante est celle de Niaouli (arrondissement de Atogon) dans la commune d'Allada.

La filière s'est libérée de la tutelle de l'État pendant le Renouveau démocratique. Aujourd'hui, elle se cultive selon le zonage de production agricole opéré par le ministère de l'Agriculture et de l'élevage. Cette zonation est suivie de la création des Départements d'Agriculture, d'Élevage et de Pêche (DAEP) dans l'ensemble des douze départements du pays afin de promouvoir des filières agricoles et singulièrement le maïs. Ces différentes réformes ont fortement contribué au progrès des cultures vivrières, y compris le maïs dont la production avoisine en 2023, 2.059.254 tonnes soit un accroissement de plus de 27,1% par rapport aux années précédentes conformément au tableau ci-après :

Tableau n°5: *Évolution de la production céréalière de 1970 à aujourd'hui*

Années	Maïs	Mil/Sorgho	Riz
1970	230.000	47.000	5.000
1980	271.000	62.000	10.000
1990	409.000	120.000	11.000
1995	469.000	127.000	11.500
1996	505.000	141.000	18.000
1997	572.200	147.140	21.000
2018	1.543.973	159.696	374.706
2019	1.580.750	160.000	406.083
2020	1.611.615	148.236	411.578
2021	1.628.149	133.093	519.667
2022	1.619.605	124.236	525.014
2023	2.059.254	150.465	492.626

Source : DAPS/MDR & DSA, mars 2024

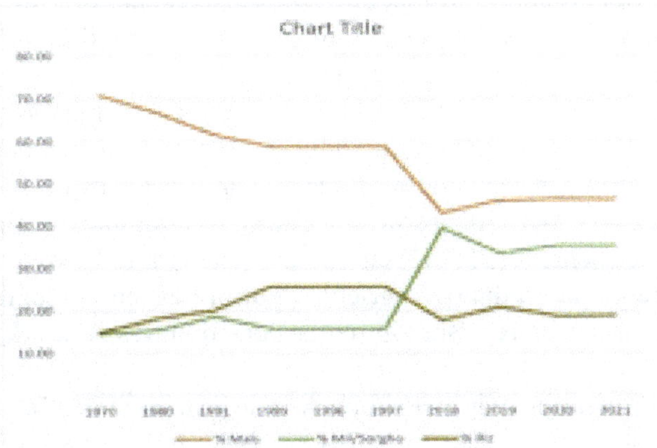

De ce tableau se dégage une bonne production du maïs, qui permet d'évaluer l'excédent brut céréalier à environ 628.672 tonnes en 2023 contre 285.196 tonnes en 2022. Le disponible apparent par habitant et par an est de 247kg en 2024 contre 209kg en 2022.

Le cas du riz

Le riz représente la 2e spéculation céréalière avec 18%. Sa production a régulièrement évolué pour atteindre 492.626 tonnes de paddy au cours de la campagne 2023.La politique rizicole au Bénin a débuté depuis 1960. Elle s'est poursuivie jusqu'aujourd'hui en passant par plusieurs étapes :

De 1960 - 1970 : La mise en valeur de la basse vallée de l'Ouémé

La basse vallée de l'Ouémé fait partie de l'une des plus riches régions du continent africain dû à la fertilité exceptionnelle des sols qui se régénèrent chaque année par apports des limons charriés par le fleuve Ouémé. Cette basse vallée, large de près de 20 km et longue d'environ 90 km, est la principale spécificité du pays Wémè et peut-être de tout le sud-Bénin en raison de sa beauté naturelle et de son potentiel agricole.

Au milieu de cette basse vallée constituée essentiellement d'une plaine alluviale coulent les fleuves Ouémé et So. Le premier se jette dans la lagune de Porto-Novo, le second déverse ses eaux dans le lac Nokoué. La présence de ces deux fleuves fait de cette basse vallée une région permanemment humide offrant ainsi à l'agriculture un cadre idéal de production.

C'est à l'indépendance en août 1960 que de gros efforts de mise en valeur des potentialités de cette basse vallée ont été fournis. Le jeune État, pour prendre en compte les recommandations de « la Mission de l'Ouémé » met sur pied entre 1963 et 1964 un petit projet à Houéda dans l'arrondissement d'Azowlissè (commune d'Adjohoun) confié aux Chinois. Ces derniers ont conclu à la suite de « la Mission de l'Ouémé » que la riziculture irriguée donne de bons résultats sur les sols de la basse vallée.

Fort de ces constats, une mission de la FAO s'était rendue au Dahomey entre 1965 et 1966 pour préparer un nouveau projet d'aménagement agricole devant couvrir toute la basse vallée. Pour cela, la mission avait suggéré à l'État qu'une requête de financement soit adressée au Programme des Nations-Unies pour le Développement (PNUD) en vue de l'exécution dudit projet sur deux bases : augmenter la production agricole, fournir des renseignements et servir d'exemple pour des entreprises similaires dans d'autres zones de la vallée de l'Ouémé.

Le plan d'opération original signé entre le gouvernement et le PNUD en 1967 fixait au projet les principaux objectifs suivants : i) aider le gouvernement dans la mise en valeur de 1800ha dans le delta de l'Ouémé pour le développement rizicole et 1200ha pour les cultures traditionnelles ; ii) exécuter des études hydrauliques pour des projets rizicoles ; iii) aider le gouvernement à organiser et à gérer une société chargée du développement de la zone du projet ; iv) former les cultivateurs et le personnel d'encadrement aux techniques rizicoles.

Les principaux travaux à réaliser sont : i) études préliminaires ; ii) aménagement de la basse vallée ; iii) développement de la culture de riz et de maïs ; iv) traitement et commercialisation de riz ; v) vulgarisation et formation ; vi) expérimentation et production de semences.

L'aménagement de la basse vallée de l'Ouémé rentre dans les efforts fournis par les autorités qui ont géré le Bénin entre 1970 et 1972 pour promouvoir le développement rural. La mise en valeur de cette basse vallée qui a débuté depuis 1963 à partir des études réalisées par les Français a permis de s'engager dans cette expérience qui portait sur plusieurs phases :

- un projet pilote exécuté par la FAO entre 1966 et 1972 portant d'un côté sur les études approfondies de rentabilité de cet aménagement agricole ; de l'autre sur quelques aménagements physiques axés sur la construction de 27 km de digues, de canaux d'irrigation et d'assainissement. La FAO avait aussi construit des routes et pistes de desserte ainsi que des aires de séchage de riz et avait installé une rizerie et des silos à Mithro (Commune de Dangbo). Elle s'est aussi occupée de l'amélioration des variétés de riz à cultiver, de la formation des agriculteurs et du personnel de vulgarisation ;
- la 2e phase du projet a pour objectif de développer la production vivrière dans la basse vallée, notamment la production de maïs en vue de réduire le déficit céréalier du pays et d'augmenter en même temps le revenu des paysans. Pour ce faire, on avait mobilisé 600 agriculteurs dans ce projet d'aménagement agricole d'une superficie de 1220 hectares répartis entre les cultures de riz irrigué sur 450 hectares, les cultures de maïs et de niébé sur des terres asséchées de 770 hectares. Il fallait aussi construire 4km de canaux d'assainissements, de silos, et d'installer une usine de paddy et assurer le cadastrage de 500 hectares de nouveau cassiers à riz. Les principales composantes au cours de cette seconde phase étaient : i) d'aménager et de mettre en valeur 1224 hectares dans un premier temps et 7154 hectares dans un second temps en vue de la production de riz, de maïs, de niébé et de légumes ; ii) de construire des routes de desserte ; iii) d'installer une rizerie accompagnée de silos de stockage et d'équipements divers ; iv) d'acquérir de matières agricoles, de véhicules, etc.

Cette seconde phase a débuté en 1972 avec la création de la Société d'aménagement et de développement de la vallée de l'Ouémé (SADEVO). Il s'agit d'une société paraétatique jouissant d'une autonomie financière. Son capital social était détenu pour 51% par l'État et 49% par les coopératives et les trois départements concernés par le projet : l'Ouémé, l'Atlantique et le Zou.

Ce capital social était mis en place sur un financement de la Banque africaine de développement (BAD) pour une enveloppe de 310 millions d'unité de compte (uc) approuvée en 1973.

La SADEVO a exécuté le projet de cette deuxième phase entre 1973 et 1975. Ses résultats ont porté sur : i) des aménagements hydroagricoles de 794ha dont 343 pour l'irrigation et 451 pour les autres cultures vivrières, soit un taux de 76% par rapport aux 1220 ha prévu ; ii) 1890 ha assaini pour la culture de maïs sur une prévision initiale de 769ha soit un taux de réussite de 245%.

Les travaux d'installation, de transformation de paddy et de stockage de riz portaient sur la construction d'une rizerie à Mitro, des silos, une usine de glaçage de riz et des équipements divers. Le coût total des investissements réalisés par la SADEVO était de 84 millions F CFA. Les productions réalisées ont été évaluées comme suit :

Tableau n° 6: *Moyenne de production réalisée par la SADEVO*

Cultures	Rendement tonnes/ hectares		Production (tonnes)
	Traditionnel	Projet	
Maïs	1,6	3,4	7781
Riz paddy		4,0	5696
Niébé	0,48	0,9	2237

Source : Rapport d'évaluation de la performance de projet SADEVO, BAD, mars 1988

La troisième phase du projet est celle de la Société nationale d'irrigation et d'aménagement hydroagricole (SONIAH) démarrée en 1976, elle a fonctionné jusqu'en 1982. Elle a été créée sur financement du Fonds africain de développement (FAD) pour un montant de 3,5 millions d'unités de compte destinés à l'aménagement de la rive droite du fleuve Ouémé. La SONIAH prend ainsi la relève de la SADEVO dissoute en fin 1975.

Pour cette troisième phase, il est prévu d'aménager 7.000ha de terres, de construire des voies d'accès pour 94km, de remettre d'autres pistes en état, d'installer deux barques de 20 tonnes chacune et des barques de 6 tonnes pour la traversée du fleuve et de forer une dizaine de puits dans trois villages de la rive droite. Il est également prévu la construction d'une rizerie, des silos pour le stockage de riz et de maïs, l'aménagement de 50ha pour les cultures vivrières. Les dépenses totales prévues pour cette nouvelle société s'élevaient à 894,000.000F CFA.

La SONIAH a rencontré beaucoup de difficultés qui ne lui ont pas permis d'atteindre ses objectifs. Ainsi sur les 7000 ha de travaux d'aménagement et d'assainissement prévus, seulement 1898 ha ont été réalisés soit un taux de 26%. Les autres activités prévues n'ont pas été exécutées.

En définitive, les projets SADEVO et SONIAH n'ont vécu que de 1973 à 1981 pour une existence de 20 ans au départ. Au cours de leurs huit années de service, ces projets n'ont engrangé de bénéfices qu'une seule fois, en 1976, avec un excédent de 11,991 millions de francs CFA, soit un taux de rentabilité de 4%.

Néanmoins la SADEVO a connu une trésorerie satisfaisante, ce qui n'est pas le cas de la SONIAH. A partir de 1977 cette société a commencé sa chute à tel point qu'en 1982, la situation étant devenue catastrophique, le gouvernement s'est vu obligé de la dissoudre.

Les raisons de l'échec de la SADEVO et de la SONIAH conçues pour perdurer sont multiples. On peut mentionner, entre autres, l'incapacité de l'État à fournir les moyens nécessaires à ces deux sociétés ; la non-libération de sa part dans le capital des deux sociétés ; le non-paiement des prestataires de services effectués par les deux sociétés au compte de l'État ; le recours excessif au crédit relai et aux découverts bancaires entraînant d'importants Agios que les deux sociétés n'ont jamais pu rembourser. À cela s'ajoutent d'autres difficultés d'ordre psychologique et humain.

De 1972-1989 : Le renforcement des aménagements hydroagricoles

Durant la période révolutionnaire, on a élargi cet aménagement de la basse vallée de l'Ouémé à l'ensemble du territoire national afin de régler d'une part l'approvisionnement des centres urbains dont la population ne cesse de croître, d'autre part limiter les sorties de devises provoquées par les importations de cette denrée de plus en plus massives. Pour atteindre ces deux objectifs, le gouvernement sollicita l'aide du Fonds spécial des Nations Unies pour l'aménagement de plusieurs zones hydroagricoles au centre desquels se trouve la basse vallée de l'Ouémé présentée ci-dessus. L'action des révolutionnaires concernant cette vallée fut la transformation de la SADEVO en Société nationale d'irrigation et d'aménagement hydroagricole (SONIAH) dont la mission était de couvrir toute l'étendue du territoire en production rizicole. Elle avait pour tâche essentielle de coordonner toutes les opérations de cultures irriguées au Bénin avec pour partenaire technique la Chine et pour organes de financement la FAO, le PNUD et la BAD.

Dans le cadre de ces accords bilatéraux, les Chinois ont contribué jusqu'au milieu des années 1980 à la culture de 1566 hectares de riz dont 760 hectares dans le zou, 516 hectares dans le Borgou, 255 hectares dans le Mono et 25 hectares seulement dans l'Atacora.

Les aménagements rizicoles réalisés dans le cadre de la coopération bilatérale avec la Chine ont permis d'emblaver plus de 1000 hectares gratuitement par ce pays. La Chine a également financé pour environ 322.580.645 francs CFA la réhabilitation de 300 hectares de rizières anciennement délaissées par les paysans tandis que la BAD s'était proposée de financer le réaménagement du périmètre rizicole de Malanville sous l'assistance technique de la Chine.

Au total, la mission de la SONIAH pour promouvoir les aménagements hydroagricoles en faveur de la riziculture entre 1973 et 1980 se présente comme suit : i) Aménagement de la basse vallée de l'Ouémé : 1.084. 000.000F CFA ; ii) Aménagement du périmètre de Bagouri-Tounga et création du silo de Malanville : 1. 320.000 ;000F CFA ; iii) après 1980, l'aménagement du périmètre d'Affamè associé au barrage de Bonou, 2. 743.000.000 F CFA ; iv) aménagement de la vallée du Mono : 420.000.000F CFA.

Si on ajoute les coûts des aménagements réalisés par les Chinois exécutés à partir des autres financements, environ 7.000.000.000F CFA ont été engloutis dans la production rizicole pendant la révolution. Malgré ce coût important, la riziculture au Bénin n'a pas donné les résultats escomptés. Que ce soit la SADEVO avant la révolution, ou la SONIAH pendant la révolution, aucune de ces deux structures n'a réussi à faire de la riziculture une opération économiquement et socialement rentable.

La substitution de la SONIAH par l'Office béninois d'aménagement rural (OBAR) dont les objectifs restent les mêmes que ceux de la SADEVO et de la SONIAH n'a pas été probante.

Au total, du point de vue des résultats, la politique d'aménagement hydroagricole initiée durant la révolution n'a pas été concluante. Les superficies aménagées pour la riziculture dans l'ensemble du territoire national n'ont été cultivées en riz que pour 40% de leurs capacités. A partir de 1977, la production rizicole a drastiquement baissé à 9000 tonnes de paddy par an. On peut donc dire que les efforts consentis durant la révolution pour faire de la culture de riz une importante filière agricole furent un échec.

La période du Renouveau démocratique : de 1990-2015

Durant le Renouveau démocratique, la politique rizicole a porté essentiellement sur la culture de riz pluvial en mettant l'accent sur la valorisation des bassins versants notamment dans les régions granitiques du précambrien depuis la localité de Dan jusqu'à la hauteur de Kandi. Cela s'est traduit par une nouvelle politique de transformation rizicole qui s'est concrétisée par la construction des rizeries de Glazoué et de Malanville d'une capacité totale de 60.000 tonnes. Ces deux usines ont été mises en concession en 2020 à la société Prémium Rice Mills Industries Limited. Elle devra investir 11, 50 milliards de francs CFA pour parvenir à une capacité installée de 430 000 tonnes.

À cette politique d'industrialisation, s'est ajoutée la formation des groupes spontanés de producteurs à la base.

L'initiative de ces groupes spontanés fut la constitution d'un forum des riziculteurs ayant débouché sur la naissance d'un comité de concertation de ces derniers dont le rôle est de veiller à l'application des recommandations du forum et de définir un plan d'action en appui à la filière riz.

L'ère de la rupture : De 2016-2026

À l'ère de la rupture, l'accent a été mis sur les nouvelles filières à hautes valeurs ajoutées parmi lesquels le riz occupe une place de choix.

L'ambition pour les dirigeants de cette époque est « de produire suffisamment de riz pour garantir la sécurité alimentaire, améliorer les revenus des acteurs de tous les maillons de la filière, assurer le bien-être social et impacter le produit national brut et l'économie nationale ». Sur cette base, il fut assigné au pôle 1 regroupant les communes de Malanville et de Karimama de produire 40% de riz au Bénin et de coordonner la mise en œuvre du programme riz sur l'ensemble du territoire national.

Pour y parvenir, ce pôle mène des actions combinées portant sur l'amélioration de la disponibilité en intrants, l'aménagement des terres rizicoles, la subvention aux producteurs des semences améliorées, l'accès aux engrais et aux équipements et l'amélioration des infrastructures modernes de production telles que les repiqueuses, les moissonneuses, les batteuses et vanneuses, l'aménagement des terres rizicoles et l'aménagement de l'eau, etc. Parmi les actions phares de l'Agence territoriale de développement agricole n°1 (ATDA) basée à Malanville, on peut signaler la dotation des producteurs de riz de Karimama de 20 mini moissonneuses, 15 repiqueuses manuelles et 2 repiqueuses motorisées. Quant aux producteurs de Malanville, ils ont reçu 50 mini moissonneuses, 40 repiqueuses manuelles et 4 repiqueuses motorisées. Tout cela pour une valeur totale de 50 millions de F CFA.

Au vu des efforts déployés par les différents gouvernements pour améliorer la production rizicole au Bénin, les résultats suivants ont été obtenus au niveau de la production et des rendements à l'hectare :

Tableau n°7 *: Évolution de la production rizicole depuis 1970*

Année	Production	Rendements à l'hectare (kg/ha)
1970	5.000	800
1980	10.000	970
1990	11.000	1020
1995	11.500	1030
1996	18.000	
1997	21.000	
2016	281,428	3380

2017	290.000	3380
2018	374.706	3380
2019	406.083	3935
2020	411.578	3930
2021	519.667	4500
2022	525.014	4500
2023	492.626	4900

Source : Statistiques du ministère de l'Agriculture

Malgré la bonne tenue de la production ces dernières années, celle-ci ne représente que 6, 6% de la capacité productive du pays. Après son décorticage, cette production ne donne que 30.000 tonnes de riz soit 4,2kg /hbts alors que le besoin actuel est de 12kg/hbts soit une consommation totale de 80.000 tonnes. Le déficit qui est de l'ordre 7, 6kg / hbts est compensé par une importation annuelle de 50.000 tonnes. Ce déficit est comblé par les importations massives de riz réexporté vers les pays voisins comme le Nigeria et le Niger. D'une manière générale, le bilan entre les surfaces potentielles, le potentiel de production et la production effective se présentent comme suit en 2001 :

Tableau n°8 : *Production nationale et potentiel de production de riz au Bénin*

	Surfaces potentielles (ha)			Potentiel de production	Production effective en 2001	Taux d'exploitation rizicole
	Irrigables	Bas-fonds	Total	Riz paddy (tonnes)		
Sud	90.000	65.000	155.000	310.000	1.488	0, 5%
Centre		60.000	60.000	120.000	15.402	12,8%
Nord	30.000	80.000	110.000	220.000	32.356	14,7%
Bénin	**120.000**	**205.000**	**325.000**	**750.000**	**49.246**	**6,6%**

Source : Pascal Gbénou, Comité de concertation des riziculteurs du Bénin, 2004

2.2. Les tubercules et racines

À la différence des céréales, les tubercules et racines ont permis à plusieurs sociétés africaines de bâtir leur civilisation et de consolider leur croissance démographique. Dans beaucoup de pays, c'est à partir de la consommation des tubercules et racines que certaines sociétés ont pu faire face à leur transition démographique. C'est le rôle qu'a joué la pomme de terre en Europe entre le 19e et le début du 20e siècles. Les populations forestières du golfe de Guinée ont aussi adopté l'igname pour faire face aux problèmes de leur sécurité alimentaire.

On cultive au Bénin plusieurs variétés de tubercules et racines : l'igname, le tarot, le manioc, la pomme de terre et la patate douce.

L'igname et le tarot sont originaires de l'Afrique. Leur culture s'inscrit profondément dans la tradition africaine. Par contre le manioc, la pomme de terre et la patate douce ont été introduits en Afrique et singulièrement au Bénin par le biais de la traite des esclaves, la plupart étant originaires de l'Amérique.

Dans ce travail, il ne sera question que de l'igname et du manioc en raison de l'importance de leur production de l'ordre de 75% parmi les tubercules et du rôle qu'ils jouent dans l'assolement.

L'igname se cultive dans des sols riches et perméables qui bénéficient d'une pluviométrie de 900 à 3000 mm par an. À cause de cette exigence, il débute toujours l'assolement. Par contre le manioc n'est cultivé qu'à la fin dans les sols appauvris par les autres spéculations.

L'igname comme le manioc jouent plusieurs rôles dans l'agriculture béninoise par l'importance de leur production et de leur rendement à l'hectare. Il s'agit des cultures à hautes valeurs ajoutées en raison de leur importance dans la commercialisation des produits agricoles et du fait de leurs transformations industrielles.

Le manioc est à l'origine de l'implantation de plusieurs usines d'amidon entre les deux guerres mondiales, notamment dans les colonies allemandes du Togo et du Cameroun avec lesquelles on alimentait les industries textiles en Europe au 19e et au début du 20e siècles. C'est cette demande en amidon qui est à l'origine de l'importance de la culture de cette plante à racine dans nos pays.

Après la maladie de la vache folle en Europe ces dernières années, la demande de cossettes de manioc est devenue exponentielle. Mais aujourd'hui, c'est la rapide croissance des villes qui dope la plantation de manioc et justifie aussi l'intérêt des recherches qui se mènent sur la plante. En effet, les premières variétés de manioc qui ont servi comme matières premières aux industries d'amidon et de glucose en Afrique n'étaient pas comestibles à cause de leur toxicité. C'est grâce aux recherches menées dans les institutions de recherches agricoles comme l'Institut international d'agronomie tropicale basé à Ibadan et financé par la Fondation Ford que furent réglés la toxicité de manioc et celui des variétés comestibles sans fibres, précoces et à haut rendement à l'hectare.

Les résultats obtenus par ces recherches ont donc dopé la culture de manioc qui reste actuellement l'un des principaux produits alimentaires en Afrique de l'Ouest en général et au Bénin en particulier. On y tire plus d'une dizaine de produits alimentaires largement consommés dans les villes : gari, foufou, tapioca, agbéli, farine de manioc sous plusieurs formes dont la plus connue dans ce pays est le lafu obtenu à partir du manioc fermenté.

De cette importance dans l'alimentation, le manioc occupe une place de choix dans les produits agricoles au Bénin. Sa production est importante, due à son haut rendement à l'hectare de près de 20 tonnes obtenues sur les bonnes terres.

De 1970 à aujourd'hui, sa production a évolué comme suit :

1970 : 334 000T	1997 : 1 560 000 T	2005 :2 286 883 T	2019: 4 525 450 T
1980 : 489 000 T	2000 : 2 108 574 T	2006 : 2 093 354 T	2020 : 4 161 660 T
1990 : 876 000 T	2001 : 2 350 280 T	2007 : 1 823 903 T	2021 : 4 218 995 T
1895 : 1 252 000 T	2002 :2 694 574 T	2008 : 1 855 580 T	2022 : 4 350 057 T
1996 : 1 441 000 T	2003 : 2 151 451 T	2018 : 4 324 483 T	2023 :4 449 430T[21]

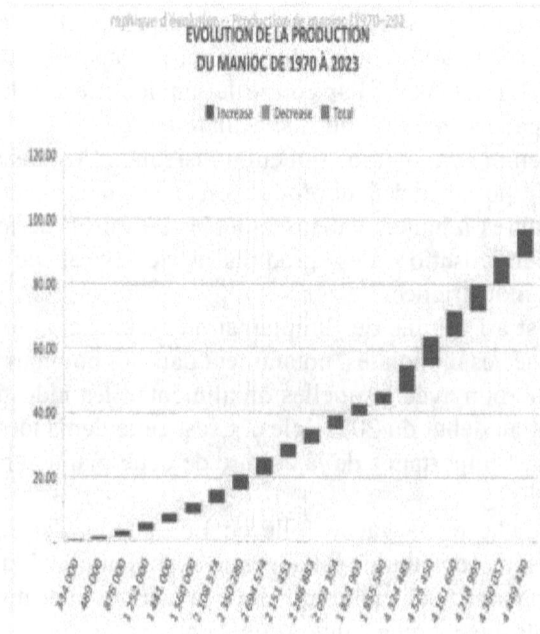

Ces chiffres renseignent bien sûr l'importance de la production de manioc au Bénin qui résulte de son haut rendement à l'hectare et de sa localisation territoriale. Comme mentionné ci-dessus, le rendement de manioc à l'hectare est très élevé de l'ordre de 10 à 20 tonnes à l'hectare selon la qualité du sol et les variétés cultivées.

Du point de vue de sa répartition territoriale, la production de manioc est concentrée au niveau du Moyen-Bénin qui représente le PDA4 avec 29%. Ensuite viennent les plateaux du Bénin méridional comprenant Abomey, Allada et le Mono (PDA7), 25% , le département du plateau depuis Sakété, Pobè et Kétou (PDA6), 25%. Les autres régions comme le PDA1, PDA2, PDA 3 et 5 n'en produisent que de façon marginale.

Les dérivés de manioc et principalement le gari et le tapioca sont très demandés tant à l'intérieur du Bénin que dans les pays limitrophes comme le

[21] Statistiques du ministère de l'Agriculture et de l'élevage

Burkina Faso, le Niger et le Nigeria. À Niamey par exemple, il existe un important marché de gari et de Tapioca au centre de la ville dénommé le marché de Yayi Boni, le dernier président de l'ère du Renouveau démocratique.

Quant à l'igname, sa culture est aussi importante que celle de manioc. Mais la quantité produite est inférieure à celle de manioc du fait de son exigence écologique et de son faible rendement à l'hectare comparé au manioc. Il représente 43,3% de la production totale des tubercules contre 56,7% pour le manioc.

Sa consommation se fait à partir de sa transformation soit en igname bouillie, frite, pillée ou grillée. L'igname pillée est très demandée dans les grosses agglomérations. Le reste de cette igname pillée après séchage est transformé en une sorte de couscous appelé Wassa wassa. Certaines variétés comme le kokoro sont transformées en cossettes d'igname qui confèrent à ce tubercule une haute valeur ajoutée. Ce produit est très demandé par les pays voisins comme le Togo et le Nigeria. Ces cossettes donnent des mets supérieurs au gari de manioc. Ces mets sont recherchés dans les villes du Bénin et font l'objet d'un important trafic entre les pays voisins comme le Togo, le Niger et le Nigeria.

Les producteurs de l'igname se consacrent à ce tubercule à cause de cette valeur ajoutée. Une étude réalisée sur le marché de cossettes au plus fort de l'économie nigériane renseigne bien sur l'importance de ce commerce de cossettes qui passe par quatre principaux marchés frontaliers : Ifangni dans le département du Plateau, Glazoué-Savè dans le département des Collines, Tchaourou dans le sud Borgou, et Nikki-Chikanda dans le Borgou nord. Une enquête menée sur l'axe Nikki-Chikanda entre 1979 et 1984 atteste bien l'importance de ce commerce de cossettes comme on peut le constater à la lecture du tableau ci-après :

Tableau n°9*: Marché de cossettes d'ignames à la frontière de Nikki-Chikanda entre 1979 et 1984*

Années	Nombres de sacs	Tonnage	Taxes perçues
1979	8 273	728	1 654 600 F CFA
1980	19 859	1 747	3 970 421 F CFA
1981	37 502	3 300	7 500 229 F CFA
1982	48 399	4 429	9 979 629 F CFA
1983	54 989	4 839	10 997 728 F CFA
1984	9 512	837	1 902 273 F CFA

Source : Igue, O. J. Rentes pétrolières et commerce des produits agricoles à la périphérie du Nigeria : cas du Bénin et du Niger, Laboratoire d'économie internationale, Montpellier 1985

La même étude révèle qu'à Tchaourou, entre 1979 et 1983, 56 921 sacs de cossettes, soit 5 729 tonnes sont vendus au Nigeria. Ce commerce de cossettes reste toujours actif à tel point que le sac de cossettes d'igname de 100kg se vend actuellement au marché Dantokpa de Cotonou entre 50 et 60 000F CFA. C'est l'enjeu que représente ce produit qui lui confère sa valeur ajoutée et justifie l'engouement des paysans pour sa culture.

De 1970 à aujourd'hui, l'évolution de la production de l'igname se présente comme suit :

1970 : 516.000	1997 :1 359 000	2004 : 3 055 523	2018 : 3 553 061
1980 : 694 000	2000 :1 391 333	2005 : 2 915 045	2019 : 3 365 500
1990 : 1 046 000	2001 :1 742 006	2006 : 2 804 734	2020 : 3 150 248
1995 : 1 258 000	2002 :1 700 982	2007 : 2 662 272	2021 :3 203 166
1996 : 1 403 000	2003 : 3 151 911	2008 : 2 631 394	2022 : 3 214 889
			2023 : 3 321 089[22]

Aux vues de ces chiffres, la production de l'igname reste assez stable avec seulement 3,3% de croissance annuelle.

Du point de vue de son extension territoriale, l'igname se cultive généralement sur des sols assez perméables du cristallin. C'est la raison pour laquelle sa production se localise dans le département des Collines et du sud Borgou (PDA4) suivi de l'Atacora et de la Donga (PDA 3) et du nord Borgou (PDA 2). Il est rare dans les plateaux méridionaux de terres de barre et dans la vallée de l'Ouémé.

Qu'il s'agisse du manioc comme de l'igname, leur avenir est encore radieux dans l'agriculture béninoise. En dehors des cultures pérennes comme le coton, l'anacarde, l'ananas et le soja, le manioc et l'igname font l'objet d'un important commerce indépendamment de leur rôle dans l'alimentation.

Au Bénin, si la question de la sécurité alimentaire demeure moins critique, c'est grâce à la production de ces deux denrées qui permettent aux familles d'assurer l'alimentation de leurs enfants. Dans ces familles, soit le gari, soit les tubercules d'igname ou un des deux est toujours présent dans les ménages. La transformation de ces deux produits demeure aussi l'une des occupations des femmes béninoises. Elle lutte contre le chômage et le sous-emploi de ces dernières.

2.3. Les cultures maraichères

La gamme de ces cultures maraichères est longue. Elle incorpore beaucoup de denrées comme la laitue, le chou pommé, les carottes, le piment, le gombo, les légumes feuilles, la tomate, l'oignon, etc. Leur introduction dans la culture béninoise comme filière séparée est un phénomène récent lié à deux évolutions que connaît le Bénin : l'urbanisation et les migrations.

---

[22] *Statistiques du ministère de l'Agriculture et de l'Élevage*

Avant ces évolutions, beaucoup de ces produits maraichers faisaient partie des assolements, cultivés en association avec les plantes traditionnelles que sont le maïs, le mil-sorgho ou les tubercules. C'est à partir du développement de l'agriculture urbaine et périurbaine que la plupart de ces produits maraichers ont quitté le domaine de l'assolement pour se pratiquer en bloc homogène de culture à l'exception des produits introduits par les Européens comme la laitue, le chou pommé, les carottes et les haricots verts. Ce sont d'ailleurs ces Européens qui ont initié le bloc homogène de cultures à partir des aménagements de bas-fonds dont les plus bels exemples sont les bas-fonds qui sont situés à l'entrée de Parakou dont l'aménagement était réalisé par un Français qui a occupé les lieux de 1955 à 1973.

Les produits cultivés par ce Français à l'entrée de Parakou alimentaient le marché de Ganhi à Cotonou en profitant des avantages des transports ferroviaires qui marchaient bien à l'époque. C'est de cette expérience européenne que sont nés les périmètres maraichers de l'aéroport et ceux des villes de Porto-Novo et de Ouidah sur les berges des lagunes et lacs.

Le développement actuel de ces produits maraichers notamment les périmètres de Grand-Popo, de Sèmè-Kpodji et de la vallée du Niger résulte de l'immigration togolaise suite à la crise qui a secoué le pays entre 1990 et 2000 due à l'échec de leur processus démocratique.

Aujourd'hui, cette activité maraichère est devenue dynamique sur l'ensemble du territoire national à cause de l'évolution des principaux centres urbains. Elle génère environ 17,7 milliards de francs CFA avec un revenu net de 14 milliards de francs CFA pour les producteurs. Elle constitue aussi un important gisement d'emploi où s'exercent plus de 17000 jeunes béninois et étrangers. Les emplois directs créés dans le secteur maraicher s'évaluent à plus de 60 000 dont 40 000 permanents et 18 000 temporaires. À cela s'ajoutent de nombreux emplois créés dans les secteurs de la commercialisation, du transport et de la transformation estimés pour la partie sud du Bénin à plus de 30 000[23].

Pour plus de détails, cette présentation du secteur maraicher sera consacrée à quelques filières porteuses comme la tomate et le piment.

Cas de la tomate

Ce condiment d'origine américaine est cultivé sur toute l'étendue du territoire national avec une forte concentration dans la partie méridionale et dans l'extrême nord du pays. Selon les données du ministère de l'Agriculture, la production de la tomate est allée en dent de scie depuis 2003 jusqu'aujourd'hui avec trois tendances : i) une évolution stable entre 2003 et

[23] **Aboudou, Farida et al**, *Les cultures maraichères au Bénin*,

2008, ii) suivie d'une forte croissance à partir de 2008 jusqu'en 2019 puis à nouveau une baisse de 2020 jusqu'aujourd'hui comme on peut le constater à la lecture des chiffres ci-dessous :

2003 : 105 910	2006 : 80 055	2010 : 266 041	2018 : 360 195
2004 : 110 819	2007 : 129 187	2011 : 246 702	2019 : 360 250
2005 : 121 182	2008 : 134 966	2012 : 375 636	2021 : 266 685
2020 : 261 103	2009 : 222 223	2013 : 358 869	2022 : 266 750
			2023 : 279 466[24]

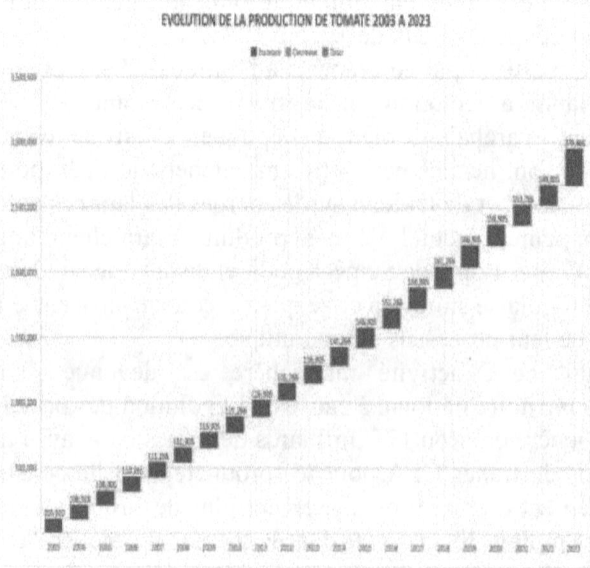

Les rendements de la tomate justifient cette évolution de la production. Ceux-ci tournent autour de 7000 et 9 000kg /ha. Cette évolution résulte aussi de l'extension des surfaces emblavées qui ont connu un accroissement de 262% ces dernières années. Mais cette production est inégalement répartie sur le territoire national avec une très forte concentration dans les régions méridionales notamment dans les communes de Kpomassè, Toffo et Klouékanmè qui viennent en tête et offrent 30% de la production nationale. Ensuite viennent les communes d'Adja-Ouèrè, Adjohoun, Dangbo et Natitingou avec une production moyenne d'environ 6.000 tonnes. La 3e zone de culture de ce condiment est le bassin du Niger représenté par les communes

[24] *Statistiques du ministère de l'Agriculture et de l'élevage*

de Malanville et Karimama où le produit ne se cultive qu'en contre-saison pour un volume de 5 000 tonnes.

La tomate fait l'objet d'intenses activités d'échange tant à l'intérieur qu'avec les pays limitrophes. Ces activités d'échanges sont animées à la fois par les producteurs et les commerçants. Ces derniers sont essentiellement constitués de femmes. Les premiers font la commercialisation de la tomate fraiche dans les champs et dans les marchés de regroupement. Les femmes qui achètent les tomates auprès des producteurs viennent les livrer dans les centres urbains et dans les pays voisins. Mais la production de la tomate obéit à un système rotatif qui tient compte du décalage de production entre le marché béninois et celui des pays voisins.

La tomate béninoise arrive sur le marché entre mai et septembre. Elle est relayée par celle venant du Ghana, du Nigeria et des pays sahéliens dont notamment le Burkina Faso. S'agissant du Nigeria, c'est dans les faubourgs de Lagos, notamment les marchés d'Alaba et Mile two que les Béninois se ravitaillent en tomate.

Ce condiment est un produit fragile qui subit actuellement plus de 40% de perte due essentiellement au transport et à l'absence d'un système de stockage qui n'est pallié que modérément par les activités de transformation dans lesquelles sont impliquées plusieurs structures comme la société IFCG, le groupement des femmes pour le développement (GFPD), ETRAPA et le groupement féminin ESSOSSINA. Ces différentes sociétés de transformation mettent sur le marché trois types de produits : les concentrés de tomates, les purées de tomates et les tomates séchées.

D'une manière générale, il s'agit d'une filière assez rentable malgré le taux élevé (environ 40%) des pertes subies. C'est la raison pour laquelle elle fait partie des filières à haute valeur ajoutée dans le programme d'action du gouvernent actuel.

Le cas du piment

Le piment fait partie des plus importantes cultures maraichères du pays en raison de son importance dans l'alimentation d'où découle le proverbe yoruba suivant : *Emi ti o jè ata, èmi yèpèrè (celui qui ne mange pas du piment ne peut pas vivre longtemps).* Selon les statistiques du ministère de l'Agriculture, la production de piment est passée de 42 127 tonnes en 2003 à 134 528 tonnes en 2013, soit un accroissement de 21,9% en dix ans. En 2020, la production de piment s'évaluait à 108 934 tonnes. La culture a connu un net progrès entre 2011 et 2012. Par contre, les superficies emblavées et le rendement n'ont pas suivi la même tendance. Le taux d'accroissement des superficies n'est que de 34% et celui du rendement 138%. Ces chiffres montrent que contrairement à la tomate, l'accroissement des volumes de production de piment est plutôt lié à l'amélioration des rendements qu'à l'augmentation des variétés cultivées.

En effet, la culture de la tomate tout comme celle du piment bénéficient des arrières-effets des intrants utilisés pour les autres spéculations avec lesquelles elles sont en association.

Tableau n° 10: *Évolution des volumes, superficies et rendement du piment au Bénin*

	2003	2004	2005	2006	2007	2008	2009	2010	2011	2012	2013
Production	42127	48063	66562	76527	72985	91053	51672	83074	77085	135520	134528
Superficie	37878	34147	37799	28787	36962	44917	36811	47122	39444	48703	50752
Rendement	11145,5	13504	16481	25773	19436,5	20314	14038	17629,5	19543	27825,5	26507

Source : Statistique du ministère de l'Agriculture

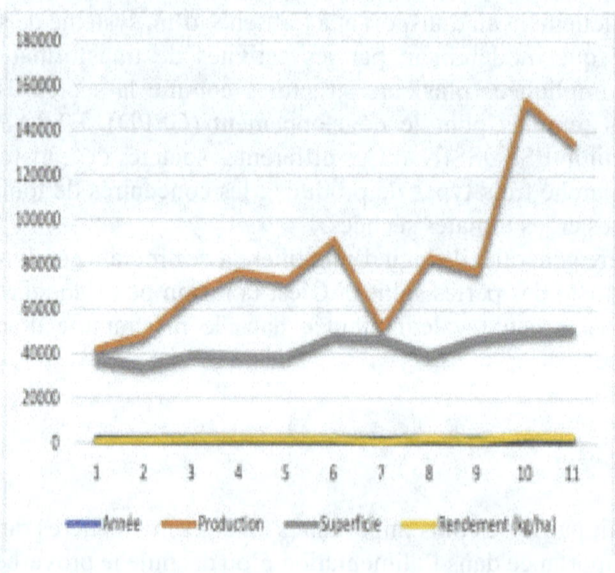

Du point de vue de sa répartition spatiale de piment, ce sont les départements de l'Ouémé et du Plateau qui viennent de loin en tête. Dans ces deux départements, ce sont les communes de Adjohoun et de Dangbo qui occupent les premières places avec un volume de production de 4000 tonnes environ pour chacune d'elles. Elles sont suivies des communes d'Adja-Ouèrè et de Pobè dans le Plateau avec une production de l'ordre de 6 237 tonnes en 2012. Les départements de l'Ouémé et du Plateau, à eux deux, offrent environ 37% de la production nationale. De point de vue du système de sa production, on distingue quatre techniques : i) les cultures pluviales ; ii) les cultures de décrues ; iii) les cultures de bas-fonds ; iv) les cultures irriguées.

Les cultures de décrues sont surtout pratiquées dans la basse vallée de l'Ouémé, dans les communes de Dangbo et d'Adjohoun. Par contre, les régions côtières regroupant les communes de Sèmè Kpodji, (département de l'Ouémé), de Ouidah (département de l'Atlantique), de Grand-Popo dans le Mono pratiquent la culture irriguée.

Ailleurs, notamment dans les départements du Plateau, des Collines, du Borgou et de l'Alibori, c'est le piment pluvial qui domine.

Ailleurs encore, ce sont les communes de Tchaourou, Malanville et Ouèssè qui constituent la deuxième zone de production de piment avec environ 2000 tonnes par an pour chacune d'elles.

Quelles que soient les techniques de culture, le piment se pratique dans des jardins de cases, dans des périmètres d'aménagement agricole, en cultures pures ou en association avec d'autres denrées comme la tomate, le maïs, l'arachide, le niébé, le manioc ou l'igname. La taille des exploitations en culture pure ne dépasse pas 1 ha par producteur. Si elle est en association de culture, la partie réservée au piment est de 0, 06 ha.

Du point de vue de sa commercialisation, celle-ci ne diffère pas des méthodes employées pour la tomate. Le produit est conditionné dans des paniers ou des sacs de 10 à 35kg transportés et revendus dans les différents marchés béninois.

Les piments qui sont exportés vers le Nigeria, le Niger et le Togo sont emballés dans des sacs de 70kg pour être livrés sur les différents marchés de ces pays à hauteur de 18 000F CFA pour les paniers de 11kg en période de soudure et de 700F CFA en période d'abondance.

Tout comme la tomate, le marché du piment s'inverse selon les saisons. Ainsi, entre août et janvier, les commerçants du sud vont chercher le piment dans les départements des Collines, du Borgou et de l'Alibori. Ils complètent cette offre par le piment venant du Nigeria. De janvier à juillet, ce sont plutôt les régions du sud qui ravitaillent le reste du territoire national, y compris les pays voisins. Mais à la différence de la tomate, le piment ne fait pas l'objet de beaucoup de transformation. Il est souvent vendu à l'état brut ou séché. Les piments verts sont vendus à l'état brut afin de conserver leurs arômes. Par contre la variété rouge, très piquante est plus livrée sous la forme séchée surtout lorsqu'elle fait l'objet d'exportation vers les pays limitrophes.

La commercialisation du piment est aussi rentable, mais pas comme la tomate. Les marges bénéficiaires varient entre 31 325 et 121 000F CFA la tonne selon les saisons.

Qu'ils s'agissent de la tomate comme du piment et des autres produits maraichers qui ne sont pas pris en compte dans cette étude, leurs productions et leurs commercialisations s'inscrivent dans un contexte régional qui facilite l'intégration des marchés entre le Bénin et ses voisins immédiats que sont le

Togo, le Niger, le Burkina Faso et le Nigeria. Cette intégration des marchés autour de ces produits maraichers rend difficile l'estimation du besoin annuel des populations béninoises.

2.4. Les cultures d'exportation

Elles concernent cinq spéculations : le palmier à huile, le coton, l'anacarde, l'ananas et le soja.

- **Le palmier à huile**

La culture de palmier à huile a été développée au Bénin par le roi Guézo. Pendant longtemps, ce palmier avait permis au royaume du Danxomè et à la colonie du Dahomey d'asseoir une certaine puissance commerciale et économique. Grâce aux produits qu'on en tire (huile de palme, palmiste, alcool, etc.), le palmier à huile procurait jusqu'au milieu des années 70, environ 70% de la valeur des exportations du Dahomey et engloutissait la plus grande partie des investissements destinés au développement du monde rural.
Les premières tentatives de modernisation de la palmeraie dahoméenne ont démarré en 1947 avec la mise en place au sein du service de l'agriculture d'un département spécialisé dans le domaine de palmier à huile, appelé Secteur de rénovation de la palmeraie (SRP). La création de ce département a permis la réalisation de plusieurs blocs de palmier sélectionné. Cette expérience a été concrétisée par la loi 61 /67 portant statut général des coopératives agricoles promulguée en 1961. À cet effet, on avait imaginé la mise en place des coopératives du palmier à huile sur le modèle des Moshav Chitoufi israéliens. À l'indépendance, trois raisons fondamentales ont poussé les autorités à envisager le développement et la modernisation de ce secteur palmier à huile : i) le rôle prépondérant du produit dans les revenus de l'État ; ii) le palmier traditionnel n'était plus rentable sur le marché international comparé au palmier sélectionné en cours d'expérimentation en RDC, au Nigeria, etc. La production et le rendement de ce palmier à huile traditionnel étaient en état de dégradation continue : de 16427 tonnes d'huile de palme exportées en 1955, on est passé à 9256 tonnes en 1963, soit une baisse de 43,7% en l'espace de dix ans ; iii) la station de l'Institut de recherche en Huile et Oléagineux (IRHO) de Pobè, créée en 1923 avait obtenu des résultats satisfaisants qu'il fallait vulgariser.

De ce fait, le développement du palmier à huile implique donc la modernisation du système de production afin de permettre au Bénin : i) de maintenir sa place de choix sur le marché ouest-africain ; ii) de valoriser les acquis techniques de la station de Pobè ; iii) d'améliorer son développement économique à partir des ressources qui seraient générées par cette modernisation.

Dès lors, le développement de la production du palmier à huile qui s'est fait par la restructuration et la modernisation de l'ensemble de la filière va engendrer des coûts tant financiers que socio-économiques.

Cette modernisation a porté sur la création d'une nouvelle structure de mobilisation du monde rural, d'où la naissance de nouvelles sociétés de gestion de l'ensemble de la filière, notamment les complexes agro-industriels de types coopératifs entre 1960 et 1972 dont la gestion fut confiée à la Société nationale de développement rural (SONADER). Il fut créé plusieurs complexes agro-industriels répartis dans trois parties du sud-Bénin : Houin-Agamè dans la région du Mono ; grand Hinvi dans le secteur d'Allada et Grand-Agonvy aux environs de Pobè. Ces trois complexes portaient sur une superficie totale de 26.027 hectares comprenant des huileries et des silos à maïs. L'objectif initial était d'atteindre une superficie de 28 000 hectares pour les palmeraies sélectionnées avec un rendement moyen de 8 tonnes à l'hectare. Après exécution des différents programmes, seule la palmeraie d'Agonvy avait obtenu un rendement de 7, 5 tonnes à l'hectare. Le reste des palmeraies avaient produit en dessous des prévisions. Le complexe de Hinvi avait un rendement de 3 à 4 tonnes à l'hectare tandis que celui de Houin-Agamé ne dépassait pas 1,5 tonne à l'hectare conformément au tableau ci-après.

Tableau n° 11: *La situation des complexes agro-industriels gérés par la SONADER*

Dénomination	Superficie et production	Montant des investissements [25] (F CFA)	Source de financement
<u>Complexe de Houin-Agamè</u> - Palmeraie sélectionnée - Huilerie - Silo à maïs	 4.00 ha 10 tonnes de régimes/heure 2.000 tonnes	1.503. 893. 060	FED
<u>Complexe du Grand Hinvi</u> - Bloc de plantations (Akassato, Zoudja, Ouidah Nord) - Huilerie - Silo à maïs	 10.854 ha 20 tonnes de régimes/heure 2.000 tonnes	4.035.230.000	FAC BIRD/IDA
<u>Complexe du Grand-Agonvy</u> - Bloc de plantations (Akassato, Zoudja, Ouidah Nord) - Huilerie - Silo à maïs	 11.173 ha 20 tonnes de régimes/heure 2.000 tonnes	3.020.580.000	FAC BIRD/IDA
Total - Palmeraie - Huilerie - Silo à maïs	 26.027 ha 3 (d'une capacité totale de 50 tonnes de régimes/heure 3 (d'une capacité totale de 5.670 tonnes)	8.876.703.060	FED, FAC BIRD/IDA

<u>Source</u> : Ministère du Développement Rural – SONADER

[25] Les montants retenus ici sont ceux des conventions signées pour l'installation des complexes agro-industriels gérés par la SONADER

A partir de leur faible rendement à l'hectare, l'expérience de modernisation de ce secteur n'a pas atteint les objectifs attendus. Par rapport à la palmeraie naturelle, les superficies occupées par ces palmiers sélectionnés sont restées faibles de l'ordre de 1% par an. Cette faible évolution des superficies ajoutée à un rendement à l'hectare médiocre avait négativement agi sur les espoirs placés dans ce secteur de palmier à huile comme en témoigne le tableau ci-après.

Tableau n°12 *: Production de palmier à huile au Bénin : quantité et valeur (1963-1970).*

Années	Quantités (en tonnes)	Valeurs (en FCFA)
1963	577.000	152.000.000
1966	584.000	1.544.500.000
1967	586.000	1.550.000.000
1970	620.000	1.656.000.000

Source : - Plan de Développement économique et social, 1974 –Direction Générale du Plan

- Rapport de présentation à la table ronde des partenaires économique et social de la République populaire du Bénin. Cotonou. Ministère du Plan, de la Statistique et de la Restructuration économique (MPSAE)

Ainsi, malgré les efforts financiers consentis dans la filière palmier à huile, on assiste plutôt à une baisse de ses revenus. La production totale qui valait 1.522.000.000F CFA en 1961 est tombée à 618.544.000F CFA en 1981, soit une baisse de 59,4% en 20 ans. Cette baisse a amené les autorités à consentir des efforts supplémentaires pour le financement de la filière à partir des contributions nationales. Outre les investissements publics émanant du budget national s'ajoutent les contributions des différentes banques de la place. Les créances de ces banques auprès de la Société Béninoise pour le Développement du Palmier à Huile (SOBEPALH) qui a succédé à la SONADER se présentent comme suit :

Tableau n°13: *État des créances des Banque Nationale auprès de la SOBEPALH (en millions de francs CFA)*

Banques	BCB	BDB	CNCA	TOTAL
Créances*	700	25,10	1.047,80	1.772,9

Source : Livre rouge du pillage des Banque Nationale
(*), Il s'agit des crédits de court, moyen et long termes.

A partir des apports du budget et des banques de la place, et pour améliorer la situation de ce secteur, la SOBEPALH s'était engagée dans l'irrigation des palmeraies dans les zones défavorables. C'est ainsi que les opérations d'irrigation de Ouidah-Nord portant sur une superficie de 500 hectares ont été entièrement financées par la Caisse Nationale de Crédit Agricole associée à la Caisse autonome d'amortissement (CAA). La part de la CNCA est de 322 millions environ et celle de la CAA, 220 millions de francs CFA. La même CNCA a financé pour 435 millions de FCFA l'irrigation de la palmeraie de Houèdo qui couvre une superficie de 260 hectares.

Au total, l'expérience de rénovation de la palmeraie béninoise a coûté plus de 10 milliards de francs CFA. Malgré cet investissement colossal, la rénovation du secteur palmier à huile n'a pas débouché sur les résultats espérés.

Aujourd'hui, ce secteur est en voie de disparition. Comme preuve, tous les périmètres aménagés par la SONADER dans un premier temps et la SOBEPALH dans un second temps ont été transformés en de nouvelles terres agricoles ou d'habitation réduisant ainsi la contribution des populations du sud au développement du secteur agricole au Bénin. Il n'y a que quelques individus dans les communes d'Ifangni, Sakété et Pobè auxquels s'ajoutent quelques paysans de la basse vallée de l'Ouémé et du Mono qui se gênent encore à promouvoir ce secteur dont les dérivés font l'objet d'un commerce majoritairement destiné au marché nigérian. Les seuls bénéfices tirés de cette activité portent sur son impact social. La modernisation du palmier qui a provoqué une modification du paysage agraire du sud-Bénin a aussi engendré une nouvelle structuration du monde rural dans ce milieu. On est passé de mode de gestion du type individuel à celui du type collectiviste avec la formation des coopératives et des blocs d'exploitation. Ces mutations ont créé chez certains paysans du sud Bénin la nécessité de se mettre ensemble pour exercer le métier de paysan. C'est cette expérience de gestion collectiviste qui a débouché sur le développement de l'ananas dans certaines zones naguère occupées par le palmier à huile. C'est le cas des communes de Zè et d'Allada notamment. Ce sont les leçons tirées de cet échec de palmier à huile qui ont poussé au développement du coton dans ce pays à partir de 1972.

Le fonctionnement du secteur palmier à huile : la création de la Société nationale de développement rural (Sonader)

La rénovation du secteur palmier à huile entreprise par les autorités dahoméennes avant 1972 était confiée à la Société nationale de développement rural (SONADER). Elle fut créée par les lois 61-28 et 61-29 en 1961 pour prendre la relève du Secteur de rénovation de la palmeraie (SRP.) Il s'agit d'une société d'économie mixte qui regroupe à la fois des personnes de droit public et celles de droit privé. « Son objet est d'être soit l'un des instruments, soit l'instrument préférentiel de gouverne pour la conduite des opérations de développement agricole sur des périmètres d'aménagement rural[26] ». Son capital social était fixé à 150 millions de francs CFA divisés en 30.000 actions de 5 000F CFA chacune dont 15.300 appartenant à la catégorie A et 14 700 à la catégorie B. Les actions de la catégorie A appartenaient à des personnes de droit public ; les actions de la catégorie B pouvaient être obtenues soit par des personnes de droit privé, soit par des personnes de droit public. Parmi les missions assignées à la Sonader, il y avait : i) la définition des programmes de mise en valeur des périmètres d'aménagement rural ; ii) l'établissement du devis des travaux d'aménagements et d'équipements ; iii) la détermination des plans de financement nécessaire à l'exécution de ces travaux ; iv) l'assurance en cas de besoin, de la conduite et de l'exécution des travaux agricoles qui requièrent une technique et un personnel spécialisés que les entreprises privées ne seraient pas en mesure de garantir, etc.

A partir de ces objectifs, les réalisations de la Sonader portaient sur plusieurs blocs de palmier à huile répartis comme suit :

[26] **Ladikpo, R.** (1973) : *Réforme agraire au Dahomey, un cas concret : les périmètres d'aménagement rural d'Agonvy*, Dakar, décembre.

Tableau n°14 *: La répartition des blocs de palmiers sélectionnés*

Régions	Blocs de palmiers	Superficie
Ouémé	Grand Agonvy	7 915ha
Banlieue de Porto-Novo	Gbada Javi Djomon Aguidi	1 450 ha 528 ha 370 ha 411 ha
Pobè-Sud		1 906 ha
Atlantique	Grand Hinvi Calavi- Akassato Calavi- Zoundja Ferme de Ouèdo Ouidah nord	8 701 ha 417 ha 404 ha 432 ha 900 ha
Mono	Houin- Agamè	4 062,91 ha
Total		27 496, 91 ha

Source : Ladikpo, R. Op. Cit

Ces 27 496, 91 ha de palmiers sélectionnés furent réalisés entre 1963 et 1970 dans un environnement de forte densité démographique.

Par exemple dans le complexe de Grand Hinvi dans le département de l'Atlantique, sur l'ensemble de 52700 hectares que compte la région, la structure coopérative a occupé à elle seule 18 000 hectares, soit les 34 % de la superficie disponible[27]. Ces 18 000 hectares ont été mobilisés sur la base d'une expropriation foncière qui s'appuie sur la structure des coopératives composées de deux catégories d'adhérents.

À Grand Agonvi, le disponible foncier est de 15.000 ha parmi lesquels les plantations de palmeraies disposent de 8000 ha. Les superficies réservées aux cultures vivrières avoisinent 6000 ha et celles occupées par le village coopératif, les infrastructures de santé, les écoles et la zone industrielle environ 645 ha.

Ces terres mobilisées sont mises à la disposition du Carder à raison de 30.000F CFA/ha qui devrait rapporter un intérêt de 3% par an.

Ceux qui n'ont pas de terre doivent travailler 200 jours dans l'année avec un salaire journalier de 275 francs CFA, mais ils n'en perçoivent que 125 francs CFA. La différence de 150 FCFA sert à mobiliser les 30 000 FCFA par an, c'est-à-dire le prix d'un hectare de terrain, qui leur permet ainsi de devenir des coopérateurs de type B, avec également un intérêt de 3 % par an.

Ainsi le capital social de la coopérative se compose uniquement d'apports en nature et en travail : apport de la terre pour les propriétaires terriens, apport en travail non rétribué pour les travailleurs non propriétaires de terre.

Ces conditions de départ n'ont jamais été révisées malgré l'augmentation du niveau de vie qui se répercute sur l'évolution du prix du terrain et sur celui

[27] . **Gentil, P. *et al.*** (1981) : *Évaluation du Projet grand Hinvi*, IRAM, mai.

du SMIG. Il s'en est suivi une forte démobilisation des coopérateurs avec pour conséquence un important déplacement des populations vers les principales villes. À titre d'exemple, entre 1966 et 1979, les principales localités de Grand Hinvi, se sont vidés de leurs populations à hauteur de 30 à 60 % comme en témoignent ces quelques exemples :

	1966	**1979**	**Pourcentage de perte**
Dawé	1 288 habitants	729 habitants	48
Domé	1 525 habitants	1 025 habitants	29
Ahouali	437 habitants	165 habitants	68

Cet exemple du bloc de Grand Hinvi n'est pas isolé. Les autres blocs tels que Grand-Agonvi (Ouémé) et Hoin-Agamé (Mono) ont connu les mêmes sorts[28].

Ces contraintes ont constitué l'un des échecs de la rénovation du secteur palmier à huile au Bénin auquel s'ajoute le faible rendement à l'hectare, la question de la main-d'œuvre et les conditions de financement de l'opération. Ce financement était assuré grâce à des prêts de la Banque mondiale ou à des subventions du Fonds d'aide et de coopération (FAC) et du Fonds européen de développement (FED) qui soutiennent ce projet afin de garantir les usines d'Europe en matières premières de base. Il en a résulté de sévères critiques au projet qualifié par les intellectuels de gauche de filière d'exploitation coloniale et de perpétuation de la dépendance.

- **Le coton**

Le coton représente actuellement la principale filière économique du Bénin. « Ce sont plus de 300.000 familles qui travaillent dans le coton, soit environ 2.000.000 de citoyens directement ou indirectement impliqués dans cette chaine de valeur qui représentent 40% des emplois en milieu rural, fait en partie vivre 50% de la population, représente 45% du revenu national, couvre 60% du tissu industriel du pays, contribue à 13% du produit intérieur brut et procure au pays 40% d'entrées en devise. Ce secteur, premier produit d'exportation du Bénin, connait une évolution importante ces dernières années puisqu'entre 2002 et 2019, le pays a pratiquement doublé la superficie

[28] **Dissou, M.**, (1992) : *La palmeraie béninoise, exploitation traditionnelle et aménagement volontaire.* Thèse de doctorat d'État. Université Paris X Nanterre,.

nationale de culture du coton, ainsi que sa production annuelle, avec notamment une majorité de femmes travaillant dans la filière. »[29]

Cette plante textile a été développée par le pays pour pallier la crise du secteur palmier à huile qui faisait la fierté de l'ancien Dahomey depuis le règne du roi Guézo.

L'évolution actuelle de sa production place le Bénin depuis 2016 à la tête des pays producteurs de l'or blanc en Afrique de l'Ouest. Celle-ci est allée de 240.000 tonnes en 2016 à 750.000 tonnes en 2023.

L'introduction du coton au Bénin remonte au début du siècle dernier avec la création par la France d'une société dénommée Association cotonnière pour la diffusion et la commercialisation de cette plante. Par exemple entre 1906 et 1911, la région de Savè produisait plus de 150 tonnes de coton réparties comme suit : 1906 : 1090kg ; 1909 : 20 tonnes ; 1910 : 42 tonnes ; 1911 : 100 tonnes[30]. Vers les années 1930, le pays cultivait près de 7.000 tonnes de coton graine qui avaient justifié la construction des usines d'égrenage de Savalou en 1924 et de Bohicon en 1925. Après la 2e guerre mondiale, cette production a beaucoup régressé. Son essor actuel date de 1960, année de l'indépendance. Ainsi, en 1963, les exportations du coton avaient atteint 1424 tonnes, ce qui représentait à l'époque 5,2% de la valeur totale des produits nationaux vendus à l'extérieur. En 1989, le Bénin a en a exporté pour 11, 695 milliards de francs CFA, soit 52, 92% de la valeur totale des exportations du pays.

Son développement jusqu'aujourd'hui dépend de l'organisation de la filière par les différents gouvernements qui se sont succédé à la tête du pays.

La situation du secteur coton entre 1960-1970

Au lendemain de l'indépendance et à partir de 1967, la culture du coton était assurée par quatre sociétés d'intervention dont certaines étaient placées sous l'autorité du groupe français Boussac :

- la Compagnie française pour le développement des textiles (CFDT) ;
- la Société d'aide technique et de coopération (SATEC)
- le bureau pour le développement de la production agricole (BDPA) ;
- l'Union Suisse de coopération (USC).

La CFDT, société mixte à capitaux publics français pour 64,2 % et privé pour 35,8%, avait en charge les départements du Borgou et du Mono.

---

[29] **Abdoulkadre Ado**, (2025) : *L'entrepreneuriat numérique durable au Bénin : opportunités, défis et stratégies*, Bureau d'étude Alexander Von Humbolt Institut Fur Internet und Gesellschaft, Février

[30] **André Couchard** (1911) *Notes sur le cercle de Savè, Suivie d'Essai sur la population Nago-Sabè*. Imprimerie commerciale, Bordeaux.

La SATEC, dont le siège était à Bohicon, contrôlait l'essentiel de la production dans le département actuel des Collines appelé à l'époque le Zou-Nord et accessoirement dans le Mono.

La BDPA installée à Djougou depuis 1965 avait en charge la gestion du développement rural dans le département de l'Atacora.

L'Union Suisse de Coopération créée au terme de la Convention du 18 novembre 1962 parrainait 52 groupements coopératifs d'agriculteurs et d'éleveurs et 07 coopératives ouvrières dans les régions de Nikki, Pèrèrè, Biro et Bembérékè en octroyant aux paysans une prime de 6000 francs CFA à l'hectare pour la culture de coton.

Des efforts de ces différentes sociétés d'intervention, le volume de la production cotonnière passa de 4487 tonnes en 1962 à 12 273 tonnes en 1967, soit un taux d'accroissement de 173,52% en cinq ans. À la fin du régime du Conseil présidentiel en 1972, le pays produisait 45 592 tonnes de coton. Ce progrès était dû à l'introduction d'une nouvelle variété Allen à plus haut rendement à l'hectare qui ne se faisait plus en association avec les cultures vivrières, plutôt dans des blocs homogènes de culture.

Au vu du succès connu par ces quatre sociétés dans la diffusion du coton, le Bénin créa en 1970, une structure d'État, la Société nationale pour le développement du Coton (SONACO) chargée de gérer l'essentiel de la filière dans tout le pays. À travers cette société, il y eut une forte mobilisation des moyens humains et financiers en faveur de cette plante textile. Ainsi entre 1966 et 1970, le financement total de la culture du coton s'élevait à 1, 220 milliards de francs CFA apportés en grande partie par le Fonds européen de développement (FED). Mais les lourdeurs administratives et la mauvaise gestion de la SONACO ont entraîné sa faillite. Néanmoins la production du coton de 1960 à 1972 a connu une nette évolution qu'attestent ces chiffres :

1960 : 2900 T	1964 :3300 T	1967 : 12 600 T	1970 :36100 T
1961 :1400 T	1965 :6600 T	1968 : 23 100 T	1971 : 47 300 T
1962 : 4400 T	1966 :10300 T	1969 : 24 200 T	1972 :49 800[31] T
1963 :3900 T			

[31] **Soulé B. et Borgui Yérima**, (2000) : *Analyse descriptive du marché des produits agricoles au Bénin*, Lares

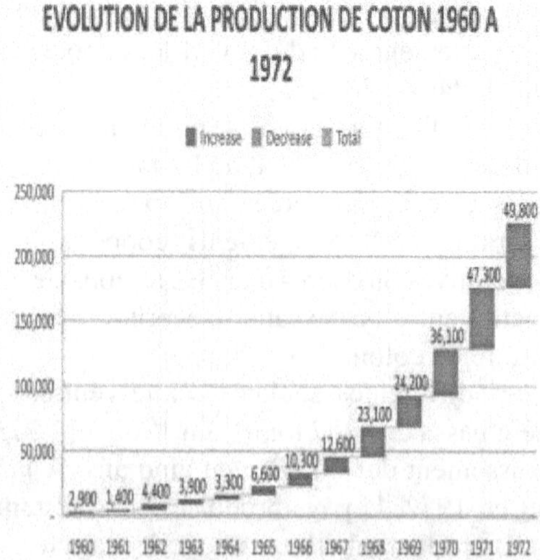

Ces chiffres font état de trois périodes d'évolution de la production cotonnière entre 1960 et 1972. De 1960 à 1965, cette production est inférieure à 6000 tonnes. Entre 1966 et 1967, elle est allée jusqu'à 12 000 tonnes pour rebondir à plus de 23 000 tonnes a parti de 1968 et atteindre son chiffre record de 49 800 tonnes en 1972. Toutes ces évolutions progressives résultent de l'importance des engagements financiers qui ont été consacrés au secteur et qui ont permis de mieux vulgariser le produit auprès des producteurs béninois.

La politique cotonnière pendant la révolution

Les révolutionnaires en arrivant au pouvoir en 1972 créèrent alors la Société nationale pour la promotion agricole (SONAPRA) pour prendre la relève de la SONACO. Celle-ci devint l'organisme compétent pour la production cotonnière dans le pays. Elle s'occupait de la commercialisation tandis que la production relevait de la responsabilité des Centres d'action régionale pour le développement rural (Carder).

Le siège de la SONAPRA était à Cotonou. Elle disposait de deux agences décentralisées à Bohicon et à Parakou. Elle avait huit usines d'égrenage au départ qui seront complétées par deux autres après le Renouveau démocratique. Les Carder étaient basés aux chefs-lieux des six départements du pays. Entre les deux sociétés existait un contrat de prestation de services qui définissait les modalités de fonctionnement de la filière coton et de son financement.

Du temps de la révolution, la filière coton avait bénéficié de deux types de financements :

- les prêts des Banque Nationale (BCB, BDD et CNCA) accordés à la SONAPRA pour financer l'achat des intrants agricoles (engrais, insecticides, semences, etc.), l'achat du coton aux paysans et l'égrenage de celui-ci ;
- la contribution des bailleurs de fonds étrangers (Banque mondiale, FED, FIDA, et les Fonds des pays amis). Ce deuxième type de financement était davantage consacré aux programmes intégrés menés par les Carder pour relancer la filière après les crises des années 80 provoquées par l'effondrement des coûts internationaux du coton fibre.

Avant le démarrage de ces programmes intégrés, la situation du coton tant en ce qui concerne les superficies emblavées, le niveau de la production, son rendement et sa contribution aux échanges extérieurs fait l'objet du tableau ci-après :

Tableau n°15 : *La situation du coton entre 1970 et 1980*

Années	1970	1971	1972	1973	1974	1975	1976	1977	1978	1979	1980
Superficie	-	-	-	-	-	-	-	-	-	-	-
Production	36100	47300	49800	43700	30600	23400	21800	16100	18700	25500	16500
Rendement	-	-	-	-	-	-	-	-	-	-	-
Valeur (mds)	1,553	2,607	2,971	3,187	5,204	1,741	1,004	2,258	1,782	1,365	2,952
% dans les exportations	17,3	22,58	32,33	32,54	50,52	25,64	22,02	22,32	29,32	13,96	22,24

Source : ONC, Cultures du coton et sécurité alimentaire au Bénin, juin 1991

Durant la révolution, environ 14,350 milliards de francs CFA étaient injectés dans la filière coton pour financer notamment les programmes intégrés du Borgou 1 et 2 à partir desquels furent construites les usines de Bembèrèké et de Banikoara dont le coût total s'élevait à 4, 052 milliards de F CFA.

Malgré cet important financement, l'organisation de la filière et la commercialisation du coton posaient d'énormes problèmes tant au niveau de l'État que des paysans :

- au niveau de l'État, il faut signaler les énormes déficits annuels, notamment au niveau des Carder : pour la seule année de 1987, on enregistrait un déficit de 320 millions de francs CFA pour l'ensemble des Carder ;
- chez les paysans, il y avait surtout la question du prix d'achat du coton graine et celui de paiement des dettes consenties par la Sonapra. En effet, les achats de coton graine se faisaient à crédit. C'est après la vente du coton fibre que les paysans se faisaient payer. Pour ce paiement ; il se passait plusieurs mois voire plusieurs années.

Ce sont ces difficultés qui ont poussé les partenaires techniques au développement à suggérer à l'État la privatisation de la filière coton après la conférence des forces vives de la nation de 1990.

La situation du secteur coton durant le Renouveau démocratique

Cette période est marquée par trois séquences : le temps de Soglo, celui de Kérékou et de Yayi Boni.

Sous Soglo, « à la faveur du vent de libéralisation économique issu de la conférence des forces vives de la nation de février 1990, et sous l'emprise des accords d'ajustements structurels conclus avec le FMI et la Banque mondiale, la gouvernance de la filière coton passe d'une situation de monopole d'État assurée principalement par la Sonapra et les Carder, à une libéralisation progressive à plusieurs étapes »[32]. Celle-ci était justifiée pour permettre à la culture du coton d'être considérée comme le seul secteur de la relance économique sans laquelle il sera difficile de payer les dettes consenties auprès des Institutions internationales (Banque mondiale et FMI notamment.).

Ainsi la période a connu le boom de coton ayant pour conséquence la baisse drastique des cultures vivrières. L'attention réservée à la culture de coton a entraîné une monoactivité agricole centrée sur la vente des cultures d'exportations bien encadrées par la Caisse française de développement qui

[32] La filière coton au Bénin, regard et analyses prospectives de société civile, par la plateforme des acteurs de la société civile au Bénin (PASCIB) sous l'égide de Friedrich Ebert Stiftung, Cotonou, avril 2013

deviendra plus tard l'Agence française de Développent (AFD). Il s'en est suivi une forte augmentation des usines d'égrenage qui sont allées de 10 pendant la révolution à 18 sous le règne de Kérékou.

Ainsi entre 1998 et 2006, le secteur cotonnier représentait 60% du tissu industriel dont 18 usines d'égrenage, 5 unités textiles, 3 usines de structuration des graines de coton et une usine de fabrication du coton hydrophile [33], le tout alimenté par une production cotonnière dont la quantité tourne autour de 350 tonnes par année (1990 : 146.000 tonnes, 1995 : 350. 000 tonne, 1996 : 365.000 tonnes). Toutes ces unités industrielles ont été installées dans un contexte du libéralisme économique qu'on croyait favoriser « l'afflux des capitaux privés, l'augmentation de la production, la création de plus de valeurs ajoutées et de meilleurs revenus aux producteurs ».[34]

Malheureusement « les avantages espérés de la libéralisation du secteur coton ne sont pas toujours manifestés et depuis 2002, la filière est en proie à de nombreux problèmes liés principalement à l'approvisionnement en intrants, à la gestion des crédits intrants, aux non-respects des règles établis par les différents acteurs privés et l'incapacité de l'État à jouer son rôle régulateur ».[35]

Du temps de Kérékou et de Yayi Boni, on a parachevé la privatisation de la Sonapra avec pour première conséquence, le renvoi des 5000 encadreurs ruraux qui aidaient les paysans à mieux gérer la filière. Il s'en est suivi une baisse drastique de la production qui mit plusieurs usines d'égrenage à l'arrêt et engendra : i) la contestation par les producteurs de l'état du tonnage du coton graine réexpédié dans les usines et déclaré par les égreneurs ; ii) le flou qui caractérise le niveau réel des subventions des prix des intrants accordés par l'État.

Toutes ces difficultés ont déteint sur les surfaces cultivées et sur le volume de la production comme en témoigne le tableau ci-après

---

[33] *Ministère de l'Industrie et du Commerce (MIC), Répertoire industriel au Bénin, Direction du développement industriel.*

[34] *La filière coton au Bénin, regard et analyses prospectives de société civile, par la plateforme des acteurs de la société civile au Bénin (PASCIB) sous l'égide de Friedrich Ebert Stiftung, Cotonou, avril 2013*

[35] *La filière coton au Bénin, regard et analyses prospectives de société civile, par la plateforme des acteurs de la société civile au Bénin (PASCIB) sous l'égide de Friedrich Ebert Stiftung, Cotonou, avril 2013*

Tableau n°16: *Évolution des superficies emblavées et de la production de coton graine et de coton fibre entre 2002 et 2013*

	2002	2003	2004	2005	2006	2007	2008	2009	2010	2011	2012	2013
Superficie en 1000ha	380	300	320	320	180	230	230	200	150	180	200	200
Production en 1000 tonnes	416	334	332	326	189	240	268	210	158	137	174	174
Qté exportée	99,11	116,10	113,45	182,40	100,52	130,43	153,87	129,81	116,53	129,33	130	130

Source : La filière coton au Bénin, op. Cit

Du tableau, l'évolution des superficies cultivées du coton graine et du coton exporté durant la période considérée atteste de très fortes fluctuations avec une tendance baissière à partir de 2006 due aux modifications des stratégies et à l'organisation de la filière.

L'organisation de la filière

« Dans la filière coton béninoise, on distingue trois fonctions majeures : la production du coton graine, l'approvisionnement en intrants et la production du coton fibre. L'organisation de la filière tourne autour de ces trois fonctions. Elle est assurée par trois acteurs : la famille des producteurs représentée par la FUBRO-Bénin, la famille des importateurs et distributeurs d'intrants représentée par le groupement professionnel des distributeurs d'intrants agricoles (GPDIA) et la famille des égreneurs représentée par l'association professionnelle des égreneurs du Bénin (APEB). »[36]

« En 1998, la FUBRO-Bénin crée en son sein la coopérative d'approvisionnement et de gestion des intrants agricoles (CAGIA-Bénin) qui s'occupe de l'expression des besoins en intrants des producteurs et organise les consultations en vue de la sélection des sociétés devant assurer l'approvisionnement en intrants. »

« Les concertations entre la FUBRO-Bénin et l'APEB ont donné naissance en octobre 1999 à l'Association interprofessionnelle du coton (AIC). Pour donner une plus grande légitimité aux activités de ces deux nouvelles structures dont la naissance a été encouragée par le gouvernement, deux décrets ont été pris en Conseil des ministres : celui n°99-537 du 17 novembre 1999 portant transfert au secteur privé de la responsabilité de l'organisation des consultations pour l'approvisionnement en intrants agricoles et le second décret N°2000-294 du 23 juin 2000 portant suppression du monopole de la commercialisation primaire du coton graine détenu par la Sonapra. »[37]

« Sur la base de ces deux décrets, la CAGIA-Bénin, remplacée en 2004 par la Commission intrants coton (CIC)... a organisé jusqu'en 2007 les consultations pour la sélection des importateurs et distributeurs d'intrants. C'est aussi sur la base du second décret et de l'accord-cadre signé entre l'État et l'interprofessionnel que l'AIC assume toutes les fonctions critiques de la filière coton. »[38]

Ces différents acteurs entretenaient entre eux des relations complexes structurées autour des pôles de décision et des groupes d'intérêts parmi lesquels l'État assure la tutelle hiérarchique de sept de ces organisations. Mais

---

[36] **CTA,** (2008) *L'association interprofessionnelle du coton au Bénin*, septembre
[37] **CTA**, Op cit
[38] **CTA**, Op cit

le leader de tout ce groupe est l'Association interprofessionnelle du coton (AIC) qui regroupe les grandes familles de professionnelles qui intervenaient dans la chaîne de production et de commercialisation. Il s'agit notamment du Conseil national des égreneurs du coton (CNEC), du Conseil consultatif national des producteurs du coton (CCNPC) et du Conseil national des importateurs et distributeurs d'intrants de coton (CNIDIC).

On distingue au moins 18 acteurs et structures qui intervenaient dans la réalisation des différentes opérations d'une campagne cotonnière.

Il existait aussi pour la production et la distribution des semences certifiées sept autres acteurs parmi lesquels on peut citer : le CRA-CF pour la production de la semence prébase, la DAGRI pour la production de la semence de base et d'autres structures, notamment les producteurs pour la production des semences certifiées comme le DPQC, etc.

La coordination de toutes ces structures était difficile à assurer d'où l'importance des crises qui ont régulièrement affecté le secteur cotonnier durant le temps de Kérékou et Yayi Boni et qui ont gravement porté atteinte au progrès de la filière. C'est dans ce contexte de crises et d'incertitude de la filière qu'est arrivé au pouvoir en 2016, le président Talon.

La situation de la filière coton sous le régime de la rupture

En prenant le pouvoir en avril 2016, le président Talon est venu trouver la filière en proie à de sérieuses difficultés dues principalement à la mauvaise organisation de la filière par les innombrables sociétés privées impliquées dans la gestion de la filière depuis la libéralisation du secteur. Il décida de réorganiser celui-ci en menant plusieurs actions comme : i) le recentrage de l'État sur ses rôles régaliens et la pleine responsabilisation des acteurs en cohérence avec les principes directeurs du Programme spécial du développement agricole (PSDA) ; ii) le renforcement des activités de sensibilisation, d'encadrement rapproché des acteurs dans le cadre de l'accord-cadre AIC-Gouvernement ; iii) la facilitation de l'accès aux intrants en mettant en place à temps ces intrants auprès des coopératives villageoises des producteurs du coton ; iv) l'intensification de la culture dans certaines régions de production ; v) le paiement des fonds de coton à bonne date ; vi) les mesures incitatives comme l'attribution des primes aux meilleurs producteurs à travers l'organisation de la fête de ces derniers ; vii) le couplage de l'engrais vivrier avec la culture cotonnière.

***Carte N°5 :** Zone de production cotonnière*

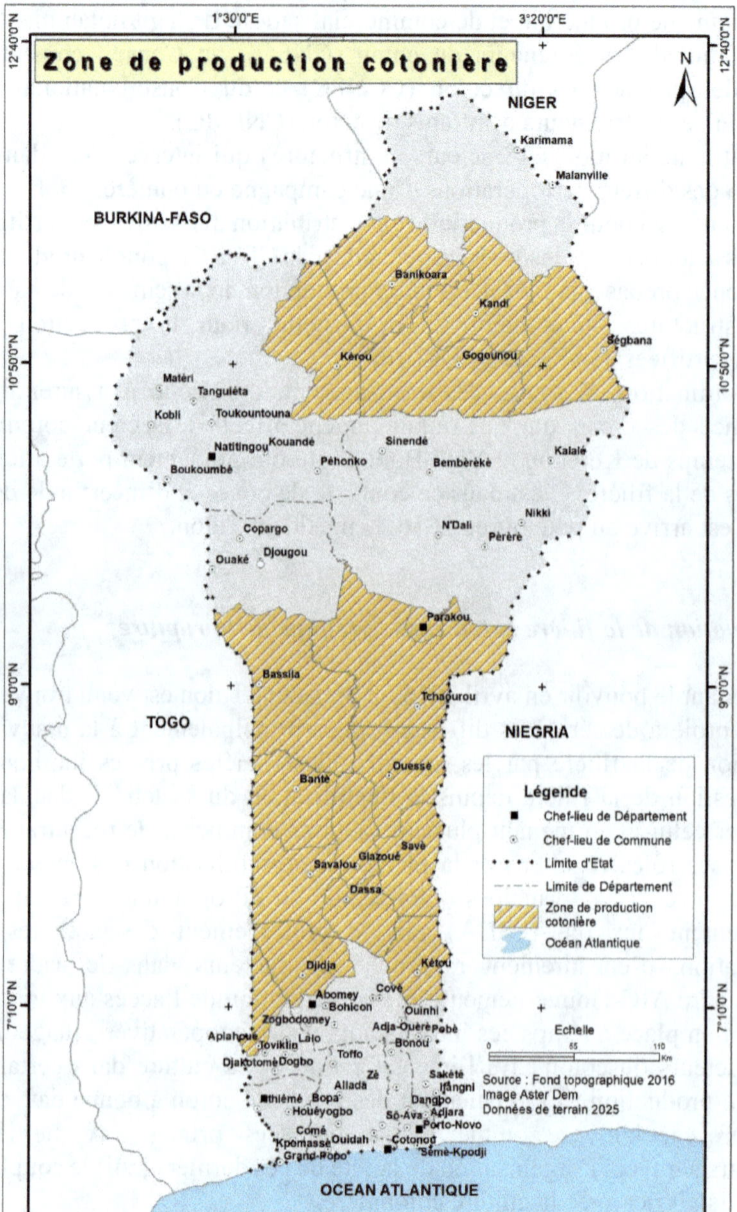

Pour concrétiser ces mesures, il fut payé aux producteurs de coton lors de la campagne 2020-2021, la somme de 101, 530 milliards de francs CFA pour solder une partie des arriérés des campagnes antérieures. À cela s'ajoute d'un côté 552,902 millions de francs CFA payés aux CVPC pour la gestion des intrants et de l'autre, 1, 451 milliards de francs CFA octroyés aux organisations des producteurs comme frais de marché.

Ce sont ces mesures qui ont eu un impact immédiat sur l'évolution de la production qui permet au Bénin d'être depuis 2018 le premier producteur de l'or blanc dans la région comme en témoigne le tableau suivant :

Tableau n°17 : *Évolution de la production du coton durant le régime de la rupture*

2016 : 269 222 tonnes	2020 : 731 057 tonnes
2017 : 451 124 tonnes	2021 : 766 036 tonnes
2018 : 677 654 tonnes	2022 : 588 110 tonnes
2019 : 714 714 tonnes	2023 : 597 977 tonnes[39]

A partir de cet effort de production, le coton est devenu le principal produit d'exportation du Bénin en apportant aux recettes d'exportation les montants ci-après :

2015 : 155 mds FCFA	2018 : 250 mds FCFA
2016 : 104 mds FCFA	2019 :268 mds F CFA
2017 : 205 mds FCFA	2020 : 265 mds F CFA

Du point de vue de rendement à l'hectare, celui-ci est passé de 858kg/ha dans la période précédente à 1099,39kg/ha du temps de la rupture. La production de cette plante textile se situe surtout dans le nord Borgou, qui fait partie du pôle n°2 avec 69% du tonnage produit. Ensuite viennent par ordre d'importance, le département des Collines qui fait partie du pôle 4 avec 19% de la production et l'Atacora classée comme pôle 3 avec 6% de la production. Ailleurs, cela ne dépasse pas 1 à 4%. Le coton est quasi absent de la partie méridionale représentée par le pôle 7.

Malgré ces bons résultats de la filière coton, celle-ci engendre trois principales mutations socio-économiques dans le pays : i) l'augmentation de certaines cultures vivrières comme le maïs du fait de l'arrière-effet des engrais de coton ; ii) l'apparition d'une classe de paysans « riches » à partir de leurs engagements dans la production cotonnière. Celle-ci constitue actuellement la couche évoluée dans les secteurs de productions matérialisées par l'évolution de l'habitat, l'utilisation de la traction animale pour labourer la terre et des engins motorisés pour se déplacer sans oublier les groupes électrogènes et les moulins à maïs qui diminuent la pénibilité du travail des femmes ; iii) la dégradation de l'environnement par la pollution des eaux souterraines et la

[39] Ces chiffres proviennent de la Direction de la statistique agricole, campagne 2023-2024

déforestation avancée dans les zones de productions. À ces problèmes préoccupants, il y a peu de solutions. Il s'ensuit le développement de nouvelles maladies comme les diarrhées, le choléra, les insuffisances rénales, etc., il urge d'accompagner le progrès actuel de la filière de solutions appropriées à ces différentes difficultés.

- **L'anacarde**

« Entre 2021 et 2022, le Bénin a produit plus de 190.000 tonnes de noix de cajou, soit une augmentation de 37% par rapport à la campagne 2020-2021. En outre, ce sont plus de 200.000 individus qui travaillent dans la chaine agricole d'anacarde et cette filière constitue la deuxième source agricole de devises pour l'Etat béninois après le coton. »[40]

L'anacarde existe au Bénin de vieille date. Toute la bande côtière depuis Grand-Popo jusqu'à Sèmè-Kpodji était plantée de l'anacarde pendant la colonisation. À l'indépendance, une attention particulière fut réservée à cet arbre à partir de deux préoccupations :

- introduire dans les régions qui ne produisaient pas de palmiers à huile des cultures pérennes qui puissent permettre aux paysans d'avoir des revenus permanents notamment pendant leur vieillesse ;
- résoudre la destruction de l'environnement par une agriculture itinérante et à partir de la fabrication du charbon de bois par la culture de l'anacarde afin de régénérer la végétation.

Ces deux objectifs ont poussé les autorités du pays à entreprendre entre 1969 et 1970 la plantation de 2400 hectares d'anacarde dans les départements des Collines, du Borgou et de la Donga à partir d'une subvention du deuxième Fonds européen de développement (FED). Ce fonds a permis de réaliser jusqu'en 1970, 9.372 hectares avec pour objectif de produire en moyenne 7.000 tonnes de noix de cajou.

Entre 1972 et 1976, le régime révolutionnaire avait soumis au financement du troisième FED, un projet agro-industriel qui portait sur la reprise des anciennes plantations, la culture de nouvelles plantations de 10.000 hectares dont 6.500 hectares seraient réalisés dans les forêts classées du moyen et nord Bénin et 3.500 hectares par les groupements villageois à vocation coopérative.

Sur la période 1972-1980, l'État avait effectivement planté 6.500 hectares d'anacarde et avait repris 2.280 hectares d'anciennes plantations. Il fut créé à cet effet un projet anacarde dont la gestion fut confiée à la Société nationale d'exploitation des forêts béninoises (la SNAFOR) qui avait le contrôle de

---

[40] **Abdoulkadre Ado**, Op Cit

10.380 hectares d'anacarde. Celle-ci installa une usine de transformation du produit à Parakou qui a fonctionné jusqu'à la fin de la révolution.

Cette deuxième phase d'extension de la plantation d'anacarde a permis au pays, à la fin de la révolution en 1989, de disposer de 17.000 hectares et de résoudre en partie les disparités monétaires qui existent entre les villes et les campagnes d'une part, entre les zones de palmier à huile au sud et les autres régions du nord d'autre part.

Malgré cela, ce projet anacarde n'a pas atteint les objectifs que s'était fixés le pays. Il se posait à celui-ci le problème de sa gestion qui a fortement déteint sur les rendements. Il s'en est suivi un ralentissement des activités de la SONAFOR, obligeant l'État à dissoudre ce projet anacarde après 1990 et à liquider l'usine de traitement d'anacarde installée à Parakou suite aux contraintes des programmes d'ajustement structurel auxquels le pays avait souscrit à partir de 1989.

De 1990 à 2016, il eut quelques tentatives de reprises de la plantation d'anacarde par les paysans eux-mêmes. Celles-ci ont abouti à l'augmentation sensible des superficies plantées qui sont allées de 17000 hectares à la fin de la révolution à plus de 100.000 hectares durant le régime de Yayi Boni. En effet, depuis le début du Renouveau démocratique, la culture est devenue rentable en raison de la demande de noix de cajou dans le monde et particulièrement en Inde. Beaucoup de nouveaux acteurs sont alors apparus sur le marché dont la conséquence fut la création de la Fédération nationale des producteurs d'anacardes au Bénin.

Du temps de la rupture, cette filière a été déclarée filière à haute valeur ajoutée au même titre que l'ananas et les cultures maraichères. Il s'agit des produits phares du premier programme d'action du gouvernement 2016-2021. Ainsi, une attention particulière fut portée à l'anacarde se soldant par un meilleur encadrement des producteurs appuyé par un financement exceptionnel avec pour objectif la mise en place de nouvelles plantations à partir des plans certifiés, de la mise aux normes des anciennes plantations, l'élaboration et la mise en œuvre d'un plan d'industrialisation pour la transformation locale des noix de cajou à hauteur de 50% de la quantité produite.

Ainsi en 2020, un total de 343.437 plants certifiés a été mis en place sur les 2.000.000 prévus. Une superficie de 14776 hectares d'anciennes plantations a été mise aux normes sur une prévision de 85.000 hectares.

A partir de ces nouvelles mesures, la production entre 2015 et 2023 a plus que doublé comme l'attestent les données ci-après : (en tonnes)

2018 ---------- 115.590	2021 ---------- 150.414
2019 ---------- 130.276	2022 ---------- 187.033
2020 ---------- 137.926	2023 ---------- 204.844

Du point de vue de sa répartition dans l'espace et de son potentiel de production, c'est le pôle 4 qui possède plus de 76% des plantations suivi du pôle 2 avec 19.46% conformément au tableau ci-après :

Tableau n°18: *Répartition de la plantation par zone et selon les rendements à l'hectare.*

Pôles	Potentiels de production	Production (T)	Rendement à l'hectare (kg /ha)	Pourcentage
PDA1	4165	18,83	4,531	0,01
PDA2	7 665 865	39 664,53	4, 730	19,46
PDA3	544 231	1935,26	3,680	0,95
PDA4	33 669 453	157 872,71	4,497	77,45
PDA5	243 256	1 023, 03	4,294	0,50
PDA6	760 052	3 329,73	4,445	1,63
PRODUCTIONS	**42 887 014**	**203 844, 08**	**4,75**	**100,00**

Source : L'anacarde au Bénin, une filière en pleine mutation, Direction de la statistique agricole, MAEP, Avril 2024

Organisation de la filière

Elle est assurée par la Fédération nationale des producteurs d'anacarde au Bénin qui s'est donnée comme mission de contribuer à la promotion de la filière et d'assurer la bonne coordination des différents acteurs. À ce titre, elle défend les intérêts de tous les producteurs d'anacarde en vue d'améliorer leurs revenus et leurs conditions de travail. Elle développe aussi un programme de services variés au profit de tous les producteurs, dont l'encadrement technique avec d'autres acteurs de la filière comme l'ATD4, les ONG et le gouvernement.

Transformation

Selon les données du Conseil national des transformateurs de cajou (CNTC), sur une capacité installée d'environ 65.000 tonnes par 14 unités de transformation parmi lesquels trois fonctionnent entre 2022 et 2023, seules 19100 tonnes et 26035 tonnes ont été transformées respectivement en 2022 et 2023. À ces unités s'ajoutent celles installées au niveau de la GDIZ pour la transformation des noix de cajou dont les capacités sont de 120.000 tonnes par an et qui n'ont transformé que 57.000 tonnes de noix de cajou au titre de la campagne 2022-2023.

À ces unités de transformation de noix, existent aussi dans le pays 25 autres unités de transformation des pommes de cajou en jus. Entre 2022 et 2023, elles n'ont produit que 225 tonnes et 250 tonnes de pommes de cajou et ont mis sur le marché 450.000 et 500.000 bouteilles de 25cl. Au niveau de la GDIZ, 1200 tonnes d'amandes transformées ont été exportées.

Au total, la filière anacarde se porte mieux aujourd'hui comparée aux années antérieures. Sa contribution aux valeurs d'exportation en 2022 est de l'ordre de 20,500 milliards de francs CFA, soit 3% de ces valeurs d'exportation.

- **L'ananas**

La culture de l'ananas est ancienne au Bénin. Elle remonte au 18e siècle quand le produit fut introduit dans le pays sous le roi Agonglo qui a régné sur le royaume du Danxomè entre 1789 et 1797. Mais son expansion actuelle ne date que des années 1990, quand sa culture s'est imposée comme un créneau porteur à partir du projet de promotion et de développement de la filière initié par les Centres d'Actions Régionales de Développement Rural (CARDER) dans les zones propices à sa culture.

L'ananas est essentiellement cultivé dans la partie méridionale du Bénin bien que depuis quelques années, il connaît une expansion vers de nouvelles zones. Actuellement, 97% de la production est concentré dans les départements de l'Atlantique et du Littoral contre seulement 3% dans le reste du pays.

Sur le plan socio-économique, l'ananas contribue de façon significative à la réduction du chômage. Sa culture occupe plus de 1000 ménages et crée entre 15 et 25 000 emplois. La filière ananas se révèle désormais comme un excellent créneau pour les petites et moyennes entreprises qui interviennent dans le monde rural. C'est la raison pour laquelle il est depuis peu classé parmi les filières à haute valeur ajoutée des projets phares du programme d'action du gouvernement 2016-2021.

Importance de la production

L'ananas est essentiellement cultivé dans les départements de l'Atlantique et du Littoral avec 97% du potentiel existant. Neuf communes de ces deux départements y sont concernées. Selon les statistiques agricoles des services de ces départements, il est cultivé dans les communes de Zê, d'Abomey–Calavi, d'Allada, de Tori-Bossitô, de Toffo, de Kpomassé, de Ouidah, de Sô-Ava (Atlantique) et de Cotonou (Littoral). La superficie emblavée connaît une hausse de plus de 265% entre 2000 et 2023 passant de 1164 ha à plus de 59 066 ha actuellement. Il en a résulté une hausse de 334% de sa production qui est allée de 51 151T en 2006 à près de 748 480T en 2014. Son rendement a également connu une évolution significative de 19% au cours de ces dernières années, passant de 33,8 t/ha à 55 t/ha en moyenne en 2014. Au plan économique, la production de l'ananas contribue à plus de 4% au PIB agricole[41].

Tableau n°19 : *Production, emblavure et rendement de l'ananas dans les départements de l'Atlantique et du Littoral*

Années	Production (T)	Emblavures (Ha)	Rendements (Ha)
2006	125257,79	2208, 25	3684,829
2007	236792,18	4305, 25	3490,249
2008	171330,42	3049,068	3884,066
2009	215490,60	4206,93	3559,868
2010	265470,59	5058,36	3795,441
2011	626311,48	10515,4	4616,261
2012	732617,69	13024,5	4250,899
2013	715368,64	13363,54	4017,179
2014	748480,10	13896,4	4097,352

Source : Direction du Carder, 2015

La commercialisation de l'Ananas

La presque totalité de l'ananas produit au Bénin fait l'objet d'un commerce intense. Celui-ci concerne à la fois le marché national, régional, le besoin des transformateurs et la demande internationale. Le marché national de consommation absorbe environ 29,4% de la production totale. Le marché régional largement dominé par la demande nigériane concerne 60% de la production. Les transformateurs achètent pour 9,6% ; la demande internationale intervient seulement entre 0,5 et 1%[42].

Le commerce de l'ananas se fait sous plusieurs formes et implique un réseau impressionnant de commerçants. La totalité d'ananas produit actuellement au Bénin est vendue à travers trois marchés, local, régional et international. Ces trois marchés sont fréquentés par plusieurs catégories de commerçants au sein desquelles se trouvent les collecteurs, les grossistes, les semi-grossistes et les détaillants.

La plupart sont organisées tout comme les producteurs en plusieurs associations. D'une manière générale, la commercialisation de l'ananas concerne d'un côté, les acteurs du commerce et de l'autre, les marchés fréquentés et les exigences de ce marché en matière d'offre.

---

[41] **Akindé Robert**, (2015) : *L'ananas Béninois*, projet de thèse de doctorat.

[42] CARDER Atlantique

La transformation de l'ananas

C'est un volet important pour ajouter de la valeur au produit. Malheureusement, c'est le maillon le plus faible de la filière faute d'usines de transformations de l'ananas au Bénin malgré la quantité produite qui avoisine actuellement 500 000 tonnes. La seule usine construite à Allada n'est pas fonctionnelle jusqu' aujourd'hui en raison de son inachèvement et du manque d'un gestionnaire, des équipements connexes comme les véhicules de collecte des matières premières et de distribution des produits finis et l'inexistence des fonds de roulement. Pour pallier l'inexistence des usines de transformation, les communes d'Allada et d'Abomey-Calavi possèdent quelques transformateurs traditionnels. Ces derniers s'approvisionnent auprès des grossistes. Ils procèdent à des transformations de type artisanal ou semi-industriel. La plupart ont installé leurs unités dans les principales poches de production comme Allada ou Abomey –Calavi. Ils produisent de jus d'ananas, de sirop d'ananas ou de confiture d'ananas séché. Ces différents produits sont commercialisés à travers les boutiques, supermarchés et restaurants du pays. Les plus importants de ces transformateurs sont :

- la Coopérative de Production d'ananas et de Manioc (COPROAMA) installés dans les faubourgs d'Abomey –Calavi,
- l'ABD (Agriculture Bénin Développement),
- l'Union de Groupement des Producteurs de Toffo (UGPAT).

L'ananas séché est produit par le Centre de Séchage des Produits Tropicaux (CFT).

Toutes ces organisations sont regroupées au sein de l'Association Nationale des Transformateurs du Bénin dont le siège est à Cotonou.

- **Le soja**

Le soja est une légumineuse qui se cultive au Bénin dans les pôles de développement agricole N°4 et 2. Il est adopté par les paysans pour ses graines très riches en protéines et en huile. Il est également pratiqué pour ses tiges et ses feuilles qui servent comme engrais vert et fourrage aux animaux. Les graines de soja dans l'alimentation humaine, les tiges et les feuilles dans la nourriture des animaux (bovins et caprins) ont une haute valeur nutritive.

L'introduction de soja dans l'agriculture béninoise est un phénomène récent. C'est vers les années 1980, grâce aux initiatives de quelques ONG que cette légumineuse est devenue une activité importante. Son acceptation par les paysans fait suite aux graves crises qui ont souvent affecté le secteur cotonnier suite à la mauvaise gestion de la filière par les différentes structures mises en place par l'État, se soldant par le retard de paiement aux paysans après la vente du produit. Ce phénomène s'est particulièrement aggravé avec la libération de la filière coton en 2002 ;

Les paysans ont alors commencé à remplacer le coton par le maïs et le soja. Cette légumineuse intéresse d'autant les paysans qu'elle est devenue une solution à l'appauvrissement des sols dans les secteurs cotonniers. Elle apporte des éléments nécessaires à l'enrichissement des sols comme l'azote. Elle améliore aussi ces sols par ses tiges et ses feuilles utilisées comme engrais verts.

La production de soja est allée de 57.000 tonnes en 2009 à 220.000 en 2020 pour atteindre un chiffre record de 520.929 tonnes en 2023. L'évolution de la production ces dernières années se présente comme suit :

2018 : 178.185 tonnes	2021 : 291.279 tonnes
2019 : 257.000 tonnes	2022 : 421.886 tonnes
2020 : 253.954 tonnes	2023 : 520.929 tonnes

La superficie cultivée est passée de 64.000 ha en 2009 à 200.000 hectares en 2019 pour atteindre près de 300.000 ha en 2023.

Son rendement de 890kg/ha en 2009 est actuellement porté à 1100kg/ha. Ces résultats ont été obtenus grâce aux actions de recherche scientifique et à l'encadrement des paysans par les ONG comme l'Association Sojagnon, l'Acma, et le Centre d'innovation verte pour le secteur agroalimentaire au Bénin (Prociva).

Ce fort accroissement de la production de soja contribue à l'amélioration de la sécurité alimentaire et à l'essor du marché béninois. Grâce à ces ONG, le soja participe aux exportations nationales pour environ 120 millions de dollars en 2010. La destination du soja béninois est la Turquie, les Émirats arabes unis, le Nigeria et le Togo.

Mais depuis peu, une bonne partie de ce soja est transformé à la GDIZ à hauteur de 10%.

La contribution du soja béninois à la richesse nationale est d'environ 109 millions de dollars en 2020[43]. Malgré le succès que connaît le soja dans les principales filières agricoles, plusieurs obstacles sont à craindre comme : i) un approvisionnement difficile en semence de qualité ; ii) une faible maîtrise des techniques améliorées de production ; iii) une faible maîtrise des différentes techniques de transformations ; iv) une mauvaise organisation de mise sur le marché du produit ; v) l'interdiction d'exporter le produit par les frontières terrestres afin d'alimenter les marchés des pays limitrophes comme le Togo et le Nigeria où le prix d'achat du produit est nettement meilleur.

Au vu de ces contraintes, beaucoup de paysans et d'acheteurs n'arrivent plus à écouler facilement les stocks de soja, obligeant les producteurs à utiliser une partie de leur production pour rembourser les crédits de campagne qui leur

---

[43] *IAEA : le Bénin augmente sa production et ses exportations de soja*

sont octroyés par des usuriers. Ces crédits sont remboursés à des taux d'intérêt très élevés de 100% du fait des techniques de remboursement en nature pratiquée.[44]

Le choix du soja par les paysans béninois est une bonne réponse aux difficultés de la filière coton, notamment dans le domaine de la rénovation des sols. Cette filière mérite donc d'être encouragée. Elle ne faisait pas partie de la liste des produits à promouvoir dans le premier plan d'action du gouvernement 2016-2021. Elle s'est imposée aux autorités actuelles du pays qui craignaient que son développement à terme ne détruise pas la filière coton. Cette crainte ne se justifie pas dans la mesure où la culture de soja diminue pour les paysans du secteur cotonnier béninois le coût trop élevé des engrais et leurs inconvénients tant pour les sols que pour la santé des populations victimes des pollutions engendrées par l'utilisation abusive des engrais, des insecticides et des herbicides.

*

* *

L'agriculture béninoise est en pleine évolution tant par les cultures pratiquées que par les enjeux qu'elle représente dans la sécurité alimentaire et dans les recettes de l'État. Depuis 1960, les politiques pratiquées en la matière ont porté sur ces deux objectifs : la sécurité alimentaire et les matières premières de base à l'industrialisation.

Malgré les efforts fournis, le secteur bute actuellement à de sérieuses difficultés dues à sa faible mécanisation, à la dégradation avancée de l'environnement suite aux conséquences du réchauffement climatique et au manque de bras valides du fait de l'exode rural et de l'émigration vers les pays étrangers, notamment le Nigeria.

Mais le plus grand défi de l'agriculture béninoise est celui du marché international resté très fluctuant depuis bien longtemps. Plus les paysans produisent, plus les prix internationaux baissent, entraînant des pertes énormes à la fois aux producteurs et à l'État. Les termes de l'échange dans ce secteur agricole sont négatifs aux États africains les empêchant de partir des activités agricoles qui occupent plus de 50% de leurs populations pour opérer la modernisation de leur pays.

Il urge de changer de politique pour ne plus considérer ce secteur comme la base de développement. Les pays africains et notamment le Bénin ont besoin de quitter le secteur primaire pour favoriser les secteurs secondaire et tertiaire comme levier de développement à l'instar de tous les pays avancés du monde. Selon l'économiste américain Collins, c'est seulement lorsque moins de 10% de la population est employé dans le secteur primaire que l'on peut être considéré comme pays avancé.

---

[44] *ACMA Bénin : promouvoir la filière soja ; https 2 ACMA Bénin*

Les efforts à fournir pour l'avenir doivent donc porter sur la réduction du poids prépondérant du secteur agricole dans le fonctionnement du pays. Depuis les indépendances, les options économiques choisies portent à croire le contraire. Ce secteur agricole est toujours financé pour apporter les recettes nécessaires au paiement des dettes consenties auprès des institutions de financement et des États amis maintenant ainsi le pays dans une situation de dépendance vis-à-vis du marché international malgré ses incertitudes.

Chapitre V

Dans le domaine de l'industrialisation

C'est par la transformation des produits primaires de base qu'il est désormais possible pour le Bénin de jouer un rôle significatif dans les échanges commerciaux. La dématérialisation progressive de l'économie provoquée par les énormes progrès technologiques actuels ne permet plus de faire de bonnes affaires en vendant uniquement des matières premières à l'état brut. La transformation de ces matières premières sur place donne l'occasion de conserver dans le pays environ 90% de la valeur ajoutée de ces dernières et de réaliser une épargne de 20% environ, tandis que leur exportation à l'état brut provoque une perte d'environ 50% sur cette même épargne.[45]

Le second intérêt des activités de transformation repose sur le contexte particulier du Bénin marqué par la forte emprise du Nigeria, laquelle détermine les principales options économiques essentiellement orientées vers les secteurs de transit et de réexportation. Dans un tel contexte, y a-t-il une place pour l'industrialisation au Bénin ? Si oui, quel type d'activités industrielles promouvoir pour mieux faire face à la concurrence du marché nigérian dont les atouts reposent à la fois sur la richesse exceptionnelle du sous-sol en matières premières industrielles, sur une économie d'échelle, une compétence technologique confirmée et la flexibilité monétaire ?

I. Les bases de l'industrialisation

Simple couloir de passage pour marquer la présence française dans le golfe du Bénin, réputé célèbre dans le récit des explorateurs, le Bénin souffre du manque de matières premières capables de servir de support à une industrialisation solide. Comparé à ses voisins immédiats que sont le Ghana, le Niger, le Nigeria et le Togo, on note ici une anomalie géologique qui contraste fortement avec la richesse en ressources du sous-sol de ces quatre pays. Malgré les efforts, certes assez modestes, consentis à la recherche minière, les résultats dans l'ensemble sont assez médiocres pour ne pas dire décevants. Il n'y a que dans le domaine des hydrocarbures où les indices sont prometteurs avec environ 5,2 milliards de barils en pétrole et 91 milliards de m^3 de gaz en réserves[46]. Malheureusement, l'exploitation de pétrole, malgré

---

[45] **Michel Jodin**,(1963) *: Les industries manufacturières dans la région dakaroise,* Université de Montréal

[46] *Ministère de l'Industrie, des Petites et Moyennes entreprises, Nouvelles politiques du développement industriel,* Cotonou, décembre 1996

les richesses qu'en tirent les pays producteurs, n'a jamais permis à l'Afrique de s'industrialiser. Bien au contraire, elle est devenue la cause des crises sociopolitiques graves comme celles qu'avaient connues l'Algérie, le Nigeria, l'Angola et le Congo ces dernières années, donnant ainsi raison à Edouardo Galeano, un écrivain mexicain, à travers la citation « La richesse de la terre engendre la pauvreté des nations ».

1.1. Les sources d'énergie

Elles font cruellement défaut par manque de combustibles solides et par mauvais usage de l'énergie pétrolière[47]. Le potentiel d'énergie hydraulique, éolienne ou solaire n'est jamais exploité à juste titre. Encore que la persistance de la sécheresse montre actuellement les limites de l'énergie hydroélectrique malgré les énormes possibilités qui existent dans ce domaine au niveau de la région[48].

Le besoin en énergie électrique du Bénin était d'environ 270 millions de Kw/h en 1990 dont 210 millions étaient importés du Ghana. Cette situation illustre bien la dépendance du Bénin en matière énergétique. Aujourd'hui, la demande en énergie est en pleine croissance. Elle est passée de 13, 10% en 1996 à 33, 10% en 2015 avec un accroissement moyen annuel de 7,7% conformément aux données ci-dessous :

2006 :589,81Mw/h	2009 : 782,23Mw/h	2012 : 902,00Mw/h
2007 : 634,15Mw/h	2010 : 832,32Mw/h	2013 :923,30Mw/h
2008 : 670,75Mw/h	2011 : 851,95Mw/h	2014 :860,87Mw/h

Actuellement, la demande est supérieure à 900Mw/h. En milieu urbain, ce taux est passé de 56,4% en 2013 à 58,4% en 2014 et à 61,19% en 2015 tandis qu'en milieu rural, il est allé de 5,4% à 5,9% en 2014. La demande d'énergie électrique s'est accrue de 10,4% annuellement passant de 105Mw en 2006 à 860,87 Mw en 2014 et à plus de 900Mw en 2020. En termes de couverture, peu de localités du pays sont électrifiées. Les données actuelles indiquent qu'en 2026, les 2/3 des localités du pays seront électrifiés.[49]

Plusieurs projets et programmes sont en cours ou en préparation pour : i) accroître l'offre de l'électricité : projet BID de construction d'une centrale thermique de 120Mw à Maria Gléta ; ii) pour diversifier les sources de

[47] Le Nigeria brûle aujourd'hui presque tout le gaz qui s'échappe de ses puits pétroliers. Ainsi, la quantité de gaz perdue chaque année représente les 70% du besoin annuel de la France.

[48] Pendant que nous rédigeons cet ouvrage, le Bénin, le Togo et le Ghana sont en difficultés énergétiques à cause de la baisse du niveau d'eau dans les barrages d'Akossombo et de Nagbéto qui les alimentent en énergie électrique.

[49] *Plan de développement économique 2018-2025*

production grâce aux énergies renouvelables (programme MCA-Bénin II de construction de quatre centrales solaires de 45Mw/h, projet Défisol financé par l'AFD pour la construction d'une centrale solaire de 20Mw) ; iii) moderniser le réseau de distribution ; iv) mettre en place des réformes pour renforcer les capacités de l'Agence régionale d'électrification (ARE), etc.

Le Bénin dispose d'un potentiel hydroélectrique relativement important et pouvant permettre de mettre en place une capacité d'au moins 400MW pour les principaux sites identifiés et évalués comme Adjarala 147MW sur le fleuve Mono, Kétou-Dogo 108MW, Vossa 79,2MW, Béthel 42,4MW, Bétérou 30MW, et Olugbé 29,4MW sur le fleuve Ouémé.

Ce potentiel hydroélectrique attend toujours des investisseurs pour se mettre à l'œuvre. En attendant, le Bénin continue de dépendre de ses voisins comme le Nigeria, le Ghana et la Côte d'Ivoire pour son approvisionnement correct en électricité.

1.2. Les matières premières

Celles-ci portent à la fois sur les ressources végétales, animales et minières. Dans le domaine végétal, le Bénin dispose de quelques atouts à partir desquels peuvent se mettre en place de petites unités de transformation agroalimentaires. Il y a, par exemple, les oléagineux dont trois sont intéressants pour la petite et moyenne industrie : l'arachide, avec une capacité de production d'environ 180.000 tonnes par an, les noix de palme pour lesquelles il existe plus de 100.000 ha de palmeraie à la fois moderne et paysanne et la noix de karité avec environ 15.000 tonnes d'amandes par an. La transformation de l'arachide et des noix de palme en huile végétale est prometteuse compte tenu de la demande assez élevée des populations consécutives à la forte croissance urbaine. Pour le moment, c'est la Côte-d'Ivoire qui comble le vide provoqué par la défectuosité des équipements de transformation déjà existants. Par contre, le marché de beurre de Karité est devenu intéressant sur le plan international avec la volonté des pays producteurs de chocolat d'introduire du beurre végétal dans la composition de ce produit.

Toujours en ce qui concerne les matières premières végétales, l'ananas, l'anacarde et la tomate ont commencé à occuper une place importante dans la production agricole, y compris les céréales et les tubercules dont l'offre est également importante. Chacune de ces matières premières fait l'objet d'une demande spécifique en produits transformés.

Mais, si le Bénin dispose de quelques atouts en matière de ressources végétales, tel n'est pas le cas dans le domaine minier. Ici, les minerais qui sont particulièrement abondants comme le calcaire pour lequel les possibilités sont immenses, le marbre, l'argile, le kaolin, ou le sable siliceux ne peuvent donner naissance qu'à des industries de bâtiment (ciment carreaux, briques cuites, tuiles et sanitaires) ou de verre. Aucune de ces matières premières ne favorise une véritable industrie lourde, comme la métallurgie et la sidérurgie. Comparé à ses voisins de la région, le Bénin souffre cruellement de l'inexistence de minerais métalliques, de métaux précieux comme l'or et le diamant et même des phosphates indispensables pour enrichir les sols et améliorer la production agricole.

1.3. La main-d'œuvre

C'est la seule ressource qui ne fait pas défaut ici, tant par son abondance que par son ingéniosité. Les ouvriers béninois ont toujours fait preuve de compétence et d'ardeur au travail par opposition à certains préjugés qui pensent que la main-d'œuvre africaine manque d'ardeur au travail, qu'elle est négligente et absentéiste avec un faible rendement. Au contraire, les ouvriers béninois sont généralement dociles, assidus et astucieux. On peut en juger par le nombre d'innovations technologiques qu'il y a actuellement sur le marché comme la transformation des métiers à tisser manuels en métiers mécaniques à partir de l'adaptation du moteur de mobylette (radio Ekpè) ou la fabrication de pompes à pédale pour puiser l'eau et arroser les jardins (pompe Naguézé).

Certes, cette main-d'œuvre a besoin d'être mieux formée pour mieux s'adapter aux exigences du marché international. La question la plus délicate à résoudre et qui, par conséquent, constitue un facteur défavorable à l'industrialisation est celle des cadres techniques de haut niveau. Bien que beaucoup d'entre eux aient fréquenté de grandes Écoles techniques d'Afrique, d'Europe et d'Amérique du Nord, une fois le diplôme obtenu, ces derniers préfèrent travailler dans la haute administration que comme de véritables techniciens de terrain. Il en résulte, par conséquent, la perte progressive des compétences acquises se traduisant par l'incapacité de ces cadres devenus de véritables bureaucrates à concevoir et à conduire un projet de création d'entreprise à bon port.

Ainsi, les bases de l'industrialisation au Bénin, en dépit de quelques atouts, restent fragiles. Les facteurs essentiels comme l'énergie et la disponibilité technique font défaut sans bien sûr oublier les capitaux. Mais, le plus grand obstacle à l'industrialisation réside plutôt dans la mentalité des Béninois beaucoup plus portés vers les affaires qui rapportent gros et vite que de créer une entreprise industrielle dont le bénéfice est souvent faible et lent à réaliser. En dehors de cette impatience, les Béninois n'aiment pas s'associer pour créer une entreprise solide. L'investissement industriel étant très élevé, ce secteur a toujours souffert du manque de capitaux pour prospérer en dépit des énormes moyens financiers de certains commerçants. Il n'y a finalement que quelques individus téméraires qui croient encore à l'industrialisation. C'est pour combler le vide qui en résulte que l'État a toujours cherché à jouer un rôle de premier plan dans ce secteur clé de développement.

II. Les étapes de l'industrialisation

Le début des industries béninoises date de la période précoloniale avec le commerce de l'huile de palme qui a remplacé la traite négrière. Les premières unités industrielles furent installées vers 1850 par la maison Régis pour transformer les noix de palme en huile rouge et surtout pour décolorer cette huile par des procédés chimiques nouveaux ayant permis la fabrication du savon blanc[50]. Par la suite, les factoreries Régis furent complétées par celles de Lartigue et Cie et de Cyprien Fabre. Ainsi vers 1860, il existait déjà à Ouidah plusieurs unités industrielles de transformation de noix de palme et surtout d'épuration de l'huile de fabrication artisanale achetée auprès des commerçants locaux. À la fin du XIXe siècle, on comptait plus d'une vingtaine de factoreries dans l'ancien Danxomè.

Durant la période coloniale débutée en 1894, cette industrialisation fut également centrée sur la transformation de l'huile de palme devenue la principale richesse du pays. Il fut installé, à cet effet, à Pobè en 1923 l'Institut de recherche pour les huiles et oléagineux (IRHO). A partir de cette station de recherche, la production de palmier à huile fut considérablement améliorée. Celle-ci justifie l'implantation de quatre huileries par des sociétés privées réparties comme l'indique le tableau ci-après.

Tableau n°19 : *Les huileries modernes pendant la période coloniale*

Lieux d'implantation	Années	Sociétés gérantes	Capacités (en tonnes)	Production réelle (en tonnes)
Avrankou (ouémé)	1952	Société des huileries moderne du Dahomey	5 000	2861
Gbada (Ouémé)	1952	"	3 000	2176
Bohicon (Zou)	1952	Société africaine de prévoyance	3 000	2266
Ahozon (Atlantique)	1952	"	3 000	3318

Source : Robert Cornevin, « Histoire du DAHOMEY », op.cit.

[50] **Coquery- Vidrovitch**, (1971*) « De la traite des esclaves à l'exploitation de l'huile de palme et des palmistes au Dahomey, XIXe s. », in Meillassoux Cl., L'évolution du commerce en Afrique de l'Ouest, Oxford, University Press, , pp. 107-123.*

Ces huileries sont complétées par :

- trois savonneries appartenant respectivement à Biblis et Farner (Cotonou) à Patterson et à Gnonnou (Porto-Novo) ;
- une usine pour la préparation du coco râpé installée à Cotonou par Guerbe ;
- cinq usines d'égrenage de coton dont trois à John Walkden (Savalou, N'Dali et Djougou) et deux à la CFDT (Bohicon et Kandi) ;
- une brasserie montée par la société des Brasseries du Dahomey, installée en 1959. Celle-ci peut être considérée comme la première tentative d'industrialisation interne du pays. Elle était orientée vers la fabrication de la bière (100.000 hl) des boissons gazeuses (50.000 hl) et de la glace alimentaire (30 t/jour).

À ces ébauches d'industries s'ajoutent plusieurs décortiqueuses d'arachides et de café, des broyeurs et malaxeurs pour la préparation du beurre de karité et environ 1226 moulins à maïs[51].

Au total, l'activité industrielle est restée très réduite pendant toute la période coloniale en raison du prix élevé de la main-d'œuvre, d'un marché intérieur de consommation presque inexistant et du mauvais équipement portuaire.

L'indépendance acquise en août 1960 donna l'occasion aux nouveaux dirigeants d'apporter de nouvelles réponses à cette déficience industrielle pour laquelle l'administration coloniale n'a jamais consenti aucun effort. De 1960 à nos jours, les différentes politiques industrielles initiées par les gouvernements successifs permettent de distinguer quatre principales phases :

2.1. De l'indépendance à 1972

Cette période a connu trois plans successifs à travers lesquels sont définies les grandes orientations économiques du pays (1962-1965), (1966-1970), (1971-1972). À la lecture de ces différents plans, les objectifs assignés à l'industrialisation durant cette première décennie de l'indépendance peuvent se résumer en trois points : i) valoriser les ressources naturelles, végétales et animales ; ii) déconcentrer le tissu industriel ; iii) réaliser l'autosuffisance alimentaire.

En dépit de ces objectifs pertinents, les réalisations ont été très décevantes en raison de l'instabilité politique qui a dominé cette période (7 changements

---

[51] **Coquery- Vidrovitch**, (1971) *: « De la traite des esclaves à l'exploitation de l'huile de palme et des palmistes au Dahomey, XIXe s. », in Meillassoux Cl., L'évolution du commerce en Afrique de l'Ouest, Oxford, University Press, pp. 107-123.*

de régime en 12 ans et 5 coups d'État militaires). Ainsi, les traits caractéristiques d'une économie de traite ont été conservés avec un secteur agricole d'exportation prédominant, doublé d'une activité marchande orientée vers le trafic avec les pays voisins ; cette activité marchande trouve son appui dans la crise politique de 1966 au Nigeria ayant entraîné la guerre du Biafra. Cependant, on peut noter quelques réalisations comme la création :

- en 1961, de la Société nationale des huileries du Dahomey (SNAHDA) pour prendre en charge la gestion des quatre huileries de Bohicon, Ahozon, Avrankou et Gbada naguère exploitées par deux sociétés privées ;
- en 1962, de la Société nationale pour le développement rurale (SONADER) qui gère entre autres activités trois nouvelles huileries modernes de capacité totale de 130.000 tonnes de régimes par an installées respectivement à Houin (Mono), Hinvi (Atlantique) et Agonvy (Ouémé) ;
- de la Société des ciments du Dahomey (SCD) ;
- d'une unité d'impression de tissus (Industrie Cotonnière du Dahomey) devenue par la suite la Société dahoméenne des textiles (SODATEX) ;
- l'industrie dahoméenne des textiles à Parakou (IDATEX).

Ces différentes créations qui relèvent du domaine public et de l'économie mixte sont complétées par des initiatives privées dont notamment :

1960 : l'installation d'une industrie chimique de savon ;

1960 : l'implantation d'une industrie de fabrication de charpente métallique ;

1966 : l'installation d'une usine de montage de véhicule CITROËN ;

1968 : une usine de production de pâtes alimentaires ;

1969 : une usine de montage de cycle et vélomoteurs (IDACY) ;

1969 : une usine de fabrication des chaussures de marque Bata.

Toutes ces réalisations, à cause de leur état embryonnaire, n'ont contribué à la constitution du PIB que très faiblement, de l'ordre de 5% en 1964. Ce taux n'a jamais été amélioré pendant longtemps. Elles ont néanmoins favorisé la capacité de travail pour environ 4450 emplois en 1961, 6150 emplois en 1965 et 5168 emplois en 1966[52].

Il semble, en dehors de la période d'instabilité de 1960-1972, que les difficultés à faire mieux dans le domaine industriel proviennent des ressources aléatoires de l'État, caractérisées par un déficit budgétaire chronique. De même, la nature trop libérale de l'économie a plutôt renforcé d'autres secteurs économiques comme ceux du commerce, des banques et des assurances.

---

[52] *Développement du secteur de l'industrie au Bénin, Conférence nationale économique, décembre 1996*

Ainsi, le capital privé a plutôt préféré s'investir dans les activités commerciales et de service.

2.2. La période révolutionnaire : 1972-1989

Cette phase est dominée par l'orientation socialiste de l'économie avec l'idéologie marxiste-léniniste.

Elle a connu deux plans économiques : i) le premier plan triennal d'État de 1977-1980, transformé en plan quadriennal 1977-1981 en raison du retard intervenu dans son exécution ; ii) le deuxième plan quinquennal d'État (1983-1987).

À travers les deux plans, les objectifs assignés à l'industrialisation changent radicalement. Il s'agit plutôt de faire de cette activité le moteur du développement économique avec la réorganisation complète du secteur ; ainsi, l'industrialisation visait à :i) renforcer l'indépendance nationale ; ii) valoriser de façon rationnelle toutes les richesses existantes ; iii) augmenter le niveau de vie des populations par la création d'emplois nouveaux et de revenus ;iv) enfin, elle devait promouvoir la croissance économique en structurant tout l'appareil productif national, en dirigeant le processus d'accumulation, en développant les exportations de biens manufacturés, en renforçant la capacité technologique des Béninois et en absorbant les forces de travail excédentaire du secteur rural. Pour ce faire, les industries privilégiées portaient sur les biens de production. D'importants investissements ont été réalisés dans le secteur, de l'ordre de plusieurs centaines de milliards de francs CFA, avec la création d'une trentaine d'unités industrielles réparties sur l'ensemble du territoire national[53] au centre

---

[53] *1973 : - Création de la Société de développement des ressources animales (SODERA) avec une usine de fabrication de provende sur la station avicole à Cotonou.*

- *Création de la Société nationale d'armement et de pêche (SONAPECHE) avec une usine de traitement des crevettes à Cotonou, une chaîne de froid et un atelier de maintenance.*

1974 :
- *Création de la Société des céramiques industrielles du Dahomey (SOCIDA)*
- *Mise en service de l'huilerie du grand Hinvi.*
- *Mise en service d'une chaîne palmiste à l'huilerie mixte de la SNAHDA à Cotonou.*
- *Mise en service d'une chaîne mixte (arachide, karité et coprah) à l'huilerie de la SNAHDA.*

1975 :
- *Mise en page de l'huilerie du Grand Agonvy.*
- *Mise en service de la savonnerie de Gbokou.*
- *Mise en marche de l'usine de noix d'anacarde à Parakou.*

desquelles figurent en bonne place, le complexe sucrier de Savè et la cimenterie d'Onigbolo.

Le complexe sucrier de Savè

Situé sur la rive gauche du fleuve Ouémé à 250 kilomètres environ de Cotonou et à 20 kilomètres de la ville de Savè, le complexe sucrier de Savè est un joint-venture entre le Bénin et le Nigeria dont les études de faisabilité ont été réalisées par la firme anglaise LONRHO Limited, et la construction réalisée par l'entreprise belge *Ateliers Belges Réunis Ingeniering* (ABR).

Ce complexe a été mis en place à partir :

- d'un protocole d'accord en date du 7 juin 1975 signé à Lagos entre les gouvernements du Bénin et du Nigeria.

Le coût total du projet de l'ordre de 73 milliards de FCFA à la fin de 1982, a été réalisé sur financement extérieur assuré par les crédits d'origine française (330,417 millions de francs français), belge (2599,290 millions de francs belges) et anglaise (47,846 millions de livres sterling). Ce complexe disposait

---

- *Création de la Société de brasserie « La Béninoise » avec la construction des usines de Parakou et d'Abomey.*
- *Réaménagement des anciennes usines d'égrenage appartenant à la SONACO.*
- *Création de la Société sucrière de Savè.*
- *Création de la Société des ciments d'Onigbolo.*
- *Reprise de contrôle de la Société des ciments du Bénin, en portant la part de l'État de 20 à 50%.*
- *Démarrage des activités de l'industrie béninoise des textiles (IBETEX)*

1976 : - Création de la Société nationale des ciments (SONACI).
- *Mise en service de l'usine de concentré de tomate de Natitingou.*
- *Création de la Société des engrais au Bénin.*
- *Création de la Société des pesticides du bénin.*
- *Création de la Société libyenne des mines.*
- *Création de six sociétés provinciales pour la production industrielle.*
- *Installation d'une usine de production d'huiles essentielles et de jus d'agrumes à Za-Allahê.*

1981 : - Installation de la maïserie de Bohicon.
- *Mise en marche de l'huilerie mixte de Bohicon.*
- *Création de la Manufacture des cigarettes et allumettes (MANUCIA) à Ouidah.*

1984 : - mise en marche à l'huilerie de Bohicon d'une station de délitage pour le traitement des graines de coton.

1987 : - mise en marche de la Société de l'industrie des textiles (SITEX) à Lokossa.

d'un patrimoine foncier de 5 200 hectares de terres, d'un barrage-réservoir de 24 millions de mètres cubes, de l'usine proprement dite, des bâtiments industriels et de logement, des matériels roulants, équipements industriels et agricoles, de divers biens, meubles et immeubles. Il était appelé à produire 43 000 tonnes de canne à sucre, 29 582 tonnes de sucre et 32 555 tonnes de mélasse. La gestion du complexe a été assurée par la firme LONRHO jusqu'en 1984 et ensuite par les deux États avec l'assistance technique de la Société Française de Réalisation d'Études et de Conseils (SOFRECO) de 1985 à 1988 et la Société d'Agriculture, d'Investissement, de Management et Technique (AGRIMATECH) de 1988 à 1990. A partir de 1990, faute de financements, la société est tombée en veilleuse jusqu'à sa mise en location-gérance en mars 1997 par la Société du Groupe « Mon Loisir » d'origine mauricienne.

La reprise de la production était prévue pour l'année 1998 avec un objectif de 30 000 tonnes de sucre par an grâce à un potentiel de 5 200 hectares de cultures de canne. Mais faute de crédit de campagne suffisant, le Groupe « Mon Loisir » résilie son contrat de location-gérance le 10 juillet 2002 et le 8 mai 2003, un autre contrat de location-gérance a été signé à Abuja avec la Compagnie Nationale d'Importation et d'Exportation des Équipements Complets de Chine (COMPLANT) d'une part et les propriétaires du complexe d'autre part. Ce contrat offre d'énormes facilités à COMPLANT pour la relance des activités du complexe sucrier de Savè devenu SUCOBE (Sucrière Complant du Bénin).

Mais après la fin du contrat du groupe COMPLANT en mai 2023, le complexe fut fermé jusqu'à ce jour.

Le complexe cimentier d'Onigbolo

Ce complexe est la deuxième expérience de coopération économique transfrontalière entre le Bénin et le Nigeria après celle des SSS. Il est localisé dans le village d'Onigbolo à 20 kilomètres au nord de Pobè et à 130 kilomètres environ de Cotonou.

Le besoin d'une cimenterie à Onigbolo pour exploiter le gisement de calcaire de la dépression de Issaba date de 1962 avec la Compagnie de Prospection du Bassin Sédimentaire Côtier menée par le Bureau de Recherche géologique et Minière (BRGM) sur financement du Fonds Européen de Développement. De cette campagne est née l'idée de la construction d'une cimenterie à 20 kilomètres au nord de Pobè d'une capacité de 100 000 tonnes. Mais à partir des énormes potentialités de gisement de calcaire, on a plutôt estimé qu'il faudrait construire une usine de 400 000 tonnes de capacité annuelle afin de satisfaire la demande des pays du Conseil de l'Entente. Mais face à l'instabilité politique qui a caractérisé cette période au Bénin, l'idée de cette cimenterie fut abandonnée au profit du Togo avec la construction de la Cimenterie d'Afrique de l'Ouest (CIMAO) à Tabligbo.

Il aura fallu l'intervention des autorités nigérianes en 1975 pour que ce projet soit relancé avec la signature d'un contrat le 26 février 1979 entre la F.L. SMITH et les gouvernements du Bénin et du Nigeria. Le 23 mars 1979, les trois signataires de l'accord créent une entreprise d'économie mixte dénommée la Société des Ciments d'Onigbolo dont le capital social d'un montant de 10 milliards de francs CFA fut réparti comme suit :

- Bénin : 51 %, soit 5,100 milliards de FCFA
- Nigeria : 43 %, soit 4,300 milliards de FCFA
- FL SIMITH : 6 %, soit 600 millions de FCFA

Dès la création de la société, il fut décidé que l'usine ait une capacité de production de 500 tonnes de ciment pour le premier module, d'un million de tonnes de production par an pour le second module et de 1,500 millions de tonnes pour le troisième module.

Malheureusement c'est le premier module qui a été construit avec un financement de 32 milliards de FCFA obtenu auprès de plusieurs partenaires d'origine belge (1 477 707 000 francs belges), danoise (235 330 000 couronnes danoises), et la Banque Commerciale du Bénin (1 301 455 000 FCFA).

La construction de l'usine a démarré en décembre 1979 et a pris fin en avril 1982. Mais le fonctionnement de ce premier module a connu beaucoup de problèmes de financement des activités qui ont empêché l'usine d'atteindre sa capacité de production de telle manière qu'elle fut mise en location-gérance à partir de 1998. C'est le Groupe S.C.B.-Lafarge qui a été déclaré adjudicataire pour la réhabilitation du complexe et la reprise de la production du ciment. Cette nouvelle société a mis l'usine à neuf et arrive à produire jusqu'environ 700 000 tonnes de ciment par an dont les 2/3 sont exportés vers le Nigeria. Mais les contraintes de libéralisation ont imposé aux États béninois et nigérian la privatisation de ces deux unités, fleurons de la coopération économique entre les deux pays.

Dans ce cadre, la part du Bénin dans la société fut rachetée par la société Lafarge et celle du Nigeria par le groupe Dangoté.

Au total, l'État contrôlait toutes les branches d'activités industrielles avec des entreprises publiques et parapubliques orientées vers six principaux secteurs : textile, brasserie, agroalimentaire, matériaux de construction, imprimerie et services.

Les opérateurs privés ne détenaient que quelques entreprises industrielles de moyenne importance dans les secteurs de la transformation des métaux, du travail de cuir, des aliments de bétail, de la minoterie et de la parfumerie.

Les petites et moyennes entreprises sont désormais classées dans la catégorie de l'artisanat et couvrent les domaines de la boulangerie, de la menuiserie, de la matelasserie et des services de réparation.

Malheureusement, vite étouffée, la politique de l'État en matière d'industrialisation n'a pas atteint les objectifs qu'elle s'est fixés en dépit de sa pertinence. Néanmoins, elle a permis d'améliorer la contribution du secteur au PIB, passant de 4% entre 1960 et 1970 à 8,8% dans les décennies suivantes. Mais, la profondeur de la crise économique de 1988 et 1989 a entraîné une paralysie des différentes unités industrielles ramenant leur contribution au PIB à seulement 5% en 1989. Cette paralysie a eu des conséquences catastrophiques sur les autres secteurs économiques. La solution, pour la juguler, fut l'amorce des négociations avec les Institutions de Breton Woods à partir de 1986, ayant abouti à la signature du premier Programme d'ajustement structurel en avril 1989.

Cette réforme est venue modifier les anciennes options économiques du pays qui sont définitivement abandonnées lors de la conférence des forces vives de la Nation en février 1990.

2.3.L'industrialisation sous le Renouveau démocratique :1990-2016

Cette époque est marquée par trois segments : le temps de Soglo, de Kérékou et de Yayi Boni. Elle est sanctionnée par l'avènement de l'État de droit avec une nouvelle option économique basée sur le libéralisme.

Du temps de Soglo

C'est la période des mesures d'assainissement de l'appareil productif obligeant l'État à se désengager progressivement des secteurs vitaux de l'économie. Ainsi, le portefeuille de l'État fut réduit à quelques huit entreprises industrielles seulement dont notamment la Sitex à Lokossa, les usines d'égrenage de coton appartenant à la Sonapra. Celles-ci étaient au nombre de huit à l'époque répartie comme suit

Tableau n°20 : *Les égrenages du coton sous Soglo*

Désignation	Bani-koara	Kandi 1	Bem béréké	Para-kou 1	Para-kou 2	Gla-zoué	Saval-ou 1	Bohi-con 1	Bohi-con 2	Hagou-mè
Année de création	1987	1968	1989	1968	1996	1972	1924	1925	1995	1970
Superficie occupée (ha)	22 ha	9,2 ha	50	10	5,5	8	12	4,5	3,5	25,7
Site exploité (ha)	5	3,5	15	6,5	3,5	5	2	2,5	1,05	10
Capacité d'égrenage (T)	40 000	25 000	35 000	25 000	35 000	25 000	10 000	15 000	25 000	30 000
Nbre d'employés	137	218	259	229	300	245	202	151	180	348

Source : Marc Z. Kanbo, Audit environnemental des usines d'égrenage de la Sonapra, ABE- MEHU / SONAPRA-MDR, mars 2001

À ces unités d'égrenage, s'ajoutent la Société des ciments d'Onigbolo et la Société sucrière de Savè. Ces deux dernières sociétés étant des « Joint-ventures » avec le Nigeria ne peuvent pas être privatisées par l'État béninois. Les autres unités industrielles existantes ont été toutes vendues ou liquidées entre 1992 et 1997.

La seule réalisation durant le régime de Soglo est la création de Fludor à Cana par un opérateur économique d'origine Hollandaise basé à Lagos. Elle a été installée pour transformer les graines de coton en huile végétale. Suite aux crises du secteur cotonnier, elle complète les graines de coton par le soja et les noix de karité. Pour ce faire, l'usine a dû encadrer un certain nombre de producteurs de soja dans les départements des collines et du Borgou afin de s'assurer du meilleur approvisionnement de l'usine. C'est de cette expérience que cette légumineuse s'est développée dans le pays. Le soja rendu à l'usine était acheté par la société Fludor à 190F CFA le kilo. À cause de ce bas prix, une bonne partie des paysans encadrés par la société livrait sa production aux frontières du Togo et du Nigeria où les prix sont supérieurs à 200F CFA le kilo.

L'industrialisation sous Kérékou

La politique d'industrialisation de l'État sous le règne de Kérékou est axée sur des objectifs simples, consignés dans le Programme d'action du gouvernement mis en circulation en mai 1997 suite aux résolutions de la conférence économique nationale de décembre 1996. Ces objectifs se définissent comme suit : i) relancer les activités des unités industrielles en difficulté, comme la Société sucrière de Savè, la brasserie d'Abomey et la cimenterie d'Onigbolo en cherchant à les privatiser ; ii) alléger les formalités de création d'entreprise par l'instauration d'un guichet unique basé dans les chefs-lieux des départements ; iii) créer des zones industrielles viabilisées dans les départements par la mise en place des cellules départementales d'encadrement de petites et moyennes entreprises ; iv) réaliser une zone franche industrielle à Cotonou ; v) créer un observatoire des opportunités.

Ces différentes actions s'inscrivaient dans le cadre global des Programmes d'ajustements structurels visant à renforcer le secteur privé.

Si on analyse les résultats obtenus du désengagement de l'État du secteur industriel, celui-ci a permis d'améliorer les recettes publiques à partir des impôts payés. Ces impôts et la TVA participent désormais aux recettes du Trésor pour environ 40% en moyenne (41,20% en 1996 et 39% en 1997). De même, la privatisation a contribué à la relance de l'économie avec le retour de la croissance à partir de 1990, dont le niveau en 1995 est de 5,5%. La contribution du secteur industriel à la formation du PIB est allée de 8,8% en 1987 à 14,6% en 1995 et à 13,40% en 1996[54].

Mis à part ces résultats, la privatisation presque complète des entreprises industrielles béninoises se caractérisait par l'absence d'une volonté politique du gouvernement de développer le secteur industriel, les différents Programmes d'ajustement structurel étant restés muets sur la question. Il en a résulté l'absence d'option fondamentale comme le renforcement des tissus industriels ou la création d'emploi. Bien au contraire, chaque liquidation ou vente entraînait la mise sur le marché de plusieurs milliers de chômeurs qui n'ont d'autres alternatives que d'aller gonfler le secteur informel devenu le refuge des différentes victimes de l'ajustement structurel.

On peut donc en conclure que la libéralisation du secteur industriel obligeait l'État à se détourner des options stratégiques, comme celle relative au renforcement de la capacité technologique, à l'absorption des forces de travail excédentaires du secteur rural et au développement du marché intérieur. Ces options stratégiques sont pourtant indispensables pour relancer l'économie.

Mais en raison des difficultés à privatiser toutes les industries qui font partie du portefeuille de l'État et pour faire suite aux recommandations de la conférence économique de 1996, Kérékou était obligé d'inscrire plusieurs actions à son Programme d'actions du gouvernement comme la création de la Zone franche industrielle de Sèmè-Kpodji et de la Compagnie béninoise de textile à Lokossa.

La zone franche industrielle de Sèmè-Kpodji

Dans les années 80, la création des zones franches économiques était à la mode dans les pays africains. On signalait, pour justifier leur création, le succès de l'Ile Maurice en la matière. On parlait aussi à l'époque de la réussite du Sénégal, du Ghana et du Togo. C'est pour ne pas rester en marge de ce processus et conformément aux recommandations de la vision Alafia Bénin 2025 que le Bénin a initié ce projet de zone franche industrielle, jugé opportun afin d'attirer les investisseurs nigérians à la fois comme bailleurs de fonds des entreprises qui seraient installées dans la zone et consommateurs des produits qui en seraient issus. C'est la raison pour laquelle cette zone est accolée à la frontière, à 5km du Nigeria.

Située au village de Towé dans la commune de Sèmè Kpodji, elle fut créée par décret N°99-514 du 2 novembre 1999. Elle a pour objectif « d'offrir au tissu économique béninois un cadre attractif aux entreprises pour la

[54] *MIPME, L'industrie béninoise en 1996, Cotonou.*

valorisation des matières premières locales, le transfert de technologie et la création d'emploi ».

Elle est devenue opérationnelle le 13 octobre 2003. D'une superficie totale de 230ha, seuls 40 sont viabilisés. Elle est dotée en infrastructures de base comme l'eau, l'électricité, un hôpital et de plusieurs infirmeries pour les premiers soins en cas d'urgence sanitaire. Le site possède aussi un commissariat de police de proximité pour veiller sur les entreprises à installer et pour assurer la sécurité des travailleurs.

Les conditions d'installation dans la zone sont assez souples avec beaucoup d'exonération d'impôts, de TVA, de patente, des droits de douane sur le matériel devant intervenir dans la mise en place et le fonctionnement des unités de production et de réduction sensible du versement patronal sur les salaires, etc.

Malgré ces avantages, la zone n'a accueilli jusqu'ici que peu d'entreprises industrielles, seulement sept unités de production se sont installées sur le site jusqu'à 2022 : Reddy Investisment qui fait l'extraction du plomb, Alpha Bénin qui fabrique des pâtes alimentaires. En 2017, Yu-Lin est arrivé pour s'occuper de la transformation de bois avec une capacité de 2000 m^3 par mois. Elle est suivie de la société des ciments du Bénin qui s'est délocalisé de son ancien site situé en plein cœur de Cotonou. En 2023, trois autres entreprises se sont manifestées parmi lesquelles il y a le Moulin d'Or d'Afrique, la société Danga Coca cola, Ma Tantie, Sonimex, etc.

Les difficultés de la zone franche de Sèmè-Kpodji à accueillir des entreprises sont de plusieurs ordres : i) le manque d'énergie électrique suffisante obligeant les entreprises à recourir aux groupes électrogènes dont le fonctionnement est assez onéreux et compromet leurs résultats ; ii) la rareté de l'eau ; iii) l'abandon de la ZFI par le gouvernement de la rupture pour lui opposer la zone économique spéciale de Glo-Djigbé mieux financée et mieux équipée.

Enfin les investisseurs du Nigeria ne sont pas arrivés. L'abandon de la ZFI de Sèmè-Kpodji par les autorités actuelles, risque de compromettre la promesse du ministre en charge de l'énergie d'y installer une nouvelle centrale électrique flambant neuve. En dépit des nombreuses incitations, cette zone franche industrielle vit au ralenti.

La société béninoise des textiles

La création de cette société en plein programme d'ajustement structurel fait suite à la nécessité de restructurer la Société des industries de textiles (Sitex) de Lokossa (Mono) avant de la privatiser en raison de son état de délabrement avancé. C'est l'argument qui fut avancé aux autorités de la Banque mondiale et du FMI pour avoir leurs accords avant de réaliser cette entreprise industrielle. Le second argument est d'avoir obtenu de la Chine un prêt de 11 milliards de Yuans.

Les négociations avec la Chine ont porté sur la nécessité d'installer des machines neuves en lieu et place des machines recyclées sur lesquels les Chinois s'étaient mis d'accord avec le Bénin. Cette reconversion étant acceptée de la part des Chinois, les travaux de construction de l'usine avaient démarré en 2000.

L'usine est située près de la Sitex au quartier Ginkomey à Lokossa. Il s'agit d'une société d'économie mixte immatriculée sous le numéro 52-B. Son capital social est de 1 milliard de francs CFA souscrits entre les États du Bénin et de la Chine à hauteur de 51% soit 510 millions de F CFA pour la partie béninoise et de 49% soit 490 millions de francs CFA pour la partie chinoise.

Sa réalisation fait suite à une entente entre la Société des industries textiles du Bénin et son partenaire chinois, la *China Textil Industrial for Foreign Economic and Technocal Corporation.* C'est en 1998 que cette entente fut réalisée afin de répondre aux nombreuses demandes de tissus écrus de largeur supérieure à 50 cm que la Sitex ne pouvait pas produire en raison de la nature de ses machines non adaptées pour cela.

La construction de l'usine a démarré le 31 octobre 2000 pour être inaugurée le 31 octobre 2002. L'usine dispose de 480 métiers à tisser pour produire le tissu écru de 150 cm de largeur, de 288 métiers à tisser pour les tissus de 180 cm de largeur. Elle consomme 3930 tonnes de coton fibre par an avec lesquelles elle produit 3 540 tonnes de files dont 2620 tonnes pour le tissage et 920 tonnes pour la vente. Sa capacité annuelle est 13 700 000 000 de mètres de tissus écoulés sur les marchés sénégalais et nigérian en priorité. Ces tissus sont répartis en trois catégories : i) le tissu « léger » avec des largeurs variant entre 129, 54cm et 137, 6 cm ; ii) des tissus mi-lourds avec 129, 54cm ; iii) des tissus lourds avec 165, 10 cm de largeur.

L'usine a obtenu son certificat de conformité et a été agréée par les schémas de libération des échanges de l'Union Économique et Monétaire Ouest Africaine (UEMOA). Elle a pour ambition actuelle d'être reconnue sur les différents marchés locaux, régionaux et internationaux par la qualité de ses produits.

En attente de ces objectifs, elle a besoin de régler quelques préalables comme : i) l'amélioration de la politique d'approvisionnement en coton ; ii) une gestion rationnelle et efficace des stocks ; iii) l'acquisition d'un personnel compétent sachant manipuler l'outil informatique et de gestion de stocks.

Les usines d'égrenage de coton nouvelles générations

La privatisation de la Sonapra en 2002 et suite à l'incapacité de ses anciennes usines de faire face à la production cotonnière qui était en hausse, plusieurs sociétés d'égrenage ont vu le jour entièrement financées par les opérateurs économiques béninois. Ces usines qui font partie des nouvelles générations sont au nombre de huit comme l'atteste le tableau ci-après :

Tableau n° 21 : *Les nouvelles générations d'usines d'égrenages issus de la libéralisation du secteur cotonnier*

Sociétés d'égrenage	SODIC OT	MCI	CCB	LCB	SOCOBE	ICB	IBECO	SEICI
Lieu d'implantation	Ndali	Nikki	Kandi 2	Paouignan	Avogbana	Pehunco	Kétou	
Année d'installation	1997	1997	1995	1997	1995	1996	1998	
Superficie	30 ha	30 ha	3ha	10 ha	13 ha	30 ha	30 ha	
Site exploité	10 ha	15 ha	31 ha	3 ha	3 ha	15 ha	16 ha	
Capacité d'égrenage	20 000 t	25 000 t	15000 t	50 000 t	25 000 t	25 000 t	20 000 t	25 00
Nbres d'employés	462	345	204	263	220	181	262	

Source : Marc Z. Kanbo, Audit environnemental des usines d'égrenage de la Sonapra, ABE- MEHU / SONAPRA-MDR, mars 2001

La capacité d'égrenage de ces huit usines est de 265 000 tonnes, soit 85% de la part de la Sonapra. Si on ajoute cette capacité à celle de la Sonapra de l'ordre de 312 000 tonnes, la capacité d'égrenage du pays tourne autour 577 000 tonnes alors que la production nationale du coton à l'époque ne dépassait pas 350 000 tonnes. Il en résulte une surcapacité du pays qui est à l'origine de la crise de 2008 de la filière coton due à l'incapacité de la Sonapra à alimenter ces usines en coton graine.

Depuis 2018, grâce à l'évolution de la production actuelle supérieure à 600.000 tonnes, la capacité installée est devenue insuffisante d'où le projet d'installer trois autres nouvelles usines d'égrenage dans la zone industrielle de Glo Djigbé.

Du temps de Kérékou, allant de 1996 à 2006, la situation du secteur industriel béninois se présente comme l'indique le tableau ci-après :

Tableau n°22: *Répartition des activités industrielles du temps de Kérékou*

Secteur	Nombre	Employés		Masse salariale (millions CFA)	Achats	Ventes	Valeur ajoutée	Pourcentage Valeur ajoutée
Coton, textile et chaussure	9	3 924	41,1%	3 125	98 179	136 261	3 8081	68,4%
Produits alimentaires et boissons	18	2 385	21,2%	2 583	15 719	24 009	8 291	14,09%
Produits minéraux (verre et ciment)	5	1 169	12,9%	2 398	21 363	26 840	5 478	9,8%
Article en papier, imprimerie	14	606	6,7%	306	1 182	2 275	1 094	2,0%
Industrie chimique	13	476	5,2%	311	5 219	6 208	9 088	1,8%
Bois et meuble	7	299	3,3%	318	592	1 436	844	1,5%
Ouvrage en métal, mécanique et électronique	8	235	2,6%	219	2 196	3 088	892	1,6%
Total	74	9 094		9 256	144 450	200 118	55 668	100,0%

Source : MIPME, L'industrie béninoise en 1996

Selon ce tableau, le pays compte entre 1996 et 2006, 74 unités industrielles. Celles-ci sont réparties en sept branches.

On note de ce tableau, une prépondérance du secteur textile, dominée par les usines d'égrenage de coton. Cette branche offrait 43% des emplois, réalisait 68% de ventes et générait 68,4% de valeur ajoutée. Ce sont également les entreprises de ce secteur textile qui sont les seules pourvoyeuses de recettes d'exportation en assurant 95% des ventes à l'étranger, soit 126.668 millions de francs CFA sur un total de 133.790 millions de francs CFA. Ensuite venaient les industries de produits alimentaires, boissons et tabacs. Celles-ci offraient 26% des emplois et réalisaient 12% des ventes. Leur part de la valeur ajoutée est de l'ordre de 15%. La branche des produits minéraux non métalliques occupe aussi une place importante, avec 13% des emplois, 13% des ventes et 10% de la valeur ajoutée. À part ces trois secteurs, les autres activités industrielles, bien que relativement importantes, n'intervenaient que de façon négligeable du point de vue de l'emploi, des ventes et de la valeur ajoutée. Ce sont surtout ces types d'industries qui sont les plus concurrencées par les produits venant du Nigeria et dont la performance reste par conséquent assez faible.

Selon les types de propriétés, les 74 unités industrielles se répartissaient comme suit :

Privés majorité béninoise :	44	soit 60%
Privés majorité étrangère :	21	soit 28,67%
Secteur public :	8	soit 10,38%
Mixte :	1	

Les opérateurs nationaux sont représentatifs dans le secteur alimentaire, les boissons et tabacs puis dans l'imprimerie, dans les ouvrages métalliques et dans les bois et meubles. Les industriels étrangers contrôlent plutôt les industries chimiques et les produits minéraux (verre et ciment). Ils interviennent également dans les produits alimentaires et dans les textiles ; dans le secteur des métaux, de la mécanique et de l'électronique. L'État quant à lui est encore présent dans les textiles, l'alimentation et l'imprimerie.

L'industrialisation sous Yayi Boni

Dans le domaine industriel, on compte trois réalisations dans le passif du président Yayi Boni : les industries de transformation des principales filières agricoles, le montage des tracteurs et la Nouvelle Cimenterie du Bénin (Nocibe) à Massè dans la commune d'Adja-Ouèrè.

Les deux premières opérations s'inscrivent dans le programme de promotion de la mécanisation agricole lancé le 8 janvier 2008. Celui-ci comprend quatre volets : i) la promotion de la mécanisation des productions végétales, ii) l'amélioration des infrastructures de dessertes, iii) l'équipement de transformation des produits agricoles, iv) le suivi et évaluation.

C'est le volet 3 de ce programme, c'est – à - dire l'acquisition des équipements de transformation des produits agricoles, qui a exigé la construction de six petites usines de transformation avec l'appui de la Coopération bénino-indienne réparties dans les zones de production comme suit :

- une usine de transformation d'orange en jus à Zakpota, département du Zou ;
- une usine de transformation de tomates en purée à Kpomassè, département de l'Atlantique ;
- une usine de transformation de jus d'acajou en alcool comestible à Bantè, département des Collines ;
- une usine de transformation d'ananas en jus à Allada, département d'Atlantique ;
- une usine de transformation de noix de cajou en amande à Parakou, département du Borgou ;
- une usine de transformation de mangue en jus à Natitingou, département de l'Atacora

Ces projets de transformation des produits agricoles s'inscrivent dans la vision de faire du Bénin un pays émergent et dans le cadre de la modernisation et de la diversification du secteur agricole.

Mais en lieu et place de véritables usines, il s'agit plutôt de toutes petites unités dont la capacité n'est que de 500kg /h.

Tout cela a été financé à partir d'une contribution indienne de 15 millions de dollars US octroyés comme don au pays en 2008.

Ces six unités de transformation ont été acquises clé en main à partir d'un appel d'offre assez sommaire qui a permis à la Société indienne Angélique International Limited d'être adjudicatrice.

Le coût total des six usines était de 433,692 millions de francs CFA, mais les frais relatifs à leur installation s'élevaient à 3 milliards de F CFA dépensés pour construire les bâtiments devant abriter les machines, forer les puits devant alimenter ces usines en eaux auxquels s'ajoutent les frais de fonctionnement.

Malheureusement, aucune de ces unités de transformation n'a fonctionné jusqu'à ce jour en raison de multiples difficultés rencontrées parmi lesquelles les plus importantes sont : i) la mauvaise conception du projet aggravée par une gestion calamiteuse ; ii) les difficultés techniques comme l'incapacité des pompes installées au niveau des forages à alimenter ces usines correctement, leur débit étant de loin inférieur au besoin de chaque unité ; iii) l'absence de personnel compétent formé à la gestion des équipements installés, etc.

Toutes ces réalisations sont actuellement abandonnées dans la brousse. Les problèmes de transformation auxquels on souhaitait apporter de réponse, n'ont finalement connu un début de solution qu'à partir de la création en 2020 de la zone économique spéciale de Glo-Djigbé.

Le projet Bénin-Tracteur

Malgré l'échec de cette expérience de transformation de quelques produits agricoles, le régime a toujours continué à bénéficier de la sollicitude de l'Inde qui octroya encore en 2015 un autre crédit de 15 millions de dollars US pour aider le pays à poursuivre son programme de mécanisation agricole par achat de tracteurs en Inde. C'est à cette fin que fut créée la Société Bénin Tracteur, chargée de mettre ce projet sur les rails.

Avec ce crédit de 15 millions de dollars, il fut construit la petite unité de montage et de peinture des tracteurs importés de l'Inde dans la banlieue de Ouidah sur la route nationale N°1. Il fut aussi importés de l'Inde, par l'entremise de l'entreprise Mahindra, 600 kits de tracteurs dont 100 sous forme de don et 500 sous forme d'achat. Chaque kit contient un tracteur, une remorque, un chisel, une charrue à socs non - réversibles, une billonneuse à socs, un semoir monograines.

Ces tracteurs n'ont jamais pu être mis sur le marché jusqu'à la fin du mandat du président Yayi Boni en 2016. L'expérience fut mise en veilleuse pendant deux ans durant lesquelles il fut nommé un liquidateur après la dissolution de la Société Bénin- Tracteur. Ce n'est qu'en 2018 que le régime actuel dans le cadre de son projet de mécanisation agricole, remplace Bénin-Tracteur par une nouvelle société dénommée Agence Nationale de Matériels Agricoles (ANAMA) qui fut transformée en Société nationale de matériels agricoles (SONAMA). C'est cette dernière société qui a finalement récupéré les 600 kits de tracteurs, pour les mettre à la disposition des paysans à raison de 9.900.000 francs CFA le kit. Mais les paysans n'ayant pas cette capacité financière, il fut mis en place un accompagnement financier à travers le Fonds National de développement agricole (FNDA) qui accompagne les producteurs pour l'obtention d'un emprunt auprès des structures financières de la place.

Les efforts d'industrialisation sous le régime du Bénin Emergent n'ont pas été concluants pour beaucoup de raisons dont la plus importante est celle du déficit de confiance entre le chef et ses collaborateurs. Pendant que celui-ci était mû par de très bonnes intentions, la plupart des cadres qui l'encadraient s'étaient plutôt abusés de lui pour s'enrichir facilement. Cela s'est traduit par plusieurs formes de trahisons qui ont totalement plombé les différentes initiatives du Président en faveur de son pays.

2.4. Les acquis industriels à l'ère de la rupture : 2016-2026

Les stratégies industrielles du temps du président Talon sont contenues dans le PAG 2021-2026. Elles consistent à faire de ce secteur de transformation, le levier de l'économie nationale comme ce fut le cas durant la période révolutionnaire, afin de renforcer sa contribution au PIB. Les réformes engagées portent sur l'attractivité du pays aux investisseurs locaux et étrangers. « Pour y parvenir, il convient de faire un bilan des performances réalisées et de préserver leurs perspectives ». De cela découlent les actions menées en faveur de ce secteur industriel comme : i) la consolidation des vieilles industries d'origine étrangère ; ii) la restructuration des anciennes usines d'égrenage de coton ; iii) la création de la zone économique spéciale de Glo- Djigbé.

III. La consolidation de vieilles industries d'origine étrangère

Elle consiste à les recapitaliser ou à leur changer d'objectif ou de localisation. Les industries qui ont fait l'objet de cette consolidation sont au nombre de six consignées dans le tableau ci-dessous :

Tableau n°23: *Les sociétés consolidées sous le régime de la rupture*

Raison sociale	Domaine d'intervention	Type d'installation	Localisation	Produits fabriqués	Capacité
Société béninoise de boissons rafraichissantes	Brasserie	Extension	Akpakpa, Place du Souvenir	Bières et boissons gazeuses	
Grand moulin du Bénin (GMB)	Construction et exploitation de silos de stockage	Extension	5e arrondissement, Port autonome de Cotonou	Graine de blé	11 500 t
Les moulins d'or d'Afrique (MOA)	Installation d'une minoterie	Nouvelle installation	Zone industrielle	Farine de blé	68 333,04 t

TGI-Fludor Bénin	Unité de production d'huile de coton, soja et de beurre de karité	Extension	Cana, Zogbodomey	Huile végétale	47 500
West African Fasts and Oil Industry (WAFO)	Unité de production d'huile de palme raffinée	Nouvelle installation	5e arrondissement, Ganhi	Farine de blé	10.000.000
Société des ciments du Bénin	Transformation de Klincker	Délocalisation	ZFI	Ciment	200.000 t

Source : Ministère de l'Industrie et du Commerce

IV. La restructuration des anciennes usines d'égrenage de coton

À la campagne cotonnière de 2023 - 2024, la capacité globale d'égrenage du coton produit par le pays est de 832 500 tonnes réparties entre 23 usines parmi lesquelles 20 appartiennent à la Sodéco avec une capacité de 672 000 tonnes. Les autres usines Label coton du Bénin (LCB) (75 000 tonnes), Bénin coton (60.000 tonnes) et SBTC 2 (5.000 tonnes) qui relèvent d'autres initiatives privées égrainent le reste soit 180 000 tonnes.

Du temps de la rupture, l'industrie cotonnière devient le monopole de la société Sodéco à travers l'AIC qui contrôle à la fois les activités de production, de transformation et de commercialisation. On passe ainsi du monopole d'État qui était assuré par la Sonapra depuis la révolution jusqu'au Renouveau démocratique à celui d'une seule société privée avec toutes ses conséquences.

V. La zone économique spéciale de Glo-Djigbé

Elle fait partie de la plus grande innovation du régime de la rupture. Située à 45km de Cotonou dans l'arrondissement de Glo-Djigbé dans la Commune d'Abomey-Calavi, département de l'Atlantique, elle couvre une superficie de 1600 ha parmi lesquels 400 sont déjà mis en valeur. Elle est " dédiée à la transformation locale des produits agricoles, notamment le coton, les noix de cajou, le soja, la filature et le tissage du coton, la fabrication des vêtements, l'agroalimentaire, le bois, etc.''. Elle est construite pour attirer 1,4 milliard de dollars US dans un premier temps et offrir 300 000 emplois d'ici à 2030. Cette zone a vu le jour le 5 février 2020, à partir d'un partenariat public-privé entre le gouvernement béninois et le groupe Africa Finance Corporation Integrated Industrial Platforms (Arise IIP). C'est un opérateur panafricain de parcs industriels de classe mondiale qui intervient dans onze pays africains pour soutenir les entreprises installées dans les zones économiques spéciales.[55] Ce groupe qui a pour principaux partenaires Africa Finance Corporation (AFC), Equitane et Afreximbank, conçoit, finance, construit et exploite les infrastructures industrielles. Il identifie dans les pays africains, les lacunes industrielles génératrices de valeurs ajoutées en vue de permettre à l'Afrique de s'industrialiser.

Actuellement, 32 investisseurs sont en train de s'installer dans la GDIZ parmi lesquelles 25 sont effectifs. Ces dernières ont déjà investi 460 milliards de F CFA et créé 25.300 emplois sur une prévision de 21.577 espérés.

Le tableau ci-après renseigne sur la nature, le montant des investissements réalisés, les secteurs d'intervention et le nombre d'emplois créés.

Tableau n°24: *Les sociétés installées à la GDIZ*

N° d'ordre	Société	Intitulé du projet	Montant des investissements (milliards F CFA)	Nombre d'emplois prévus
1	UNICARTON BÉNIN	Fabrication de cartons ondulés	0,9	45
2	Fabrique Béninoise de Tabac	Fabrication de cigares	0,9	500
3	PIERRE NAT	Fabrication de pierres naturelles	5,5	26
4	BÉNIN AGRI BUSINESS	Transformation de soja	10,0	370
5	BÉNIN CASHEW	Transformation de noix de cajou	32,8	1 610
6	BÉNIN ORGANICS	Transformation de soja bio	32,2	370
7	KRISHI AGRI	Production d'huile de coton	0,5	80
8	NAP SARL	Transformation de graines du coton, graines de soja et amande de Karité en huile et beurre	2,0	1 040
9	SOBECO (Société Béninoise de Cosmétique)	Fabrication de produits cosmétiques à base de karité et d'avocat	4,6	67
10	AFRICA JUTE BAGS	Fabrication de sacs de jute	5,3	359

[55] Bénin (GDIZ), Togo (PIA), Gabon (GSEZ), Côte-d'Ivoire (ZIC), Nigeria (IPRFZ), République du Congo (PIC), RDC (CIP), Sierra Leone (SIZ), Malawi (MIP), Rwanda (BSEZ), Tchad (LAHAM Tchad).

11	CDF-AKAD	Fabrication d'emballages industriels agricoles en PP	4,1	276
12	B-STEEL	Fabrication d'ouvrages en verre, en acier et en aluminium pour la construction	19,0	146
13	AFRIKAN CERAMIC SOLUTIONS	Fabrication de carreaux de céramique et produits connexes	25,7	293
14	ATLANTIC MOULIN BÉNIN	Production de farine de blé	12,3	60
15	EHUA INDUSTRIES	Trituration de soja et production d'aliments de bétail et de volaille	16,0	227
16	LOTUS CORPORATE	Production d'huile de coton	6,5	110
17	PROVENDES BENIN	Production de provende pour volaille	5,6	180
18	VINIT FOODS	Production de confiseries et de biscuits	0,4	190
19	SOTIBEN	Fabrication de tuyaux en PVC	7,3	NC
20	FHC MEDICA	Production de médicaments	7,2	200
21	SYRRIUS INDUSTRIES	Assemblage d'équipements informatiques, électroniques et électroménagers	8,0	277
22	BÉNIN TEXTILE	Installation d'une usine textile intégrée	132,7	4 718
23	BÉNIN TEXTILE CORPORATION	Installation d'une usine textile intégrée	72,8	5 127
24	SOCIÉTÉ DES TEXTILES DU BÉNIN	Installation d'une usine textile intégrée	71,9	5 306
25	SMG (SOCIÉTÉ DES MARBRES ET GRANITES DU BÉNIN)	Fabrication de pierres ornementales	4,9	ND
	TOTAL GÉNÉRAL		**460,43055**	**21 577**

Source : Ministère de l'Industrie et du Commerce

Malgré l'engouement pour cette zone, celle-ci rencontre dans sa phase actuelle quelques difficultés comme celles de logements pour les travailleurs, de la sécurité des entreprises et les faibles capacités installées comparées à l'offre de matières premières dont le niveau pour certaines n'est que de 10%.

Carte N°6 : *Industries*

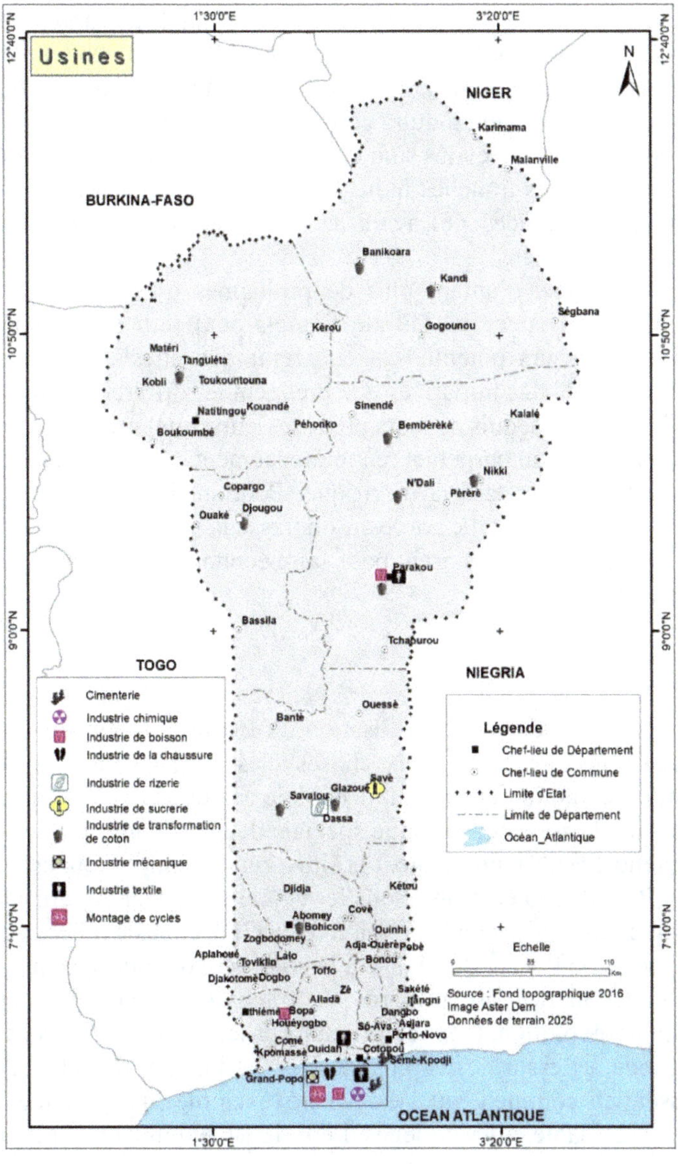

Cette expérience s'écarte aussi des préoccupations d'aménagements du territoire qui ont poussé l'État à rédiger et à adopter l'Agenda spatial à partir d'une politique vigoureuse d'aménagement du territoire consignée dans les Études de prospective à long terme, Bénin Alafia 2025. Les objectifs de cet Agenda spatial sont fondés sur le développement du pays par la promotion de plusieurs pôles régionaux qui ont pour vocation d'équilibrer le développement national autour des pôles régionaux dynamiques devant servir de barrière à l'exode rural. La création de cette zone avec pour finalité d'apporter un investissement de 1400 milliards de dollars US et d'offrir 300.000 emplois à terme entraînera la naissance d'une autre ville accolée à l'ensemble Cotonou-Abomey Calavi avec ce que cela induira comme conséquences.

Les zones économiques spéciales sont des phénomènes de mode au même titre que leur ainé les zones franches industrielles. Aucun bilan n'est fait des retombées économiques de ces ZFI avant de s'engager dans la création des zones économiques spéciales.

Le cas du Bénin pose d'autant plus de problèmes que cette nouvelle expérience vient concurrencer la ZFI de Sèmè-Kpodji qui fonctionne au ralenti faute d'investisseurs potentiels. Cette remarque atteste s'il en était nécessaire, la multiplicité des initiatives que prennent les différentes autorités africaines en faisant fi des acquis de leurs prédécesseurs, quelques soient leurs bons résultats. Il s'en suit un perpétuel recommencement qui constitue depuis 1960 l'un des facteurs du retard de l'Afrique. Pourtant il y a un proverbe africain qui dit « c'est sur la vieille corde qu'on tresse la nouvelle ». Il est bien temps que nos dirigeants s'en inspirent pour faire économiser à l'Afrique des pertes de temps et d'argents.

*

* *

Les différentes étapes de l'industrialisation du Bénin qui viennent d'être passées en revue renseignent sur deux choses : les efforts consentis en la matière pendant la révolution et celles que déploie actuellement le régime de la rupture à partir de la zone économique spéciale de Glo-Djigbé. Ces efforts ont permis d'améliorer substantiellement la situation de l'emploi qui est allée de 12.000 en 1970 à 48 000 en 1989. Sous le régime de la rupture, grâce aux réformes du secteur cotonnier et à la création de la GDIZ, plusieurs nouveaux emplois ont été créés de l'ordre de 21 777 à la zone économique spéciale.

En effet, l'injection de 150 milliards de francs CFA dans le secteur industriel durant la Révolution, bien répartis sur l'ensemble du territoire, avait largement contribué à l'essor des campagnes par la dotation de celles-ci en équipements essentiels comme l'eau, l'électricité (exemple du département de Mono), les centres de santé et les collèges d'enseignement moyen et général,

L'amorce d'une véritable industrialisation à partir de la société des ciments d'Onigbolo et du complexe agroindustriel de Savè s'était aussi affirmée.

Enfin, tout le système avait été mis en place autour d'un objectif central visant le renforcement de la capacité du pays à mieux répondre aux exigences de l'époque.

Par contre, la période du renouveau démocratique, en dépit de ses meilleurs résultats financiers, n'a fait que renforcer l'informalisation de l'économie béninoise provoquée par le dégraissage de la fonction publique, le non-recrutement des diplômés et l'absence d'une ligne directrice dans la conduite des affaires publiques. Tout cela entraîne dans le pays l'émergence d'une nouvelle classe de marginaux sociaux, terreau d'une forte insécurité sociale qui oblige aujourd'hui les riches du pays à se faire protéger par les agents de sécurité. Enfin, la situation monétaire ne se « démocratise » pas, malgré l'avènement de l'État de droit. Celle-ci se fait plutôt à l'intérieur de quelques réseaux, accentuant ainsi la bipolarisation d'une bonne partie de la population provoquée par le désengagement excessif de l'état des secteurs vitaux de l'économie. Durant cette période démocratique, la majorité de la population ne s'était pas impliquée dans les changements auxquels cette période a donné lieu parce que l'économie béninoise se gérait plutôt par paliers avec des stratégies opposées et contradictoires. Il en a résulté une certaine opacité qui constituait le principal obstacle au développement du secteur industriel.

Durant le régime de la rupture, de gros efforts sont en train d'être fournis autour du secteur cotonnier et de la Zone économique spéciale de Glo-Djigbé. Il est encore trop tôt de se prononcer sur ces nouveaux développements de l'industrie béninoise.

L'industrialisation au Bénin est née des activités du palmier à huile. Elle se poursuit actuellement avec la production de coton. Les autres créations essentiellement basées sur les services ne viennent qu'en appoint. Il manque encore dans ce pays de grosses unités de production capables de mieux structurer l'économie autour de véritables enjeux de développement. L'absence de ces grosses unités de transformation résulte des contraintes structurelles mentionnées dans ce chapitre comme le déficit en énergie, le manque de ressources du sous-sol facilement exploitable, la qualité de la main – d'œuvre et l'exiguïté du marché. Au vu de ces difficultés, la vocation du pays n'est donc pas dans la création de grosses entités industrielles, plutôt dans les entreprises qui viseraient à renforcer le secteur tertiaire de services et d'intermédiation financière. C'est vers cette voie que devraient s'orienter les dirigeants pour conférer à ce petit pays une certaine personnalité qui résulterait de sa position géographique et de ses réels atouts. S'écarter de cette voie peut devenir à terme un risque dont il faut éviter à tout prix.

Mais en se référant à toutes les stratégies élaborées dans les différents plans de développement, les études de prospectives à long terme ou les programmes d'actions du gouvernement, les orientations choisies visent plutôt à faire comme les autres pays en se basant sur les *discours mode* imposés le plus souvent par l'environnement international.

Il devient urgent que le pays y prenne garde pour se donner une réelle personnalité qui ne peut se faire qu'en évitant le mimétisme dans lequel les pays africains sont plongés depuis leur accession à l'indépendance. Cela se traduit par la répétition de la concurrence en lieu et place d'une complémentarité, gage de la solidarité et des échanges durables entre les États, la région, le continent et le reste du monde.

Chapitre VI

Les activités commerciales

Le secteur tertiaire, largement dominé par les activités commerciales, est la clé de voute de l'économie béninoise. Il contribue pour 52% au produit intérieur brut (PIB) et offre plus de 60% des emplois en milieu urbain notamment par sa variante informelle.

Son poids exceptionnel dans la vie économique nationale repose premièrement sur la faillite du secteur palmier à huile sur lequel s'était construite la gloire du pays depuis le roi Guézo jusqu'à l'indépendance en 1960, deuxièmement sur la position exceptionnelle du pays vis-à-vis du Nigeria, son voisin de l'est. Une part importante des activités commerciales repose sur ce pays avec 40% des recettes fiscales[56].

La faillite du secteur palmier à huile avait coïncidé avec la grave crise des années 1966-1970 qui a failli emporter le Nigeria suite à la sécession du Biafra. Cette crise a eu un impact positif sur l'économie et la société béninoise avec la fuite d'une importante quantité du cacao nigérian vers la frontière d'une part, l'afflux des opérateurs économiques nigérians installés dans les villes yoruba du sud d'autre part. Parmi ces derniers se comptaient les Ibo, les Libanais et les Indiens.

Tous sont arrivés ici avec leurs capitaux avec lesquels ils ont initié de nouvelles activités économiques et commerciales naguère méconnues au Bénin : friperie, commerce de foulards de tête et activité de réexportation afin de ravitailler le Nigeria en pleine crise.

Cette guerre a apporté des changements profonds dans la vie socio-économique de l'ancien Dahomey, et principalement dans les activités commerciales à partir desquelles il y eut la naissance des premiers opérateurs économiques nationaux, la consolidation des recettes de l'État et le long règne du régime révolutionnaire.

De ces évolutions issues de la guerre du Biafra, les activités commerciales revêtent aujourd'hui deux aspects : les échanges officiels et les trafics officieux largement dominés par la réexportation. C'est ce secteur de réexportation mis en place en 1973 pour tirer profit des richesses des pays limitrophes comme le Togo avec ses phosphates, le Niger et son uranium et le Nigeria fortement dépendant de pétrole. Cette activité de réexportation est restée active jusqu'à la fin du régime de Yayi Boni. Elle structure les importations du pays largement tributaires de riz, des huiles végétales, de poissons congelés et de voitures d'occasion.

---

[56] **Ristel Tchonoud**, (2022) : *Croissance : la remontada économique du Bénin,* Afrique tribune du 4 avril 2022

L'importance de ces produits fait désormais dépendre le Bénin pour son commerce des pays asiatiques comme ses principaux partenaires commerciaux avec 44,5% à l'importation et 71,1% à l'exportation bien loin devant les pays européens, les anciens partenaires commerciaux avec 31,4% à l'importation et 9,4% à l'exportation.

Pour apprécier ces activités commerciales, on parlera d'abord des acteurs qui y sont impliqués avant de procéder à l'évolution des échanges selon les quatre périodes définies dans ce travail.

I. Les acteurs du commerce béninois

L'origine des communautés marchandes du Bénin remonte à la période de la traite négrière. Cette activité avait nécessité la mise en place d'un réseau de vendeurs constitué des dignitaires des différents royaumes à qui échappait le pouvoir et qui se voyaient obligés de vendre des esclaves pour survivre. Les activités de la traite des esclaves ont donc permis le développement des premiers réseaux marchands.

La traite des esclaves fut officiellement abolie en 1848. Il s'en était suivi une forte répression. Ainsi, la plupart des négriers en route vers l'Amérique furent détournés et renvoyés vers leur point de départ. Les esclaves qui s'y trouvaient furent libérés et convoyés vers leur pays d'origine.

Parmi ceux qui arrivèrent dans l'ancien Daxomè, beaucoup s'installèrent à Porto-Novo, mais surtout à Ouidah, principal port négrier du pays. Ceux qui ont élu domicile à Ouidah travaillaient pour le compte des anciens comptoirs commerciaux. Bien qu'ayant fait leur fortune dans le commerce des esclaves, beaucoup de ces comptoirs commerciaux se sont lancés, après l'abolition de l'esclavage, dans l'exploitation du palmier à huile et dans l'exportation de l'huile rouge. La collecte de cette huile nécessitait des traitants qui se recrutaient parmi les anciens négriers. De ces négriers, certains étaient devenus célèbres dans ce métier de traitant comme Félix de Souza, Domingo Martinez, do Santos, ... À côté d'eux, se trouvaient aussi d'autres traitants non négriers, tels les Quenum, Adjovi, Gnanhoui et Codjia.

Le développement du commerce de l'huile de palme favorisa ainsi la constitution d'une classe marchande composée des premiers traitants dahoméens et afro-brésiliens ayant une puissance économique non négligeable.

Les anciens esclaves qui sont allés s'installer à Porto-Novo, prétextant de leur origine yoruba, ont développé des liens étroits avec le pays yoruba du Nigeria actuel. A partir de ces liens, la ville de Porto-Novo était devenue la cible d'une forte immigration yoruba soutenue par les chefs locaux et dont les éléments venaient d'Oyo, d'Abeokuta, de Lagos et d'Ijèbu. La plupart d'entre eux s'étaient installés au quartier *Sadognon* et vivaient des activités tertiaires rendues possibles grâce au dynamisme du port lagunaire de Porto-Novo. Les produits qui animaient ce commerce en faveur des cités yoruba, étaient les tissus locaux fabriqués à Isèyin, des toiles teintes à l'indigo originaire d'Abèokuta, de la cola en provenance d'*Egbado* et des perles sorties des ateliers d'Ilé-Ifè. Parmi ces commerçants yoruba, certains étaient très fortunés et célèbres comme El Hadj Monteiro, Soulé, Damala, Akindélé et Paraiso.

D'une manière générale, la traite de l'huile de palme et le commerce avec le pays yoruba ont fait de Ouidah et de Porto-Novo les pôles de concentration de la bourgeoisie dahoméenne à la fin du XIXe siècle. Mais le champ d'action de la bourgeoisie marchande couvrait presque tout le Bas-Dahomey. Son influence avait touché d'autres localités comme Agoué et Grand-Popo à l'ouest où des négociants du nom de Pierre Johnson, d'Almeida et de Campos faisaient parler d'eux. À Allada, il existait aussi un groupe de commerçants animé par Simon Akindès et, enfin à Abomey, on signalait l'influence de Aho Glèlè et de Victor Feliho.

En 1882, on comptait dans la partie méridionale du Bénin, 25 négociants installés entre Porto-Novo et Grand-Popo et 154 commerçants régulièrement inscrits à la Chambre de Commerce[57].

La partie septentrionale n'était pas absente de cette activité d'échanges. Là avaient émergé d'importantes communautés marchandes dans le sillage du commerce caravanier dont les pôles étaient Djougou, Parakou et Kandi. La plupart des commerçants qui exerçaient dans ces villes se recrutaient parmi les groupes ethniques dendi, haoussa et kanouri venant de Gao, de Kano et de Borno. Leurs activités étaient fondées sur l'échange de la cola, des peaux d'animaux domestiques et des produits originaires des pays arabes.

Ainsi, avant la conquête coloniale, il existait dans l'actuel Bénin un secteur commercial dynamique reposant sur trois réseaux marchands différents par leur origine et leurs activités :

- le réseau afro-brésilien fon, ayant largement dominé la traite de l'huile de palme ;
- le réseau yoruba-gun, vivant presque exclusivement du trafic des produits locaux et des pacotilles avec le Nigeria actuel ;
- le réseau haoussa-dendi, largement tributaire du commerce caravanier entre Kano et Salaga.

La colonisation du Dahomey, en 1894, modifia complètement le fonctionnement de ces réseaux. Le contrôle effectif du pays par la France entraîna l'élaboration de nouvelles lois économiques qui portèrent préjudice aux activités des traitants locaux. Ce sont les nouvelles compagnies commerciales, la CFAO, la SCOA, la Maison Fabre,... arrivées quelque temps

---

[57] **CODO C.C. et ANIGNIKIN, C.S.** : « Pouvoir colonial et tentatives d'intégration africaine dans le système capitaliste : le cas du Dahomey », in *Entreprises et Entrepreneurs en Afrique.*

après la conquête qui bénéficièrent de la faveur de l'Administration. Les charges fiscales exigées des traitants locaux étaient si lourdes que beaucoup abandonnèrent la collecte de l'huile de palme. À leur place intervenaient désormais les Syro-Libanais fraichement installés, mais considérés par les nouveaux maîtres comme plus efficaces et mieux organisés.

Par ailleurs, le groupe des commerçants yoruba de Porto-Novo, qui publiait avec ceux du Nigeria un journal local en langue yoruba, était considéré par l'administration française comme des activistes pro-anglais. On lui interdisait la parution de son journal et toutes relations avec le Nigeria. Le contrôle policier qui s'exerçait dans le milieu obligea beaucoup de Yoruba à quitter *Sadognon* pour aller se réfugier à *Djoffin*, de l'autre côté de la frontière, à quelques kilomètres seulement de Porto-Novo. Cependant, l'essentiel de la communauté est resté sur place. Mais le protectionnisme économique instauré par le gouvernement du Dahomey pour mettre le pays à l'abri des importations nigérianes obligea ces derniers à se convertir en commerçants clandestins.

Quant aux Afro-Brésiliens, beaucoup devinrent des fonctionnaires de l'Administration et commis des nouvelles compagnies commerciales

Au Nord, le partage colonial mit fin définitivement au commerce caravanier. Les routes est-ouest, allant de Kano à Salaga, disparurent au profit des axes longitudinaux sud-nord soudant les pays sahéliens à la côte. Les commerçants haoussa-dendi en subirent les conséquences et se tournèrent momentanément vers l'agriculture.

Cependant, les changements apportés par la colonisation ont favorisé l'émergence de nouvelles classes de commerçants, composés d'étrangers et de femmes béninoises. Les étrangers étaient les Européens exerçant dans les nouvelles sociétés de traite et les Syro-Libanais qui leur servaient de traitants. Quant aux femmes, elles se recrutaient parmi celles qui travaillaient comme relais dans leur fonction de détaillant entre les nouvelles compagnies (pour la distribution des produits qu'elles importaient) et les consommateurs des villes et des campagnes. Ces femmes ont surtout profité de la présence de leur mari ou d'un proche parent employé de ces compagnies pour devenir clientes.

Somme toute, la période coloniale se caractérisait par l'existence de quatre catégories de communautés aux moyens et aux stratégies différents. Au sommet de la hiérarchie se trouvent les nouvelles sociétés de traite. Ensuite vient le groupe des Libano-Syriens implantés à Porto-Novo, Ouidah et, plus tard, à Cotonou. Ils sont suivis par les Yoruba de Porto-Novo, noyau de l'ancienne communauté précoloniale. Enfin arrivent les femmes qui opèrent davantage dans les marchés urbains.

Il faudra attendre l'indépendance du Dahomey, en 1960, pour que naissent d'autres groupes d'hommes d'affaires, aux moyens et aux ambitions plus élevés.

Cette période d'indépendance apporta plusieurs changements qui ont donné une vigoureuse impulsion aux activités tertiaires :

- l'évolution du contexte sociopolitique dans les pays voisins a surtout concerné le Nigeria. Le pays est passé par plusieurs étapes qui ont donné une forte impulsion aux activités économiques dans la zone. Entre 1966 et 1970, le Nigeria était secoué par une crise politique ayant entraîné la guerre du Biafra. Les conséquences de cette guerre ont provoqué des changements notables dans les activités commerciales au Bénin :
- l'arrivée massive à Cotonou des réfugiés ibo, des commerçants arabes et indiens qui fuyaient la guerre. Tous s'étaient installés avec d'importants moyens financiers qu'ils ont injectés dans le tertiaire pour assurer l'approvisionnement du Nigeria dont l'économie était en partie détruite par la guerre ;
- la fuite du cacao nigérian vers les marchés frontaliers bénino-nigérians à la recherche d'un débouché sûr. Le commerce de cacao avait relancé la vieille activité de traite au profit des nationaux, Yoruba et Gun de Porto-Novo en particulier.

Il en avait résulté la constitution d'une nouvelle bourgeoisie de traitants relativement bien fortunée. Celle-ci déposait son argent dans les banques de la place pour garantir des prêts commerciaux affectés à l'importation des produits de luxe (dentelles, alcool, cigarettes, tissus wax...) dont le Nigeria avait si grand besoin.

La fin de la guerre s'est traduite au Nigeria par l'enrichissement provoqué par le premier choc pétrolier de 1973. Cet enrichissement a favorisé une forte diffusion de la rente pétrolière dans la zone. Ainsi, les Ibos installés à Cotonou, et aussi les Arabes, les Indiens s'associèrent aux Béninois enrichis par la traite de cacao pour faire du Nigeria le débouché de leurs activités commerciales.

La combinaison de ces différents facteurs a permis la reconstitution de la carte des réseaux marchands à partir des activités de réexportation, très prospères entre 1968 et 1984.

Aujourd'hui, ce réseau comprend plusieurs groupes d'intérêt qui se concurrencent fortement sur les différents marchés d'achat et de vente :

- le vieux noyau yoruba-gun de Porto-Novo ayant résisté à toutes les épreuves, fortement engagé dans le commerce avec le Nigeria ;
- le groupe des femmes importatrices qui avaient émergé dans le sillage des vieilles compagnies de traite d'une part et grâce aux échanges avec le Nigeria d'autre part ;
- la catégorie des revendeuses installées dans les différents marchés périodiques dont les plus actifs se trouvent le long des frontières ;
- les commerçants étrangers répartis en plusieurs catégories :

• les Européens des vieilles sociétés de traite. Ils ont pratiquement disparu de la scène, ayant confié la gestion de leurs sociétés à des nationaux ou ayant tout simplement liquidé leurs affaires ;

- le groupe arabe, d'origine ancienne, mais profondément enraciné depuis la guerre du Biafra et la faillite de l'économie libanaise ;
- les Indiens, arrivés du Ghana et du Nigeria à partir de 1970 ;
- les réfugiés Ibo, installés lors de la crise politique du Nigeria des années 1966-1970 et qui, ayant trouvé un bon terrain commercial, ne sont plus rentrés chez eux ;
- depuis peu, plusieurs Chinois se sont installés dans le pays pour animer les activités commerciales aux côtés des Béninois. À ces derniers s'ajoutent les Turcs qui contrôlent des pans entiers des activités commerciales, notamment dans le secteur du meuble, de la papeterie et de la construction.

De ces différents groupes d'hommes d'affaires sont désormais absents les Afro-Brésiliens et les Européens qui étaient très puissants pendant les périodes précoloniale et coloniale. Ils ont totalement abandonné le commerce, de même que le groupe haoussa-dendi du Nord. Les premiers sont devenus les élites intellectuelles, les seconds sont rentrés chez eux en cédant leur fonds de commerce soit à des nationaux soit à des Libanais. Le groupe haoussa-dendi du Nord s'est convertis aux activités de transport et n'exercent dans les affaires que de façon marginale.

II. La physionomie des échanges commerciaux de 1960 à 1972

Cette période est marquée par plusieurs évolutions dans les activités économiques et les relations du Bénin avec le monde extérieur qui ont fortement déteint sur les échanges commerciaux :

- les difficultés de trésorerie induites par l'incapacité de l'État à assurer ses obligations vis-à-vis de ses employés ;
- l'aggravation de chômage à partir des difficultés économiques provoquées par la mévente des dérivés du palmier à huile et le rapatriement des travailleurs béninois de l'étranger ;
- les crises politiques aux frontières en particulier au Nigeria, la richesse exceptionnelle de certains pays limitrophes comme le Togo et le Niger du fait de l'exploitation de leurs ressources minières.

Ces différentes situations étaient des déterminants aux échanges commerciaux qui furent analysés selon deux séquences dans mes travaux antérieurs.[58]

---

[58] **IGUE J.O** *: Impact de la guerre du Biafra sur l'économie du Dahomey*, Les éditions La Renaissance, Cotonou

IGUE J.O. & Soule BIO GOURA (1992) : *L'État entrepôt au Bénin*, Éditions Karthala,

1re Séquence : de 1960 à 1966

Elle est surtout marquée par la crise économique et financière due à la mévente de l'huile de palme et aux reflux des travailleurs béninois des pays étrangers. Pendant cette période difficile, les activités commerciales étaient faibles. Néanmoins beaucoup de travailleurs béninois mal servis par l'État ou expulsés de l'étranger étaient obligés de se porter vers les régions frontalières soit pour profiter de la richesse du Togo ou pour apporter des produits de première nécessité aux Nigérians victimes de la guerre.

La morosité du marché béninois suite au bas salaire des fonctionnaires et au taux élevé de chômage limitait les importations du pays. Il faudra attendre le coup d'État au Nigeria en 1966 pour que la situation redevienne plus favorable au pays.

Durant cette période, le commerce extérieur du Bénin se présente comme suit :

Tableau n°25 : *Commerce extérieur du Bénin entre 1960 et 1964 (en milliards de francs courants)*

	1960	1961	1962	1963	1964
Exportations	4,513	3,579	2,699	3,152	3,254
Importations	7,643	6,269	6,627	8,249	7,762
Balance commerciale	-3, 110	-2,690	-3,928	-5,095	- 4,508
Taux de couverture (%)	59	57	41	38	42

Source : Plan de développement économique et social, 1966-1970, ministère du Plan

Comme on peut le constater, le déficit commercial du Bénin durant cette première séquence était resté très élevé. Celui-ci était supérieur à 5 milliards en 1963.

2e séquence : de la guerre du Biafra au premier choc pétrolier du Nigeria (1966-1973)

C'est pendant cette période que les Béninois ont le mieux tiré profit de leur relation avec le Nigeria. La paralysie de l'économie nigériane suite aux méfaits de la guerre comme le non-fonctionnement des activités économiques, la défectuosité des infrastructures de transport et la mobilisation des moyens financiers à des fins de guerre, ont transformé le Bénin en marché relais du Nigeria sur le plan international. Ce rôle de relais fut renforcé par l'afflux massif dans la basse côte et surtout à Cotonou de plusieurs opérateurs économiques venant du Nigeria. Tous arrivaient avec leur fortune pour exploiter la plateforme béninoise en renforçant les activités commerciales. Mais le Bénin s'est surtout enrichi de la fuite d'une partie du cacao nigérian qu'il vendait sur le marché international. Ce commerce des fèves fut très profitable au pays qui retrouva une certaine vigueur commerciale due à l'amélioration des recettes de l'État et à l'émergence d'une nouvelle classe d'opérateurs économiques.

2.1. La physionomie des échanges

La physionomie des échanges commerciaux à l'époque se présentait comme suit :

- à l'exportation, les produits vendus étaient tous d'origine agricole comme l'atteste le tableau ci-après :

Tableau n°26: *Exportations (valeurs, unité en 1000 F)*

Produits	1968	1969	1970	1971	1972	1973
Huile de palme	431.742	431.100	926.387	1.116.328	365.845	317.634
Huile de palmiste	1.778.220	1.569.330	1.537.433	2.010.655	1.050.729	537.391
Coton égrainé	680.886	786.828	1.399.714	2.203.614	2.476.060	2.875.120
Cacao	-	1.012.629	1.507.639	2.787.099	1.732.495	3.275.631
Noix de cola	-	349.631	88.380	113	2.470	316
Café vert	-	334.000	396.121	7.714	122.567	208.829
Arachide	-	264.153	4668.746	241.454	187.236	20.582
Noix de karité	-	196.825	146.799	275.11	182.308	109.397

Source : Registres de commerce extérieur du Dahomey - Direction de la statistique – Année 1968 à 1973

Ces exportations sont totalement dominées par les produits agricoles parmi lesquels l'huile de palmiste était restée largement en tête jusqu'en 1972 avant d'être relayée par le coton égrainé à partir de 1973, lequel est devancé par le cacao cette même année. Mais si l'on effectue la somme globale de chacun de ces produits agricoles durant les six années considérées, c'est le cacao qui passait au premier rang avec 10.315 millions de francs CFA contre 9.862 millions de francs CFA des dérivés de palmier à huile. On peut donc en conclure que la guerre du Biafra a fortement impacté l'économie du pays.

À l'importation, les produits qui figurent sur le tableau ci-après à l'exception du tissu imprimé sont tous de nouveaux produits qui dépendaient de la crise nigériane.

Tableau n°27: *Évolution des importations de quelques produits de base*

Produits	**1968**	**1969**	**1970**	**1971**	**1972**	**1973**
Tissus coton imprimés	700.262	1.372.561	1.392.134	1.454.355	1.454.431	1.333.682
Friperie	45.659	87.038	219.679	634.656	696.132	181.189
Boissons alcoolisées	-	-	202.232	260.364	295.076	353.673
Tabac et cigarettes	619.914	613.772	936.715	912.032	1.231.427	1.538.048
Appareils radio	-	6.443	25.998	70.011	88.837	145.914
Total	1.324.885	1.079.814	2.776.758	3.375.418	3.765.907	3.552.506

Source : Registres de commerce extérieur du Dahomey - Services des statistiques – Année 1968 à 1973

Ces nouveaux produits constituent jusqu'aujourd'hui les principales marchandises du commerce béninois à l'importation, exceptée la friperie qui a pratiquement disparu de la liste en raison du départ de ses importateurs vers leur pays d'origine ou vers le Togo.

De ces produits qui font l'objet d'échanges commerciaux, un a particulièrement impacté la société et l'économie béninoise dans la mesure où il a permis la naissance d'une classe d'opérateurs économiques nationaux relativement nantis et le renflouement de la caisse de l'État : la fuite du cacao nigérian.

2.2. La fuite du cacao nigérian vers le marché béninois

La commercialisation d'une partie du cacao nigérian par le Bénin tire ses origines de la crise du Biafra, quand ce produit était troqué contre les armes d'origine soviétique pour soutenir la guerre.

Cette vente de cacao hors du circuit officiel avait conduit à la désorganisation de l'office qui s'en occupait, le ''Marketing Board'' devenu incapable d'honorer ses engagements auprès des producteurs. Le mécontentement de ces derniers à l'égard de cet office a entraîné une série de manifestations organisées par le puissant syndicat des agriculteurs. Ces manifestations d'hostilité eurent pour conséquence l'ouverture des marchés de vente de la fève à la frontière occidentale animée par les producteurs nigérians.

Ces premiers trafics ont duré de 1968 à 1975 jusqu'à ce que le gouvernement fédéral procéda à un sérieux relèvement du prix d'achat de cacao rendant le marché frontalier non compétitif. Mais la dégradation du Naira, la monnaie nigériane, sur le marché parallèle de change après 1982, l'instauration à nouveau de contrôle des changes et la rigueur de son fonctionnement avaient, par la suite, revitalisé ce marché à partir 1983. Celui-ci est resté actif jusqu'en 1987 quand, sur le conseil des bailleurs de fonds, le Nigeria libéralisa complètement l'exportation de cacao.

Cette libéralisation et le niveau très bas du cours mondial du produit ont mis fin à ce trafic à la frontière bénino-nigeriane.

Mais avant l'arrêt du trafic de cacao, ce produit avait joué un rôle significatif dans l'émergence d'une nouvelle bourgeoisie marchande béninoise et dans l'enrichissement de la Société nationale pour la promotion agricole (Sonapra) qui en assurait la commercialisation et l'exportation d'une part, et l'amélioration substantielle des recettes de l'État d'autre part.

L'organisation du commerce de cacao comprenait plusieurs niveaux. À la base se trouvaient les producteurs nigérians qui apportaient les fèves dans les marchés frontaliers qui ne fonctionnaient que pour la traite du cacao et dans lesquelles intervenaient les commerçants béninois qui livraient la totalité de leurs achats à la Sonapra, le seul organisme chargé de son exportation. Environ 30 commerçants béninois étaient concernés par ce commerce. Le volume traité depuis l'origine du trafic jusqu'à son arrêt en 1987 fait l'objet du tableau ci-après :

Tableau n°28 : *Évolution des importations de cacao nigérian et sa contribution à la richesse nationale*

Années	Quantité achetée en tonnes	Prix de la tonne à la frontière (FCFA)	Prix de placement à Cotonou (FCFA)	Marge bénéficiaire des commerçants		Marge bénéficiaire de la SONAPRA		Contribution du cacao aux recettes d'exportation (CFA)	Pourcentage du cacao dans les exportations
				Par tonne	*Total (FCFA)*	*Par tonne*	*Total (FCFA)*		
1968	25	-	-	-	-	-	-	-	-
1969	5 659	54 000	120 000	66 000	373 494 000	60 000	339 540 000	1 018 620 000	16
1970	9 151	75 000	112 000	37 000	338 587 000	73 772	675 087 572	1 700 000 000	16,63
1971	19 333	75 000	110 000	34 000	657 322 000	34 830	673 368 390	2 800 000 000	23,30
1972	9 875	84 000	120 000	36 000	355 500 000	21 772	214 998 500	1 400 000 000	19,37
1973	14 916	99 750	140 000	40 000	596 640 000	16 808	250 708 128	2 388 955 000	24,97
1974	4 123	140 000	190 000	50 000	206 150 000	102 262	421 626 226	1 2005 000 000	11,96
1975	1 610	-	-	-	-	-	-	-	9,45
1976	858	-	-	-	-	-	-	-	3,5
1977	1 398	-	-	-	-	-	-	-	10,11
1978	1 851	275 000	349 370	74 370	137 658 870	384 745	712 162 995	1 358 848 000	22,13
1979	4 419	300 000	340 000	40 000	176 760 000	329 063	1 454 129 397	2 947 130 000	33,15
1980	5 043	325 000	357 480	32 480	163 796 640	228 796	1 153 818 228	2 956 590 000	22,12
1981	-	-	-	-	-	-	-	-	Néant
1982	1 004	350 000	365 147	15 147	15 207 588	234 454	235 391 816	602 000 000	3,59
1983	3 100	350 000	423 600	73 600	228 160 000	186 077	576 838 700	1 890 000 000	6,86
1984	7 019	375 000	440 000	65 000	456 235 000	539 911	3 789 635 309	6 878 000 000	18,30
1985	10 562	-	-	-	-	-	-	-	-

1986	25 450	-	-	-	-	-	-	8 216 799 101	27
1987	618[59]	-	-	-	-	-	-	314 297 000	0,9

<u>Source</u> : Ce tableau a été élaboré à partir de nos différents travaux : IGUE, O. J. : - Un aspect des échanges entre le Dahomey et le Nigeria : le commerce du cacao. Bulletin de l'IFAN. Tome 38, série B, n°3, 1976; Rente pétrolière et commerce des produits agricoles à la périphérie du Nigeria : Op. Cit. ; Le Nigeria et ses périphéries frontalières. In BACH. CD et (AL) : Le Nigeria, un pouvoir en puissance. Op Cit

[59] En 1987, le port a traité 21 671 tonnes, dont 21 000 tonnes au profit du Niger

Comme on peut le constater à la lecture du tableau, cette activité avait apporté les ressources financières non négligeables tant aux commerçants, à la Sonapra, qu'à l'État. Sa participation aux exportations du pays est allée de 3 à 27% selon les années. Elle avait aussi permis de recycler une partie importante du naira qui circule sur le territoire béninois du fait de l'augmentation des activités d'échanges provoquées par la guerre du Biafra.

2.3. Les résultats économiques

Ils sont analysés à partir de la situation de la balance commerciale qui se présentait comme suit :

Tableau n°29: *État de la balance commerciale entre 1968 et 1973*

	1968	**1969**	**1970**	**1971**	**1972**	**1973**
Importations	14,4	17,2	20,4	24,1	26, 4	28,5
Exportations	8,2	11,1	16,1	19,3	17,0	17,6
Déficit « réel »	6,2	6,1	4,3	4,8	9,4	10,9
Taux de couverture en %	57%	64,50%	78,9%	80,1%	64,4%	61,75%

Source : Balance des paiements du Dahomey, BCEAO 1968 à 1972

Ce tableau renseigne sur deux points. D'abord, si on considère l'allure générale des importations et des exportations, celle des importations est en nette progression allant de 14,4 milliards en 1968 à 28,5 milliards en 1973. On pourrait donc en déduire que la capacité de consommation des Béninois est en nette progression. Celle-ci ne traduit pas forcément l'augmentation du niveau de vie des populations. Elle dépend aussi de nos relations avec les pays voisins et notamment du Nigeria avec qui on avait commencé à renforcer les liens commerciaux suite à la guerre du Biafra.

Quant aux exportations, leurs valeurs sont restées faibles comparées à celles des importations. Ces valeurs n'avaient commencé à s'améliorer qu'à partir de 1969 avec l'introduction du cacao nigérian sur le marché béninois. Cette introduction avait contribué à améliorer le niveau des exportations par rapport à 1968 de 1, 012 milliards de francs CFA. La situation était meilleure entre 1970 et 1971 avec un faible déficit de 4, 3 milliards en 1970 et 4,8 milliards en 1971. C'est la période aussi où le taux de couverture des exportations vis-à-vis des importations est le meilleur 78,9% en 1970 et 80,1% en 1971.

Ces deux années ont bénéficié à la fois des conditions climatiques favorables à la production agricole. Ce qui avait permis aux principales productions agricoles de l'époque, le palmier à huile et le coton, d'augmenter le tonnage vendu à l'extérieur à hauteur de 23,4% pour le coton fibre et de 17% pour les dérivés de palmier à huile.

Le second facteur de l'amélioration des résultats entre 1970 et 1971 portait sur les transactions du cacao nigérian. Durant cette période, le pays avait battu le record de l'achat de ce produit avec un excédent de 2,58 milliards F CFA en 1970 et de 2,48 milliards de F CFA en 1972.

Quelles que soient les causes qui favorisaient l'essor des exportations, celles-ci n'ont jamais pu compenser la valeur des importations entraînant une balance commerciale toujours déficitaire. Les années où ce déficit est le moins élevé correspond à celles de la guerre.

État des recettes publiques

Si on regarde les recettes publiques, celles-ci ont connu des améliorations sensibles entre 1966 et 1973 conformément aux données ci-après : (en millions de francs CFA)

1966 : 3 193 987	1970 : 5 364 389
1967 : 3 456 946	1971 : 5 977 503
1968 : 3 193 187	1972 : 5 880 358
1969 : 4 137 627	1973 : 5 781 507

De ces chiffres, on constate que les recettes sont conformes à l'allure des importations. Après les périodes de stabilité qui caractérisent les années 1966, 1967 et 1968, on assiste à une reprise qui s'est amorcée à partir de 1969 conformément à l'évolution des importations.

L'amélioration des recettes douanières avait permis à l'État de résoudre ses problèmes sociaux dont le plus important à l'époque était celui du salaire des fonctionnaires.

Le contexte des activités commerciales durant cette première période de notre pays a positivement déteint sur les résultats économiques.

III. Les échanges commerciaux de 1973 à 1989

Cette période est marquée par l'enrichissement exceptionnel du Nigeria, apporté par les différents chocs pétroliers de 1973 et de 1989. Cet enrichissement fabuleux a eu un impact considérable sur les échanges à partir d'une hausse très rapide de la demande nigériane et des effets de la diffusion des revenus du pétrole qui étaient particulièrement marqués au Nigeria par le décret Udoji portant le relèvement de salaire de base des Nigérians de 1 à 200%. L'augmentation spectaculaire des revenus des Nigérians s'était alors soldée par une demande de consommation jamais connue en Afrique de l'Ouest. Le Bénin devint alors la cible privilégiée des consommateurs nigérians en particulier, ceux des grandes villes yoruba pour les produits de grand luxe. Le pays était devenu un véritable entrepôt dont l'activité économique était essentiellement fondée sur la réexportation, qui portait désormais sur des valeurs colossales de l'ordre de 90 à 150 milliards de francs CFA par an entre 1974 et 1982, soit l'équivalent de 23 à 65% du total des importations béninoises.

Cette réexportation concernait principalement les produits de luxe venant du marché international : wax hollandais, dentelles d'Autriche et les produits alimentaires manufacturés dont notamment les boissons alcoolisées (champagne, whisky, vin de luxe, etc.), cigarettes, tomate en boîte. Par ailleurs, le Bénin exportait aussi des produits agricoles locaux comme les cossettes d'ignames, le gari et l'huile de palme.

Le marché béninois était devenu ainsi un enjeu financier important avec l'arrivée massive d'autres commerçants étrangers comme les Libanais qui venaient d'être expulsés du Ghana et les Indo-Pakistanais également expulsés du Ghana et de l'Ouganda.

3.1. Les politiques commerciales de l'époque

Elles sont dictées par la nécessité de promouvoir une économie indépendante totalement débarrassée du néocolonialisme. Pour ce faire, plusieurs mesures d'assainissement de l'environnement économique ont été prises dont trois méritent d'être mentionnés : i) la nationalisation des banques et la création de nouvelles ; ii) la promotion d'une nouvelle classe d'opérateurs économiques nationaux ; iii) l'instauration de la politique de réexportation.

La nationalisation des banques et la création de nouvelles

Les anciennes banques comme la Banque dahoméenne de développement (BDD), la banque commerciale et industrielle du Dahomey (BCID) et la Banque internationale d'Afrique de l'Ouest (BIAO) ont été toutes nationalisées. La banque commerciale et industrielle du Bénin et la Banque internationale d'Afrique de l'Ouest ont été regroupées en une seule banque dénommée la Banque commerciale du Bénin (BCB). La banque dahoméenne de développement a gardé son statut. Par contre une nouvelle banque chargée de promouvoir le secteur agricole fut créée. Il s'agit de la Caisse nationale de Crédit Agricole (CNCA).

La récupération du secteur bancaire par l'État a rendu les conditions d'accès aux crédits favorables aux nationaux qui passaient en deuxième position des ayants droit aux crédits après les sociétés d'États et d'économie mixte. Les vieilles sociétés de traite comme la Société commerciale d'Afrique de l'Ouest (SCOA), la Compagnie française d'Afrique de l'Ouest (CFAO) et la John Walkden qui étaient prioritaires avant les nationaux étaient reléguées en dernière position. Ce renversement des conditions d'accès aux crédits bancaires avait favorisé la naissance d'une nouvelle classe d'opérateurs économiques nationaux qu'on croyait à l'époque capable de soutenir l'économie nationale.

La promotion des opérateurs économiques nationaux

L'ébauche de cette classe d'opérateurs économiques nationaux était due à leur implication dans le trafic du cacao nigérian entre 1968 et 1974. C'est ainsi qu'une trentaine de trafiquants béninois ont pu engranger d'énormes bénéfices de près de 3 milliards de F CFA avec lesquels ils ont pu se constituer en une classe de bourgeois soutenue par l'État à partir de nouvelles conditions d'accès aux crédits bancaires. Parmi eux, il y avait des hommes et des femmes célèbres comme El hadj Arikoshe Super à Adjarra - Porto-Novo ; Abdou Imorou à Parakou et Anani Abimbola à Kétou… Au rang des femmes, il y avait, mesdames Karamatou, Maîmouna, Mawoulé et Amisouwé. Ce sont ces nouveaux opérateurs économiques qui ont servi de support à la politique de réexportation auxquels s'étaient ajoutés les commerçants étrangers d'origine Ibo, Arabe et Indo-Pakistanais sans oublier bien sûr les vieilles maisons de traite comme la SCOA, CFAO, et John Walkden.

La politique de réexportation

La mise en place de cette politique fait suite à l'enrichissement spectaculaire du Togo à partir de l'exploitation de ses phosphates, du Niger qui vivait de l'Uranium et du Nigeria à partir de son pétrole. C'est pour tirer profit de ces richesses que les révolutionnaires ont inventé la politique de réexportation en 1973. Celle-ci consiste à importer plus que sa capacité de consommation plusieurs produits de luxe pour vendre le surplus hors des frontières nationales. Elle s'est traduite par l'ouverture du pays à tous les marchés mondiaux malgré la politique révolutionnaire en vigueur dans le pays. Les produits de luxe importés du marché international jouissaient d'un désarmement douanier qui les rendait compétitifs dans les pays voisins. Cette politique était une bonne option et avait connu une grande réussite pour le pays. En effet, elle a permis d'améliorer les recettes de l'État et de faire du marché Dantokpa à Cotonou, une grande place d'échanges commerciaux en Afrique de l'Ouest.

Cette activité de réexportation qui avait constitué l'épicentre des échanges commerciaux durant la révolution a connu elle aussi deux phases : celle allant de 1972 à 1981 qu'on pourrait considérer comme l'âge d'or du commerce béninois avec une incidence positive sur la croissance économique. ; celle de la crise débutée avec la mévente des matières premières dans les pays voisins et singulièrement au Nigeria.

La récession économique au Nigeria a débuté depuis 1983. Elle a commencé par l'épuisement des énormes réserves en devise accumulées durant le boom pétrolier des années 1973. Cet épuisement des réserves en devise est dû à l'achat abusif des denrées alimentaires et des biens d'équipements sur le marché international. Le gouvernement de Shagari, pour prévenir la ruine de l'économie, était obligé de revenir aux pratiques de contrôle des changes dans le courant du deuxième semestre de 1982. Cette pratique provoqua aussitôt la baisse du cours du Naira, la monnaie nationale allant de 287 francs CFA en 1982 à 198 francs CFA au début de l'année 1983. Celle-ci s'est aussitôt répercutée sur les marchés béninois par la disparition progressive des consommateurs nigérians entraînant du coup la mévente de la plupart des produits de luxe, fleuron de la réexportation.

Cette crise fut portée au paroxysme avec l'expulsion massive des étrangers en janvier 1983. Elle s'est traduite par le coup d'État de la Saint-Sylvestre en 1983.

Les nouveaux dirigeants, pour enrayer les méfaits de la récession économique, marquée par le développement exceptionnel de la contrebande, décidèrent la fermeture unilatérale des frontières terrestres du Nigeria en avril 1984. Pour rendre celle-ci effective, on l'accompagna de la création d'une zone de protection nationale « Border zone » large de 25km sur tout le pourtour du Nigeria, dépourvue de tout approvisionnement en produits prohibés à l'importation et à l'exportation. Pour faire peur aux commerçants, on détruisit tous les marchés et entrepôts frontaliers. D'importants contingents militaires occupaient les principaux couloirs des échanges commerciaux.

Cette mesure isolait terriblement le Nigeria dans la région ouest-africaine. Elle aggravait, avec la chute répétée du prix du pétrole, la crise économique interne. Le pays était obligé de faire appel aux Institutions internationales pour juguler la crise. Celles-ci lui imposèrent la dévaluation du Naira. C'est la panique dans le milieu des hommes d'affaires béninois avec la baisse drastique des échanges commerciaux... Les activités de réexportation passaient d'une valeur de 100 602 Mds de francs CFA en 1982 à 70 233 Mds de francs CFA en 1983, soit une baisse de près de 30%. [60]

Les produits de luxe commençaient à diminuer fortement de la liste des importations béninoises pour être remplacés par celles des céréales largement dominées par le riz.

---

[60] **IGUE ; O. John** (1983) : *L'officiel, le parallèle et le clandestin, commerce et intégration en Afrique occidentale*, ***Politique Africaine***, N° 9, PP 29-51, Karthala, Paris

3.2. Les flux commerciaux

Comme indiqué plus haut, ces derniers présentaient deux physionomies : celle allant de 1973 à 1982 et celle de 1983 à 1989.

Les flux commerciaux de la première phase

Ils se présentaient comme suit :

Tableau n°30 : *Évolution des échanges à la première phase (en Mds de francs CFA)*

Années Mouvements	1977	1978	1979	1980	1981	1982
Exportations officielles	7.085	6.262	12.827	13.272	9.241	7.837
Exportations réelles	38.500	42.000	55.000	62.000	95.000	106.000
Part de la réexportation animant les échanges informels	*31.415*	*35.738*	*42.173*	*48.728*	*35.859*	*98.163*
Importations officielles	59.200	60.212	84.000	67.208	111.135	138.041
Importations réelles	65.789	66.500	91.592	105.000	160.000	154.000
Importations frauduleuses	*6.589*	*6.288*	*7.592*	*21.000*	*48.865*	*16.039*
Balance commerciale informelle	+ 24. 826	+ 29.450	+34.581	+ 27. 728	+ 36.994	+ 82.120

Source : Tableau élaboré à partir du rapport Hardi, pp. 19, 21 et 26. Ce rapport a considérablement puisé dans celui du FMI, d'août 1981.

Au cours de cette première phase, les exportations comme les importations sont relativement élevées notamment à partir de 1979. Ce tableau atteste aussi du poids de la réexportation dans ces activités commerciales, de même que le profit qu'en tirait le pays à partir de l'excédent de la balance commerciale informelle restée évolutive de 1977 à 1982 avec un record exceptionnel de 82,120 milliards de francs CFA cette année-là montrant ainsi les enjeux de cette période dans l'économie du pays.

Deuxième phase : 1983 – 1989

Malheureusement ces avantages vont commencer à disparaitre à partir de 1983 comme on le constatera à la lecture du tableau ci-après :

Tableau n°31: *Les importations béninoises de 1983 à 1987 (unité en million F CFA)*

Années	**Montant global des importations**	**Produits de luxe**[61]					**Produits alimentaires manufacturés**					**Céréales importées**			**Total produit de réexportation**[62]	**%**
		Dentelles	*Tissus synthé-tiques*	*Tissus coton*	*Foulards de tête*	*Total des produits de luxe*	*Boissons et alcools*	*Cigarettes*	*Concentré de tomates*	*Sucre*	*Total produits alimentaires*	*Riz*	*Blé de farine*	*Totales céréales*		
1983	**145080**	-	-	-	-	**7604**	**605**	**7000**	-	**998**	**8603**	**1327**	**1055**	**2382**	**18589**	**13**
1984	**152414**	-	**1573**	**2848**	**2806**	**7227**	**1943**	**9588**	**624**	-	**12155**	**2345**	**1087**	**5260**	**24586**	**16,13**
1985	**181114**	**810**	**11627**	**15360**	**612**	**28409**	**2069**	**3585**	**2270**	**3345**	**11269**	**2270**	**1153**	**3123**	**43101**	**24**
1986	**62256**	**2963**	**11663**	**1914**	**501**	**17041**	**2677**	**2057**	**1495**	**1195**	**7414**	**2199**	**1101**	**3300**	**27755**	**45**
1987	**127900**	-	**14523**	**10652**	-	**25175**	**2562**	**5324**	-	-	**7886**	**16836**	**2773**	**19609**	**52670**	**41**

Source : Enquête de terrain

[61] Ces chiffres n'intègrent pas le bijou, les habits usagés (friperies et autres divers)
[62] Ces totaux ne sont donnés qu'à titre indicatif. Il manque beaucoup d'informations établies pour mieux approcher les valeurs réelles de ces produits de réexportations.

Ce tableau confirme les signes de la crise dans la mesure où la part qu'occupaient les articles de réexportation dans les importations était descendue de 65 à 48%. La lecture de ce tableau permet de distinguer trois phases de crises :

- **1984-1985**, c'est la période la plus critique du commerce béninois suite aux conséquences de la fermeture des frontières terrestres en avril 1984 ;
- **1986- 1988** : il y a amorce d'une reprise due à la réouverture des frontières, le relâchement des contrôles aux frontières et la fin de « Border zone »
- **1989-1990** : les activités commerciales se sont effondrées au Bénin suite à la crise bancaire et aux conséquences du premier Programme d'Ajustement Structurel.

Chacune de ces trois périodes est marquée par l'insertion de nouveaux produits sur le marché. Entre 1984 et 1985, les échanges se sont plutôt appuyés sur le commerce de tissu dont la demande s'était élargie à d'autres pays autres que le Nigeria comme le Gabon, le Cameroun, l'Angola et le Zaïre d'où l'importance du tissu Wax Hollandais pendant la période. Entre 1986 et 1988, ce sont plutôt les céréales qui sont restées les produits dominants des importations béninoises. Ainsi le riz et la farine de blé constituaient les produits centraux des échanges. A partir de 1989, ce sont ces mêmes céréales qui figuraient sur la liste des importations mais avec un volume relativement faible.

Cette deuxième période qui est aussi sanctionnée par la disparition complète du cacao nigérian fut relayée par la fraude des produits pétroliers qui demeurera jusqu'à ce jour l'une des importations les plus élevées en provenance du Nigeria.

3.3. Les résultats économiques

L'impact des échanges commerciaux du temps de la révolution sera analysé à plusieurs niveaux : i) la balance commerciale ; ii) la balance des paiements, iii) les recettes publiques ; iv) le Bénin, marché financier de la région.

L'analyse de la balance commerciale de l'époque se fera à partir du commentaire du tableau ci-après :

Tableau n°32 : *Évolution de la balance commerciale de 1971 à 1988 (en milliards de francs CFA)*

Années	Exportations	Importations	Balance	Taux de couverture des importations par les exportations
1971	11.548	21.202	- 9.554	54,1
1972	9.189	23.510	- 14.329	39,1
1973	9.794	24.859	- 15.065	39,4
1974	10.240	35.530	- 25.290	28,8
1975	6.791	42.080	- 35. 289	16,1
1976	9.053	50.528	- 41. 475	17,1
1977	10.115	65.789	- 55.674	15,4
1978	6.140	70.197	- 64. 057	8,7
1979	9.773	68.100	- 58. 327	14,4
1980	13.271	69.969	- 56.697	19,0
1981	9.141	147.499	-138. 358	6,2
1982	7.837	152.553	-144. 716	5,1
1983	25.351	112.032	- 86. 681	22,6
1984	52.400	105.500	- 48. 100	52,1
1985	59.000	105.000	- 50.800	53,73
1986	30.469	115.100	- 84.631	26,47
1987	34.800	122.600	- 87.800	28,38
1988	25.000	123.100	- 97.300	20,95

Source :1971 à 1983 : Statistiques de la BCEAO 1984 à 1988 : rapport FMI, juin 1989

De ce tableau, on constate premièrement que le déficit commercial est important. Il est même chronique certaines années comme c'est le cas en 1981 et 1982 du fait de l'importance des activités de réexportation. Il s'est légèrement amélioré à partir de 1984 dû à la contribution du pétrole de Sèmè qui a renforcé les exportations à cette époque. À titre d'exemple, sa contribution s'élevait à 32.490 Mds F CFA en 1984 et à 30.090 Mds F CFA en 1985. Mais la baisse régulière du prix de pétrole faisant passer le baril de 11 640F CFA en 1984 à 3 900F CFA à partir de 1985 n'a pas permis à celui-ci de beaucoup contribuer à l'amélioration de cette balance commerciale. Ainsi à partir de 1987, elle n'est plus que de 7 milliards de francs CFA en moyenne chaque année.

Au même moment, la balance des paiements a régulièrement augmenté conformément au tableau n° 32 relatif à l'évolution des recettes publiques.

La situation des recettes publiques

De ces recettes qui concernent à la fois la douane et le budget, on peut dire que c'est la douane qui s'en tire le mieux conformément aux données ci-après :

Tableau n°33 : *Recettes douanières de 1977 à 1990*
(millions de francs CFA)

Années	Recettes	Années	Recettes
1977	11.503	1984	17.581
1978	11.985	1985	20.811
1979	14.375	1986	19.368
1980	18.491	1987	18.112
1981	26.035	1988	16.788
1982	29.030	1989	13.179
1983	20.512	1990[63]	8.616

Source : direction des Douanes et droits indirects

Celles-ci sont allées croissantes de 1977 à 1982 qui correspondaient à la phase du boom des échanges commerciaux et décroissants de 1983 à 1990 suites à la crise économique et monétaire au Nigeria. Malgré la reprise des activités commerciales après la réouverture des frontières en février 1986, plusieurs produits de luxe fortement taxés par la douane ont disparu de la liste. L'essentiel des transactions s'était cantonné à l'importation des céréales. Ces recettes qui avoisinaient 30 milliards de francs CFA en 1982 ont énormément consolidé les avoirs publics comme le montre le tableau relatif à l'évolution du budget national entre 1980 et 1989, objet du tableau suivant :

Tableau n° 34 : *Budget national de 1980 à 1989*
(en milliards de francs CFA)

Années	Fonctionnement	Investissement	Équipement	Total
1980	28.541	2.434	709	31.688
1981	35.735	8.457	1.333	45.525
1982	46.404	10.073	1.261	57.738
1983	53.539	4.115	527	58.181
1984	49.168	2.489	192	51.849
1985	49. 310	3.645	-	53.015
1986	51.047	3.816	151	55.014
1987	46.875	877	-	47.752
1988	40.810	353	100	41.363
1989	39.303	271	100	39.674

Source : Ministère du Plan

Du tableau, c'est entre 1981 et 1983 que le montant de ce budget a été le plus élevé, de même que les parts consacrées aux investissements et à l'équipement. Cette évolution montre la très forte dépendance vis-à-vis des échanges commerciaux. C'est également, entre 1980 et 1983, que ce budget dégage régulièrement des excédents allant de 1 à 5 milliards comme on l'a

[63] Les données de 1990 concernent les mois de janvier à juillet. Tous les chiffres viennent de la direction des douanes.

déjà signalé. Mais cet excédent ne provenait pas seulement des excédents douaniers. Il dépendait aussi d'autre ressource telle que le cacao, qui certaines années représentent près de 30% des recettes d'exportations et du pétrole de Sèmè dont la contribution entre 1984 et 1985 avoisinait 30 milliards de francs CFA par année.

L'importance et la régularité de ces recettes douanières et budgétaires ont permis au pays de juguler les méfaits des crises sociopolitiques des années 1960 à 1972 et de le transformer en un important marché financier régional. Ce rôle de marché financier est dû à l'évolution de la circulation monétaire et de la participation des banques commerciales au financement des activités commerciales. S'agissant de la situation monétaire, l'appartenance du Bénin à la zone Francs a permis à ce pays de capter plus de 70 milliards de francs CFA venant des autres pays membres de la BCEAO dans le cadre du dynamisme du marché Dantokpa et une bonne partie du Naira apporté par les commerçants nigérians pour acheter les produits de luxe et les céréales importés du marché international.

Si on ajoute les 70 milliards de francs CFA provenant des autres États de la BCEAO à la part nationale de 23 milliards de francs CFA à l'époque, et si on convertie la quantité du Naira présent sur le territoire béninois, le pays disposait plus de 173 milliards de francs CFA pour financer ses activités commerciales dont une partie était réservée au Nigeria. C'est cette disponibilité financière exceptionnelle qui faisait du Bénin à l'époque un marché financier de la région illustré par le dynamisme de ses marchés périodiques que sont Dantokpa à Cotonou et Ifangni à la frontière du Nigeria et qui ont peut-être aussi contribué à la consolidation de l'expérience révolutionnaire pendant près de dix-sept ans malgré les fortes oppositions venant de l'extérieur.

IV. Phase du Renouveau démocratique

Cette période du Renouveau démocratique est marquée par trois séquences :

1990-1993, démocratisation de la société béninoise et début des premières réformes macro-économiques. Le commerce informel retrouve un nouveau souffle et s'adapte à plusieurs situations : i) l'adoption du PAS tant au Nigeria qu'au Bénin, apporte de nouvelles ressources financières. Ces ressources sont particulièrement importantes au Bénin, suite à la rente de la démocratie ; ii) le changement de régime politique au Bénin entraîne la modification des alliances commerçants-gouvernants ; iii) l'échec de la démocratisation de l'État et de la société dans les pays limitrophes (Togo, Nigeria) donne un nouvel élan aux activités de transit et de réexportation.

Ces nouvelles situations agissent sur l'augmentation des flux commerciaux et entraînent la modification des produits commercialisés, des acteurs, et le renforcement de l'impact du système informel sur les recettes publiques.

L'arrêt des mesures d'ajustement au Nigeria après le départ du Président Babangida et les difficultés des pays voisins ont des effets positifs sur la réexportation. Le Bénin devient alors le passage obligé des marchandises destinées à ces pays limitrophes.

1994-1997, dévaluation du franc CFA, réformes économiques et leurs conséquences sur les activités de réexportation. Cette période est bien analysée par le Laboratoire d'Analyse Régionale et d'Expertise Sociale (LARES) à travers une enquête systématique réalisée sur le commerce frontalier Bénin-Nigeria, sur financement de l'Agence française de Développement[64].

Toutes ces informations renseignent bien sur les tendances des activités de réexportation marquées par trois évolutions majeures : i) les relations naira franc CFA après la dévaluation ; ii) la persistance des crises socio-économiques au Nigeria ; iii) la reprise des négociations du Nigeria avec les Institutions de Bretton Woods.

Les relations du franc CFA avec le naira, la monnaie nigériane, sont marquées par les différents réajustements monétaires opérés au Nigeria, se traduisant par l'existence de trois taux de change : i) taux officiel arrêté à 22 nairas pour 1 dollar ; ii) taux interbancaire à 80 nairas pour 1 dollar ; iii) taux sur le marché parallèle à 85 nairas pour 1 dollar.

L'existence de ces trois taux de change rend le naira flexible à tel point qu'il annule en grande partie les avantages de compétitivité attendue de la dévaluation du franc CFA. Ainsi, malgré la dévaluation du franc CFA, le rapport naira - FCFA était toujours à l'avantage de la monnaie nigériane qui s'échangeait à cette époque à 6,5 FCFA contre 7,5 FCFA avant le 1er janvier 1994, date de la dévaluation.

L'arrêt du processus démocratique au Nigeria a provoqué beaucoup d'agitations politiques qui ont considérablement affecté la capacité productive de ce géant économique, entraînant ainsi sa forte dépendance vis-à-vis des pays limitrophes pour son approvisionnement en denrées de première nécessité.

Mais à partir de 1996, le Nigeria a commencé à reconsidérer sa position vis-à-vis des bailleurs de fonds en entamant de nouvelles négociations avec les Institutions de Bretton Woods. Cette situation se caractérisait par un début

---

64 La synthèse de cette étude est intitulée : « Commerce informel et dévaluation du franc CFA, les échanges frontaliers des produits manufacturés Bénin-Nigeria », *Notes et études* n⁰ 56, CFD, décembre 1995.

de libéralisation du secteur économique qui se manifestait par l'abandon de plusieurs mesures non tarifaires et la baisse des taxes douanières sur les produits de grande consommation, dont la plupart venaient des pays voisins. Cette situation avait commencé à agir négativement sur les activités de réexportation au Bénin, et se traduisait par la baisse substantielle des importations de riz. Celles-ci étaient allées de 165.000 tonnes en 1995 à 139.000 tonnes en 1996 et seulement à 47.000 tonnes pour les six premiers mois de l'année 1997.

Toutefois, malgré cette baisse des importations de riz, les recettes douanières perçues sur les activités de réexportation n'étaient pas pour autant diminuées, compte tenu du prix élevé de riz sur le marché international et de l'arrivée au port de Cotonou de certains produits de substitution comme la friperie et les voitures d'occasion.

Quoi qu'il en soit, les mesures d'ajustement structurel au Nigeria avaient compromis les activités de réexportation entre 1990 et 1993.

2003 – 2010 : depuis 2003, l'économie béninoise est en crise ramenant le taux de croissance de 6,2 % en 2001 à seulement 3,50 % en 2010. Cette crise provenait de celle du secteur de réexportation suite à l'interdiction par le Nigeria de 29 à 44 produits qui faisaient l'objet des échanges commerciaux. À cela s'ajoutait le renforcement des mesures de surveillance frontalière pour limiter la contrebande.

D'une manière générale, l'économie béninoise traversait à l'époque de graves crises dues à la flambée des coûts du pétrole et de façon singulière à la chute de la production cotonnière, le principal produit d'exportation. Le prix élevé du pétrole entraînait de fréquentes pénuries électriques qui agissaient sur les opérateurs économiques et les poussait au découragement. Il en est de même d'une corruption administrative trop élevée qui limitait l'impact des réformes mises en place pour favoriser l'investissement privé.

Durant cette période allant de 1990 à 2016, soit près de vingt-six ans, le pays a connu trois régimes dont le fondement de leur politique économique repose sur le libéralisme imposé par la Conférence des forces vives de la Nation de 1990.

Malgré le trait commun de ces politiques, chaque dirigeant de la période n'a pas pratiqué les mêmes politiques en raison de l'évolution sociopolitique interne et du contexte régional et mondial.

Sous Soglo, les marges de manœuvre de celui-ci étaient limitées par les conditionnalités du PAS. Celles-ci se sont allégées quelque peu sous Kérékou avec l'organisation de la Conférence économique en décembre 1996. Du temps de Yayi, le PAS fut abandonné au profit de la lutte contre la pauvreté. Toutes ces situations contrastées ont eu un impact sérieux sur les relations internationales qu'entretenait le pays qui ont fortement déteint sur les échanges commerciaux.

Les échanges commerciaux sous Soglo

Sous le président Soglo, l'objectif principal des échanges commerciaux était la réduction du déficit de la balance commerciale et l'amélioration de celle des paiements. Pour atteindre cet objectif, le régime s'était focalisé sur le renforcement du système de réexportation en vigueur dans le pays depuis 1973.

Bien que variables en nature et en volume dans le temps, quatorze produits constituaient les activités clés des importations béninoises à l'époque : le lait, le riz, la farine de blé, le tabac, le sel marin, les pneumatiques usagés, les tissus en coton, les piles électriques, les cigarettes et les voitures d'occasion. Parmi ces quatorze produits, cinq étaient particulièrement importants en raison du volume importé et des recettes fiscales qu'ils procuraient à la douane : le riz, les tissus de coton, les voitures d'occasion, la farine de blé et les cigarettes.

L'évolution de ces cinq produits en quantité et en valeur se présente comme l'indique le tableau ci-après :

Tableau n° 35 : *Le niveau des importations en valeurs et en quantité durant le régime de Soglo (quantité en tonne et valeur en milliers de FCFA)*

Années / Produits	**1993**		**1994**		**1995**	
	Quantité	*Valeur*	*Quantité*	*Valeur*	*Quantité*	*Valeur*
Riz	196.345	15.539.490	173.682	21.536.568	105.530	18.467.750
Blé	5.962	383.581	17.759	2.050.952	8.918	1.243.547
Tissus	8.512	17.228.288	9.080	18.377.920	15.821	25.139.569
Cigarettes	689	2.179.996	772	2.475.804	557	1 718.345
Friperies	22.176	6.342.336	14.210	5.343.110	11.072	5.792.478
Voitures occasion	4.997	2.478.512	4.080	4.067.679	6.092	5.240.511

Source : Direction des douanes de Cotonou.

De ces importations, deux produits étaient importants durant la période : le riz et les voitures d'occasion. Le riz est devenu depuis 1984 le produit dominant des importations béninoises jusqu'à ce jour. La quantité qui anime ces importations a connu une rapide évolution, allant de 70.000 tonnes en 1984 à 352 000 tonnes en 1987 et à 222 000 tonnes en 1988 pour redescendre à 66.000 tonnes en 1989 suite aux crises des banques commerciales. Mais depuis 1990, avec les réformes du secteur bancaire, la quantité importée a régulièrement progressé conformément aux données ci-après :

1990 : 162 000 Tonnes.
1991 : 244 000 Tonnes
1992 : 107 000 Tonnes
1993 : 290 000 Tonnes
1994 : 230 000 Tonnes
1995 : 166 000 Tonnes
1996 : 339 000 Tonnes

Cette évolution malgré son caractère irrégulier rend bien compte de la place exceptionnelle qu'occupe cette céréale dans les transactions béninoises avec l'extérieur. Cette activité est devenue à la fois une source d'enrichissement des opérateurs économiques et de l'État béninois tout en garantissant en même temps la sécurité alimentaire du pays. Ainsi, pendant longtemps, les prix des produits vivriers de base sur les principaux marchés béninois restaient fortement corrélés à celui du riz.

Quant aux exportations, sous ce régime, elles restent largement dominées comme durant la période précédente par les produits agricoles au centre desquels se trouve le coton. La moyenne des exportations durant la période se présente comme suit : le café : 2400 tonnes ; la noix de karité : 5000 tonnes ; l'ananas 20 000 tonnes ; le coton fibre : 130 000 tonnes ; la noix d'anacarde : 190 000 tonnes.

La vente du coton graine est dominée par six négociants et sociétés parmi lesquelles, la société italienne « AMATRA PIAZZA » occupe de loin la première place avec 26 500 tonnes. Elle est secondée par « CIA » 26.000 tonnes et « AGRO PROMO » et ainsi de suite.

Les exportations du coton fibre concernent à la fois le marché régional pour environ 36,54% et internationale, 63,46%. La destination du coton béninois sur le plan international est consignée dans le tableau ci-après :

Tableau n° 36 : *Exportation du coton égrainé durant le régime du président Soglo, base 1996*

Pays acheteurs	Quantité (en tonnes)	Valeur (en millions de F CFA)
Brésil	32 330	26 680
Indonésie	14 240	11 740
Portugal	10 210	8 840
Maroc	9 110	8 250
Thaïlande	7 740	6 820
Afrique du Sud	1 310	1 190
Inde	40	30
Autres pays	39 130	31 680
Total	114 110	95 230

Source : Statistiques de la douane.

La situation des échanges sous le régime de Kérékou : 1996 – 2006

Cette période dont le contexte a été analysé précédemment (cf. page 128) est marquée par deux étapes : 1996-2000 et 2001-2006. De 1996 à 2000, on assiste à plusieurs évolutions qui ont fortement impacté les échanges commerciaux : i) les conséquences des réformes d'ajustements structurels, ii) l'application du Tarif extérieur commun (TEC) de l'UEMOA, iii) la crise du secteur de réexportation, iv) la concurrence nigérienne sur le secteur de transit. Ces différentes situations ont fortement déteint sur les relations commerciales, entraînant une baisse substantielle des transactions. En guise d'illustration, les importations du riz sont allées de 284 000 tonnes à seulement 47 000 et 74 000 tonnes durant cette période.

La deuxième période allant de 2000 à 2006 est caractérisée par la baisse de la croissance économique du fait de mauvais rapports qu'entretient le Bénin avec le Nigeria dû à l'interdiction d'entrer dans ce pays de 40 produits dont une bonne partie animait la réexportation comme le riz, les viandes congelées, les huiles alimentaires et les voitures d'occasion. Le durcissement de contrôle opéré par les agents nigérians sur ces différents produits et la menace de fermeture des frontières terrestres en 2004 ont fortement déteint sur la situation économique du Bénin et sur le secteur commercial.

De 1996 à 2006 qui correspond à la période de règne de Kérékou, les activités commerciales ont beaucoup baissé tant en volume qu'en valeurs comme l'attestent les données ci-après :

***Tableau n°37** : Évolution des échanges commerciaux entre 2001 et 2004 (milliards de francs CFA)*

Désignation	Années			
	2001	2002	2003	2004
Exportation	165,8	261,4	314,3	292,3
Importation	340,4	389,8	475,8	425,9
Balance commerciale	-174, 6	-128,4	-161,5	-133,7

Source : BCEAO Cotonou

Malgré la baisse de quelques produits à l'importation engendrée par les différentes évolutions de la période, les valeurs de ces produits n'ont pas baissé pour autant en raison du prix élevé de ces derniers sur le marché international.

Les pays clients du Bénin à l'exportation sont limités au Nigeria et à la Chine. On vendait au Nigeria la viande et les abats de volaille congelés pour 36,6% ; du riz pour 28,7% ; de l'huile de palme pour 9,3% et des huiles végétales pour 8,4% auxquelles s'ajoutent les barres d'acier pour 4,3%. La chine achète surtout du coton pour 93,3%, du bois et des débris d'acier pour le reste.

À l'importation, le Bénin dépend surtout de la France et de la Chine. De la France, il importe des médicaments 16,0% ; de la viande et d'abats de volaille congelée pour 12,1% ; du pétrole 7,1% et du poisson congelé pour 2,9%. De la Chine, on achète surtout des motocycles 11% ; du tissu coton 7, 3% et des vêtements pour 10,2% [65].

---

[65] **Instad,** (2022) *Statistiques du Commerce extérieur*

Les échanges commerciaux du temps de Yayi-Boni : 2006-2016

Quand Yayi Boni est arrivé au pouvoir en 2006, les contextes régionaux et internationaux étaient nettement meilleurs à celui du temps de Kérékou. En effet, à partir de 2005, suite à la visite du président Obasanjo du Nigeria, il s'est amorcé une nette détente dans les relations économiques avec ce voisin de l'est après à un accord signé le 5 avril 2005 qui a sanctionné cette visite. A partir de cet accord, des mesures d'allégements ont été prises au sujet de certains produits qui faisaient l'objet d'interdiction comme les céréales, les huiles végétales et les voitures d'occasion. Il s'en est suivi une nette augmentation du trafic. En effet, outre cette détente avec le Nigeria, Yayi a mené deux autres actions qui ont contribué à l'essor des échanges commerciaux entre 2006 et 2016 : i) l'organisation de plusieurs forums avec les opérateurs économiques nigérians au plus haut niveau, ii) l'amélioration de la coopération commerciale avec la Chine. Celle-ci a abouti à la création à Cotonou d'un Centre chinois de développement économique et commerciale (CCDECB) par la Société Teams de la Coopération économique et technique internationale de Zhejiang/ Chine Sarl.

A partir de ces évolutions, les produits échangés à l'exportation et à l'importation ont beaucoup augmenté tant en volume qu'en valeur conformément au tableau suivant :

Tableau n°38 : *Niveau des opérations avec l'extérieur de 2007 à 2016 (en milliards de F CFA)*

Années / Indicateurs	2007	2008	2009	2010	2011	2012	2013	2014	2015	2016
Exportations	501,7	574,2	578,2	634,7	590,2	736,5	979,1	1267,3	995,1	501,7
Importations	767,6	846,2	820,6	879,2	849,5	1 022,1	1281,4	1618,5	1293,6	767,6
Balance commerciale	-266,0	-272,0	-242,3	-244,5	-259,3	-285,6	-302,3	-351,3	-298,5	-266,0

Source : DGAE

Le détail de ces opérations avec l'extérieur fait l'objet des tableaux 39 et 40.

Au niveau des exportations, l'essentiel des échanges concerne principalement les produits agricoles comme on peut le constater à la lecture du tableau ci-après :

Tableau n°39 : *Les exportations du Bénin du temps de Yayi Boni (en milliards de F CFA)*

		Années				
Rang	Produits	2012	2013	2014	2015	2016
1	Coton	235,427	296,429	473,715	369,656	242,287
2	Graines et produits oléagineux	19,085	17,132	86,930	12,132	7,768
3	Huile de pétrole	25,755	30,853	32,435	42,513	23,148
4	Noix de coco	0,640	2,068	1,293	0	0,271
5	Tourteau d'arachide	75,713	115,860	143,639	155,163	163,713
6	Soja	1,525	0,726	1,592	3,267	0,214
7	Barres de fer	2,400	4,825	2,562	0	0
Total en valeur (mds F CFA)		235,4	296,4	473,7	367,7	242,3

Source : Statistiques du commerce extérieur

Comme on peut le voir, il y a très peu de produits transformés sur cette liste. Le coton continue toujours d'être le produit principal de ces exportations béninoises depuis l'arrêt des dérivés de palmier à huile.

Quant aux importations, elles concernent les denrées consignées dans le tableau ci-dessous :

Tableau n°40 : *Importations (en valeur) de quelques produits de 2007 à 2015 (Milliard de F CFA)*

Indicateurs	**2007**	**2008**	**2009**	**2010**	**2011**	**2012**	**2013**	**2014**	**2015**
Importations	**782**	**767,1**	**743,2**	**997**	**954,5**	**1081,4**	**1459,3**	**1817,9**	**1502,2**
Produits alimentaires	239,9	270,4	231,5	317,66	263,74	392,85	525,52	789,5	557,8
dont céréales	104,8	86,7	46,9	174,32	99,97	196,58	329,85	538,5	302,2
Produits des industries alimentaires	37,2	48,8	43,9	9,73	11,86	15,91	14,14	12,1	13,5
Boissons et dialogue	13	16,7	14,1	13,87	13,4	12,84	11,08	10,4	12,1
Machines et matériels de transport	121,7	108	115,8	147,47	150,68	140,5	294,38	339,2	275,8

Source : INSAE ; Tableau de bord social 2016, Tome 1

Du tableau, les denrées alimentaires occupent une place prépondérante, de même que les produits destinés à la réexportation vers le Nigeria.

La situation des produits objet de la réexportation pour la période allant de 2012 à 2017 est consignée dans le tableau ci-après :

Tableau n°41 : *Situation de la réexportation de 2012 à 2017 (en tonnes ou x = unité)*

Produits	2014		2015		2016	
	Importé	Réexporté	Importé	Réexporté	Importé	Réexporté
Viandes et abats	193319	6454	179558	7043		
Poissons	178291	2152	136213	2495		
Riz	1376291	848018	960411	751158	1069987	483035
Farine de blé	73739	2732	80159	291		
Huile végétale	62732	39424	126595	21000	97983	11619
Sucre	61429	60170	81387	80740		
Conserve de tomate	19891	17144	19053	17145		
Tissus	20594	18300	14332	9659		
Friperie	48839	46061	60212	53987		
Véhicule (x)	92810	80815	77067	285587	129217	80024

Source : Statistiques de la douane béninoise

De ce tableau qui fait état des dix produits qui animent la réexportation vers le Nigeria, trois sont particulièrement importants tant par leur quantité que par leur valeur et les mouvements de réexportation auxquels ils font l'objet : il s'agit du riz, de l'huile végétale et des voitures d'occasion. Leurs valeurs dans les réexportations font l'objet du tableau ci-après :

Tableau n°42 : *État des trois produits clés de la réexportation vers le Nigeria*

Années	Produits					
	Riz		Huile végétale		Voitures d'occasion	
	Quantité (T)	Valeur (Mds)	Quantité (T)	Valeur (Mds)	Unité	Valeur
2011	270 150	73,916	122 673	31,977	498 100	462
2012	552 541	158, 444	94 916	27,782	405 022	388
2013	1 359 658	117,345	146 846	42,778	407 037	398
2014	1 376291	254,222	102 157	28,499	445 956	419
2015	2 217 460	314,737	147 595	16,563	362 654	450

Source : Statistiques de la douane béninoise

Le commerce de riz a débuté avec la guerre du Biafra entre 1967 et 1969. Il a connu son essor à partir de 1984 suite aux mesures restrictives à l'importation prises par le Nigeria dans le cadre de la politique *Feed the nation.* Les commerçants nigérians, pour contourner la mesure, dévièrent leurs importations sur les ports de Cotonou et de Lomé avant de les acheminer par des circuits clandestins vers la fédération. La quantité qui alimentait cette activité commerciale a connu une rapide évolution allant de 70 000 tonnes en 1984 pour atteindre en 2024 le chiffre record de 2 217 460 tonnes. De ce chiffre, la part consommée par le Bénin actuellement ne dépasse pas 80 000 tonnes conformément aux estimations du ministère de l'Agriculture et de l'Élevage. La différence est réexportée vers le Nigeria, le Niger et le Tchad.

La situation de l'huile végétale est différente. C'est suite à la crise arachidière et du palmier à huile au Nigeria après la sécheresse des années 1970 que le besoin d'importer des huiles végétales s'est fait sentir au Nigeria. Ces huiles proviennent en grande partie de la Thaïlande et de la Malaisie suite à la réussite de leur économie de plantation d'huile de palme. Les opérateurs béninois y ont trouvé une opportunité pour satisfaire à la fois les marchés nigériens, nigérians et tchadiens.

Le cas particulier du commerce des voitures d'occasion

Le commerce des voitures d'occasion au Bénin est apparu dans les années 1980. Il a connu un essor considérable à partir du Renouveau démocratique. De 50 véhicules importés en 1996, on est arrivé en 2011 à 498 100 unités parmi lesquelles les voitures de tourisme occupent une place prépondérante.

Le développement de ce commerce est la conséquence d'un certain nombre de facteurs liés à la diversification des marchandises de réexportation et à la politique du Nigeria qui avait interdit l'importation de vieux véhicules à partir de 1994. Bien que ces mesures fussent assouplies par la suite en autorisant l'entrée des véhicules de plus de dix (10) ans, le Bénin est déjà devenu un importateur net de véhicules d'occasion avec des avantages comparatifs meilleurs à celui de son voisin de l'est.

Cette activité est devenue l'un des fleurons de la réexportation durant le Renouveau démocratique en particulier sous Kérékou et Yayi Boni en raison de la valeur des importations et des recettes douanières qui en découlent dont le montant forfaitaire était fixé à environ 800 000 FCFA par voiture d'occasion. À ces recettes douanières s'ajoute une série d'activités connexes comme la vente des pièces détachées et une gamme de services d'intermédiation (tôlerie, mécaniciens, vendeurs, métiers d'escorte, métiers de chauffeurs, etc.) qui participe à la résolution du chômage au Bénin.

L'évolution du trafic depuis les origines jusqu'en 2016, année de la fin du Renouveau démocratique se présente comme suit :

Tableau n°43 : *Le trafic des voitures d'occasion de 1988 à 2016*

Période	Année	Total véhicules	Valeur en milliards de FCFA	Voitures de tourisme	Nombre de véhicules immatriculés au Bénin[66]	Voitures réexportées
Durant la révolution	1988	2036	-			
	1989	3065	-			
Sous Soglo	1990	17330	0,882			
	1991	18840	0,891			
	1992	29154	2,360			
	1993	17104	1,960			
Sous Kérékou	2001	251 698	9,21	246 131	96 124	148 015
	2002	245 405	11,97	210 438	101 293	139 145
	2003	207 694	10,76	203 720	104 875	98 845
	2004	144 945	9,91	141 666	111 139	30 527
	2005	154 239	10,36	151 994	9 999	141 995
La période Yayi Boni	2006	205 342	11,25	201 754	9 714	192 040
	2007	247 411	16,17	244 100	11 067	233 033
	2011	498 100	462		48 800	358 181
	2012	405 022	388		70 534	334 488
	2013	407 037	398		43 147	343 890
	2014	445 956	419		92 810	2 053 146
	2015	362 654	450		77 067	2 085 587
	2016	310 600	366		66 024	2 079 093

Source : Statistiques de la Douane béninoise

Mais depuis le régime de la rupture, compte tenu des crises qui ont marqué la période et des réformes économiques, notamment l'augmentation des impôts et des frais de douanes, les voitures d'occasion ne représentent plus que 1,6% des importations béninoises avec une valeur de 37, 5 Mds de francs CFA en 2023 reléguant cette activité au dernier rang des dix produits qui alimentent les importations béninoises.

À ces réformes s'ajoute au Nigeria la crise financière de ces dernières années qui a ruiné le pouvoir d'achat des citoyens. Le marché des véhicules d'occasion en a subi un grand coup qui limite actuellement son importance dans les importations. Sa valeur est allée de 450 milliards francs CFA en 2016 à seulement 32 milliards de francs CFA en 2022, soit 1,4 % de la valeur des

66 Ces voitures immatriculées au Bénin ne proviennent pas uniquement des importations béninoises. À celles-ci, il faudra ajouter la part des voitures venant du Togo et quelques rares fois du Ghana.

importations, occupant ainsi le dernier rang des dix principaux produits qui alimentent les échanges avec ce voisin de l'est.[67]

V. Les activités commerciales à l'ère de la rupture

Les échanges commerciaux du temps de Talon ont été compromis par plusieurs difficultés qui ont affecté les relations internationales entre 2019 et 2023 : i) la pandémie à coronavirus déclenchée depuis le 19 mars 2019, ii) la fermeture unilatérale des frontières terrestres du Nigeria le 20 août 2017, iii) la guerre russo-ukrainienne débutée depuis le 20 février 2022 ; iv) les coups d'État dans les pays sahéliens et la fermeture de la frontière avec le Niger ; v) les réformes macro-économiques engagées par le régime.

L'impact de Covid 19 est resté très sensible dans les principaux secteurs d'activités économiques comme le commerce, les productions de base et la raréfaction des investissements différés du fait des incertitudes qui pèsent sur l'avenir à court terme. Ainsi, dans le domaine économique, le Coronavirus a fait beaucoup de ravages ; d'abord sur la croissance économique, l'inflation, la baisse du revenu des ménages, le déficit budgétaire, la baisse des échanges internes et externes, la baisse des fonds des migrants, la diminution des investissements d'origine étrangère. Tous les pays touchés par la pandémie ont revu leur croissance à la baisse.

La fermeture des frontières terrestres du Nigeria a été particulièrement longue ayant durée jusqu'en 2023, avec l'arrivée au pouvoir du président Bolaji Tinubu. Son impact sur l'économie béninoise est important du fait des activités de réexportation, fleuron des échanges commerciaux du Bénin. Celles-ci représentent 20% de ces activités commerciales selon les estimations de la Banque Mondiale.[68]

La guerre en Ukraine débutée le 22 février 2022 a complètement désorganisé l'économie mondiale en pleine reconstruction après la fin de la pandémie à Coronavirus. Elle a gravement porté atteinte au commerce des engrais, des céréales, de pétrole et de gaz dans le monde en compromettant de façon substantielle le ravitaillement énergétique et la sécurité alimentaire des pays pauvres comme l'Afrique à partir du renchérissement du prix de blé, de l'huile végétale et des engrais. Une bonne partie de l'argent qui servait à financer les échanges commerciaux est utilisée à éponger les factures énergétiques, alimentaires et d'engrais.

Les coups d'État dans les pays sahéliens et la fermeture de la frontière avec le Niger ont porté atteinte aux activités de transit, une des spécificités économiques et commerciales du Bénin. Cela a complètement ralenti les activités du port autonome de Cotonou et les relations commerciales avec ces pays sahéliens.

---

[67] **Instad**, (2023) : *Commerce extérieur du Bénin en 2022*, Cotonou, juillet

[68] Jeune Afrique,

Enfin, à ces situations externes au Bénin, sont venues s'ajouter les réformes macro-économiques mises en place par le régime dont l'un des volets phares concerne les réformes fiscales. Celles-ci sont si contraignantes qu'elles ont provoqué le départ du pays de beaucoup d'opérateurs économiques étrangers et la fermeture de plusieurs secteurs vitaux de la vie économique nationale.

Ces différents contextes ont engendré l'augmentation du déficit commercial passant de 1013.9 milliards de francs CFA en 2021 à 1518, 3 milliards de francs CFA en 2022 soit un taux de 38,3%, la baisse de la vente des biens à l'extérieur soit 1, 60% et la crise de la réexportation notamment avec le Nigeria[69].

La structure des échanges à l'exportation et à l'importation en 2022 fait l'objet des tableaux ci-après :

Tableau n°44 : *La structure des exportations en 2022 (valeur en milliards de francs CFA)*

Rang	Produits	Valeur	Pourcentage
1	Coton	361,7	64,6
2	Graines et fruits oléagineux	26,6	4,8
3	Huile de pétrole	23,9	4,3
4	Noix de coco et noix de cajou	20,5	3,7
5	Tourteaux d'arachides	18,1	3,2
6	Bois sciés	8,8	1,6
7	Barres en fer	8,3	1,5
8	Huile de coton	8,1	1,4
9	Tissus de coton	6,4	1,1
10	Soja	6,1	1,1
Ensemble		**488,5**	**87,2**
Total Bénin		**559,9**	**100,0**

Source : Instad, commerce extérieur du Bénin en 12022, Cotonou 2023

La vente desdits produits, objets de ce tableau s'établit à 559, 9 milliards de francs CFA largement dominés par le coton qui a lui seul occupe 64,6% montrant le caractère mono sectoriel des activités économiques dans le pays. Ces dits produits sont majoritairement vendus en Asie à hauteur de 63,2%. Le reste soit 20,50% est en Afrique avec 10, 70% à l'intérieur des États de la CEDEAO au rang desquels le Togo, la Côte-d'Ivoire, le Niger et le Burkina constituent les principaux clients.

L'analyse des États clients à l'exportation, fait apparaître une dizaine de pays parmi lesquels le Bangladesh, l'Égypte, le Vietnam et l'Ukraine occupent les premières places.

Quant aux importations, elles concernent également 10 principaux produits largement dominés par le riz et les huiles de pétrole comme l'atteste le tableau ci-après :

---

[69] **Instad**, (2023) : *Commerce extérieur du Bénin en 2022*, Cotonou, juillet

Tableau n°45 : *La structure des importations en 2022 (en milliards de francs CFA)*

Rang	**Produits**	**Valeur**	**Pourcentage**
1	Riz	417,1	17,8
2	Huile	341,9	14,6
3	Médicaments	75,5	3,2
4	Engrais minéraux	72,6	3,1
5	Viandes congelées	68,6	2,9
6	Poissons congelés	62,1	2,6
7	Matériaux de construction	50,7	2,2
8	Énergie électrique	50,2	2,1
9	Barre de fer	45,4	1,9
10	Voitures	37,5	1,6
Ensemble		**1221,6**	**52,0**
Total Bénin		**2348,2**	**100,0**

Source : Instad, commerce extérieur du Bénin en 12022, Cotonou 2023

À l'importation, une dizaine de pays font partie des clients du Bénin parmi lesquels l'Inde 15,6% et la Chine 14% viennent de loin en tête. Ils sont suivis de la France (8%) ; des Émirats unis (6,7%) et du Nigeria (4,9%).

Résultats économiques

Si on compare la valeur totale des exportations à celles des importations, la balance commerciale reste toujours déficitaire avec une augmentation de 36,3% entre 2021 et 2022. Mais depuis 2017, on assiste à une amélioration continue de ce déficit comparé aux années antérieurs comme en témoigne le tableau suivant :

Tableau n°46 : *Balance commerciale entre 2012 et 2022 (en milliards de francs CFA)*

Années	Valeurs des exportations	Valeurs des importations	Balance commerciale	Pourcentage
2012	235,4	1 206,1	970,7	19,51
2013	296,4	1 494,3	1197,9	19,75
2014	473,7	1 862,8	1389,1	25,42
2015	369,7	1 508,4	1138,7	24,50
2016	242,3	1 518,6	1276,3	15,95
2017	430,8	1 864,2	1433,4	23,10
2018	528,6	1 861, 8	1333,2	28,35
2019	498,4	1 703, 5	1205,1	29,25
2020	485,9	1 525, 3	1039,4	31,55
2021	568,8	1 901, 3	1332,5	29,91
2022	559,9	2 348, 2	1788,3	23,84

Source : Instad ; Op. Cit

Les flux commerciaux (2016)

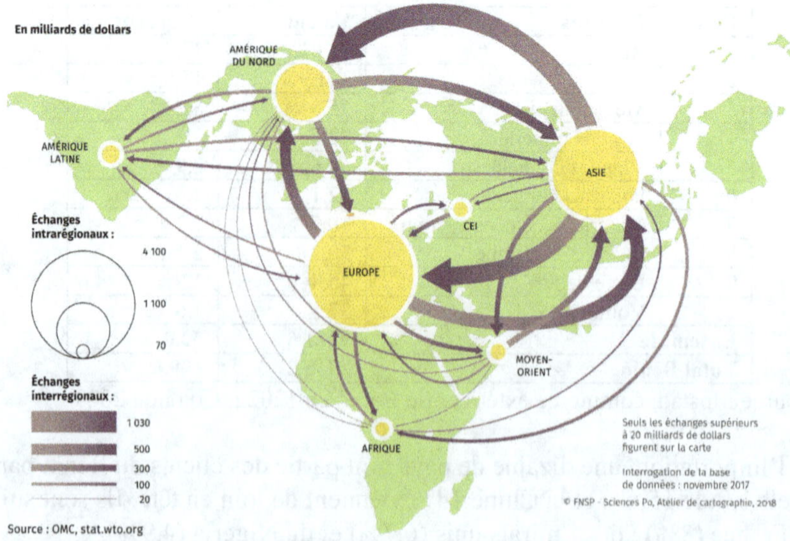

Sous le régime de la rupture, la valeur des exportations ne représente à peine que le tiers de celle du budget national dont le montant est de l'ordre de 1877,50 milliards de francs CFA en 2019 et de 2167,09 milliards en 2020. Par contre le coût des importations est nettement supérieur à la valeur de ce budget. Se pose alors la question de savoir comment ces importations sont financées ? Cette question n'aura de réponses qu'à partir de l'analyse du financement de l'économie (cf. Chapitre VII). Cette valeur élevée des importations aggrave le déficit de la balance commerciale et pose l'épineux problème des réserves de change sous le Président Patrice Talon.

*

* *

Ce chapitre VI soulève plusieurs problèmes dont trois méritent attention.

Premièrement, la prédominance d'un produit spécifique à chaque phase de l'évolution du pays :

- **de l'indépendance à 1970** : la spécificité des échanges commerciaux avait reposé sur le rôle déterminant des dérivés du palmier à huile et par la suite du cacao nigérian dont la commercialisation par le Bénin avait permis au pays de surmonter une partie de ses difficultés de trésorerie et de voir émerger les premiers opérateurs économiques nationaux, tous d'anciens traitants du cacao nigérian ;

- **à la Révolution** : les activités commerciales étaient dominées par la réexportation avec l'importation des produits de luxe dont le rôle fut déterminant dans le progrès du pays, la consolidation des réserves de change et une forte croissance économique dans la première période de l'expérience révolutionnaire. Grâce à ce système, le Bénin n'a pas connu la précarité dans laquelle étaient plongés les pays africains qui avaient opté pour l'expérience révolutionnaire comme la Guinée Conakry, le Congo-Brazzaville et la Tanzanie ;
- **durant le Renouveau démocratique**, trois produits ont servi de base aux échanges commerciaux, le coton à l'exportation, le riz et les voitures d'occasion à l'importation. C'est autour de ces trois produits que ce sont construites les relations du pays avec le monde extérieur. Malgré les hauts et les bas de la politique de réexportation, celle-ci a toujours permis à l'État de renflouer ses caisses et de disposer de quelques marges de manœuvre pour régler l'essentiel des besoins de la population ;
- **à l'avènement de la rupture**, la réexportation s'est complètement essoufflée du fait d'un contexte régional et mondial difficile. Le pays a cherché à se libérer de sa dépendance vis-à-vis de ses voisins immédiats que sont le Togo, le Niger et le Nigeria. Si cette politique a donné des coudées franches à l'État, elle a entraîné la paupérisation des citoyens qui se plaignent, malgré la forte croissance économique de la période, de manque d'argent pour vivre.

La deuxième remarque qui se dégage de ce chapitre VI est celle du déficit chronique de la balance commerciale devenue endémique ces dernières années. Depuis l'indépendance du pays, ce déficit de la balance commerciale est resté toujours élevé du fait à l'insuffisance des activités productives et des conséquences de la politique de réexportation.

Toutes les réformes macro-économiques mises en place par les différents régimes n'ont pu rien faire. Cette situation atteste que le Bénin, malgré sa volonté d'autonomie vis-à-vis de ses voisins, reste toujours dépendant d'un environnement régional et international assez changeant.

Cette situation doit être bien perçue pour devenir les préoccupations majeures de toutes les réformes qu'opère le pays pour son développement. Pour ce faire, les différents dirigeants doivent orienter leur action vers une plus grande intégration du pays à son espace économique de proximité qu'il faudra coûte que coûte construire. Le nom du Bénin que porte le pays a été choisi pour cela : perpétuer la brillante civilisation du golfe du Bénin si convoitée entre le 14e et le 19e siècle par les puissances occidentales.

La dernière remarque que soulève ce chapitre VI est celle de la dépendance du pays des activités tertiaires. Ce sont elles qui contribuent à la formation du PIB avec plus de 50% et offrent les meilleures conditions d'emplois.

L'agriculture sur laquelle reposent les grandes orientations économiques n'arrive qu'en deuxième position dans la formation de ce PIB avec seulement 30 à 39%. En dehors de son volet de sécurité alimentaire, les autres options de ce secteur comme les cultures de rentes, malgré le financement important dont elles bénéficient, sont soumises à plusieurs aléas naturels (dégradation de l'environnement, paupérisation des sols) climatiques (irrégularités des pluies) et de marchés (termes des échanges) dont il faut grandement tenir compte.

Les perspectives économiques du Bénin sont à rechercher ailleurs. Les différentes autorités du pays ont intérêt à s'y pencher afin de conférer à ce pays sa réelle personnalité économique.

Sur l'économie numérique

Le secteur de l'économie numérique, balbutiant sous Yayi Boni, est devenu une réalité concrète du temps du Président Talon par la création d'un ministère chargé de ce domaine dénommé ministère du Numérique et de la Digitalisation (MND). La création de ce ministère fait suite à l'existence dans le pays de plusieurs entreprises du numérique. Parmi celles-ci, les plus importantes sont la Société béninoise d'infrastructures numériques (SBN) créée pour transformer le Bénin en une plateforme de savoir numérique en Afrique de l'Ouest grâce à son réseau de 3000 km de fibres optiques.

Cette entreprise est complétée par ***Sèmè City*** *qui a pour objectif de développer le capital humain en matière d'économie numérique.* ***Sèmè City*** *dispose actuellement de 5000 apprenants, entreprises, chercheurs et investisseurs. Il vise à créer 100.000 emplois d'ici à 2030. Son objectif principal est de contribuer aux avancées technologiques dans le secteur du numérique au Bénin.*

À ses deux principales structures, s'ajoute l'école des métiers numériques, sans compter le fait que cette activité est largement prise en compte dans les formations universitaires et que le Bénin est membre fondateur de l'école supérieure multinationale de télécommunications créée en 1981 à Dakar, qui forme des techniciens et des ingénieurs dans le domaine du numérique.

Cette économie numérique offre d'énormes opportunités dans plusieurs secteurs de la vie socio-économique comme les finances. L'exemple de mobile money est particulièrement intéressant car il est une innovation qui permet de répondre aux défis rencontrés par les populations non-bancarisées ou en marge du numérique, qui ont souvent des difficultés à accéder aux services bancaires traditionnels. Il permet de réaliser des transactions financières à partir d'un téléphone portable. À part le secteur financier, cette économie numérique exerce aussi un impact sur l'agriculture, l'industrie et le commerce. Elle est considérée comme la clé centrale pour résoudre plusieurs défis économiques et sociaux. Elle contribue à développer les principaux secteurs de la vie socioéconomique en améliorant leur efficacité et leur durabilité. Elle a permis au gouvernement de réorganiser totalement les données statistiques sur le fonctionnement de l'Etat, de réaliser la connectivité des principaux services de l'Etat dans le domaine de la comptabilité nationale, de la gestion du personnel d'Etat et de l'amélioration de l'état civil.

Aujourd'hui, tout est numérisé dans le pays à commencer par l'établissement des factures normalisées, des actes de naissance et des principaux documents administratifs comme les passeports, la carte d'identité, etc.

Mais c'est dans le secteur agricole que cette économie numérique a le plus d'impact, en décloisonnement totalement le monde rural par le règlement de son isolement des centres urbains. Les paysans ne sont plus isolés, ils sont mieux connectés au monde qui les entoure grâce à la téléphonie mobile, l'Internet. Grâce au Mobile money, l'argent circule mieux dans les campagnes. Cette économie numérique favorise aussi la rapidité des informations sur le disponible des produits agricoles à mettre sur le marché et sur la situation de ces marchés. Bref, l'économie numérique est devenue un palliatif à l'enclavement du monde rural béninois. Ce sont les mêmes avantages qu'en tirent les secteurs industriels et commerciaux.

Aujourd'hui, grâce à l'économie numérique, les problèmes liés aux contraintes des déplacements physiques dans plusieurs secteurs de la vie économique sont résolus. On n'a plus besoin de voyager pour résoudre beaucoup de problèmes liés à la vie de relation à l'intérieur du territoire national.

Enfin la pratique de cette économie numérique fait baisser le coût des facteurs de production dans plusieurs domaines de la vie économique.[70]

[70] Cet encadré a été rédigé à partir de l'exploitation du document de Abdoulkadre Ado, intitulé **L'entrepreneuriat numérique durable au Bénin : opportunités, défis et stratégies** du bureau d'étude Alexander Von Humbolt, Institut Fur Internet und Gesellschaft, février 2025

Chapitre VII

Le financement de l'économie

La productivité de l'économie telle qu'analysée dans les chapitres précédents repose essentiellement sur les moyens financiers qui sont consacrés au développement du pays.

La première évaluation de ces moyens a été faite lors de la Table ronde sur la relance du secteur privé organisée en 1994, ensuite pendant la conférence économique de décembre 1996[71]. De même, le ministère de l'Économie et des Finances dans ses différents rapports sur les dépenses de l'État fait le point de façon régulière de ce besoin de financement de l'économie. Beaucoup d'économistes béninois comme Claude d'Almeida, Guy Pognon, … ont également publié des ouvrages dans lesquels une large part fut consacrée au financement de l'économie[72].

Pour aborder cette problématique dans ses détails, on insistera sur quatre points : i) les structures nationales de financement de l'économie, ii) les besoins de l'État pour ce financement ; iii) les différentes sources de financement et iv) les problèmes rencontrés.

I. Les structures nationales de financement de l'économie[73]

Il existe dans le pays en dehors de l'État, plusieurs structures de financement de l'économie qu'on peut classer en deux catégories : les structures formelles telles que les banques et les institutions de financement décentralisées communément appelées microfinances. À ces dernières s'ajoutent les institutions informelles constituées de plusieurs caisses dont le contrôle échappe à toute législation. On dénombre plusieurs de ces caisses parmi lesquelles les plus importantes sont constituées des tontines et des avoirs des cambistes des marchés parallèles de change. L'importance de ces cambistes est liée aux activités de réexportation dans lesquelles le pays s'est

---

[71] **Claude d'Almeida, B. Houégnon et R. Kocou** (1996) : *Mobilisation des ressources et financement de l'économie* ; Conférence économique nationale, décembre ;

[72] **Claude d'Almeida** (1998) : *Le devenir du franc CFA face à l'euro*, Cotonou, Perspectives africaines, Cotonou

Claude d'Almeida (1998) : *Monnaie et financement de l'économie béninoise*, document CDAL, Cotonou

[73] Cette partie provient en grande partie du chapitre V de mon ouvrage Le Bénin et la mondialisation de l'économie ; Édition Karthala, 1999

engagé depuis plusieurs années notamment avec le Nigeria et le Ghana qui ne font pas partie de la même zone monétaire que le Bénin.

1.1. Les banques

De 1960 à aujourd'hui, le pays est passé par plusieurs étapes dans la création des structures de financement comme les banques. À l'origine, ces banques étaient créées par la France pour apporter les moyens financiers nécessaires au développement de la colonie du Dahomey. Dans ce cadre, plusieurs institutions bancaires d'origine française avaient des succursales dans les différentes colonies d'Afrique. Parmi celles-ci, trois avaient des antennes dans l'ancien Dahomey : la Banque Nationale de Paris (BNP), le Crédit lyonnais et la Société Générale.

La plupart de ces banques en s'installant dans ce pays ont gardé leur dénomination ou ont introduit d'autres appellations. Par exemple, la Banque Nationale de Paris est connue ici sous la même appellation de même que le Crédit lyonnais. Par contre la Société Générale a préféré s'appeler la Société dahoméenne de banques.

À ces trois banques, s'étaient ajoutées d'autres comme la Banque internationale pour le commerce et l'industrie du Dahomey (BICID), la Banque de l'Afrique occidentale (BAO) devenue par la suite la Banque internationale de l'Afrique occidentale (BIAO), la Banque dahoméenne de développement (BDD) et une Institution de financement, la Société dahoméenne de crédits autonomes (Socada).

Toutes ces banques ont fonctionné jusqu'en 1975 avant d'être nationalisées par le gouvernement militaire révolutionnaire (GMR) issu du coup d'État du 26 octobre 1972.

Ces banques sont regroupées en deux nouvelles banques : la Banque commerciale du Bénin (BCB) comprenant le Crédit lyonnais, la Société dahoméenne de banques, la Société dahoméenne de crédit autonome et la Banque internationale pour le commerce et l'industrie du Dahomey (BICID). La banque dahoméenne de développement avait gardé sa dénomination bien qu'elle soit nationalisée. Mais après le changement du nom du pays en 1975, elle était devenue la Banque béninoise de développement (BBD).

Le GMR créa pour compléter ces deux banques la Caisse Nationale de Crédit Agricole (CNCA). Ce sont ces trois banques qui ont servi de support à la gestion financière du pays pendant toute la période révolutionnaire.

A partir de 1990, suite à la restructuration du secteur bancaire réalisée dans le cadre des programmes d'ajustement structurel auxquels le pays avait souscrit à partir 1989, cinq nouvelles banques ont fait leur apparition après la liquidation des anciennes de l'époque révolutionnaire : i) la Bank Of Africa Bénin (BOA) ; Ecobank, la Banque Internationale du Bénin (BIBE), Financial Bank Bénin et Continental Bank Bénin. À ces cinq banques sont associés quatre établissements spécialisés : la Caisse nationale d'épargne, Crédit promotion Bénin, Crédit Bénin et Equipbail.

Depuis 2006, le système bancaire béninois comprend :

- une Agence Nationale de la BCEAO ;
- un Conseil National de Crédit ;
- quatorze banques commerciales ;
- un Établissement financier ;
- une Association Professionnelle des Banques et des Établissements financiers (APBEF)

La BCEAO a en charge : i) la centralisation des réserves de devises ; ii) la gestion de la politique monétaire des États membres de l'UEMOA ; iii) la tenue des comptes de trésor des États ; iv) la définition de la loi bancaire applicable aux banques et aux établissements financiers.

Présidé par le ministre de l'Économie et des Finances, le Conseil National du Crédit apprécie les besoins de financement des activités économiques du pays et propose à son conseil d'administration, le montant de crédit intérieur et celui des concours que la banque centrale pourrait consentir aux banques et au Trésor et en assure l'utilisation et le contrôle.

Les quatorze banques[74] que compte actuellement le pays assurent le contrôle de la politique de crédit, de gestion monétaire et participent au financement du développement national.

Quant aux établissements financiers, leur existence est définie par l'article 4 de la loi bancaire n°2012-24 du 24 juillet 2012. Les établissements financiers à caractère bancaire sont des personnes morales habilitées à effectuer toutes les opérations de banque pour lesquelles elles ont été agréées. Ils sont autorisés à traiter les mêmes opérations de crédits que les banques, mais ils ne peuvent pas recevoir des dépôts du public.

L'Association Professionnelle des Banques et Établissements financiers (APBEF) regroupe les établissements de crédits inscrits sur la liste des banques ou sur celles des établissements financiers à caractère bancaire reconnus par la Banque centrale conformément aux dispositions de l'article 55 de la loi 2012-24 du 24 juillet 2012.

De toutes ces institutions, celles qui participent le plus au processus de développement sont les banques commerciales. Le rôle que jouent ces

---

[74] Banque Internationale pour l'Industrie et le Commerce (BIIC) ; Bank of Africa Bénin (BOA) ; Orabank Bénin (OBB); Ecobank ; Bénin (EBB) ; NSIA Bank Bénin SA ; Société Générale Bénin (SGB); Banque Sahelo-Saharienne pour l'Investissement et le Commerce (BSIC-Bénin) ; Banque Atlantique du Bénin ; BGFI Bank Bénin ; United Bank for Africa (UBA), CCEI Bank Bénin ; CBAO ; Coris Bank International (CBI) ; Société Nigérienne de Banque (SONIBANK)

banques dans le progrès économique est corrélé avec leur niveau de capitalisation et de répartition dans l'espace national.

1.2. Les structures de financement décentralisées

L'origine de ces structures de financement décentralisées date de la période révolutionnaire. Elle fait suite à la faillite des banques, notamment celle de la Caisse Nationale de Crédit Agricole (CNCA) intervenue en 1987. Compte tenu du rôle joué par ces banques dans le développement du pays, il fallait mettre en place d'autres institutions de crédit pour continuer le financement des principaux secteurs de l'économie comme l'agriculture et les petites et moyennes entreprises. C'est dans ce cadre que furent créées les Caisses régionales de Crédit Agricole (CRCAM) et les Caisses locales de Crédit Agricole (CLCAM).

Ces deux caisses ont été mises en place avec l'aide de la Banque mondiale, de la Caisse centrale de coopération française devenue aujourd'hui l'Agence française de développement (AFD) et de la Suisse.

Parallèlement à ces deux institutions de financement décentralisées, avaient aussi fait leur apparition le Fonds d'appui aux initiatives à la base (FAIB), le Fonds de développement villageois (FDV) et le Fonds d'équipements villageois (FEV) financés en grande partie par le Programme des Nations-Unies pour le Développement (PNUD).

Le Fonds d'appui aux initiatives à la base (FAIB) a été créé en 1985 pour faire face à l'échec de plusieurs projets d'État et surtout à l'incapacité de ceux-ci d'améliorer les conditions de vie des populations à la base. Le but de ce fonds est d'apporter directement aux populations organisées une assistance financière dont le montant varie entre 100 000 et 200 000 francs CFA par personne sous forme de don ou de subvention selon les cas.

Quant au Fonds villageois, il était limité à quelques régions du pays comme celles de l'Atlantique et de l'Atacora. Il octroyait de crédits aux paysans à travers les Centres d'action régionale pour le développement rural (CARDER).

Le Fonds d'équipements villageois créé en 1979 octroyait des crédits de campagne agricoles pour l'achat des intrants agricoles, des crédits de soudure à la consommation et les crédits d'équipements pour la transformation des produits agricoles, la conservation des récoltes et l'acquisition des équipements d'attelage pour renforcer la pratique de la culture attelée.

Les CRCAM et les CLCAM avaient pour but de mobiliser l'épargne rurale à travers les dépôts qu'effectuaient les adhérents de ces fonds dans leurs différentes caisses. Ainsi, en fin d'exercice de 1989, le CRCAM avait pour adhérents 18 309 individus avec lesquels il a pu mobiliser 2, 101 milliards de francs CFA. C'est à partir de ces résultats qu'elle s'est fusionnée avec la CLACM le 7 juillet 1993 pour créer la Fédération des Caisses d'Epargne et de Crédit Agricole Mutuelle (FECECAM) inscrite au registre des sociétés financières décentralisées de la République du Bénin sous le numéro L.99.0002.A.

C'est à partir de ces expériences et suite à la libéralisation des secteurs vitaux de l'économie comme l'une des conclusions de la Conférence des forces vives de la nation de février 1990 que ce sont généralisés la naissance et le développement des sociétés financières décentralisées au Bénin.

Elles ont profité de la libéralisation du secteur bancaire en 1991 pour prospérer. Elles ont été créées pour relayer les banques qui n'arrivaient pas à bien couvrir le territoire national par leur envergure et en raison aussi des conditions assez contraignantes d'octroi de crédits bancaires. Elles sont donc devenues des systèmes de financement alternatif. Elles sont largement soutenues par les partenaires techniques au développement qui participent à la constitution de leurs fonds de démarrage et aussi à leur organisation.

On distingue pour ces structures de financement décentralisées plusieurs étapes dans leur création et plusieurs catégories d'établissements.

De 1990 à 2006, on distingue trois catégories d'établissements de microfinances : les établissements financiers qui sont au nombre de trois : Equipbail, Crédit du Bénin et Crédit promotion Bénin ; les mutuelles qui sont organisées en réseaux autonomes et fonctionnent comme de véritables associations financières, les microfinances devenues de plus en plus nombreuses dans le pays.

Les établissements financiers offraient différents types de crédits soit sous forme de bien d'équipements (immeubles, machines, matériels, outillages, etc.) ; soit sous forme de petits crédits d'investissement qui participaient à la promotion de petits agents économiques notamment les PME et PMI.

Mais du point de vue de financement de ces PME et PMI, les actions les plus visibles sur le terrain concernent plutôt les mutuelles de financement créées par les opérateurs privés pour renforcer l'entraide dans ce secteur et les innombrables projets initiés par les partenaires au développement pour favoriser la relance du secteur privé béninois. On dénombre actuellement dans le pays plusieurs dizaines de mutuelles et projets intervenant dans le financement de ces petites et moyennes entreprises.

Comme mutuelles, on peut signaler :

- la Fédération des Caisses d'Epargne et de Crédit Agricole mutuel (FECECAM) : elle couvre tout le territoire national avec près d'une centaine d'agences installées dans toutes les communes et dans certains arrondissements du pays ;
- les Caisses rurales et d'épargne (Crep) comme Sassakawa global 2000 et Cathwell opérant dans une cinquantaine de villages du sud Bénin ;
- les mutuelles d'artisans financées par le Bureau international du travail et le Programme des Nations-Unies pour le développement installé dans quelques villes ;

- les mutuelles de la société néerlandaise de développement (CNV) qui opèrent également en milieu rural ;

Ces différents réseaux de financement décentralisé octroient des crédits à partir de 10.000F CFA, mais ne peuvent pas dépasser 1.000.000F CFA à un taux équivalent à celui des banques de l'ordre de 17%. Les garanties demandées sont presque les mêmes : caution individuelle, collective ou solidaire ; biens meubles ; marchandises de toutes sortes.

De toutes ces initiatives, c'est le réseau FECECAM qui est de loin le plus performant à cause des produits qu'il offre tel que : i) l'épargne journalière ; ii) l'épargne à terme (six mois à un an) ; iii) l'assurance santé pour hospitalisation ; iv) l'assurance obsèques ou cercueil, etc.

En raison de ses souplesses, il a deux fois plus de clients que toutes les banques de la place réunies. Il est suivi par la Caisse Nationale d'épargne dont le nombre d'adhérents s'élève en 2006 à 150 individus. Comme projets ou structures non mutualistes, on peut mentionner les organisations de crédits directs tels que :

- l'Agence pour la promotion et l'appui aux petites et moyennes entreprises (PAPME) ;
- la Société pour la promotion et l'appui au développement des microentreprises (PADME) ;
- le Campus Bénin ;
- le Centre de promotion et d'encadrement des petites et moyennes entreprises (CEPEPE) ;
- le Centre de perfectionnement et d'assistance en gestion (CEPAG) ;
- le Fonds national de la microfinance (FNM)

L'Agence pour la promotion et l'appui aux petites et moyennes entreprises (PAPME) fut installée en septembre 1993 pour favoriser la promotion des petites et moyennes entreprises en vue de la création de la richesse et de l'emploi. Elle fournit des appuis-conseils à ces petites et moyennes entreprises. Elle les aide à élaborer des dossiers de financements qu'elle appuie à hauteur de 2 à 40 millions de F CFA avec un taux d'intérêt de 12% par an.

La Société pour la promotion et l'appui au développement des microentreprises (PADME) fut créée elle aussi en septembre 1993 afin de financer les microentreprises individuelles destinées à la survie des ménages. Elle n'accorde que de faibles crédits allant de 20 000 à 2 millions de francs CFA seulement remboursables entre 2 et 12 mois avec un taux d'intérêt de 2% au mois.

Le Campus Bénin développe l'esprit entrepreneurial par la création de petites et moyennes entreprises. Il apporte une assistance-conseil et un suivi rigoureux aux promoteurs de ces entreprises.

Le Centre de promotion et d'encadrement des petites et moyennes entreprises (CEPEPE) est plutôt une structure d'appui à ces petites et moyennes entreprises en les aidant à élaborer des dossiers banquables qu'il se charge d'appuyer auprès des banques de la place.

Le Centre de perfectionnement et d'assistance en gestion (CEPAG) diffuse plutôt des connaissances techniques et des méthodes devant permettre à ses stagiaires de développer de réelles compétences managériales. À la différence des autres structures, il n'octroie pas de crédit.

Le Fonds national de la microfinance (FNM) est une nouvelle institution de microfinance qui participe à la promotion de l'inclusion financière pour la réduction de la pauvreté au Bénin.

Au total, il existe plus d'une centaine de sociétés financières décentralisées au Bénin. Les services qu'elles offrent s'élèvent à environ 1 435, 2 milliards de francs CFA en 2019 dominés par les crédits à la clientèle de l'ordre de 82,50 %.

Ce secteur de microfinance est en pleine expansion. Il est animé à la fois par l'État, les religions et les ONG. Des 19 établissements enregistrés par la BCEAO en 2018, on est actuellement à plus d'une centaine d'institutions de microfinances dont le plus grand nombre appartient à des ONG.

À la différence des banques, ces établissements de microfinance sont mieux implantés dans le pays et sont plus proches des populations. Les plus importantes des sociétés de microfinances appartiennent à l'État comme la Fédération des Caisses d'Epargne et de Crédit Agricole mutuel (FECECAM) et le Fonds National de la Microfinance (FNM).

Les services qu'elles rendent à la clientèle sont de trois catégories : les prêts, l'épargne et la tontine.

Dans le domaine de l'épargne, plusieurs comptes sont proposés à la clientèle comme les dépôts à vue, l'épargne bloquée avec un compte rémunéré, l'épargne sur livret également rémunéré et le dépôt à terme.

Ces institutions de microfinance relayent sur le terrain les banques dont les services concernent plutôt les fonctionnaires et les opérateurs économiques dont les revenus sont relativement importants, en offrant leur service aux travailleurs du secteur informel.

1.3. Les structures informelles de financement

Il s'agit des caisses dont le contrôle échappe à toute législation en place. Il existe plusieurs de ces caisses dont les apports extérieurs proviennent des cotisations périodiques venant de leurs adhérents.

La première catégorie de ces caisses est celle des anciennes structures tontinières qui ont évolué pour devenir de véritables établissements de collecte d'épargne et de crédits. Ces caisses se comptent à des centaines dans le pays et réparties sur l'ensemble du territoire national. Les plus importantes sont :

- la Mutuelle pour le développement à la base (MDB) avec pour objectif la mobilisation de l'épargne, le consentement des prêts à des clients dans des conditions plus souples que celles des autres microfinances ;

- le Cercle des opérateurs économiques pour le développement économique et social (CODES) créé en 1995 pour promouvoir les activités économiques de ses membres ;
- Convergence 2000 ; etc.

Toutes ces structures accordent des crédits à court terme (entre 3 et 12 mois) aux personnes physiques et aux petites entreprises. Le montant de ces crédits varie entre 10 000 et 5 millions de francs CFA avec un taux de remboursement de 20 à 30% selon les cas.

La seconde catégorie de ces structures informelles de financement est celle des tontines traditionnelles, c'est-à-dire des associations visant à soutenir de façon rotative, suivant une période fixée à l'avance les membres dans leurs besoins d'investissement. Il existe deux formes de tontines assez répandues sur l'ensemble du territoire béninois qui témoignent d'un bon niveau de circulation monétaire dans le pays.

Presque toutes les personnes de plus de 18 ans participent à une de ces tontines : la tontine mutuelle ou tournante, la tontine commerciale ou ambulante.

La tontine mutuelle ou tournante relève d'un procédé très simple : un groupe de personnes dont le nombre varie verse à une date donnée qui peut être la fin d'une journée, d'une semaine ou d'un mois une somme fixe. À chaque période, cette somme multipliée par le nombre des adhérents est disponible pendant toute la durée de la tontine que chacun des membres lève à tour de rôle. Ces tours sont attribués par tirage au sort.

La tontine commerciale ou ambulante a fait son apparition avec les monnaies modernes. De ce fait, elle est beaucoup moins développée que la tontine mutuelle. Elle est plutôt répandue sur les marchés périodiques et dans les grandes villes. Son procédé consiste à ce qu'un homme ou une femme bien connus dans le milieu se transforme en tontinier ou tontinière. Il ou elle propose aux personnes connues de lui confier un peu d'argent à une période fixe. Il ou elle s'engage à rembourser cette personne au bout d'un certain temps négocié ensemble. Il existe deux formes de tontines commerciales : la tontine journalière et la tontine des jours de marché. La première très développée dans les marchés urbains est dirigée par un responsable qui fait imprimer des cartes de trente et une cases portant le nom des adhérents et le montant de la mise par membre et par jour. La durée de cette tontine est de 31 jours. Mais les adhérents ne ramassent que les dépôts de trente jours. Celui du 31e jour représente le salaire du responsable de la tontine.

La tontine des jours de marché concerne les dépôts qui se font tous les jours d'animation de marché. La durée de la tontine peut correspondre entre 25 à 52 passages selon la périodicité du marché concerné. À la fin de la période, les déposants ramassent une partie de leurs mises de l'ordre de 90%. Le reste soit 10% revient au responsable de la tontine.

Quelle que soit leur forme, les tontines sont des plateformes financières où se mobilisent chaque jour, chaque semaine ou chaque mois d'importantes sommes d'argent. On estime à plus de 100 milliards de francs CFA l'épargne que se partagent chaque année les adhérents des différents groupes de tontines[75].

Ces associations de tontines sont secondées par les usuriers qui sont des personnes physiques qui placent leurs argents dans un délai très court, excédant rarement quelques mois à un taux d'intérêt de 100%. Mais les fréquents recours en justice des différentes parties engagées dans ce système montrent bien la limite des pratiques usurières.

1.4. Le réseau des cambistes de marché parallèle de change

Les activités de change parallèle ont vu le jour pendant la période coloniale avec l'usage de plusieurs monnaies dans la région ouest-africaine : la livre sterling, le franc de la colonie française d'Afrique, l'escudo des colonies portugaises, etc. Au lendemain des indépendances, ce marché de change a connu un essor considérable en raison des disparités de politiques économiques des États de la région se traduisant par l'apparition de plusieurs monnaies en majorité non convertibles. À cela s'ajoute l'inadaptation des structures bancaires aux réalités socio-économiques dont notamment l'analphabétisme de la plupart des opérateurs économiques.

Devant les longues et pénibles formalités à remplir pour accéder aux avantages bancaires, les commerçants préfèrent se rapporter au marché parallèle de change. La sollicitation de ce marché par les opérateurs économiques est devenue systématique rendant ainsi convertible toutes les monnaies de la région ouest-africaine en favorisant du coup l'intégration des marchés.

En ce qui concerne le Bénin, cette activité est particulièrement dynamique du fait de la proximité du Nigeria et du Ghana et du rôle de relais qu'a joué ce pays pour son voisin de l'est pendant ses difficultés sociales du fait de la sécession biafraise. C'est à partir du fonctionnement de ce marché parallèle que le Nigeria prélève une partie non négligeable des devises nécessaires à ses achats à l'extérieur d'où la mesure interdisant la circulation physique du franc CFA hors de sa zone d'émission prise en août 1983 par les banques centrales des États d'Afrique de l'Ouest et du Centre. En effet, il circule à l'intérieur de ce marché plusieurs milliards de francs CFA. Il en résulte la présence sur ce marché d'un nombre impressionnant d'acteurs évalués à plus de 3 000 cambistes entre le Nigeria et le Bénin. Ces cambistes sont présents dans toutes les grandes villes et surtout dans les principaux marchés frontaliers où

[75] **Afouda, A. S.** (1996) : *Le secteur privé national au Bénin, acteurs et stratégies* ; Friedrich Ebert, Cotonou

circulent toutes les monnaies de la région, de même que des devises étrangères comme le dollar, l'euro et les monnaies des pays du Golfe. Le dynamisme de ce marché parallèle, ajouté au réseau informel de financement, renforce la capacité économique de plusieurs acteurs et de leurs contributions au financement de l'économie béninoise.

L'existence de ces structures informelles de financement du fait de l'inadaptation d'une partie de la population aux contraintes de l'économie moderne et de la forte solidarité de ses différents acteurs soulève aujourd'hui le problème des réformes des systèmes financiers actuellement en vigueur afin de mieux les cadrer avec le fonctionnement d'un marché largement dominé par les illettrés.

L'analyse des structures de financement qui vient d'être présentée permet de formuler quelques remarques comme le sous-financement de l'économie par les structures officielles. Il en résulte une faible monétarisation des campagnes et le retard pris par le Bénin dans ce domaine comparé aux autres pays de la région. Cette capacité de financement par les institutions bancaires et les structures décentralisées officielles ne dépasse pas 10% alors que celui-ci est supérieur à 15% dans les États membres de l'Union économique et monétaire ouest-africaine comme la Côte d'Ivoire, le Sénégal et le Togo.

II. Le besoin de financement de l'économie

L'analyse de ce besoin de financement n'est pas facile à faire en raison de l'évolution économique du pays depuis son accession à l'autonomie interne. Ce besoin n'a été correctement évalué qu'à partir de la conférence économique nationale de décembre 1996 et de la table ronde sur la relance du secteur privé qui l'a précédé deux années plus tôt[76]. Ces deux évènements ont débouché sur la rédaction d'un document-cadre intitulé : Programme d'investissement public (PIP) à travers lequel sont évalués depuis 1997 les besoins de financement de l'économie béninoise.

Dans la première phase allant de 1960 à 1972, il existe peu de données sur les engagements financiers en faveur du développement national largement tributaire du secteur rural.

Les dépenses prévues pour ce secteur entre 1962 et 1968 s'élevaient à 8, 3 milliards en 1962 et 9, 7 milliards en 1965 pour le secteur vivrier. Quant aux cultures de rente, six filières ont été identifiées comme priorités du développement agricole : l'arachide, le coton, le cocotier, le ricin, le teck et l'anacardier. Pour ces six filières d'exportation, 23,67 milliards de francs CFA ont été prévus soit un total de 31,97 milliards de francs CFA pour la promotion de ce secteur rural.

[76] **d'Almeida, C., Houégnon B. et Kocou, R.** (1996) : *Mobilisation des ressources et financement de l'économie.* Conférence économique nationale, décembre

Dans le deuxième plan 1966-1970, en dehors des cultures vivrières pour lesquels un investissement de 26,906 milliards était consacré, dix cultures d'exportation ont été retenues comme prioritaires : le palmier à huile, le cocotier, le coton, le tabac, le teck, l'anacardier, l'arachide, le café, la canne à sucre (à titre d'expérimentation) et le jute auxquels s'ajoutent les cultures de cueillette comme le Karité et le Kapok.

Les investissements prévus pour la promotion de ces cultures d'exportation s'élevaient à 11,56 milliards de francs CFA.

Quant au plan national intérimaire 1971-1972, l'accent fut plutôt mis sur le développement de deux principales cultures d'exportation : le palmier à huile et le coton. Les moyens financiers exigés pour ce choix s'élèvent à 13% de l'investissement total d'une valeur de 39, 67 milliards de francs CFA répartis comme suit :

- agriculture : 13% ;
- industrie et commerce : 51% ;
- secteur social : 19% ;
- administration : 17%

Dans ce plan, sur un montant total de 17,29 milliards de francs CFA consacrés à l'industrie, la valorisation des matières agricoles représente 10, 44 milliards de francs CFA, soit 60% de la somme consacrée à l'industrie[77].

Dans cette première période du développement national, les deux secteurs principaux de développement économique que sont le palmier à huile et le coton avaient coûté au pays environ 8,87 milliards de francs CFA pour le secteur palmier à huile entièrement octroyés par les Institutions internationales que sont le Fonds Européen de Développement (FED), le Fonds d'aide et de coopération (FAC) d'origine française, la Banque internationale pour la reconstruction et le développement (BIRD) et le Fonds international pour le développement agricole (FIDA).

Quant au coton, pour la période 1960-1972, sa promotion a coûté 1, 22 milliards de francs CFA financés en grande partie par le Fonds Européen de Développement (FED) et le Fonds d'aide et de coopération (FAC).

Lorsque ce soutien extérieur est devenu multiple, les plans qui sont rédigés après 1972 sont devenus plus précis dans leurs évaluations financières.

Ainsi pour le plan triennal 1977-1980, l'investissement prévisionnel était de l'ordre de 243,8 milliards de francs CFA répartis comme suit :

- industrie, énergie et artisanat :111,518 mds francs CFA ;
- équipements : 44,875 mds francs CFA ;
- transports : 32,120 mds francs CFA ;
- développement rural : 26,001 mds francs CFA ;
- éducation : 15, 868 mds francs CFA ;

[77] Toutes les informations chiffrées proviennent de l'une des études de l'Office national des céréales sur le financement de l'agriculture béninoise et ses implications sur la sécurité alimentaire réalisée en février 1992

- santé : 6,763 mds francs CFA ;
- commerce 3,465 mds francs CFA ;
- tourisme : 3,190 mds francs CFA ;

Dans ce premier plan de la période révolutionnaire, l'option principale de développement était l'industrialisation portée par la création du Complexe sucrier de Savè, du complexe cimentier d'Onigbolo auxquels s'ajoutaient la brasserie de Parakou, l'huilerie et la maïserie de Bohicon. Ce n'est qu'après l'industrie qu'arrivent les équipements et le transport.

S'agissant du plan quinquennal 1983-1987, les dépenses prévues s'élevaient à 244,3 milliards de francs CFA décomposés comme suit :

- développement rural : 118,6 mds francs CFA ;
- transport et communication :42,9 mds francs CFA ;
- bâtiment et travaux publics : 34,1 mds francs CFA ;
- administration publique : 23,3 mds francs CFA ;
- industrie : 17,2 mds francs CFA ;
- énergie : 8,2 mds francs CFA[78] ;

Dans ce plan, le développement rural est devenu prioritaire, suivi des transports et communications, des bâtiments et travaux publics, etc. La part relativement faible de l'industrie s'explique par l'achèvement de plusieurs industries faisant partie de la priorité du plan 1977-1980.

A partir du Renouveau démocratique, démarré en 1990, plusieurs réformes structurelles ont été engagées dans le cadre des différents programmes d'ajustements structurels afin d'effacer les traces des 17 années du régime révolutionnaire. Ces réformes ont entrainé des investissements importants qui se sont échelonnés durant tout le mandat du président Soglo comme l'indique le tableau ci-après.

Tableau n°47 : *Le coût des investissements publics sous le règne du président Soglo (en milliards de Francs CFA)*

	1990	1991	1992	1993	1994	1995
Prévision	53.978	55.800	59.329	67.137	84.536	87.121
Réalisations	37.787	39.199	37.560	47.529	85.466	-
Taux de réalisation par rapport aux prévisions	70%	70,25%	63,31%	70,79%	101,10%	-

Source : Justin GNIDEHOU ; Op Cit

La plupart de ces investissements ont servi aux réformes structurelles de l'économie et à asseoir une nouvelle base de la croissance économique. En

[78] **Justin GNIDEHOU** ; *L'évolution de l'économie, de la politique et des programmes de développement du Bénin (1980 à 1995)*

dehors de la privatisation des secteurs vitaux de l'économie, les investissements de cette période ont surtout concerné le secteur agricole et principalement le secteur cotonnier qui est resté jusqu'à ce jour le fleuron de l'économie béninoise.

Du temps du président Kérékou, le besoin de financement de l'économie est allé de 105 milliards de francs CFA en 1997 à 171,72 milliards de francs CFA en 2003, 194,18 milliards de francs CFA en 2004 pour atteindre environ 356,84 milliards de francs CFA à la fin de son mandat en 2006 soit une progression annuelle de 13,1%.

Sur la base de 2004 et 2006, la répartition des investissements réalisés par secteur se présente comme l'indique le tableau ci-après :

Tableau n°48 : *La répartition des investissements réalisés par secteur de 2003 à 2006 (en milliards de F CFA)*

Secteurs	2004	2006
Secteurs productifs	104,64 (59%)	177,23 ()
-Infrastructures	68,39 (59%)	22,52
-Secteur rural	22, 79 (19,9%)	11,92
-Eau et électricité	12,96 (11,3%)	0,5
-Industrie et artisanat	4,66 (4,1%)	22,82
-Commerce, service et tourisme	5,84 (5,1%)	1,96
Secteurs sociaux	5,42 (28,5% du PIP)	56,69
-La santé	19, 40 (35%)	17,34
-Éducation	26,56 (47,9%)	29,46
-Habitat	4,5 (5,7%)	-
-Autres secteurs sociaux	8,95 (16%)	-
		-
Administration	24,12 soit 12% du PIP	
Total	194,18	356,84

Source : Ministère de l'Économie et des Finances : Coopération pour le développement, Rapport du DDCRE, juin 2006

Selon ce tableau, les secteurs productifs reçoivent respectivement 194, 18 milliards en 2004 et 177, 23 milliards en 2006 parmi lesquelles les infrastructures viennent en première position. Les secteurs sociaux reçoivent respectivement 55,42 milliards en 2004 et 56,69 milliards en 2006, largement dominés par la santé et l'éducation. Les dépenses de l'administration de l'ordre de 24,12 milliards de francs CFA ne représentent que 12% du montant du PIP en 2004.

La mobilisation de ces moyens financiers est faite à hauteur 54,5% par les partenaires techniques et financiers sous forme de prêts pour 42,5% et de don pour 57,5%. Le reste de 97,17 milliards en 2004 est financé à partir des ressources intérieures.

Cette répartition du financement de l'économie qui fait reposer le développement du pays sur l'aide extérieure est restée en vigueur jusqu'à l'avènement du régime de la rupture comme on le verra plus loin.

Sous Yayi Boni, la situation est restée la même malgré sa politique du Bénin émergent et un contexte international marqué par plusieurs évènements comme les négociations de l'accord de partenariat économique entre l'Afrique de l'Ouest et les pays européens, la mise en place du Tarif extérieur commun (TEC) de la CEDEAO et la poursuite des négociations commerciales du cycle de DOHA à l'OMC.

Le besoin de financement de 2006 à 2016 est allé de façon décroissante de 649,299 Mds de francs CFA en 2006 à 382,454 Mds de francs CFA en 2014, soit une baisse de 15%. L'évaluation de ce besoin entre 2006 et 2014 se présente comme suit :

Tableau n°49 : *Le besoin de financement de l'économie sous Yayi Boni (en milliards de francs CFA)*

	2006	2007	2008	2009	2010	2011	2012	2013	201
Dépenses courantes	499,67	317,19	327,42	318,97	153,45	143,60	231,60	22,49	242
Investissements	149,720	175,689	203,712	187,523	125,532	126,038	210,326	134,320	137
Hautes Institutions de l'État	560	1273	1801	1431	972	87	992	6626	286
Administration	5034	5917	7789	11340	8210	17859	17884	13001	875
Économie	91.517	100.994	119.930	112.756	51.015	57782	141145	63148	584
Secteurs sociaux	52509	67.503	4720	62396	65335	50310	49502	51545	669

Source : INSAE, TABLEAU DE BORD SOCIAL 2016, Cotonou, Septembre 2019

De ce tableau, ce sont les secteurs agricoles (26,039 Mds de francs CFA), des mines et de l'énergie (22,035 Mds de francs CFA) et de l'environnement (17,73 Mds de francs CFA) qui ont reçu les plus gros investissements.

Quant aux secteurs sociaux, ce sont les travaux publics (21,137 Mds de francs CFA), la santé (14,79 Mds de francs CFA) et l'éducation (9,50 Mds de francs CFA) qui ont exigé de très gros investissements.

Cette tendance est restée la même pour les quatre périodes excepté celle de la Révolution durant laquelle l'industrie a occupé une bonne place.

La seconde remarque est le caractère irrégulier de ces besoins avec une tendance baissière à la fin du régime de Yayi Boni contrairement aux autres périodes.

Le besoin de financement de l'économie du temps de Talon a été exprimé non plus dans son plan de développement 2018-2025, plutôt dans les deux programmes d'action du gouvernement 2016-2021 et 2021-2026. Ce besoin de financement pour le premier PAG est évalué à 9 039 milliards de francs CFA et pour le second à 12 011 milliards de francs CFA. Les deux programmes comptent chacun trois piliers de développements. Ces piliers sont pour le PAG 1 : i) consolider la démocratie, l'état de droit et la bonne gouvernance ; ii) engager la transformation structurelle de l'économie et iii) améliorer les conditions de vie des populations. Le premier pilier comporte deux axes : i) le renforcement des bases de la démocratie, de l'état de droit et de l'amélioration de la bonne gouvernance. Cet axe coûte 1439 milliards de francs CFA. Le deuxième axe de ce pilier 1 porte sur l'assainissement du cadre macro-économique, le maintien de la stabilité, l'amélioration de la croissance économique et celle des performances de l'éducation. Son coût est de 600 milliards de francs CFA. Le troisième pilier a également deux axes : i) le renforcement des services sociaux de base et la protection sociale, ii) le développement équilibré et durable de l'espace national sont estimés à 1 600 milliards de francs CFA.

Le PAG 2 comporte également trois piliers qui sont d'ailleurs les mêmes que pour le PAG1 : i) renforcer la démocratie, l'état de droit et la bonne gouvernance ; ii) poursuivre la transformation structurelle de l'économie ; iii) améliorer le cadre de vie, la protection sociale, les services sociaux de base (eau, santé ; sport). Le détail de ces trois piliers en termes de financement se présente comme suit :

- croissance économique : 54,8%,
- cadre de vie : 17,4%,
- services sociaux de base : 14%
- éducation 8,3%
- bonne gouvernance: 4,5% état de droit : 0,7%
- cadre macro-économique : 0,3%.

La mobilisation des moyens financiers pour l'exécution des deux programmes s'est faite à partir d'un partenariat public-privé.

Les 9 039 milliards de francs CFA du PAG 1 se répartissent comme suit : i) secteur public : 3 529 milliards (36%) ; ii) secteur privé : 5 510 milliards de francs CFA (64%) dont 2 500 milliards de francs CFA sous forme d'emprunt obligataire et 2681 milliards de francs CFA sous forme de prêts auprès des partenaires techniques et financiers, et le reste soit 329 milliards de francs CFA sous forme de don.

Ce que le secteur privé apporte est constitué du soutien au budget national pour 700 milliards de francs CFA et de l'apport du programme d'investissement public (PIP) pour le reste, soit 2 829 milliards de francs CFA.

Le PAG2 dont le montant total est de 12 011 milliards de francs CFA est financé de la même manière à partir d'un partenariat public-privé avec des contributions attendues comme suit : i) public : 5760,3 milliards de francs CFA soit 48% ; ii) privée : 6245,7 milliards de francs CFA soit 52% parmi lesquels les dons et les prêts s'élèvent à 1 777,9 milliards de francs CFA, soit 28%.

Comparés au PAG 1, les apports publics sont devenus plus importants de l'ordre de 48% contre 36% auparavant. Dans la contribution publique, la part du Programme d'Investissement Public (PIP) est prépondérante de 4156,45 milliards de francs CFA, soit 72%.

La répartition de cette contribution du PIP selon les différents secteurs de développement se présente comme suit :

- **Pilier 1** : renforcement de la démocratie de l'État de droit et de la bonne gouvernance : 7,5% dont 1,5% sont allés au renforcement de la démocratie et de l'État de droit et 6% à la bonne gouvernance.
- **Pilier 2** : la transformation structurelle de l'économie (45%) dont 0,7% aux cadres macro-économiques et à la stabilité, 34,6 % à la croissance économique et 9,7% à l'éducation.
- **Pilier 3 :** amélioration du bien-être des populations (47,5%), dont 20,1% à l'accès des populations aux services sociaux de base et à la protection sociale et 27,4% au développement équilibré et durable de l'espace national.

Par rapport aux années antérieures, le besoin de financement de l'économie nationale sous le régime de la rupture est devenu très important. Cela exige des sacrifices élevés des citoyens à partir d'une imposition assez élevée et assez contraignante. Cela demande aussi un soutien extérieur important à partir des dons et des prêts.

III. Les différentes formes de soutiens financiers à l'économie

Les besoins de financement de l'économie qui viennent d'être présentés attestent de l'importance de ce financement. Parmi les structures et institutions qui s'engagent à assurer ce financement, on peut distinguer deux catégories : les institutions de financement intérieur et la contribution de la coopération internationale.

Les institutions de financement intérieur sont représentées par l'État et le secteur privé, notamment les banques commerciales et les structures de financements décentralisées. Le financement de l'État se fait à partir du Programme d'Investissement public (PIP).

La contribution de la coopération internationale passe elle aussi par trois niveaux : la Coopération bilatérale, les Institutions internationales et les Organisations non gouvernementales (ONG)

La Coopération bilatérale concerne tous les États du monde avec lesquels le Bénin entretient des relations de coopération soit sous forme d'ambassades ou sous forme de consulats.

Les Institutions internationales sont de plusieurs ordres. Il y a les institutions de développement comme la Banque mondiale et le Fonds monétaire international (FMI), le système des Nations Unies à travers le

Programme des Nations Unies pour le développement (PNUD) comme la FAO, l'OMS, l'UNESCO, le FENU, etc. ; et d'autres organisations internationales venant des pays arabes tels que la BID, le Fonds koweïtien ou encore la Banque africaine de développement de l'Union africaine, la BOAD, de l'UEMOA et la Banque de développement de la CEDEAO, etc. Toutes ces institutions internationales contribuent au financement de l'économie béninoise à divers niveaux.

3.1. La contribution nationale au financement de l'économie

Le cas de l'État

Celle-ci se fait à partir du budget national avec ses trois composantes que sont :

- le budget de fonctionnement qui est le portefeuille de l'État consacré au paiement des salaires du personnel administratif et du matériel utilisé par celui-ci. À cela s'ajoutent aussi les fonds de pension de retraite ;
- le budget d'investissement consacré aux réalisations des différents projets économiques, infrastructurels et sociaux. Cette partie du budget est désormais constituée du Programme d'investissement public (PIP) ;
- le budget d'équipement consacré à l'achat des engins et du matériel administratif à divers niveaux.

Chacune de ces composantes du budget contribue d'une manière ou d'une autre au développement de la nation.

La contribution du secteur privé

Elle se fait à deux niveaux, à travers les banques commerciales et les Institutions de financement décentralisées.

Le cas des banques

Il existe actuellement quatorze (14) banques commerciales au Bénin dont le niveau de capitalisation est le suivant :

- BGFI Bank Bénin SA : 35 milliards de F CFA
- NSIA Bank Bénin SA : 20,45 milliards de F CFA
- Société Générale Bénin : 19 milliards de F CFA
- Orabank Bénin : 17,136 milliards de F CFA
- CORIS Bank :15,5 milliards de F CFA
- Sonibank : 12 milliards de F CFA
- United Bank for Africa : 10,997 milliards de F CFA

- Bank of Africa Bénin : 10,073 milliards de F CFA
- CCEI Bank Bénin : 10 milliards de F CFA
- BSIC Bénin SA : 9,22 milliards de F CFA
- Banque Internationale pour l'Industrie et le Commerce (BIIC) : 9 milliards de F CFA
- Banque Atlantique du Bénin : 6,5 milliards de F CFA
- Ecobank : 5 milliards de F CFA
- CBAO : 3 milliards de F CFA

Le total de cette capitalisation est de 182,876 milliards de francs CFA. De ces banques, le plus actif sur le terrain est paradoxalement la BOA dont le capital n'est que de 10,073 milliards. Il a cumulé en 2015, 517 milliards de dépôts. Son bilan de fin d'exercice s'est équilibré à 851 milliards de FCFA.

Par contre, la BGFI dont le capital social est le plus important a connu un début difficile par l'enregistrement d'une perte nette de 5,8 milliards. Il a fallu des réformes internes rigoureuses pour qu'elle puisse remonter la pente avec néanmoins de faibles bénéfices qui ne dépassent pas 180 millions de francs CFA par an.

Orabank malgré une implantation très ancienne dans le pays (1989) peine aussi à émerger.

L'importance de ces banques et leur occupation territoriale peuvent se mesurer d'une part par leur niveau d'investissement et d'autre part par leur répartition géographique.

S'agissant de leurs investissements, les informations glanées çà et là indiquent que ces banques ont reçu par exemple en 2006, 606,1 milliards de dépôts correspondant à 19,3% du PIB national ; les crédits accordés à l'économie s'élevaient la même année à environ 474,1 milliards correspondant à 68,1% de leurs dépôts et à 15,1% du PIB national.

De ces banques, seuls la BOA et Ecobank restent très actives malgré leurs capitalisations relativement modestes comparées à la BGFI, au NSIA, à la Société Générale et Orabank.

Quant à leurs répartitions géographiques, celles-ci se mesurent par le nombre de leurs agences dans le pays, objet du tableau ci-après :

Tableau n°50 : *L'emprise territoriale des banques béninoises*

Banques	Nbre des agences	Répartition par départements											
		Ali	Atl	Ata	Bor	Cou	Col	Don	Lit	Mon	Pla	Oué	Zou
BOA	46	01	05	-	03	02	02	-	25	02	01	02	03
Ecobank	21	01	02	01	01	-	-	01	12	-	-	02	01
Orabank	19	-	01	03	01	01	-	-	09	02	-	01	01
SGB	13	-	01	01	01	-	-	-	07	-	-	02	01
NSIA	11	-	01	-	-	-	-	-	07	-	-	02	01
Banque Atlantique	11	-	01	-	-	-	-	-	09	-	-	01	-
BSIC	09	-	-	-	01	-	-	-	08	-	-	-	-
BGFI	08	-	-	-	-	-	-	-	08	-	-	-	-
UBA	08	-	01	-	01	-	-	-	06	-	-	-	-
BIIC	05	-	-	-	-	-	01	-	04	-	-	-	-
CCEI	02	-	-	-	-	-	-	-	02	-	-	-	-
CBAO	02	-	-	-	-	-	-	-	02	-	-	-	-
CORIS	02	-	-	-	-	-	-	-	02	-	-	-	-
Sonibank	02	-	-	-	-	-	-		02	-	-	-	-
Total	159	02	12	05	08	03	03	01	103	04	01	10	07

Source : Tableau confectionné à partir des données de mays-mouissi.com

De ce tableau se dégagent quelques remarques :

- la forte concentration de ces banques à l'intérieur du Littoral et singulièrement dans la ville de Cotonou (103 agences, soit 64%) ;
- la mauvaise répartition de ces banques à l'intérieur du pays avec le peu d'intérêt accordé à deux départements, le Plateau et la Donga.

De ce tableau, on peut regrouper ces banques commerciales en deux catégories :

- celles qui ont une bonne emprise territoriale comme la BOA, Ecobank, Orabank, et la Société Générale ;
- et les moins actives qui ont un rayonnement territorial assez modeste.

La situation du secteur des microfinances

Ce secteur est en pleine expansion. Il est animé à la fois par l'État, les religions et les ONG. Des 19 établissements enregistrés par la BCEAO en 2018, on est actuellement à près de 80 institutions de microfinances dont le plus grand nombre appartient à des ONG.

À la différence des banques, ces établissements de microfinance sont mieux implantés dans le pays et sont plus proches des populations. Les plus importantes des sociétés de microfinances appartiennent à l'État comme la FECECAM et le Fonds National de la Microfinance (FNM).

Les services qu'elles rendent à la clientèle sont de trois catégories : les prêts, l'épargne et la tontine.

Dans le domaine de l'épargne, plusieurs comptes sont proposés à la clientèle comme les dépôts à vue, l'épargne bloquée avec un compte rémunéré, l'épargne sur livret également rémunéré et le dépôt à terme.

Ces institutions de microfinance relayent sur le terrain les banques dont les services concernent plutôt les fonctionnaires et les opérateurs économiques dont les revenus sont relativement importants, en offrant leur service aux travailleurs du secteur informel.

3.1. Les engagements financiers entre 1960 et 1972

Cette période est marquée par une instabilité politique. Celle-ci n'a pas créé la confiance nécessaire au niveau des bailleurs de fonds et des investisseurs étrangers pour susciter le financement adéquat de l'économie.

Ce financement de l'économie durant cette première période de développement du Bénin était largement dominé par l'aide française à laquelle s'ajoutait celle de l'Union européenne à travers le Fonds européen de développement (FED). Par la suite, cette aide financière étrangère s'était élargie à d'autres contributions bilatérales et internationales.

Sur le plan bilatéral, la France venait de loin en tête. Son aide avait commencé depuis 1947 après la deuxième guerre mondiale avec le Fonds d'investissement pour le développement économique et social (FIDES). Cette aide s'est poursuivie avec le Fonds d'aide et de coopération (FAC).

Entre 1947 et 1958, les investissements du Fides s'élevaient à plus de 9, 782 milliards de francs CFA consacrés à l'agriculture, la forêt, la pêche et les routes. De 1959 à 1965, les investissements du FAC s'élevaient à plus de 1, 818 milliards consacrés à plusieurs domaines comme la promotion du secteur cotonnier, l'assistance technique à la Sonader, le développement de l'agro-industrie, la promotion de la recherche agronomique, etc.

Après la France, arrivent pêle-mêle les États-Unis d'Amérique qui avaient contribué entre 1960 et 1969 pour 10 millions de dollars consacrés à de petits projets, notamment des villages pionniers auxquels s'ajoutent des dons alimentaires en céréales.

La Chine a établi des relations de coopération avec le Bénin depuis 1966. Suspendue entre 1967 et 1972, cette coopération a repris avec la Révolution et a porté sur une assistance d'environ 15 millions de Yuen soit 691 millions de francs CFA pour réaliser plusieurs projets agricoles notamment dans la basse vallée de l'Ouémé.

Le Japon à travers Kennedy Round 1 et 2 avait apporté 3,186 milliards de francs CFA pour l'achat de riz japonais, Birman et Thaïlandais et de la farine de blé américain. Dans le cadre de Kennedy round 2, il a fourni 2, 400 milliards de francs CFA pour l'achat d'intrants agricoles.

L'URSS a aussi contribué pour une somme de 6,500 millions de roubles pour la réalisation d'une ferme de polycultures pour 1100 hectares dans la région de Massi Loumè dans la commune de Toffo.

La République fédérale d'Allemagne a contribué au développement du Bénin pour environ 40,886 Deutsch Marck soit l'équivalent de 8,5 milliards de francs CFA dans le développement du pays à travers l'appui aux Carder, la lutte biologique, la protection des végétaux et la restauration des essences forestières.

À ces pays, s'ajoutent la Suisse, la Belgique, la Norvège, le Danemark et les Pays-Bas.

Le rôle des Organisations internationales

Ce groupe de bailleurs de fonds est composé des institutions des Nations-Unis, de l'Union européenne auxquels s'ajoutent l'Organisation des pays exportateurs du pétrole, le Fonds international du développement agricole (FIDA), la Banque africaine de développement (BAD), la banque ouest-africaine de développent, le Conseil de l'entente et l'Union africaine et malgache.

Toutes ces institutions sont restées présentes dans le développement du pays jusqu'à ce jour.

3.2. Les engagements financiers durant la période révolutionnaire

À la différence des années précédentes, cette période a connu plusieurs projets de grandes ampleurs comme l'exploitation du pétrole de Sèmè, le démarrage des Complexes Sucrier de Savè et Cimentier d'Onigbolo assortis d'une vigoureuse politique industrielle qui ont poussé le régime à s'endetter massivement. À la fin de 1986, les engagements cumulés extérieurs se chiffraient à 424,8 milliards de francs CFA auxquelles s'ajoute la contribution nationale.

Pendant cette période allant de 1972 à 1989, le financement de l'économie béninoise venait de plusieurs institutions : l'État, les banques commerciales de la place, la coopération internationale et les Organisations non gouvernementales (ONG).

Sur la période de 1980 à 1989, la contribution du budget national au développement du pays était de 32, 648 milliards de francs CFA répartis comme suit : i) administration (paiements des salaires et autres) : 26,349 milliards ; ii) Investissement : 5,200 milliards de francs CFA ; iii) équipements : 1,90 milliard de francs CFA.

Celles des Banque Nationale se chiffraient à 113,545 milliards ventilés comme suit : i) BCB : 87,229 milliards de francs CFA ; ii) BBD : 15,528 milliards de francs CFA et iii) CNCA : 10,787 milliards de francs CFA.

Leur répartition par secteurs d'intervention se présente comme l'indique le tableau suivant :

Tableau n°51 : *Engagement des banques (en milliards de F CFA)*

Banques	Sonapra	SONICOG	Sociétés d'État	Sociétés provinciales	Collectivités locales
BCB	33,73	7,21	8,18	0,27	0
BDD	8,56	4,19	3,91	0	0
CNCA	5,72	1,28	6,17	1,71	0,25
Total	48,03	12,75	18,27	1,76	0,25

Source : ONC 1992, Le financement de l'agriculture béninoise et ses implications sur la sécurité alimentaire, Cotonou

Quant à la coopération internationale, sa participation au financement de l'économie du pays durant la période révolutionnaire se présente comme l'indique le tableau ci-après :

Tableau n°52 : *Évolution de l'aide extérieure au Bénin sous la révolution* (en milliards de FCFA)

Source de financement	1985	1986	1987	1988	1989
Systèmes des Nations unies	30,80	33,21	18,11	24,42	27,43
Autres bailleurs multilatéraux	19,39	24,25	18,71	23,70	49,48
Total bailleurs multilatéraux	50,19	57,46	36,82	48,12	76,91
Bailleurs bilatéraux	37,64	38,89	53,56	51,80	69,81
ONG	1,90	3,00	5,22	5, 06	6,17
Total	89,73	99,35	95,60	104,98	152,89

Source : Amos Elègbè, Bio Goura Soulé et Alix Servais Afouda, Les aides internationales publiques au Bénin de 1985 à 1995, Cotonou, MICAC, août 1996, Rapport du PNUD de 1997.

Cette contribution du système international est assez modeste comparée à l'époque actuelle bien que son volume soit plus important en 1989 du fait de la déliquescence des ressources nationales et de la souscription au premier Programme d'Ajustement structurel.

La contribution des ONG

Nombreuses sont les ONG qui avaient participé aux financements du développement du Bénin durant la révolution. Parmi elles, on peut mentionner : l'ADF, le projet Songhaï ; le CERAPIP, le NCOS, le CRS, l'ACORD, l'AFVP, l'OCSD, le Peace Corps américain, etc.

Comparés aux autres contributions extérieures, les investissements de ces ONG sont assez récents et touchent principalement le secteur agricole, notamment la recherche et l'encadrement des producteurs. Leurs contributions se chiffrent à environ 68,382 milliards de francs CFA répartis comme suit :

Tableau n°53 : *Contribution de quelques ONG au financement de développement entre 1984 et 1989*

Domaine d'intervention ONG	Recherche équipement agricole et encadrement	Élevage	Pêche	Opérations agricoles secondaires	Autres produits vivriers	Total
EURO -ACTION ($ US)	136.110	-	-	-	-	136.110 $
SNV PAYS-BAS ($ US)	120.000	-	-	414.000	-	534.000 $
JRT ($ US)	292.000	-	-	-	-	292.000 $
OCSD ($ US)	60.000	-	130.000	84.000	-	274.000 $
NCOS (F CFA)	5.827.195	-	-	-	-	5.827.195 F CFA
AFVP ($ US)	-	-	-	174.000	69.000	266.000 $
CRS (F CFA)	-	8.973.908	-	7.000 $ + 52.780.520 F CFA	 800.873	7.000 $ 62.55.301 F CFA
PEACE CORPS ($ US)	-	-	-	414.000	-	414.000 $
SVA ($ US)	-	-	-	276.000	-	276.000 $
Total	608.110 $ + 5.827.195 F CFA	23.000 $ + 8.973.908 F CFA	130.000 $	1.369 $ + 52.780.520 F CFA	69.000 $ + 800.873F CFA	2.199.110 $ + 68.382.496 F CFA

Source : CERAPIP- Cotonou

Depuis quelques années, la plupart de ces ONG ont cessé d'exister comme par exemple l'Association française des volontaires de progrès, … réduisant ainsi le champ de ces ONG dans le développement national. Celles qui n'ont pas cessé d'exister comme Helvetas, Swisscontact, Konrad Adenauer ; Friedrich Ebert, SNV et Bornfondern ont changé de politique faute de moyens financiers suffisants pour leurs actions. Ainsi, dans le financement du développement de la période allant du Renouveau démocratique au régime de la rupture, la contribution de ces ONG est devenue modeste. La plupart de ces organisations se sont plutôt transformées en des bureaux d'études qu'en Agences d'aide au développement.

3.3.Le financement du développement du temps du Renouveau démocratique

Assez modeste pendant la période révolutionnaire, ce financement est devenu important à l'ère du Renouveau démocratique suite à la signature du premier accord d'Ajustement structurel et à la réussite du processus démocratique entamé après la Conférence des forces vives de la nation en février 1990. Du fait du succès de cette conférence et de son impact en Afrique, les partenaires financiers extérieurs ont soutenu ce processus démocratique en augmentant leurs aides au pays. Celles-ci ont été si importantes qu'on parlait de la rente de la démocratie. Ces aides massives sont allées jusqu'à la fin du processus en 2016 en raison de la paix et de la stabilité qu'a connues le Bénin dans un environnement régional assez agité.

Ainsi elles sont allées de 89,74 milliards de francs CFA en 1985, soit 9,6% du PIB de l'époque à 184 milliards de francs CFA en 1994, soit 23,3% du PIB de cette année-là. Les principaux contributeurs en 1994 sont les suivants : FMI 14,405 milliards de francs CFA, Banque mondiale 8,715 milliards de francs CFA, les USA 5,558 milliards de francs CFA, la BAD 5,057 milliards de francs CFA, la CEE 4,781 milliards de francs CFA, le Japon 1,637 milliard de francs CFA, la Suisse 1,591 milliard de francs CFA ; les Pays bas 1,531 milliard de francs CFA et la France 1, 399 milliards de francs CFA.[79] Les trois régimes qu'a connus la période étaient fortement soutenus par les bailleurs de fonds étrangers en raison des acquis sociaux et politiques de cette expérience démocratique marquée par la liberté, la paix et l'alternance au pouvoir.

L'aide financière sous le régime de Soglo

Sous Soglo, le développement du pays s'est appuyé sur deux principales sources de financements : la contribution nationale et l'aide extérieure. La part

---

[79] *Anonyme, Rapport sur la gestion du PAS au 30 décembre 1994*

nationale au financement du développement est composée des apports de l'État et du secteur privé. Les apports de l'État font l'objet du tableau ci-après :

Tableau n°53 : *Contribution de l'Etat au financement de développement entre 1984 et 1989*

Années / Secteurs	1992		1993		1994	
	Montant	%	Montant	%	Montant	%
Secteur Rural	9.998,44	26,62	10.108,80	21,27	17.290,70	20,23
Industrie et artisanat	295,84	0,79	1.383,17	2,91	1.491,31	1,74
Eau et électricité	5.913,79	15,74	6.965,39	14,65	12.257,73	14,34
Infrastructures	5.893,41	15,69	7.300,26	15,36	21.931,43	25,66
Commerce, Services, Tourisme	6.732,46	17, 92	9.003,25	18,94	15.999,78	18,72
Total Secteurs productifs	28.833,94	76,77	34.760,89	73,13	68.970,97	80,70
Santé	4.166,09	11,09	6.128,33	12,89	8.252,91	9,66
Éducation	541,04	1,44	1.398,58	2,94	2.384,64	2,79
Habitat	1,89	0,00	1,58	0	75	0
Autres secteurs sociaux	1.414,10	3,76	1.776,99	3,74	2.678,24	3,13
Total secteurs sociaux	6. 123,14	16,30	9.305,50	19,58	13.390,80	15,67
Administration	2.603,50	6,93	3.462,89	7,29	3.105,17	3,63
Total Général	37.560,59	100	47.529,297	100	85.466,95	100
Total général / PIB	6,59%	-	7,90%	-	10,03	-

Source : Direction de la coordination des Ressources extérieures du MPRE

Durant les trois années considérées dans ce tableau, la contribution totale de l'État est restée progressive allant de 37.560, 59 millions en 1992 à 85.466,95 millions en 1994. Sa répartition par secteur atteste de la prédominance des activités productives largement dominées par les activités rurales, commerciales et de services.

Quant à la contribution du secteur privé, elle concerne surtout l'apport des banques de la place, les structures de financements décentralisées étant en pleine gestation en cette première période du Renouveau démocratique.

La situation de ces banques est consignée dans le tableau suivant :

Tableau n°54 : *Contribution des banques nationales au Financement du développement entre 1984 et 1989*

Banques	Bilan (en milliards F CFA)	Part de marché	Rang
BOA Bénin	96,8	40,6%	1er
ECOBANK	75,7	26,4%	2e
BIBE	35,4	14,8%	3e
FBB	24,9	10,5%	4e
CBB	12,9	7,7%	5e
Total	245,7	100%	

Source : Claude d'Almeida, Monnaie et financement de l'économie, CDAL, mars 1998

Quant à la contribution de l'aide extérieure au développement du pays, celle-ci est devenue plus importante en raison des facteurs qui l'ont favorisée évoqués ci-dessus.

L'évolution de cette aide extérieure est consignée dans le tableau ci-après :

Tableau n°55: *Évolution de l'aide extérieure au Bénin sous Soglo* (en milliards de FCFA)

Source de financement	1990	1991	1992	1993	1994	1995	1996
Systèmes des Nations unies	40,61	40,32	26,48	43,20	55,63	30,78	25,31
Autres bailleurs multilatéraux	41,70	18,60	34,17	40,74	46,43	32,81	19,55
Total bailleurs multilatéraux	82,31	58,92	60,65	83,94	102,06	63,59	44,86
Bailleurs bilatéraux	46,58	84,62	52,80	67,86	77,40	109,87	78,64
ONG	6,01	2,23	4,03	5,12	4,95	6,00	9,56
Total	134,90	145,77	117,48	156,92	184,41	179,46	133,06

Source : Amos Elègbè, Bio Goura Soulé et Alix Servais Afouda, Les aides internationales publiques au Bénin de 1985 à 1995, Cotonou, MICAC, août 1996, Rapport du PNUD de 1997.

Si l'on analyse cette évolution, celle-ci est allée de 134,90 milliards de francs CFA en 1990 à 184,41 milliards en 1994 pour ensuite redescendre à 133,06 milliards en 1996. Malgré cette évolution en dents de scie, on peut faire remarquer par rapport au passé, que le Bénin a mieux profité de la communauté internationale.

La décomposition de cette aide, en fonction des principaux donateurs, révèle que de 1990 à 1994 celle-ci est largement dominée par les donateurs multilatéraux dont la contribution est de 51% contre 46% aux bailleurs bilatéraux.

A partir de 1995, la tendance s'est inversée à la faveur de l'aide bilatérale dont le volume s'est sensiblement accru pour remonter à 59,1% en 1996 contre seulement 37,7% pour les bailleurs multilatéraux.

La contribution des ONG a suivi la même tendance que celle des donateurs bilatéraux en progressant de 2,23 milliards en 1991 à 9,56 milliards en 1996.

Mais si on compare ces différentes données à la dévaluation du franc CFA intervenue en 1994, la contribution à partir de 1995 est plutôt en régression.

Quoi qu'il en soit, en comparant les trois sources de financement de développement, l'aide internationale vient en première position attestant ainsi la dépendance du pays vis-à-vis du système international.

Le financement de l'économie sous Kérékou

De 1996 à 2006, le financement du développement a suivi la même tendance, celle d'être assurée à la fois par l'État, le secteur privé national et les bailleurs de fonds internationaux.

Le financement de l'économie par l'État fait l'objet du tableau ci-après :

Tableau n°56 *: Le financement du développement par l'État entre 2003 et 2006 (en milliards de francs CFA)*

Années Secteurs	2003		2004		2005		2006	
	Montant	%	Montant	%	Montant	%	Montant	%
Agriculture, Foresterie et pêcherie	25,7	19,3	21,29	13,4	18,36	12,0	16,79	18,2
Énergie	13,41	10,1	24,86	15,7	30,52	20,0	2,50	2,7
Industrie	5,36	4,0	6,95	4,4	2,43	1,6	0,53	0,6
Transport	13,32	10,0	11,55	7,3	12,29	8,1	4,95	5,4
Commerce international des biens et services	2,85	2,1	0,28	0,2	1,13	0,7	0,21	0,2
Commerce intérieur des biens et services	8,44	6,4	13,56	8,6	8,33	5,5	0,67	0,7
Développement régional	0,39	0,3	0,31	0,2	0,13	0,1	0,25	0,3
Ressources naturelles	2,24	1,7	2,57	1,6	0,89	0,6	0,99	1,1
Communication	15,49	11,7	3,45	2,2	9,33	6,1	2,76	3,0
Santé	7,69	5,8	6,04	3,8	5,46	3,6	6,52	7,1
Mise en valeur des ressources humaines	8,89	6,7	7,31	4,6	5,56	3,7	4,74	5,2
Développement social	15,83	11,9	49,5	31,3	43,16	28,4	38,82	42,1
Aide et secours humanitaires	0,05	0,0	0,05	0,0	0,03	0,0	0,03	0,0
Administration du développement	13,23	10,0	10,58	6,7	14,57	9,6	12,36	13,4
Total	132,89	100,0	158,3	100,0	152,19	100,0	92,12	100,0

Source : MPDEAP /DGIFD/DPF

Du tableau, on peut faire remarquer que ce financement, bien qu'irrégulier entre 2003 et 2006, concerne tous les secteurs de la vie économique. Mais la priorité est accordée selon ces données à quelques secteurs seulement. Par exemple en 2003, ce sont les activités agricoles (25,7 milliards de francs CFA), le développement social (15,83 milliards de francs CFA) et la communication (15,49 milliards de francs CFA) qui ont reçu la plus grosse part. En 2004, ce sont plutôt le développement social (49,5 milliards de francs CFA), l'énergie (24,86 milliards de francs CFA) et l'agriculture (21,29 milliards de francs CFA) qui ont été privilégiés. Il en est de même en 2005 et en 2006.

Si on considère la contribution du secteur privé national, celle-ci est très modeste comparée à la part de l'État et des partenaires techniques et financiers. Elle ne dépasse pas le tiers de l'effort de l'État et à peine un cinquième des bailleurs de fonds comme en témoigne le tableau ci-après :

Tableau n°57 : *La répartition du financement du secteur privé entre 2003 et 2006* (en milliards de francs CFA)

Sources	2003		2004		2005		2006	
	Montant	%	Montant	%	Montant	%	Montant	%
Banques primaires	**42,34**	**63,3**	**43,98**	**45,6**	**47,06**	**51,1**	**3,32**	**9,4**
BOA	2,29	3,4	7,34	7,6	3,95	4,3	0,47	
Financial Bank	7,84	11,7	2,31	2,4	1,99	2,2	-	-
SGBBE	0,00	0,0	4,28	4,4	7,97	8,6	-	-
BIBE	6,22	9,3	0,0	0,0	0,12	0,1	-	-
Ecobank	16,43	24,6	21,4	22,2	23,4	25,4	-	-
Banque de l'Habitat du Bénin	-	-	0,42	0,4	2,37	2,6	2,85	8,1
Continental Bank	6,74	10,1	4,63	4,8	2,94	3,2	-	-
Diamond Bank	1,14	1,7	1,14	1,2	0,81	0,9	-	-
BSIC	-	-	0,27	0,3	1,08	1,2	-	-
Equibail	1,68	2,5	2,18	2,3	2,44	2,6	-	-
Institutions de microfinance	**24,59**	**36,7**	**52,51**	**54,4**	**45,1**	**48,9**	**31,86**	**90,6**
FECECAM	23,9	35,7	19,46	20,2	15,61	16,9	12,33	35,0
PADME	0,0	0,0	1,64	1,7	0,58	0,6	0,06	0,2
FINADEV	-	-	7,71	8,0	6,33	6,9	0,01	0,0
PAPME	0,69	1	23,61	24,4	22,52	24,4	19,46	55,3
VITAL-Finance	-	-	0,09	0,1	0,07	0,1	-	-
TOTAL	**66,93**	**100**	**96,49**	**100**	**92,16**	**100**	**35,18**	**100**

Source : MPDEAP /DGIFD/DPF

Quant à l'aide internationale, son enveloppe est devenue plus importante. Celle-ci est supérieure à 200 milliards de francs CFA alors que sous Soglo, elle n'a jamais dépassé 185 milliards de francs CFA. Cette augmentation est en réalité fictive en raison des conséquences de la dévaluation intervenue en janvier 1994 suite à la baisse du taux de change de la monnaie CFA.

Cette aide internationale sur la période de 2001 à 2004 (en millions de dollars US) s'échelonne comme suit :

2001 : 317,02 — 2003 : 228,80
2002 : 268,00 — 2004 : 336,67[80]

Celle-ci est largement dominée par celle de l'Union européenne de l'ordre de 35,48 milliards de francs CFA et de l'Agence française de développement de 17,327 milliards de francs CFA. Les autres institutions à l'exception de la Chine n'ont jamais dépassé 10 milliards chacune. De cette enveloppe, c'est l'aide des Institutions internationales qui est de loin la plus importante conformément aux données ci-dessous :

Tableau n°58: *L'aide des Institutions internationales*
(en milliards de francs CFA)

Système international		Aide bilatérale	
Institutions	Montant	Pays	Montant
Union européenne	35,482	Chine	11,250 MDS
Banque islamique	10,223	Allemagne	10,290
Agence française de développement	17,327	USA	9,759
FIDA			
FAO	5,624	Belgique	7,577
FMI	0,67	Danemark	7,458
BAD	3,655	France	3,011
BOAD	4,217	Suisse	8,055
	3,150		

Source : ministère de l'Économie et des Finances ; Corporation par le développement. DCRE - 2006

A partir de ces différentes contributions, le développement du pays est toujours soumis au soutien des bailleurs de fonds internationaux montrant ainsi les limites de notre indépendance. Ce constat ira en s'aggravant. Comment sortir de cette situation ? Telle est la grande équation à laquelle la plupart des pays africains essaieront de résoudre. Autrement, ils graviteront toujours à la périphérie des centres de décision au niveau planétaire.

[80] Source : DCRE/MDEF

Le financement de l'économie sous Yayi Boni

Le financement de l'économie du temps de Yayi Boni est assuré de la même manière par les apports intérieurs et par l'aide internationale.

Les apports intérieurs comprennent les contributions de l'État et celles du secteur privé. Ce financement intérieur a été très irrégulier sous Yayi Boni avec beaucoup de hauts et de bas. Il a connu une hausse entre 2011 et 2013 et une baisse substantielle entre 2014 et 2016.

L'apport de l'État sous forme budgétaire repose essentiellement sur le Programme d'Investissement public (PIP) dont le montant en termes de soutien à l'économie se chiffre entre 2010 et 2016 comme suit :

2010 : 0,14 million de dollars US
2011 : 0,17 million de dollars US
2012 : 0,21 million de dollars US
2013 : 0,21 million de dollars US
2014 : 0,19 million de dollars US
2015 : 0,63 million de dollars US
2016 : 0,21 million de dollars US

Comme on le voit, ces investissements sont très irréguliers avec un bond exceptionnel en 2015 dû à l'implantation de quelques usines de transformation de produits agricoles et au lancement du programme de mécanisation agricole. Si on analyse cette contribution du PIP au financement par secteur, c'est le secteur productif qui absorbe le plus de moyens avec 987,18 millions de dollars, viennent ensuite l'administration (460,89 millions de dollars), les secteurs sociaux (412,22 millions de dollars).

Au niveau du secteur productif, ce sont les infrastructures qui reçoivent le plus d'argent avec (533,3 millions de dollars), suivi du secteur eau et électricité (278,88 millions de dollars). Par contre le monde rural n'en reçoit que 80,72 millions de dollars. Cette répartition montre l'orientation de la politique de Yayi Boni, largement tournée vers les infrastructures, notamment les routes, les passages supérieurs de Cotonou, de Godomey et l'aéroport de Tourou.

Quant aux secteurs sociaux, c'est l'emploi, la jeunesse et les microfinances qui viennent en tête avec 175,44 millions de dollars, suivi de l'habitat de 71,57 millions de dollars et de la santé de 64,04 millions de dollars.

Le financement du secteur privé provient de deux sources : les banques et les Institutions de microfinance. Sur la période 2013 et 2016 par exemple, la contribution des banques a évolué comme suit :

2013 : 28,18 millions de dollars.
2014 : 20,00 millions de dollars
2015 : 373,58 millions de dollars
2016 : 340,32 millions de dollars

De cette contribution des banques, c'est la banque Atlantique qui vient en tête avec 280, 19 millions de dollars suivis de la BOA Bénin (265,33 millions de dollars), de la BGFI Bénin (159,97 millions de dollars), Ecobank (84,51 millions de dollars) ; UBA Bénin (76,69 millions de dollars), Diamond Bank (64,19 millions de dollars), Orabank (9,09 millions de dollars).

Quant aux microfinances, leurs contributions sont aussi importantes en raison de la politique sociale, surtout en faveur des femmes menées par Yayi Boni. 60, 256 milliards de francs CFA proviennent de ce secteur réparti dans quatre grands domaines :

1) la mise en œuvre du programme du microcrédit aux plus pauvres (6,508 milliards de francs CFA) ;
2) la contribution du Fonds d'appui à la solidarité nationale et à l'action sociale (1, 576 milliards de francs CFA) ;
3) la mise en place des crédits relais (1,300 milliards de francs CFA) ;
4) les activités agricoles en milieu rural (FAR) (2,270 milliards de francs CFA)

Quant à l'aide publique au développement, elle a aussi évolué en dents de scie allant de 365,65 millions de dollars en 2011 à 487,36 millions de dollars en 2013 puis à 256,88 millions de dollars en 2016 conformément aux données ci-dessous :

Tableau n°59 : *La situation de l'aide internationale sous Yayi Boni* (en millions de dollars)

Années / Nature d'engagements	2011	2012	2013	2014	2015	2016
Dons	209,93	250,75	264,66	167,98	196,94	132,83
Prêts	155,73	106,61	142,7	78,23	273,55	124,04
Total	365,66	357,37	487,36	246,21	470,49	256,88

Source : Tableau de bord social 2016, Insae 2016

Cette aide est majoritairement libérée par dix institutions parmi lesquelles figurent trois États, la Chine (79,67 millions de dollars), les Pays-Bas (69,56 millions de dollars) et l'Allemagne (58 millions de dollars) et sept organisations internationales au rang desquels la Banque mondiale occupe la première place avec 764,99 millions de dollars. Après la Banque mondiale, viennent par ordre d'importance la BOAD (353,56 millions de dollars), la BAD (292,87 millions de dollars), KFW (250,56 millions de dollars), La BID (133,20 millions de dollars), l'UE (99,28 millions de dollars), la BIDC (84, 83 millions de dollars), l'AFD (65,84 millions de dollars).

Au vu de cette contribution par les Institutions, en dehors de la Banque mondiale, ce sont celles d'origine africaine qui ont le plus soutenu l'effort du développement du temps de Yayi Boni. Alors qu'auparavant, ce sont l'Union européenne et l'Agence française de développement qui occupaient les premières places.

3.4. L'appui financier au développement du temps de la rupture

Le besoin de financement de l'économie entre 2016 et 2026 se chiffre à 21 050 milliards de francs CFA répartis entre 2016 et 2021 à 9 039 milliards de francs CFA et 12 011 milliards de francs CFA pour la période allant de 2021 à 2026. Il s'agit là d'une mobilisation assez importante pour un petit pays comme le nôtre qui ne dispose pas de ressources naturelles facilement exploitables. Ce besoin s'appuie donc essentiellement sur le sacrifice du peuple béninois et sur ses relations avec le monde extérieur.

Le sacrifice des populations porte d'un côté sur l'État, et de l'autre sur le secteur privé comme c'est le cas depuis toujours.

Pour les deux programmes d'actions du gouvernement, leur schéma de financement se présente comme suit :

PAG N°1

Tableau n°60 : *L'origine du financement du PAG1* (en milliards de francs CFA)

	Total	**2017**	**2018**	**2019**	**2020**	**2021**
Public hors PPP	**3 529**	**808,0**	**727,1**	**718,5**	**700,4**	**575,2**
Contribution budgétaire et Emprunt obligataire	2 450	575	524	497	484	370
Prêts	750	173	136	150	145	146
Dons	330	60	67	71	71	60
PPP	**5 510**	**341**	**967**	**1 919**	**1 945**	**337**
Total (2017-2021)	**9 039**	**1149**	**1 694**	**2 638**	**2 645**	**912**

Source : DGAE, PAG, 2016-2021. P 10

PAG 2

Tableau n°61 : *L'origine du financement du PAG2* (en milliards de francs CFA)

En milliards de F CFA	2021	2022	2023	2024	2025	2026	TOTAL
PAG 2021-2026	**842,8**	**1 87,3**	**1 637,9**	**2 062,9**	**2 725,3**	**3 454,7**	**12 011,0**
PUBLIC	**842,8**	**825,4**	**847,4**	**890,6**	**1 042,9**	**1 316,2**	**5 765,3**
Contribution nationale	541,6	530,1	552,0	595,2	747,6	1 020,9	3 987,4
Dons et prêts	301,2	295,3	295,3	295,3	295,3	295,3	1 777,9
PPP	**0**	**461,8**	**790,6**	**1172,4**	**1 682,4**	**2 138,5**	**6 245,7**

Source : PAG 2021-2026, Document 1, P : 27

Ce schéma de financement des deux PAG s'appuie sur des crédits d'investissements qui se répartissent comme suit pour la période allant de 2023 à 2026 :

Tableau n°62 : *Répartition des crédits d'investissements* (en milliards de francs CFA)

	2023	**2024**	**2025**	**2026**
Total attendu	959 750	963 400	990 300	1 105 200
1- Sur financement intérieur	639 150	581 784	575 127	643 640
-Contribution budgétaire	572 800	483 763	492 821	574 250
-Emprunt Banques locales	66 350	12 237	8 579	5 150
-Emprunt BOAD		70 784	73 727	64 240
-Dépenses fiscales		15 000		
2- Sur financement extérieur	320 600	381 616	415 173	461 560
-Prêts projets	241 750	314 916	343 073	386 460
-Dons projets	78 850	66 700	72 100	75 100

Source : DGB, décembre 2023

Le tableau ci-dessus fait état de la synthèse et de la répartition de ce besoin de financement entre les différentes catégories concernées de 2023 à 2026. Le détail de ces investissements selon chaque catégorie d'investisseurs se présente autrement. Au niveau de l'État, les contributions reposent essentiellement sur le Programme d'Investissement public (PIP) avec ses deux composantes : les prévisions et les réalisations.

Entre 2019 et 2026, ces prévisions et réalisations s'échelonnent de façon ci-après :

Tableau n°63 : *Évolution du PIP de 2019 à 2026* (en milliards de francs CFA)

	2019	*2020*	*2021*	*2022*	*2023*	*2024*	*2025*	*2026*
Prévisions	*439,8*	*556,769*	*830,83*	*914,966*	*959,75*	*963,4*	*990,3*	*1 105,2*
Réalisations	*349,967*	*630,945*	*736,548*	*937,049*	*529,258*	-	-	-

Source : DGB, décembre 2023

Ces prévisions de financement n'ont été atteintes et dépassées qu'en 2020 et 2022. Les autres années, elles ne sont atteintes qu'à hauteur de 60 à 80%.

Quant au financement du secteur privé et notamment des banques, celui-ci se présente comme suit pour l'année 2019, pour laquelle on dispose des informations fiables.

L'appui des banques et des microfinances à l'économie béninoise[81]

Le total des encours de crédits accordés par les banques et les Sociétés financières décentralisées (SFD) à l'économie s'élève à environ 1819 milliards de francs CFA en fin 2019, soit 42% du financement privé intérieur. La part des banques de ce montant est de 1648 milliards francs CFA, soit 91%. Les banques créatrices de monnaies demeurent les principales sources de financement intérieur de l'économie nationale. La répartition du portefeuille des crédits des banques commerciales suit trois tendances :

- crédits à court terme 37%
- crédits à moyen terme 47%
- crédits à long terme 7%
- autres : 9%.

A partir de 2016, les crédits à court terme sont ramenés à 5% au profit des crédits à moyen et long terme afin de mieux soutenir l'économie. De ces crédits, seule la BOA est cotée à la bourse nationale de valeur mobilière depuis 2000. Sa capitalisation est de 169 milliards de francs CFA.

Quant au secteur de microfinance, les crédits dont bénéficient les opérateurs économiques sont de près de 170 milliards de F CFA en 2019 avec un taux moyen d'accroissement annuel de 11%. Mais l'inconvénient de ce mode de financement reste le coût encore élevé de leurs crédits à partir d'un taux d'intérêt assez prohibitif de plus de 15%, qui limite énormément leur portée dans le financement de l'économie.

Les secteurs d'activités économiques concernés par ce financement des banques et des sociétés financières décentralisées portent par ordre d'importance sur :

- commerce de gros (250 milliards de francs CFA),
- services fournis à la collectivité, services sociaux (environ 240 milliards de francs CFA),
- bâtiments, travaux publics (200 milliards de francs CFA)
- industries manufacturières (150 milliards de francs CFA)
- assurances, affaires immobilières (100 milliards de francs CFA)
- transports, entrepôts et communication (50 milliards de francs CFA)
- commerce de détail (50 milliards de francs CFA)

[81] Les chiffres cités ci-dessous viennent de l'étude de la Direction Générale du Financement de l'Économie Béninoise de 2019 intitulé « Plan National de Développement 2018-2025 »

- électricité, gaz et eau (50 milliards de francs CFA)
- agriculture, sylviculture et pèche (30 milliards de francs CFA)
- restaurants, hôtels et installations touristiques (10 milliards de francs CFA)
- industries extractives (10 milliards de francs CFA)

De ces répartitions, on peut affirmer que le soutien à l'économie qu'apportent les banques concerne en grande partie les services. Par contre, les vrais secteurs productifs comme l'agriculture, l'industrie y compris les infrastructures de base viennent en seconde position du fait de leurs rentabilités à long terme.

On peut en conclure que le financement de l'économie béninoise dépend majoritairement du financement public intérieur et extérieur. La faible participation des banques est principalement due à la nature de leurs dépôts relevant essentiellement du court terme et à la faible capitalisation de ces banques comparées au réel besoin de l'économie nationale.

Ce sont ces situations qui poussent l'État à recourir à l'aide extérieure à travers les prêts et les dons.

Malgré le classement du Bénin dans la catégorie des États à revenu intermédiaire depuis quelques années avec un revenu annuel par habitant de 1.450 dollars, les effets de ce relèvement du niveau de vie des populations ne se font pas encore ressentir dans les activités bancaires du pays. Cela est d'autant plus vrai que la clientèle des 14 banques installées dans le pays n'est que de 1.974.254 en 2019, selon les données de la BCEAO pour une population de 13.000.0000 d'habitants soit environ 16,44%. Par ce pourcentage, le Bénin devance plusieurs États de l'UEMOA comme la Côte d'Ivoire 15,72%, le Togo 13,74%, le Sénégal 13% et le Burkina Faso 9,79%. Malgré la bonne place qu'occupe le Bénin comparé à ses voisins de l'UEMOA, ce taux reste relativement faible au regard de ce qui se passe dans les pays développés. Cette clientèle reste faible parce que les emprises réelles des banques sur le terrain sont limitées par la forte prépondérance du secteur informel qui place notre pays dans un véritable dualisme financier dominé d'un côté par le franc CFA et de l'autre par la forte circulation du Naira, la monnaie nigériane. Si le rôle que joue le Naira permet de relever substantiellement le niveau de vie des populations béninoises, son impact sur le fonctionnement bancaire est totalement nul du fait de son inconvertibilité.

Au total, la monnaie joue un rôle extrêmement important dans l'économie. Cette importance ne dépend pas forcément des activités des banques commerciales de la place. Elle dépend surtout des relations qu'entretient le pays avec ses partenaires étrangers à partir de l'aide publique au développement et de la capacité du pays à s'endetter.

La situation de l'aide internationale au développement

La situation de l'aide internationale au développement sous Talon ne sera analysée que sur la période 2017-2018 faute de données sur les années 2019 à 2026.

Entre 2017 et 2018, les ressources intérieures mobilisées sont nettement plus importantes avec un niveau supérieur à 300 millions de dollars, 330,32 en 2017 et 313,90 millions de dollars en 2018 du fait des efforts exceptionnels en matière des réformes fiscales et de l'amélioration continue des performances de l'économie durant la période. Celles-ci résultent "de plusieurs facteurs notamment : i) l'amélioration continue de la production cotonnière depuis 2016, ii) la vitalité de l'activité dans les secteurs des BTP en lien avec la mise en œuvre du Programme d'action du gouvernement 2016-2021, iii) l'amélioration de l'offre d'énergie électrique ; iv) l'évolution favorable de l'activité dans la branche de l'agro-industrie en réponse aux bonnes performances du secteur agricole, etc.". Malgré ces résultats positifs des recettes intérieurs, les performances économiques qui en résultent engendrent de nouveaux besoins de financement qui ont des répercussions sur l'aide internationale devenue plus importante comparée aux périodes précédentes comme en témoignent les données ci-après :

	2017	2018
Dons	243,28	172,12
Prêts	291,42	276,72
Total	534,69	448,84[82]

L'augmentation de l'aide durant le régime de la rupture résulte de l'ouverture de plusieurs chantiers dans le cadre de la mise en application des deux PAG. Ainsi le taux d'investissement est devenu plus élevé, passant de 20,3% en 2016 à 24% en 2017 et 26,4% en 2018.

La nouveauté du financement de l'économie par les partenaires étrangers sous le régime de la rupture porte sur la nature de ce soutien extérieur beaucoup plus portée sur des prêts-projets et des prêts-programmes que sur l'aide budgétaire des périodes précédentes. De même, les acteurs étrangers qui soutiennent ce développement par leurs moyens financiers se sont diversifiés. À la place de l'aide traditionnelle beaucoup plus axée sur le soutien des pays européens et sur la Chine du temps de Yayi Boni, de nouveaux acteurs essentiellement centrés sur les Institutions africaines comme la BOAD, la BIDC et la BAD deviennent prépondérantes auxquels s'ajoutent les pays comme la Turquie, ceux du Golfe et de l'Inde.

[82] PAG 2016-2021

IV. Les problèmes de financement de l'économie

Hormis les problèmes que soulève la gestion de l'aide internationale et ceux liés à l'existence d'un circuit informel de financement, on insistera ici sur trois aspects : i) la capacité d'absorbation de l'aide ; ii) l'endettement qui résulte de cette aide ; iii) le rôle du naira, la monnaie nigériane dans le financement de l'économie béninoise.

L'absorbation de l'aide a toujours été l'une des préoccupations des donateurs dans la mesure où l'enveloppe de l'aide accordée à la plupart des pays africains et singulièrement au Bénin n'est utilisée que pour une petite part seulement du fait de la mauvaise gestion de cette aide. Celle-ci est sollicitée en raison des besoins. Mais sa gestion n'arrive pas à couvrir ces derniers du fait des difficultés à démarrer les projets-programmes qui résultent de ces besoins. Il en découle un écart assez important entre les prévisions et les engagements réels.

À titre d'illustration, dans les opérations de trésoreries de l'année 2024, les ressources mobilisées soit 411,340 milliards de francs CFA ne représentent que 36,6% des prévisions annuelles estimées à 1123,274 milliards de francs CFA. Entre 2023 et 2024, la situation est la suivante :

Tableau n°64 : *Écart entre prévision et engagement pour les années* 2023 et 2024

	2023	2024
Prévisions annuelles	2346,400 Mds	2551,700 Mds
Montants engagés	519,758 Mds	613,328 Mds
Taux de réalisation	22,2%	24%

Source : Bulletin mensuel d'exécution du budget de l'État, ministère de l'Économie et des Finances, mars 2024

Comme on peut le constater, les écarts sont très importants malgré la rigueur de la gestion qui caractérise le régime actuel. Pour l'aide, le solde qui résulte de cet écart entre besoins et montants engagés est souvent retourné dans la plupart des cas vers les pays donateurs. La mauvaise maitrise de ce soutien financier est à l'origine des endettements massifs des pays africains en général et du Bénin en particulier. Cette situation exige de nouvelles stratégies dans l'évaluation et la gestion du financement de l'économie.

La question de l'endettement qui résulte du financement de l'économie est commune à tous les pays de la planète. Mais elle se pose avec acuité dans les pays pauvres dont le soutien financier vient de l'extérieur. C'est le niveau élevé de cet endettement comparé aux ressources nationales qui étaient à l'origine des Programmes d'ajustement structurel exécutés dans ces pays pauvres entre 1980 et 2000. Malgré l'assainissement du cadre macro-économique que ces programmes ont permis, leurs conséquences sont restées très néfastes avec l'aggravation du chômage et de la pauvreté dans tous les pays qui ont souscrit à ces Programmes.

Au Bénin, cet endettement toujours corrélé avec le Produit intérieur brut est resté endémique en raison du déficit permanent de la Balance commerciale et du manque de soutien d'un secteur productif suffisamment puissant pour renflouer la caisse de l'État comme c'est le cas du cacao en Côte d'Ivoire ou du pétrole au Nigeria ou encore de l'uranium au Niger. Le niveau de cet endettement était très élevé entre 1996 et 2002, toujours supérieur à 60% du PIB. Du fait des efforts d'ajustements structurels, l'encours de la dette comparée au PIB a beaucoup baissé de 2002 à 2016, pour reprendre sa courbe ascendante avec le régime actuel comme on peut le constater à partir des données ci-dessous :

1996 :73,7%.	2003 : 26,84%	2013 :16,2%	2020 :46,1%[83]
1997 :76,5%	2004 : 25,31%	2014 : 15,9%	2021 : 49,8%
1998 :71,1%	2005 : 25,30%	2015 : 15,4%	2022 : 54,1%
1999 :71%	2006 : 20,9%	2016 :17,6%	2023 : 54,5%[84]
2001 : 36,80%	2007 :20,7%	2018 : 41,1%	
2002 : 32,360%	2008 : 20,7%	2019 : 41,2%	

De ces chiffres, on constate que c'est durant le premier mandat de Kérékou que le taux d'endettement est plus élevé. Cela est dû à un important programme d'infrastructure exécuté pendant cette période : la modernisation du port, la construction de l'autoroute Cotonou-Sèmè Kpodji, la réfection des routes nationales Inter-Etat (RNIE), Dassa-Parakou-Malanville d'une part, Dassa-Djougou-Natitingou d'autre part. Ce taux a beaucoup baissé à partir de son deuxième mandat débuté en 2001 et s'est poursuivi sous Yayi Boni pour reprendre sa courbe ascendante sous le régime de la rupture. Comparé à certains pays comme le Nigeria, la Côte d'Ivoire, le Ghana et le Sénégal, ce taux d'endettement reste raisonnable. Malgré cela, il est devenu l'un des facteurs de la dépendance du pays vis-à-vis de ses partenaires techniques et financiers, obligeant le pays à négocier périodiquement des moratoires sur son enveloppe de dettes avec le Club de Paris et avec les opérateurs nationaux notamment les Banques de la place.

Le dernier problème que pose le financement de l'économie béninoise est celui du rôle que joue le Naira, la monnaie nigériane dans ce financement en raison de la place non négligeable qu'occupent les échanges Bénin-Nigeria dans les recettes publiques.

L'un des déterminants de ces échanges Bénin – Nigeria est le Naira, devenu le véritable stimulant des échanges commerciaux. L'évolution du taux

---

[83] *Perspectives économiques en Afrique, OCDE BAD de 2002 à 2015*
Rapport de fin d'année 2023, Loi de finances pour la gestion 2023, ministère de l'Économie et des Finances

[84] *Données des enquêtes de terrain*

de change entre cette monnaie et le franc CFA confère un avantage certain au marché nigérian en raison de la flexibilité de la monnaie. Cet avantage incite les Béninois à acheter massivement au Nigeria et à détenir sur eux une grande quantité de Nairas conférant ainsi au marché parallèle de change un dynamisme exceptionnel à l'intérieur duquel circule une importante quantité de cette monnaie qui n'est prise en compte nulle part dans l'évaluation des comptes nationaux notamment dans la théorie du sous-financement de l'économie béninoise comparée aux États de l'Union Économique Monétaire Ouest africaine UEMOA avancés par certains économistes[85].

Ce sous-financement est largement compensé par le dynamisme exceptionnel du marché de change parallèle à l'intérieur duquel le Naira joue le rôle de monnaie de référence. Il va falloir donc en tenir compte pour mettre en place un mécanisme pouvant permettre de mieux suivre le fonctionnement de ce marché parallèle dont l'importance pour ce pays n'est plus à démontrer.

*

* *

Au vu de ce qui précède, le financement de l'économie, dans un premier temps, était essentiellement assuré par la France et ses partenaires européens, notamment la Commission de l'Union européenne. À la révolution, trois pays ont joué un rôle notable dans le soutien au développement national : la Chine, le Nigeria et la Corée du Nord. Durant le renouveau démocratique, Soglo a bénéficié de l'appui des Institutions de Bretton Woods à travers les différents Programmes d'ajustements structurels, de la France et du Canada.

Quand Kérékou est arrivé au pouvoir en 1996, il s'est appuyé sur les pays nordiques, la Chine et l'Union européenne.

Yayi a renforcé ce système de soutien en se fondant davantage sur la Chine qui était le partenaire privilégié du pays.

Du temps de la rupture, les choses ont complètement changé. La Banque mondiale est devenue le pilier central de l'économie associée à d'autres nouveaux partenaires pour la plupart originaires du Tiers monde (Turquie, Inde, pays du Golfe, etc.). À ces États, s'ajoute le financement des Institutions africaines et des banques locales dont la contribution est devenue prépondérante, attestant ainsi la volonté des dirigeants actuels de se passer de la tutelle des colonisateurs à qui d'ailleurs manquent des moyens financiers suffisants pour continuer leur politique d'hégémonie. Le cas de la France, à cet égard, est édifiant. En dehors de la manipulation politique, il manque actuellement à notre première puissance tutrice, les ressources financières nécessaires à ses ambitions politiques. Avec un taux d'endettement supérieur à 80% du Produit intérieur brut et un déficit budgétaire record, la France n'a plus les moyens de ses ambitions sur ses anciens empires africains. Cette situation de déficit de financement par les puissances occidentales vient d'être

[85] **Claude d'Almeida, B. Houégnon et R. Kocou**, Op Cit

aggravée par la suppression des subventions de l'USAID depuis l'arrivée du président Trump. Beaucoup de dirigeants actuels en sont bien conscients d'où la nouvelle orientation des stratégies de financements pour le développement économique de leurs pays davantage orientés vers les puissances intermédiaires comme le BRICS et les pays du Golfe, au centre desquels se trouvent en bonne place l'Arabie Saoudite, le Koweït et le Qatar.

Chapitre VIII

Les résultats macro-économiques

Ce chapitre analyse l'impact des différentes transformations économiques évoquées supra sur la situation macro-économique. Cette analyse porte sur les résultats obtenus au plan budgétaire, monétaire et de la croissance de l'économie à travers l'évolution du produit intérieur brut, la compétitivité et la création de la richesse, facteur de l'amélioration du niveau de vie des populations.

Il s'agit d'apprécier la situation de l'économie à partir de son objectif essentiel, celui de contribuer à l'amélioration du pouvoir d'achat des Béninois sans laquelle il sera difficile à ces derniers de bénéficier du fruit de la croissance. À ce niveau se posent encore beaucoup de problèmes auxquels ce chapitre voudrait se consacrer. Parmi ces problèmes, on peut noter ceux relatifs à la création de la richesse, à la maitrise des dépenses courantes, à la situation des balances commerciales et des paiements et du poids de l'aide extérieure dans la gestion de cette économie.

Mais tout d'abord, on voudrait se référer aux différents évènements qui ont marqué la vie politique du pays depuis son indépendance et dont les conséquences influent grandement sur la situation macro-économique.

I. Le contexte sociopolitique du pays de 1960 à aujourd'hui

Ce contexte a fait l'objet de beaucoup de travaux[86], le dernier en date est celui de Sylvain A. AKINDES relatif à la situation politique du Bénin de la fin de la première guerre mondiale à 2006 intitulé **Essai d'histoire du temps présent au Bénin postcolonial : problématique d'un engagement politique**. Ce travail est rédigé en quatre tomes :

- Tome 1 : 1946 – 1972 : De l'instabilité au marxisme – léninisme ;
- Tome 2 : 1972-1990 : L'équipé révolutionnaire ;
- Tome 3 : 1990-1996 : Premiers pas du Renouveau démocratique ;
- Tome 4 : 1996-2006 : Kérékou II, la fin d'un paradigme.

Dans le tome 1 dont le champ est plus large que la période 1960-1972, l'auteur s'est appesanti sur deux contextes, celui de la période coloniale après la Deuxième Guerre mondiale, celui de l'indépendance jusqu'au coup d'État du 26 octobre 1972. Mais si l'auteur a consacré à ces deux périodes un seul

---

[86] **Hountondji Paulin**, (1995) : (Ed.) *Société et Économie béninoise*, Édition L'Harmattan,
Houssa Romain, Op Cit

volume, c'est parce qu'il pense que les douze premières années de l'autonomie de ce pays n'ont fondamentalement rien changé à son statut colonial.

La première période, celle de la reconstruction en France avec le plan Marshall, est caractérisée dans les colonies françaises par la mise en valeur des ressources naturelles et agricoles. Au Bénin, cette période est marquée par la formation des premières élites intellectuelles et le démarrage des grands projets de mise en valeur des potentialités agricoles, en particulier les études de la valorisation des terres de la basse vallée de l'Ouémé à travers *la Mission de l'Ouémé.* Ces grands projets ont aussi porté sur la promotion de la culture de coton, de tabac et de ricin en association avec la modernisation du secteur palmier à huile.

De 1960 à 1972, le pays, malgré ses atouts intellectuels, est caractérisé par la crise des institutions politiques du fait de la déliquescence des ressources financières et du reflux des travailleurs dahoméens de l'étranger. Durant cette première période, la situation économique peut être analysée selon deux étapes : celle de 1960 à 1966 et la période allant de 1966 à 1972.

La première étape est caractérisée par le manque de ressources financières suffisantes pour faire face aux différentes charges de l'État. Ce défaut financier résulte de deux situations : la crise de l'économie de traite et le reflux des travailleurs dahoméens des anciens territoires de l'AOF et de l'AEF.

La crise de l'économie de traite est due à celle du secteur palmier à huile, le principal produit d'exportation à cette époque. Cette crise provient de l'incapacité des dérivés de cet oléagineux à supporter la concurrence des produits du palmier sélectionné à très haut rendement à l'hectare. Pour faire face à cette concurrence, les autorités d'alors étaient obligées de subventionner l'exportation de l'huile rouge. Dans ce cadre, le pays avait soutenu l'exportation de l'huile rouge pour environ 470 millions de francs CFA par an entre 1961 et 1963.

Cette politique de soutien à l'exportation de l'huile de palme était devenue une charge assez lourde pour le budget dans la mesure où elle grevait sérieusement les maigres recettes de l'État.

C'est sur ce fond de crise financière qu'étaient venues s'ajouter les expulsions des travailleurs dahoméens dans les colonies de l'AOF et de l'AEF. Ces différents reflux des Dahoméens se faisaient dans un contexte de tensions souvent vives qui ont poussé le pays à se replier sur lui-même. Mais pour prouver sa capacité à maitriser ces expulsions, l'État était obligé d'insérer ces travailleurs expulsés de l'étranger dans la fonction publique aggravant ainsi les difficultés financières du pays.

Les conséquences de la crise financière et du rapatriement des Dahoméens de l'étranger avaient entrainé, entre 1960 et 1968, le déficit du trésor public d'environ 1,5 milliard de francs CFA par an.

Durant ces huit années, le déficit public cumulé s'était élevé à 13,4 milliards de francs CFA financés à concurrence de 8,3 milliards de francs CFA par des subventions budgétaires françaises, 0,5 milliard par des avances de la BCEAO et la liquidation des avoirs du trésor et 5,6 milliards par un endettement à vue à l'égard des fournisseurs privés. Ainsi les difficultés des finances publiques devinrent la cause de l'instabilité politique.[87]

La deuxième phase, allant de 1966 à 1972, a mieux fonctionné parce qu'elle a profité de l'évolution du contexte sociopolitique dans les pays voisins en particulier au Nigeria du fait de la guerre du Biafra. L'ancien Dahomey devint alors la cible d'une forte immigration des réfugiés nigérians et étrangers à la recherche de la paix. En s'installant ici, ces derniers apportaient leurs moyens financiers et participaient au renforcement de l'économie. C'est, pendant cette période aussi, que le pays était devenu le principal marché d'achat du cacao nigérian et l'un des pays exportateurs de ce produit, palliant ainsi une partie de la crise financière. Mais la situation politique était loin d'être maitrisée, en raison des conflits intertribaux opposant les trois leaders politiques de l'époque que sont Apithy, Ahomandégbé et Maga, au milieu desquels gravitait Adrien Dégbé, originaire du Mono.

Ce conflit était si important qu'il déboucha sur des coups d'État répétés qui ont complètement paralysé l'économie du pays malgré quelques souffles apportés à celle-ci par la guerre du Biafra. Cette série de coup d'État prendra fin avec celui du 26 octobre 1972 jugé indispensable par les militaires pour mettre fin « au monstre à trois têtes » qu'est le conseil présidentiel à partir duquel le pays était géré depuis 1970.

Ce dernier coup d'État introduisit ainsi une nouvelle ère dans la vie politique et économique du pays sanctionnée par l'adoption de l'idéologie marxiste-léniniste avec pour conséquence plusieurs changements majeurs. On peut citer l'adoption de l'économie socialiste avec pour corollaire la nationalisation de tous les secteurs vitaux de l'économie, le changement du nom du pays et la fin des libertés individuelles et collectives, le tout dans un contexte d'embrigadement généralisé.

Malgré cette ambiance sociale et politique rigide, le pays a cependant connu, pour la première fois, une réelle prospérité due à la diffusion des rentes des matières premières des États limitrophes à partir desquelles le régime révolutionnaire avait inventé la politique commerciale de réexportation. Celle-ci fut une réussite sur le plan économique. Le Bénin, malgré sa révolution, n'a pas connu de pénurie à la différence des autres pays révolutionnaires du continent comme la Tanzanie et la Guinée Conakry.

N'eussent été les effets négatifs des influences extérieures sur le régime, cette période révolutionnaire aurait pu être celle du réel décollage de ce pays.

Mais la peur de réussite de cette expérience par les puissances occidentales en avait décidé autrement. Le régime révolutionnaire fut inféodé par ses ennemis de l'intérieur qui ont complètement étouffé cette expérience entre 1987 et 1989. C'est la raison de la faillite de l'économie et de la chute du

[87] **IGUE, O. J. et Soulé B.G.**, Op. Cit

système à partir de la conférence des forces vives de la nation organisée en février 1990. Celle-ci fait entrer le pays dans une nouvelle ère politique qualifiée de Renouveau démocratique.

La période du Renouveau démocratique, débutée avec le gouvernement de transition de mars 1990 à mars 1991 n'a pris fin qu'en avril 2016. Elle a connu trois séquences avec des résultats économiques mitigés : le temps de Soglo, de Kérékou et l'avènement de Yayi Boni.

Le contexte politique sous Soglo est celui de l'échec des expériences démocratiques dans les pays voisins que sont le Togo et le Niger, mais surtout l'adoption du Programme d'Ajustement structurel imposé par les Institutions de Bretton Woods afin d'effacer les séquelles des dix-sept années du régime révolutionnaire et de consacrer le triomphe du capitalisme.

Malgré le caractère audacieux de ces réformes d'ajustement structurel, les résultats économiques n'étaient pas meilleurs avec une croissance relativement faible, un déficit chronique de la balance commerciale et l'augmentation de la pauvreté du fait de l'aggravation du chômage qui résulte des conséquences des réformes d'ajustement. Mais la plus grande faiblesse de cette période de Renouveau démocratique est celle du recul de patriotisme, de la culture et de l'éthique dans la gestion du pays comparée à la période révolutionnaire.

Cette période de Renouveau démocratique qui a duré 26 ans est celle aussi de l'insécurité sociale et morale engendrée par la naissance des intégrismes religieux sous plusieurs formes : djihadisme et Boko Haram dans les pays musulmans de la frange sahélienne, fondamentalisme religieux dans les pays côtiers à partir de plusieurs courants évangélistes et charismatiques.

Tous ces différents courants religieux ont sapé les bases morales de la société dont les conséquences pour l'économie béninoise sont, entre autres, le développement excessif de la corruption. Celle-ci agit négativement sur les réformes engagées pour assainir les bases de l'économie.

Plus on parlait de la pratique de la bonne gouvernance, plus le pays était mal géré. Les différentes insécurités nées de la crise de la mondialisation et de l'échec du processus démocratique dans la plupart des pays africains ont totalement plombé le processus de développement se traduisant par une croissance en berne durant les vingt-six années du Renouveau démocratique, le tout marqué par une absence d'idéologie claire devant servir de boussole en dépit de l'élaboration du document de prospectives à long terme, Bénin Alafia 2025.

À la place de cette idéologie du futur, le pays était plutôt plongé dans une ambiance de multipartisme intégral avec plus d'une centaine de formations politiques, antagonistes et mal structurées, incapables de mettre le pays sur orbite de développement. Les seuls acquis notables de cette expérience de Renouveau démocratique sont la liberté, la paix, la quiétude sociale se traduisant par l'alternance au pouvoir.

Quand le régime de la rupture s'installa en 2016, il fut accueilli quelques années après par la longue fermeture des frontières terrestres du Nigeria, le déclenchement de la pandémie à Coronavirus, l'extension du djihadisme sahélien au nord du pays et les coups d'État dans les pays sahéliens. Ces différents évènements ont compromis la fonction de transit du Bénin, le tout corrélé par la création de l'Alliance des États sahéliens et la méfiance des pays membres de cette organisation vis-à-vis de leurs homologues du sud qualifiés de pro-occidentaux et favorables à la politique négationniste de la CEDEAO vis-à-vis des coups d'État.

Toutes ces situations ont pour conséquence d'isoler le Bénin dans son environnement immédiat et de remettre en cause sa politique de réexportation, facteur essentiel de sa sécurité budgétaire ; d'où la stratégie du régime de la rupture de reposer son fonctionnement sur une fiscalité assez lourde et pesante à la fois pour les entreprises que pour les populations.

Ce n'est qu'au cours de la seconde période de ce régime, que les choses évolueront autrement pour permettre à ses responsables de mieux gérer le pays avec quelques quiétudes qui ont permis la relance économique à partir d'une politique assez rigoureuse. Celle-ci a impacté positivement la situation macro-économique qui se porte mieux comparée à la période précédente. Malgré ces résultats économiques satisfaisants, les Béninois regrettent la période de Renouveau démocratique en raison de ses acquis fondés sur la liberté, la paix et l'ouverture des débats démocratiques.

II. L'impact du contexte sociopolitique sur les résultats économiques

Cet impact sera analysé sous plusieurs angles comme la capacité économique du pays, la maitrise des dépenses publiques, la situation des balances commerciales et de paiements et le poids de l'aide extérieur dans la gestion et le fonctionnement de l'économie.

2.1.La capacité économique du pays

Celle-ci se mesure par le Produit intérieur brut (PIB) à partir duquel s'apprécie aussi le niveau de vie des habitants. L'évolution de ce PIB dont la constitution dépend des différents secteurs d'activités économiques[88] atteste depuis 1960 de réels progrès que le pays a connus. C'est grâce à ces progrès

[88] Selon les données de la Direction de la comptabilité nationale et des statistiques économiques (Instad), la formation du Pib en 2023 est faite de la manière suivante : secteur primaire : 25,4% ; secteur secondaire :17, 3% ; secteur tertiaire : 49,7% ; impôts et taxes : 9,6%.

que le Bénin a quitté son statut de pays les moins avancés (PMA) pour se hisser au rang des puissances intermédiaires depuis 2017. En effet, depuis 2000, le revenu par tête d'habitants a beaucoup progressé, allant de moins de 200 dollars en 1970 à 1411 dollars US en 2023. Par ce niveau de PIB per capita, le Bénin se classe désormais au troisième rang des États de l'UEMOA après la Côte d'Ivoire et le Sénégal.

Cette performance est le fruit des réformes macro-économiques entreprises avec la souscription aux Programmes d'ajustement structurel depuis 1989. Celles-ci ont permis la réduction substantielle du niveau d'endettement du pays qui était très élevé depuis la période révolutionnaire du fait des ambitieux programmes d'industrialisations de l'époque. L'exploitation du pétrole de Semè Kpodji et la mise en chantier des complexes sucrier de Savè et cimentier d'Onigbolo, ont énormément coûté au pays. Ainsi de 1986 à 1994, l'encours de la dette par rapport au PIB était allé de 56,9% en 1986 à 63,6% en 1993 alors que le niveau exigé des Institutions internationales de financement ne doit pas dépasser 70%[89]. Par la suite, cet encours de la dette a beaucoup baissé pour descendre à moins de 15% du temps de Yayi Boni.

La situation du PIB de 1960 à aujourd'hui se présente selon les quatre périodes de développement du pays comme suit :

[89] *Ministère des Finances, Direction des affaires économiques, Direction de la prévision : Bilan et perspectives à court et moyen termes de l'économie nationale, deuxième édition, juillet 1998.*

Tableau n°65 : *Évolution du PIB de 1960 à 2023 (Population en millions d'habitants, PIB en milliards de francs CFA, PIB par habitant en milliers de F CFA)*

	1960	1965	1970	1975	1980	1985	1990	1995	2000	2005	2010	2015	2020	2023
Population	2,106	2,442	3400	3600	3428	4000	4,500	5500	6,200	7,600	8,200	10,000	13,4	13,5
PIB/Marché					229,35	429,78	512,23	852,51	2046,3	2700,4	2938,3	4340,3	9008,8	11939,9
PIB/Facteurs						462,54	502,33	1002,09	1805,1	-	2605,7	3843,8	-	-
PIB/Hbts (en F CFA)									302,0	320,5	558,3	777,0	800,00	850,00
Dettes publiques en % du PIB						57,73	48,28	70,1	36,9%		22 ;7%	41,6%	49,2%	47,1%
Taux de croissance annuel							4,3%	6%	4,8%	5%	2,1%	1,8%	6,5%	6,6%

Source : Enquêtes de terrain

Année	Population (M)	PIB Marché (Mds FCFA)	PIB Factures (Mds FCFA)	PIB/hab (k FCFA)	Dette publique (% PIB)	Croissance annuelle (%)
1960	2.0	100	95	50	15	2.5
1970	2.5	200	190	80	18	3.2
1975	3.0	300	285	100	20	4.0
1980	3.5	450	430	129	25	5.1
1985	4.0	600	570	150	30	3.8
1990	4.5	750	710	167	35	2.9
1995	5.0	900	850	180	40	3.2
2000	6.0	1,200	1,130	188	42	4.5
2005	7.0	1,600	1,520	229	45	5.0
2010	8.5	2,200	2,100	259	48	5.5
2015	10.0	3,000	2,850	300	50	6.2
2020	11.5	4,200	4,000	365	52	6.8
2023	12.0	5,000	4,800	417	55	7.1

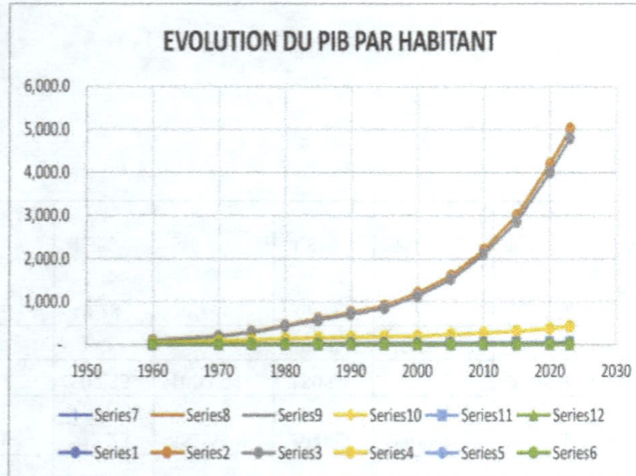

Comme on peut le constater à la lecture de ce tableau, la situation du PIB s'est beaucoup améliorée, passant de moins de 200 milliards de dollars US entre 1960 et 1970 à plus de 11.939 milliards de dollars aujourd'hui. Cette évolution a aussi contribué à l'amélioration du revenu par tête d'habitants qui est allé de moins de 100 dollars par habitant entre 1960 et 1970 à plus de 1450 dollars actuellement. L'encours de la dette s'est beaucoup amélioré de même que le taux de la croissance économique. Ces différents progrès résultent de l'effort en travail des Béninois dont l'effectif est allé de 2 millions en 1960 à près de 14 millions actuellement, et aussi de la meilleure intégration du pays à l'économie mondiale. Malgré ce progrès, le pays reste tout de même confronté à deux problèmes : les difficultés des dépenses publiques encore dépendantes de l'aide extérieure et la situation de la balance commerciale toujours déficitaire, entrainant la fragilité de celle des paiements.

a. La situation des dépenses publiques

Les ressources de l'Etat béninois, en l'absence d'importantes matières premières d'origine minérale, proviennent essentiellement de la fiscalité, largement dominée par les recettes douanières et les impôts[90].

De 1960 à 1972

De 1960 à 1970, ces ressources, assez maigres, étaient consacrées à 80% au paiement de salaire des travailleurs. À titre d'exemple, sur un budget inférieur à 5 milliards de francs CFA, les dépenses de salaire en 1961 représentaient 3,1 Mds ; en 1962, 3,3 Mds ; en 1963, 4,3 Mds et en 1965, 4,6Mds, ainsi de suite[91]. Les 20% restants servaient à subventionner la vente de l'huile de palme devenue non compétitive sur le marché international, à assurer les autres dépenses en capital et les charges diplomatiques. Il n'en reste plus pratiquement rien pour les activités de développement totalement prises en charge par la coopération française, le soutien de l'Union européenne à travers le Fonds européen de développement et de quelques pays amis.

En 1967, le ministre des Finances de l'époque, Pascal Chabi Kao, évaluait les ressources de l'État à 6.057.300.000 F CFA. Il disait au cours d'une réunion le 20 décembre 1967, avec les jeunes cadres de l'armée qui contrôlaient le pays à l'époque, que si l'État refusait la subvention de 500

[90] Aujourd'hui, ce sont les impôts qui prennent le pas sur les recettes douanières du fait de la crise du système de réexportation en vigueur dans le pays depuis 1973. Dans la loi des finances de 2024 par exemple, les ressources budgétaires ont été constituées à hauteur de 75% de recettes fiscales et de 28,5% de recettes non fiscales.

[91] Rapport de la BCEAO, Confère edenpub.bceao.int

millions de F FCFA promise par la France, l'exécution du budget de 1968 accuserait un déficit de 2.200.300.000 F CFA. C'est pour éviter cela, qu'il parait impérieux de maintenir l'abattement des 25% sur salaire, décidé du temps du président Soglo entre 1965 et 1967. Si cet abattement était accepté par les travailleurs, le déficit du budget serait ramené à 1.100.300.000Francs CFA.[92]

Ces informations rapportées par Akindes A. Sylvain dans le Tome 1 de son travail, *Essai d'histoire des temps présents au Bénin postcolonial*, page 187, confirment les difficultés de gestion des dépenses publiques au Bénin pendant la première période de l'indépendance. L'impact positif de la guerre du Biafra sur l'économie dahoméenne, notamment l'introduction d'une partie du cacao nigérian réexporté par l'État dahoméen n'a pas tellement changé la situation critique des finances publiques pendant cette première décennie de l'autonomie interne.

L'état des dépenses pendant la révolution

À la révolution, entre 1972 et 1989, la nationalisation des secteurs vitaux de l'économie et la pratique commerciale de réexportation ont énormément contribué à améliorer les ressources de l'État. Celles-ci à partir de 1980 ont toujours été supérieures à 60 milliards de francs CFA avant qu'elles ne descendent à 44, 922 milliards de francs CFA en 1989. Pendant cette période révolutionnaire, les recettes fiscales, notamment les recettes douanières, représentaient 96% des avoirs publics du fait de la réexportation.

Les dépenses courantes sont allées de 24 milliards de francs CFA en 1980 à 59 milliards en 1982 puis à 78 milliards en 1983 et à 92 milliards en 1987.[93]

Comparée à la période précédente, l'amélioration des ressources nationales permet, durant cette période révolutionnaire, d'avoir des dépenses variées dans lesquelles le paiement du personnel ne représente plus que 30 à 40% conformément aux données ci-après :

Tableau N°66 : *Les dépenses de fonctionnement inscrites au budget national (base millions de francs CFA) entre 1980 et 1989*

Années	Budget	Dépenses du personnel	Dépenses de matériel	Dépenses de fonctionnem ent	Pourcentage dépenses personnelles
1880	57,158	18,479	10,100	28,579	32,32%
1881	71,492	21,167	12 569	35 736	17%
1882	92,812	30,913	15 413	46 406	33,30%

92 Confère **Akindes A. S.** Op cit

93 **Gnidehou Justin**, Op cit

1883	107,078	37.848	15 691	53 539	35,34%
1884	98,336	36.816	12 352	49,168	38,21%
1885	98,750	38 166	11 209	49 375	38,64%
1886	102,090	41 539	9 506	51 045	40,68%
1887	110,548	42 347	12 927	55 274	38,30%
1888	106,944	40 106	13 366	53 472	37,50%
1889	99,000	38 873	10 627	49 500	39,26%

Source : Elaboré à partir des données des tableaux 9 et 10 du rapport de Justin Gnindéhou : Évolution de l'économie, de la politique et des programmes de développement du Bénin, Déc. 1995.

À la différence de la période précédente, ce sont les dépenses de fonctionnements qui sont les plus importantes de l'ordre de 50%. Au cours de cette période révolutionnaire, les investissements publics sont importants tant en quantité qu'en valeurs ; ils sont réalisés en majorité à partir de l'aide extérieur conformément aux données ci-après :

Tableau *N°* **67:** *Les investissements publics de 1982 à 1989*

Années	Montants (en millions)	Sources intérieures	%	Apports extérieurs	%	Dons	%	Prêts	%
1982	94 371	20 526	21,76	73 845	78,24	6 165	6,47	67 679	71,77
1983	36 424	9 420	25,86	27 003	74,14	9 186	25,22	17 817	48,91
1984	25 526	2 279	8,93	23 246	91,07	8 363	32,76	14 883	58,30
1985	27 994	4 574	16,34	23 419	83,66	8 272	29,55	15 147	54,11
1986	40 370	8 620	21,35	31 749	68,65	13 029	32,28	18 720	46,47
1987	40 779	5 810	14,25	34 968	85,75	17 293	42,41	17 675	43,34
1988	41 326	49 922	11,91	36 404	88,	15 358	37,16	21 045	50,92
1989	37 902	3 085	8,14	34 816	09 91,86	15 236	40,20	19 579	51,66

Source : GNIDEHOU Justin, Op Cit, Cf pages 13, 14 & 15

La lecture de ce tableau invite à plusieurs remarques. : i) l'irrégularité des investissements, dont le montant est allé de façon décroissante entre 1982 et 1989 ; ii) la faible contribution nationale restée elle aussi irrégulière durant la période avec une participation en baisse vers la fin de la révolution conformément aux difficultés de l'époque, iii) la forte dépendance de ces investissements de l'aide extérieure avec une contribution assez élevée des prêts. Ces prêts, tout comme le volume total des investissements, ont aussi régressé à la fin du régime corroborant ainsi les difficultés de cette période qui ont poussé le pays à faire appel aux Institutions de Bretton Woods et à convoquer la Conférence des forces vives de la nation en février 1990.

La situation des dépenses publiques sous le Renouveau démocratique

Cette période est assez longue. Elle s'étend de 1990 à 2016 soit 26 ans. Elle a connu trois séquences : le temps du président Nicéphore Soglo (1990-1996), l'ère du président Mathieu Kérékou (1996-2006) et le règne du président Yayi Boni (2006-2016). Chacune de ces séquences est caractérisée par son mode de gestion économique.

Du temps de Soglo, la politique économique est centrée sur le retour au libéralisme imposé par les différents Programmes d'ajustement structurel.

Mathieu Kérékou a tenté de se libérer des contraintes du PAS en organisant la conférence économique nationale de décembre 1996, en faisant élaboré un document de perspective à long terme, le Bénin Alafia 2025. Mais l'intervention des experts des Institutions internationales n'a pas permis à ce dernier de mettre en pratique les recommandations issues de ces deux exercices. Il a plutôt géré sa période à partir de l'élaboration du programme d'action du gouvernement qui n'est qu'un simple catalogue d'actions.

Quand Yayi Boni est arrivé au pouvoir, la stratégie de développement qui lui est imposée par les Institutions internationales est celle de la lutte contre la pauvreté à partir du document de Stratégie de réduction de la pauvreté (DSRP).

Selon ces différentes stratégies de développement, les politiques et programmes de développement ne sont plus les mêmes.

Sous Soglo, les dépenses publiques étaient orientées vers les objectifs des différents PAS comme la création des conditions d'une relance durable des activités économiques, la restructuration des finances publiques et de la balance des paiements, l'amélioration du taux de croissance économique, l'amélioration du taux d'investissement à plus de 16% du PIB, la restructuration du système bancaire, la réforme des entreprises publiques, etc.

C'est aux vues de ces exigences du PAS que s'étaient orientées les dépenses publiques avec ses deux composantes : le fonctionnement et l'investissement.

La situation des dépenses de fonctionnement entre 1990 et 1995 se présente comme suit :

Tableau n°68 : *Les dépenses de fonctionnement inscrites au Budget national (base millions de francs CFA) entre 1990 et 1994.*

Années	Budget	Dépenses du personnel	Dépenses de matériel	Dépenses de fonctionnement	Pourcentage dépenses personnelles
1990	129 796	37 593	24 305	61 898	30,14
1991	87 710	37 319	6 536	43 855	42,54
1992	112 150	39 685	16 390	56 075	35,38
1993	144 930	52 645	19 795	72 490	36,32
1994	157 229	46 100	32 739	78 390	29,32

Source : Elaboré à partir des données des tableaux 9 et 10 du rapport de Justin GNIDEHOU : Évolution de l'économie, de la politique et des programmes de développement du Bénin, Déc. 1995.

Comparé à la période révolutionnaire, le pourcentage des dépenses du personnel est pratiquement identique entre 30 et 40% du budget national malgré le dégraissage de la fonction publique.

Quant aux dépenses d'investissements, celles-ci ont connu une allure ascendante à la différence de la période révolutionnaire, comme l'attestent les données ci-après :

Tableau N°69 : *Les investissements publics de 1990 à 1994*

Années	Montants (en millions)	Sources intérieures	%	Apports extérieurs	%	Dons	%	Prêts	%
1990	27 994 456	2 980,727	7,89	23 419,982	92,11	8 272,374	38,86	15 147,608	53,25
1991	39 199 518	2 986,330	7,61	36 215,188	92,39	12 679,809	32,35	23 535, 379	60,04
1992	37 560, 59	3 238,840	8,62	34 321,75	91,38	16 344,92	43,52	17 976,83	47,86
1993	47 529,297	4 281,051	9,00	43 248,246	90,99	22 006,383	46,30	21 241, 863	44,69
1994	85 466,950	7 164,001	8,38	78 302,944	91,62	30 314, 356	35,47	47 988, 588	56,15

Source : GNIDEHOU Justin, Op Cit, Cf pages 13, 14 & 15

À la différence de la période révolutionnaire, les investissements sous le régime de Soglo ont une allure croissante allant de 27 994 millions de francs CFA en 1990 à 85 466 millions de francs CFA en 1994. La contribution intérieure est restée en revanche stable de l'ordre de 7 à 8%. Les apports extérieurs sont devenus plus importants, supérieurs à 92% selon la période. De ces apports extérieurs, les dons représentent une moyenne de 31, 90% contre 64, 35% pour les prêts.

Sous Kérékou, la situation des dépenses publiques n'a pas fondamentalement changé en raison des conséquences du PAS. Mais la disparition progressive de l'aide à la démocratie dont a bénéficié le président Soglo a poussé Kérékou à devenir prudent en s'endettant moins.

Les dépenses inscrites au budget entre 2001 et 2004 se présentent comme suit :

Tableau n°70: *Etat des dépenses entre 2001 et 2004 (en milliards de FCFA)*

Années	Recettes	Dépenses du personnel	Dépenses de matériel	Dépenses de fonction-nement	Bourses	Autres	Pourcentage dépenses personnelles
2001	331,89	79,10	39,00	113,36	20,52	79,91	23,85%
2002	357,87	90,05	65,14	112,8	21,53	68,35	25,16%
2003	334,67	103,00	62,63	132,61	25,66	110,69	23,72%
2004	426,12	123,48	56,50	126,91	26,73	92,50	28,97%

Source : MDEF : rapport 2004 - juin 2006

De 2001 à 2004, les dépenses de l'Etat sous Kérékou ont connu une évolution régulière avec un léger fléchissement en 2004. La part des dépenses du personnel est inférieure à 30% contrairement à la situation antérieure. Cette baisse de la part des dépenses du personnel, donne la coudée franche à l'Etat de mieux s'occuper du développement du pays.

Quant aux investissements, leurs évolutions sont corrélées avec les dépenses de l'Etat. Tout comme par le passé, ces investissements dépendent en grande partie des apports extérieurs mobilisés à travers les programmes d'investissements publics (PIP).

Tableau n°71 *: Les investissements publics sous Kérékou*

Années	Montants (en millions)	Sources intérieures	%	Apports extérieurs	%
2001	321,6	40,4	12,56	281,2	87,43
2002	438,3	120,1	27,40	318,2	72,59
2003	383,4	31,5	21,59	342,3	94,36
2004	407,100	55,7	13,68	351,4	85,25

Source : GNIDEHOU Justin, Op Cit, Cf pages 13, 14 & 15

Sous Yayi Boni

La situation macro-économique sous ce dernier président du Renouveau démocratique à la différence de ses prédécesseurs est marquée par une augmentation exceptionnelle des recettes publiques de 266, 2 milliards de F CFA en 2000 à 765,7 milliards de FCFA en 2016, soit un rythme annuel de croissance d'environ 7%. Cette performance résulte des réformes engagées entre 2006 et 2016 pour améliorer le taux de recouvrement des impôts.

De cette évolution, résulte la tendance à la hausse des dépenses publiques de l'ordre de 8% l'an. Celles-ci sont allées de 17,9 % du PIB en 2005 à plus de 25,3% du PIB en 2015. Cet accroissement des dépenses publiques est basé sur des politiques sociales qui ont été menées par le président Yayi Boni. Au centre de celles-ci, figure le soutien aux femmes sous forme d'aide à la consommation et aux fonctionnaires, par la revalorisation du point indiciaire de 26,5% entre 2006 et 2011, accompagnée du reversement des agents contractuels dans la fonction publique. Ce reversement se mesure par l'augmentation substantielle de la masse salariale de plus de 6 milliards d'euros au ministère de l'Éducation et de l'Enseignement supérieur avec un effectif de 46 292 agents, au ministère de l'Intérieur pour environ 1,5 milliard d'euros, au ministère de la Justice pour plus de 8 mds d'euros, au ministère de l'Économie et des Finances pour environ 3 mds d'euros et à celui de transition écologique pour près de 4 mds d'euros, etc.[94]

En conséquence, le ratio entre masse salariale et recettes publiques est allé de 30% durant les régimes précédents à 40,5% sous Yayi Boni, dépassant ainsi les normes fixées par l'Union économique monétaire ouest-africaine (UEMOA) à 35%.

La situation des dépenses entre celles ordinaires et l'investissement se présente comme l'indique le tableau suivant :

Tableau n°72 : *L'évolution des dépenses budgétaires sous Yayi Boni (en % du PIB)*

Années	Budget	Dépenses ordinaires	Dépenses d'investissements
2005	-	12, 72	5,29
2006	-	13,74	4,21
2007	-	13,53	6,94
2008	-	14,56	5,47
2009	-	14,63	9,09
2010	-	14,61	5,13
2011	-	13,99	6,14
2012	1016,54	14,24	5,22
2013	1044,94	13,44	6,37

[94] Coûts des comptes : 2020, le Budget de l'Etat en 2019, avril

2014	1069,05	13,61	5,20
2015	1210,44	17,24	7,69

Source : DGAE, MEF, 2018

C'est le niveau modéré de ces dépenses d'investissement qui explique que sous Yayi Boni, le ratio prudentiel des dettes de l'Etat rapporté au PIB soit relativement faible compris entre 20,9% en 2006 et 15,4% en 2015 comme indiqué au chapitre VII relatif à la partie consacrée aux problèmes du financement de l'économie béninoise.

Les dépenses publiques du temps de la rupture

À la différence des autres dirigeants du pays, le Président Talon est arrivé au pouvoir dans un contexte régional et international agité, marqué par des difficultés imposées par la pandémie à Coronavirus, la guerre entre la Russie et l'Ukraine, la fermeture unilatérale des frontières terrestres du Nigeria, le départ des Etats sahéliens de la CEDEAO, la suppression des subventions de l'Etat nigérian aux produits pétroliers, etc. Toutes ces crises sont devenues des déterminants de la gestion budgétaire, notamment la maitrise des conséquences de la hausse des prix de l'énergie, des engrais et des denrées alimentaires de base. Toutes ces situations difficiles ou critiques dictent le comportement des gouvernants par rapport à la mobilisation et la gestion des ressources de financement.

Pour analyser la situation des dépenses publiques dans ce contexte difficile, on partira des données disponibles provenant essentiellement des différents rapports du ministère de l'Économie et des Finances sur l'exécution du budget de l'Etat publiés sous forme de bulletin mensuel et des rapports de la Cour des comptes sur le financement et le compte public, etc. Ces différents rapports renseignent bien sur la situation des recettes et des dépenses de l'Etat à partir de 2019. Leur exploitation permet de constater le niveau de croissance régulière de ce budget depuis la fin du règne de Yayi Boni. Cette croissance régulière résulte des réformes engagées dans les secteurs de production agricole et dans la mobilisation des principales ressources de l'Etat.

Du temps du président Talon, ces mesures ont été renforcées en mettant un accent particulier sur le développement du secteur agricole à partir des différentes actions analysées précédemment (confère chapitre IV). De même, il a complètement réformé le secteur des recettes publiques en généralisant les impôts, en mettant en place le système d'une facturation normalisée, en faisant payer tous les débiteurs de l'Etat par le système informatique et en procédant à l'unicité de caisse. Toutes ces mesures ont considérablement réduit le niveau de détournement des finances publiques et ont rendu très rigoureuses la mobilisation et la gestion des recettes.

Les résultats de ces différentes réformes se mesurent aujourd'hui sur l'évolution des dépenses de l'Etat dont une bonne partie fait l'objet du tableau ci-après :

Tableau n° 73 : *La situation financière du temps du président Talon (en Milliards de F CFA)*

Année	Budget	Recettes	Dépenses ordinaires[95]	Dépenses du personnel	Pourcentage par rapport au budget	Dépenses d'investissement[96]
2019	1877,54	827,70	-	281,74	15%	-
2020	2167,09	883,81	701,27	285,56	13,17%	-
2021	2452, 19	-	517,74	194,58	12,00%	351,00
2022	2027,75	1696,60	1295,20	444,00	18,96%	480,39
2023	2346,4	1969,58	1373,15	509,97	22,16%	959,75
2024	2551,7	2428,20	1464,80	595,88	23,35%	963,40

Source : Exploitation des données des Bulletins mensuels d'exécution du budget de l'Etat (2020-2024

De ce tableau se dégagent quelques remarques : la valeur élevée du budget de l'Etat débuté depuis la fin du régime de Yayi Boni comparée aux périodes précédentes ; le niveau également élevé des recettes publiques suite à la rigueur des réformes engagées et de leur application ; enfin pour la première fois, le ratio entre le budget et les dépenses du personnel est descendu sous la barre de 30%. Cette baisse de ratio entre le budget et le salaire du personnel de l'Etat en dépit des émoluments très élevés des dirigeants à tous les niveaux résulte premièrement du désengagement de la fonction publique de tous les contractuels qui ont été recrutés sous Yayi Boni, deuxièmement de la mise sous tutelle des ministères dont une bonne partie de leur responsabilité relève désormais des Agences placées sous la tutelle de la présidence avec moins de personnel de soutien. Cette situation a entrainé plusieurs milliers de suppression de postes de l'ordre de 1800 au ministère de l'Éducation, de l'Enseignement supérieur et de la Recherche scientifique, 1947 au ministère de l'action et des comptes publics, 800 au ministère de la transition écologique, etc.[97]

[95] Les dépenses ordinaires comprennent plusieurs rubriques comme les dépenses du personnel, les dépenses des intérêts sur les dettes publiques, les dépenses d'acquisition de biens et services et les dépenses de transfert. Nous n'avons pas pris en compte l'analyse de ces différentes rubriques excepté celles du personnel jugé nécessaire afin de mesurer les ratios entre le budget et les dépenses du personnel.

[96] Les dépenses d'investissement qui figurent dans ce tableau ne représentent que la part de l'Etat. Ces investissements sont beaucoup plus importants si on y incorpore la part du secteur privé béninois et celle venant de l'extérieur sous forme de prêts et de dons.

[97] Cour des comptes, Op Cit

Ce sont toutes ces situations qui ont permis au Bénin de quitter la catégorie des Pays les moins avancés (PMA) pour se hisser au rang des Etats intermédiaires avec un revenu par tête d'habitant de 1450 dollars. Mais là où se mesure davantage cette prouesse budgétaire réside dans l'amélioration des infrastructures de base et la transformation du paysage urbain de quelques villes. Malgré ces changements impulsés par cette richesse, le peuple croupit toujours dans la pauvreté dont l'indice reste relativement élevé. Cette contradiction résulte du fait que cette richesse ne profite qu'à un pan de la société auquel s'ajoutent les grandes entreprises qui s'occupent des transformations structurelles du pays. Mais les secteurs qui souffrent le plus de cette contradiction sont les grands agrégats de l'économie comme les balances commerciales chroniquement déficitaires et le taux élevé d'endettement.

III. L'état des balances commerciales et de paiements

3.1.Cas de la balance commerciale

L'excédent des deux balances et le faible endettement des pays constituent le signe de la bonne tenue de l'économie. Dans le cas du Bénin, la situation se présente autrement. Celle-ci est marquée par un déficit chronique de la balance commerciale depuis 1960, année de l'indépendance. C'est grâce à un secteur informel dynamique que les conséquences néfastes de ce déficit sont jugulées, notamment par rapport à la balance des paiements restée moins critique. Ce secteur informel est particulièrement important dans ce pays en raison des politiques menées depuis la Révolution fondées sur la réexportation. Cette politique a fait des marchés Dantokpa et frontaliers, des espaces économiques dynamiques fréquentés par des commerçants étrangers originaires de l'Afrique de l'Ouest et du Centre. Ces derniers arrivent ici avec d'importantes devises qui améliorent considérablement la balance des paiements. Le Bénin a particulièrement vécu de cette situation entre 1975 et 1981 malgré la révolution. Pendant cette période, le pays a enregistré l'arrivée de près de 70 milliards de F CFA dans ses comptes alors que sa capacité économique à l'époque n'était que de 23 milliards de F CFA. À cela s'ajoute une importante quantité de naira apportée par les opérateurs économiques nigérians[98]. Le pays a aussi connu une situation pareille entre 1990 et 2000 suite aux avantages financiers apportés pour la réussite de sa démocratie.

---

[98] **IGUE O. J.** (1976) : *Commerce de contrebande et problèmes monétaires en Afrique de l'Ouest*, ***Bulletin du Centre de perfectionnement administratif et public*** (CEFAP) Cotonou

Mais de façon globale, le déficit de la balance commerciale est endémique dans ce pays. Certes, l'ancien président du Ghana, Kwame Nkrumah avait déclaré qu'un pays pauvre ne peut pas avoir une balance commerciale et celle des paiements équilibrés tellement ses besoins sont énormes en matière d'équipements et de services sociaux.

Le Bénin en quittant la catégorie des PMA devrait améliorer cette situation. C'est plutôt le contraire qui se passe au vu des données qui sont disponibles sur le sujet. Le chapitre VI relatif aux échanges commerciaux est suffisamment illustratif sur le sujet. Mais en guise de synthèse, sont élaborées les données qui figurent dans le tableau ci-dessous qui atteste de l'ampleur du phénomène.

Tableau n° 74 : *Synthèse des balances commerciales depuis 1960 (Chiffres en milliards de francs CFA)*

Périodes	Valeur des exportations	Valeurs des importations	Balance en valeur	Écart en pourcentage
1960	4,315	7,645	-3,330	56,10
1964	3,254	7,762	-4 ?512	42,24
1973	17,600	28,500	-10,9	61,75
1982	78,37	152,500	-74,33	51,39
1995		-	-	-
2004	292,3	425,9	-133,6	68,63
2010	634,7	879,9	-245,2	72,08
2022	559,9	2348,2	-1786,5	23,84

Source : Calculé à partir des données de l'Instad sur les échanges commerciaux

Comme on peut le constater, ces déficits sont assez élevés bien qu'irréguliers. Ils sont devenus chroniques à partir de 2012 (confère tableau n° 46). Ces déficits sont dus principalement à la faiblesse des exportations essentiellement centrées sur quelques produits agricoles largement dominés par le coton depuis la révolution. Ils dépendent aussi des politiques de réexportation adoptées par le pays depuis 1973. Celles-ci poussent le Bénin à acheter de l'extérieur plus que sa capacité de consommation, le surplus étant réexporté vers les pays limitrophes et singulièrement le Nigeria. À titre d'exemple, le Bénin est devenu depuis peu le 3e importateur du riz asiatique en Afrique de l'Ouest après le Sénégal et la Côte d'Ivoire. En 2022, il en a importé pour une valeur de 417,1 milliards de francs CFA soit 17, 8% de la valeur totale des importations de cette année. Il en est de même des huiles végétales importées pour une valeur de 343 milliards de francs CFA toujours en 2022 soit 14,6% des importations.

Du temps du Renouveau démocratique, ce sont dix produits destinés à la réexportation qui constituent la pièce maitresse de ces importations au rang desquelles figurent en bonne place le riz, les huiles végétales et les voitures d'occasion (confère Chapitre VI). Du coup, il se développe dans ce pays, un secteur informel puissant dont la balance commerciale est plutôt positive comme l'attestent les données ci-après :

Tableau n° 75 : *La situation commerciale entre le Bénin et le Nigeria de 1967 à 1973*

Années	Exportation (en millions de F CFA)	Importation	Balance en valeur
1967	721	553	168
1968	855	600	255
1969	2636,85	928	1708,85
1970	4498,20	1100	3398,2
1971	6214	1594	4220
1972	5937,4	1928	4009,4
1973	5181	1895,9	3285,1

Source : John O. IGUE et Bio G. Soulé (1992) : L'État entrepôt au Bénin (confère tableau n°18 et 19, Page 137-138)

Ces données qui sont relativement anciennes sont confirmées par la situation actuelle à partir des chiffres ci-après venant de l'évaluation de la douane béninoise, faisant état de la valeur des réexportations sur le Nigeria (en milliards de francs CFA) :

2011 : 66,403 — 2014 : 114,668
2012 : 108,491 — 2015 : 92,127
2013 : 111,396 — 2016 : 98, 360

Si on estime qu'en 2022, le riz et l'huile végétale importés du marché international ont coûté respectivement 417,1 milliards de francs CFA et 343 milliards de francs CFA et que plus de la moitié de ces produits ont été réexportées vers le Nigeria, on peut imaginer l'avantage que tire le Bénin de ses relations avec son voisin de l'est en termes de balance commerciale dans la mesure où, en dehors des hydrocarbures et quelques matériaux de construction, ce voisin ne vend plus grand-chose au Bénin.

Quoi qu'il en soit, le Bénin ne ressent pas les conséquences de ce déficit sur ses dépenses en raison de son appartenance à la zone CFA. Autrement, cette situation aurait engendré des crises monétaires assez graves se soldant par une dévaluation intempestive de ses moyens de change.

Ce développement du secteur informel atteste de la forte intégration des deux pays qui pousse le président Talon à militer pour sa meilleure concrétisation.[99] À ce niveau, sont concernés deux produits qui déterminent le comportement de la balance commerciale informelle actuellement très

[99] cf. le discours prononcé à Abuja lors du Sommet des chefs d'Etats du 30 juin 2025

favorable au Bénin : les denrées alimentaires de réexportation et les hydrocarbures en provenance du Nigeria. La difficulté ici est que ces deux produits sont hautement prohibés de part et d'autre sans qu'on puisse y trouver de solutions alternatives. En effet, les denrées alimentaires, notamment le riz assurent la sécurité alimentaire du Nigeria à hauteur de 10% de ses besoins sans que ce pays débourse un seul kopeck de ses devises. La fraude des hydrocarbures représente 80% du marché des produits pétroliers au Bénin sans que ce dernier ait recours à un seul franc de ses réserves de change. Comment gérer ses relations dans l'avenir, c'est le principal défi pour les deux pays.

3.2. L'exemple de la balance des paiements

Cette balance des paiements porte sur la situation des comptes extérieurs du Bénin à partir des réserves de change qui conditionnent la capacité du pays à commercialiser avec l'extérieur.

Les données sur la question sont irrégulières. En conséquence, cette analyse des comptes extérieurs ne portera que sur la période révolutionnaire à aujourd'hui.

Durant cette période révolutionnaire, la bonne tenue de la balance des transferts due à la politique de réexportation et celle des capitaux non monétaires ont conduit à une amélioration constante du solde global de la balance des paiements. Celle-ci s'est maintenue comme tel pendant les premières périodes du Renouveau démocratique avec un montant allant de 0,48 Mds en 1995 à 24,90 Mds en 1996 et 39,8 Mds en 1997. Il en a résulté pour la période des réserves de change pour trois mois de commerce en 1995, quatre mois et demi en 1996 et quatre mois en 1997. Cette situation est allée de pair avec une entrée nette des capitaux étrangers dont dépend très fortement la balance des paiements. Ces financements extérieurs ont évolué de 92,84 Mds en 1995 à 71,8 Mds en 1997. Il en est de même des réserves de change de la BCEAO qui sont passées de 97,1 en 1995 à 137,1Mds en 1997 pour se fixer 146,9 Mds en 1998. Cette allure progressive s'est maintenue jusqu'à la fin du régime de Kérékou en 2006 du fait de l'amélioration du secteur productif et de l'arrivée des fonds extérieurs sous forme d'appui aux Programmes d'ajustement structurel. Ainsi, ces avoirs extérieurs se présentent comme suit de 2003 à 2006.

Tableau n° 76 : *La situation des avoirs extérieurs de l'Etat entre 2003 et 2006*

Désignation	2003	2004	2005	2006
Avoirs extérieurs nets	390,06	329,02	376,55	520,17
Banque centrale (BCEAO)	321,34	252,03	321,32	436,71
Banques primaires	68,78	76,99	55,23	83,46

Source : Tableau établi à partir des données de la balance des paiements (BCEAO)

Sous Yayi Boni, ces réserves de change se sont nettement améliorées du fait de l'évolution favorable de l'économie comme l'attestent les données ci-après :

Tableau n°77 : *Évolution des avoirs du pays sous Yayi Boni (en milliards de F CFA*)

Années	Avoirs extérieurs nets	Banque centrale (BCEAO)	Banques primaires
2007	676,5	527,9	148,6
2008	690,2	569,4	120,8
2009	645,9	484,1	161,9
2010	728,7	222,3	506,4
2011	717,00	352,6	364,3
2012	785,9	540,5	245,4
2013	885,0	214,5	670,5
2014	1060,0	261,0	799,0
2015	1143,7	302,2	841,5
2016	973,40	29,63	943,77

Source : INSAE, Tableau de bord social 2016, Cotonou, septembre 2019

Ce tableau atteste premièrement de l'évolution régulière de ces réserves. Deuxièmement à partir de 2013, ces réserves proviennent davantage des banques primaires que de la BCEAO consécutive à la baisse des investissements étrangers sous Yayi Boni comme on le verra plus loin (confère Tableau n°80). En effet, c'est sous lui que les encours de la dette sont les plus faibles entre 7,67 en 2007 et 16,70% en 2015.

Du temps de la rupture, les résultats des réformes, notamment dans le secteur cotonnier qui a connu un bond spectaculaire ajouté à un endettement massif, ont agi favorablement sur les réserves de change avec une augmentation notable de 35% à la fin de l'année 2024. Il s'agit là d'un redressement important après quelques années de flottements qui avaient soulevé des inquiétudes dans l'UEMOA.

***Tableau n°78** : La situation des réserves de change sous Talon (en milliards de F CFA)*

Années	Avoirs extérieurs nets	Banque centrale (BCEAO)	Banques primaires
2017	118,287	- 163,435	-281,723
2018	-196,860	- 2,399	25,539
2019	-45,550	111,905	-157,456
2020	-306,937	53,851	-360,789

Source : INSAE, Tableau de bord social 2019-2020, Cotonou, Mai 2022

Des différentes données analysées sur la balance commerciale et de paiement, se mesure la fragilité de l'économie béninoise largement dépendante de l'aide extérieure dont le remboursement constitue aujourd'hui un handicap à l'économie.

IV. Le poids de la dette extérieure dans l'économie béninoise

Les raisons qui poussent les Etats à s'endetter sont multiples. On peut évoquer l'insuffisance des ressources financières intérieures par manque de matières premières à vendre à l'extérieur, les calamités naturelles comme la sécheresse dont le déclenchement empêche la production agricole, la revalorisation des salaires des fonctionnaires suite aux revendications syndicales ou le développement des conflits de toutes natures, notamment les guerres qui détruisent les infrastructures de base qu'il faut reconstruire à coût des milliards. À cela s'ajoute, les dépenses occasionnées par l'irrégularité des prix des produits de base qui font chuter les recettes de l'Etat en compromettant l'équilibre budgétaire, etc. De ces difficultés, le Bénin souffre particulièrement de l'inexistence des ressources du sous-sol facilement exploitable. Il a aussi eu dans le passé à subventionner à coût de milliards les dérivés du palmier à huile pour les rendre compétitifs sur le marché international. Il a enfin connu le rapatriement massif de ses citoyens qui travaillaient dans les anciens empires coloniaux français. Toutes ces situations avaient rejailli sur d'importants déficits budgétaires dont il fallait compenser par un endettement massif venant à la fois de l'intérieur et de l'extérieur.

Cet endettement revêt plusieurs aspects en raison de la nécessité d'équilibrer les dépenses publiques et de mieux faire face à des augmentations de salaire qui résultent de la pression syndicale ou à des arriérés de salaires comme c'est le cas entre 1987 et 1989 et enfin, à la nécessité de faire face au service des dettes contractées tant à l'intérieur qu'à l'extérieur, etc.

A partir de ces différentes situations, la dette devient un élément important de la gestion financière des Etats avec ses différentes composantes que sont les dettes intérieures contractées auprès des opérateurs économiques privés et celles des institutions de financements que sont les banques et institutions de microfinances. À cela s'ajoute l'engagement extérieur sous ses différentes formes bilatérales et multinationales.

4.1. Évolution de la dette de l'État de 1960 à nos jours

Celle-ci se comporte en dents de scie tout en restant corrélée aux quatre périodes du développement de notre pays, base de cette étude.

De 1960 à 1972

« De l'indépendance à 1972, le Bénin a connu une instabilité politique due aux multiples coups d'État ayant entrainé les changements des régimes politiques à la tête de l'Etat. Cette situation politique instable n'a pas créé la confiance nécessaire au niveau des bailleurs de fonds et des investisseurs étrangers pour susciter le financement adéquat de l'économie nationale. Ainsi, depuis l'indépendance jusqu'aux années 1970, une politique prudente a été observée au niveau de l'endettement extérieur ».[100]

Pendant cette période, quelques pays amis à la tête desquels se trouve la France apportaient leurs soutiens financiers. À ces derniers s'ajoute l'Union européenne à partir du Fonds européen de développement. Durant cette première phase de la gestion du Bénin, l'aide au développement reçue de l'extérieur est relativement faible, environ 40 Mds de francs CFA en fin 1972, octroyés pour financer le secteur agricole (10, 44 Mds) des infrastructures (18, Mds) et les services sociaux pour le reste. Ces fonds étaient apportés par quatre structures : le Fonds d'aide et de coopération (FAC), le Fonds européen de développement (Fed), la Banque internationale pour la reconstruction et le Développement (BIRD) et le Fonds international pour le développement agricole (FIDA).

De 1960 à 1970, ces fonds ont été octroyés sous forme de subventions. Ce n'est qu'à partir de 1971 avec le démarrage des projets agricoles comme la rénovation du secteur de palmier huile et les aménagements de la basse vallée de l'Ouémé que l'ancien Dahomey a commencé à recourir à des prêts auprès de ses bailleurs extérieurs pour environ 11,8 milliards en 1970, 14, 16 milliards en 1971 et 11,92 milliards en 1972.[101]

---

[100] *DGAE, Direction de la prévision, 1998, Bilan et perspectives à court et moyen terme de l'économie nationale. Ministère des Finances*

[101] cf. les données de la BCEAO

La période révolutionnaire

C'est à la révolution à partir de 1972 que la tendance sera renversée. Les grandes ambitions des révolutionnaires pour le pays ont débouché sur des accords de prêts, destinés au financement de trois grands projets : la mise en exploitation du champ pétrolier de Sèmè avec une entreprise dénommée Ashland, la société sucrière de Savè et la société cimentière d'Onigbolo auxquelles s'ajoute le financement et l'acquisition des matériels militaires auprès de l'Ex URSS.

En 1989, qui marque la fin du régime révolutionnaire, les engagements extérieurs s'élevaient à 424,8 milliards de francs CFA comme indiqué au tableau ci-dessous.

Tableau n° 79 **:** *Les dettes de la période révolutionnaire*

Années	Engagements	Mobilisations	Amortissements	En cours en valeurs	% en PIB
1986	424,761	308,206	39,711	267,002	57,73
1987	406,158	304,953	29,994	263,730	56,59
1988	462,605	319,089	37,507	285,683	58,97
1989	400,668	282,204	27,486	231,932	48,40

Source : Ministère des Finances-DGAE : Bilan et perspectives à court et moyen termes de l'économie nationale, Cotonou, 1998, PP 83, tableau 57

Les données qui figurent sur ce tableau ne prennent pas en compte les montants des produits pétroliers de Sèmè pour 42,2 Mds de francs CFA du Complexe sucrier de Savè pour 54,57 Mds de francs et de la Société des ciments d'Onigbolo 23,84 Mds de francs CFA.

Les engagements cumulés de ces trois projets s'élèvent à 128,78 Mds de F CFA et représentent 29,85% des engagements totaux du pays. Comme on peut le constater à la lecture du tableau n° 75, l'endettement du pays est relativement important comparé à sa capacité économique.

La situation d'endettement du pays sous le Renouveau démocratique

Le niveau d'endettement durant cette période est assez élevé en raison des acquis démocratiques d'une part et de la souscription du pays aux programmes d'ajustement structurel d'autre part.

Ces deux situations ont rassuré les bailleurs de fonds extérieurs qui ont massivement apporté leurs soutiens financiers au pays à la différence de la période révolutionnaire.

Du temps de Soglo, la situation de la dette est allée croissance, de 429,28 Mds en 1990 à 1251,09 Mds de FCFA en 1996 avec un important accroissement à partir de 1994 comme l'atteste le tableau suivant :

Tableau n° 80 : *la situation de la dette sous Soglo (en milliards de F CFA)*

Années	Engagements	Mobilisations	Amortissements	En cours en valeurs	% en PIB
1990	400,289	324,010	38,292	242,508	48,28
1991	476,284	360,262	67,763	281,939	53,23
1992	511,406	371,034	46,926	281,384	49,41
1993	547,51	421,879	53,258	321,353	53,88
1994	1038,087	824,325	101,69	628,430	75,61
1995	1094,897	932,577	120,023	703,067	70,10
1996	1251,020	957,744	200,587	757,157	76,03

Source : Ministère des Finances-DGAE : Bilan et perspectives à court et moyen termes de l'économie nationale, Cotonou, 1998, PP 83, tableau 57

Comme on peut le constater, c'est à partir de 1994, avec la mobilisation issue des différents Programmes d'ajustement structurel que cet endettement est le plus élevé avec un pic de 75,61% du PIB en 1994, 70,10% en 1995 et 76,03% en 1996.

Cette tendance sera renversée sous Kérékou, attestant de la baisse du financement de l'économie sous le règne de celui-ci.

Les dettes sous Kérékou

Du temps de Kérékou, malgré la crise de la réexportation, ajoutée à celle du secteur cotonnier (cf. Chapitre VI), l'endettement de l'Etat est resté modéré. La situation entre 2001 et 2005, objet du tableau ci-dessous rend bien compte de cette modération.

Tableau n° 81 : *La situation de la dette publique sous Kérékou*

Années	Engagements	Service de la dette	Encours de la dette en % du PIB
2001	974,37	25,13	36,80
2002	941,4	19,400	32,360
2003	832,54	15,600	26,840
2004	826,25	18,120	25,310
2005	919,45	18,36	25,300

Source : Tableau élaboré à partir des données de la BCEAO

Comparé à la période précédente, cet endettement de l'Etat reste acceptable notamment par rapport à son encours. C'est ce faible niveau d'endettement qui caractérise aussi le temps de Yayi Boni. Ce dernier responsable de la période du Renouveau démocratique a plutôt bénéficié de l'aide au développement que des prêts afin de mieux lutter contre la pauvreté devenue un enjeu majeur après les PAS. Sous ce président, la situation de la dette publique est résumée dans les données ci-après :

Tableau n° 82 : *Le niveau de la dette sous Yayi* (en milliards de FCFA)

Années	Engagements	Service de la dette	Encours de la dette en % du PIB
2007	299,730	13,800	7,670
2008	380,382	13,100	10,32
2009	497,030	19,793	10,85
2010	592,700	23,900	13,60
2011	613,600	25,700	12,200
2012	639,000	35,700	11,000
2013	677,100	37,900	12,200
2014	860,300	37,800	13,10
2015	1126,800	28,900	16,70

Source : Tableau élaboré à partir des données de la BCEAO

Au vu de ces chiffres, le président Yayi Boni a géré le pays avec prudence en ramenant la dette à son plus bas niveau depuis la révolution. Mais à partir de 2015, celle-ci a connu une nette augmentation qui sera poursuivie par son successeur jusqu'aujourd'hui. En effet, la largesse financière dont a bénéficié le président Yayi Boni a beaucoup régressé sous le régime de la rupture du fait de la conjoncture internationale difficile engendrée par la pandémie à Coronavirus.

Le président Talon, pour s'en sortir, a dû s'appuyer sur un endettement massif, débuté par plusieurs opérations d'emprunts obligataires dans la région ouest-africaine et notamment dans l'espace UEMOA. Au 31 décembre 2024, cet emprunt obligataire pour financer le budget de cette année s'élève à 169,2 Mds de francs CFA. Ce n'est que progressivement que ces prêts ont porté sur des apports internationaux dont notamment ceux de la Banque mondiale et du FMI qui constituent jusqu'à ce jour les partenaires financiers privilégiés du régime.

La situation de ces prêts de 2017 à aujourd'hui atteste d'un montant élevé qui progresse d'année en année pour atteindre en 2024, 53,7% du PIB comme on peut le constater à la lecture du tableau ci-après :

Tableau n° 83 : *Le niveau de la dette sous Talon (*en milliards de FCFA)

Années	**Engagements**	**Service de la dette**	**Encours de la dette en % du PIB**
2017	1359,200	54,700	18,300
2018	1636,300	34,000	20,700
2019	2.129,700	59,500	25,300
2020	2161,500	63,800	28,400
2021	3563,100	116,500	36,800
2022	5866,800	585,800	54,100
2023	6508,500	724,800	54,500
2024	6960,200	836,300	53,7

Source : Tableau élaboré à partir des données de la BCEAO

Ce tableau rend compte du niveau élevé de la dette publique comme ce fut le cas du temps de la révolution et de Soglo pendant le Renouveau démocratique où l'exécution des différents Programmes d'ajustement structurel a entrainé un endettement massif de l'ordre de 75,61% du PIB en 1994, dépassant très largement le ratio prudentiel fixé par l'Union économique et monétaire ouest-africaine (UEMOA), de 70%.

Malgré le niveau élevé de cette dette, le FMI, la Banque mondiale et la Structure nationale d'analyse de viabilité de la dette (AVA) estiment que le ratio prudentiel de cette dette n'est pas encore dépassé, que celle-ci reste viable.

4.2. L'origine de l'aide au développement

En dehors de la contribution financière du secteur privé national, l'essentiel des fonds qui participent au développement du pays relève des apports extérieurs sous plusieurs formes : aide bilatérale, Institutions de financement et de développement, système des Nations Unies.

La répartition de ces différentes catégories de donateurs a déjà fait l'objet de présentation sous la révolution (confère Chapitre VII, Pages 295-296), sous Soglo, cette présentation a fait l'objet des tableaux 54 et 55 et sous Kérékou, ces données sont mentionnées dans les tableaux 57 et 58 du document.

Du temps de Yayi Boni, en dehors des Institutions nationales qui sont toujours les banques de la place, les principaux donateurs extérieurs sont les suivants :

Tableau n°84: *Les principaux contributeurs au développement du Bénin sous Yayi Boni (en millions de dollars US)*

PTF	Montant	Poids
Banque Mondiale	267, 314406	32,17%
KFW	124,454152	14,98%
BOAD	75,1404232	9,04%
BID	72,5226325	8,73%
Autres bailleurs multilatéraux	52,4875142	6,32%
BAD	40,1073434	4,83%
AFD	37,5805767	4,52%
Pays-Bas	18,951676	2,28%
FEM	13,2197177	1,59%
Banque Européenne d'Investissement	13,1183529	1,58%

Source : MPD (DFGD DGPSIP) MEF (DGB CAA), 2020

Sous Talon, cette liste est pratiquement la même avec quelques légères modifications. La Structure de la dette par bailleurs de fonds indique que les principaux donateurs du pays sont par ordre d'engagement :

- Banques commerciales internationales : 39,7%
- IDA : 27,1%
- Autres multilatéraux : 18,5%
- BAD : 7,4%
- AFD : 3,0%
- Chine : 2,7%
- Autres bilatéraux : 1,6%[102]

*

* *

Les résultats macro-économiques qui viennent d'être analysés permettent de formuler quelques remarques : le pays a beaucoup progressé sur le plan économique. Cela lui a permis de surmonter ses difficultés de début et de se guérir de sa maladie qui lui a été transmise vers les années 1970 sous forme d'enfant malade de l'Afrique du fait des coups d'État répétés. Il a aussi quitté la catégorie des Pays les moins avancés (PMA) pour se hisser au rang des Pays intermédiaires depuis 2017. Il occupe aujourd'hui la troisième place dans les Etats de l'UEMOA après la Côte d'Ivoire et le Sénégal.

Selon les périodes analysées, le Bénin a obtenu durant la Révolution des résultats probants, fondés sur la prise de conscience des enjeux du développement, sur la promotion culturelle et une période marquée par la sécurité.

---

[102] *Caisse autonome de gestion de la dette du Bénin (CAGD) ; Bulletin statistique de la dette publique : quatrième trimestre 2024, Janvier 2025*

Du temps de Renouveau démocratique, il a renoué avec la liberté engendrée par l'avènement de la démocratie et le droit des citoyens à disposer d'eu -même. Mais, cette période a aggravé la mise sous-tutelle du pays de ses anciens maitres que sont les différents bailleurs de fonds au centre desquelles se trouvent l'Europe et les États-Unis. Cette dépendance est marquée par la naissance de plusieurs groupes d'intérêts mus uniquement par l'argent en lieu et place du devenir radieux du pays. Il s'en est suivi une insécurité grandissante qui pousse tous les nantis à se protéger par les services de sécurité.

La rupture est venue déconstruire les acquis démocratiques et mettre le pays sous-ordre avec des libertés conditionnées. On pratique un dirigisme d'Etat qui est une contradiction flagrante avec l'option libérale choisie depuis la Conférence des Forces vives de la nation. C'est ce dirigisme d'Etat qui porte atteinte à la possibilité des opérateurs économiques à prendre une part importante au développement du pays, exceptées quelques rares cas. Sous ce régime, l'insécurité est devenue galopante notamment dans la partie septentrionale soumise l'influence des différents courants djihadistes.

Si on prend les acquis des différents responsables de ces quatre périodes, c'est le président Yayi Boni qui est resté le plus proche de la population en essayant de partager les fruits de la croissance par sa politique de recrutement massif des fonctionnaires fondé sur le relèvement de l'indice des traitements des salaires, l'utilisation de 40% du budget de l'Etat aux paiements des salaires et un important soutien aux femmes des villes et des campagnes malgré un endettement modéré. Les autres ont plutôt fonctionné en construisant autour d'eux des réseaux mafieux caractérisés par la gabegie, le manque du nationalisme dans une ambiance marquée par la régression de la culture et du nationalisme.

Enfin, le développement du pays est fortement dépendant d'un contexte international changeant et imprévisible dont la valeur essentielle est la suprématie du capitalisme et de l'hégémonisme. Il en résulte l'accaparement des ressources de l'humanité par une infirme minorité qui se charge aujourd'hui de contrôler le monde en mettant les différents dirigeants de la planète sous ses ordres. Se pose alors la question de savoir, quelles nouvelles stratégies de développement mettre en place pour libérer les pauvres et améliorer leurs conditions de vie ?

Troisième partie :

Acquis et défis du futur

Cette troisième partie organisée en deux chapitres se penche sur les conséquences des acquis économiques de ces 65 années d'indépendance, sur la société et sur les défis à relever pour faire de cette économie le véritable levier du développement national.

En effet, malgré le progrès qu'a connu le Bénin durant ses 65 années de son autonomie interne, plusieurs problèmes restent en suspens, notamment la question de quelles activités économiques menées pour sortir des jeux de la concurrence qui gangrène tous les Etats ouest-africains ?

À titre d'exemple, le Niger entre 2000 et 2016, a tenté de récupérer les activités de réexportation inventées par ce pays pour renforcer ses échanges avec le Tchad et le nord Nigeria. C'est le cas aussi du Togo au niveau du port. La gestion du port de Cotonou fut confiée à Bolloré sous Yayi Boni. Pour justifier cela, ce groupe a réalisé quelques infrastructures à l'intérieur de ce port. Au même moment, il a complètement structuré le port de Lomé pour en faire l'un des plus importants ports à conteneurs de l'Afrique de l'Ouest aujourd'hui. Le Mali et le Burkina Faso sont en concurrence avec le Bénin pour le secteur cotonnier afin de connaitre qui sera le meilleur dans ce secteur. La Côte d'Ivoire se bat avec le Bénin sur les secteurs de l'ananas et l'anacarde pour savoir qui des deux sera le premier sur le marché international. Etc.

Toutes ces formes de concurrence constituent aujourd'hui des entraves graves au progrès de l'intégration régionale. En effet, un marché régional ne peut se construire que sur la base des complémentarités.

C'est comment construire cette complémentarité qui constitue l'un des plus importants défis des Etats africains en général et du Bénin en particulier que se jouera l'avenir des économies des Etats ouest-africains.

Chapitre IX

L'impact des acquis économiques sur la société

Les différents acquis de l'économie béninoise des origines à ce jour qui viennent d'être analysés ont des répercussions assez significatives sur la société. Celles-ci portent sur de notables changements à commencer par l'évolution de la population, la formation des cadres administratifs et l'émergence d'une véritable élite issue de l'amélioration des conditions de vie.

À ces transformations sociales, s'ajoute aussi celle d'un cadre matériel comme l'état actuel de l'organisation de l'espace national à partir de la dotation en infrastructures de base largement dominées par les routes, le port, l'aéroport et l'amélioration de façon significative de l'environnement urbain. Beaucoup de secteurs de la vie nationale sont concernés par ces transformations.

Mais de tous ces changements, ceux qui feront l'objet de ce chapitre concernent seulement quelques aspects au rang desquels figure en bonne place la question des ressources humaines, principal levier de développement. Ces ressources humaines seront analysées à partir de la formation des élites du pays. On reviendra ensuite sur la structuration de l'espace impulsée par deux indicateurs : le développement urbain et la dotation en infrastructures de base. Ce sont ces trois aspects qui conditionnent les autres comme la santé, la fourniture en eau et en électricité et l'environnement.

En effet, c'est par la formation des élites intellectuelles que sont issus les responsables politiques et administratifs, principaux agents des différentes transformations que subit actuellement le pays.

L'urbanisation est la première manifestation de ces transformations. Les villes sont les lieux où se créent et se déploient les civilisations, se développent de nouvelles cultures, de nouvelles aspirations du peuple. Elles sont aussi le cadre des différentes innovations internes nées des acquis nationaux et externes apportées par les relations du Bénin avec l'étranger. Ce sont ces villes aussi qui constituent les principaux centres de consommation de ce que le pays produit ou achète de l'extérieur. Enfin, c'est à partir d'elles que se mesure le mieux le progrès d'une société.

Les infrastructures de desserte favorisent la vie de relation entre tous les citoyens. C'est de cette vie de relation que dépendent tous les facteurs d'évolution tant matérielle qu'immatérielle. C'est aussi de cette vie de relation que se transforment toutes les richesses produites localement ou importées de l'extérieur. Il y a, enfin, un aspect important du progrès actuel du Bénin qu'est la situation politique. Sur ce sujet, il y a tellement de contributions par des publications de bon niveau qui nous dispensent de s'y pencher.[103]

Au vu de ce qui précède, ce chapitre IX sera structuré autour de trois principaux sujets :

1- La formation des cadres et l'émergence des élites intellectuelles et politiques ;
2- L'importance des infrastructures de desserte ;
3- L'urbanisation et ses conséquences sur la structuration de l'espace national.

I. La formation des cadres et l'émergence des élites intellectuelles et politiques

1.1. Enjeux de la question

La formation des cadres intellectuels est essentielle dans le processus de développement. De très gros efforts ont été déployés dans ce sens tant par les puissances coloniales que par les dirigeants africains qui ont pris leur relève quant à la destinée des anciennes colonies. Malgré l'importance du sujet, l'Afrique noire, en général et francophone en particulier, reste toujours confrontée au problème de la mission des lettrés dans leurs sociétés.

En effet, l'école coloniale malgré la politique d'assimilation mise en place par la France n'avait pas d'autres buts que de former des cadres devant faciliter la gestion administrative des territoires. Or, cette gestion ne signifie pas toujours la responsabilisation des Africains à la prise en main de la destinée de leur pays. Elle avait plutôt pour objectif de mettre en place un système de prélèvement dans le cadre d'un vaste empire colonial pour lequel il fallait des intermédiaires.

À côté du souci de créer un vaste domaine devant servir de support économique à la métropole, il y avait aussi une seconde préoccupation d'ordre moral, transformer quelque peu la mentalité du colonisé en lui inculquant d'autres valeurs qui puisent leur racine dans les valeurs morales et culturelles de l'Occident conquérant. C'est par rapport à ce second objectif que le rôle des missionnaires fut décisif dans l'entreprise scolaire.

Ainsi donc, on peut affirmer que l'école coloniale avait deux principales missions : 1) former des relais au sein de la population africaine pour mieux asseoir le processus d'exploitation coloniale, 2) intégrer le colonisé à une nouvelle culture qui puisse mieux le rapprocher de son maitre.

---

[103] Se référer aux ouvrages de Akindes Sylvain publié ces dernières années, de Houssa Romain et de Adamon Afize.

La fonction de l'école comme instrument de la promotion des ressources du développement ne s'est affirmée que par la suite, bien après la consolidation des bases idéologiques de l'école coloniale. Dès lors, les problèmes actuels de l'éducation tels que l'inadéquation entre les moyens et les besoins en formation, entre les objectifs de l'école et les résultats obtenus, entre la croissance démographique et l'effectif des scolarisés, etc., sont les conséquences directes de l'inadaptation de l'école coloniale à son milieu. Celle-ci avait un objectif fondé sur la sélection, donc la formation d'une élite nécessairement restreinte. On comprend du coup pourquoi pendant toute la période coloniale, l'école n'avait rencontré aucun problème majeur bien que les moyens financiers de cette époque soient relativement modestes.

On peut donc dire que c'est le souci de confier à l'école coloniale, un autre rôle d'ordre social et économique qui aggrave aujourd'hui les problèmes scolaires dans la région. Ces problèmes seraient peut-être moins importants si les premiers cadres africains qui avaient la délicate mission de gérer l'héritage colonial étaient psychologiquement et culturellement moins dépendants de l'Occident. Malheureusement, ces derniers, en cherchant à conserver les avantages apportés par l'école coloniale, à savoir, la sécurité d'emploi, les privilèges qui y sont attachés tel que le prestige des diplômes, n'ont fait qu'aller dans le même sens que le colonisateur, c'est-à-dire améliorer les conditions de formation d'une élite à laquelle seraient assignées les tâches de développement.

Cette vision du développement qui dépendait davantage d'une classe intellectuelle bien formée coûte aujourd'hui très chère à l'Afrique. Elle entraine beaucoup de biais qui se traduisent par d'importantes pertes de moyens humains et financiers. La notion d'élite a, en effet, rendu l'école trop sélective entrainant beaucoup de déchets en dehors du fait que le programme de formation proposé n'a aucun rapport avec les cultures locales. Cette situation a des conséquences incalculables sur le processus de développement resté totalement extraverti.

Le problème du développement des ressources humaines en Afrique francophone tourne autour de cette extraversion coupant désormais la société africaine en deux blocs distincts aux objectifs et ambitions diamétralement opposés : le groupe des lettrés minoritaires, la classe des analphabètes dominante. Cette division reste désormais le frein essentiel du développement. Elle empêche les Africains de transcender les exigences de ce développement. Ainsi, par rapport à la nécessité d'être en accord avec le reste du monde, notre économie et notre société sont à nouveau reprises en main par la communauté internationale à travers l'aide au développement, l'endettement excessif, les réformes suggérées devenues inévitables pour bénéficier de la bienveillance des dirigeants de la planète.

La transition politique actuellement à la mode n'est qu'un des éléments de cette prise en charge de nos sociétés par le système international. Elle s'explique par la nécessité de la transparence sans laquelle il parait désormais impossible de minimiser les risques liés à cette intégration de notre système socio-économique aux canaux internationaux. Dans ce contexte, le développement des ressources humaines fait partie d'un même ensemble que la mise sur pied d'une économie performante, mais toujours au service de ceux qui ont la lourde mission de contrôler le monde et d'en assurer la sécurité.

Que peut donc l'Afrique pour s'adapter à cette nouvelle situation ou concevoir un programme de formation qui pourrait l'aider à jouer un rôle historique significatif dans l'avenir de l'humanité ? Les approches de solution sont multiples et complexes.

1.2. La formation des élites intellectuelles

Le Bénin est réputé pour sa formation scolaire et universitaire, ce qui l'a fait qualifier de « quartier latin » de l'Afrique francophone. Il comptait déjà, en 1901, 3 937 enfants scolarisés contre 3 200 pour le Sénégal et seulement 327 pour la Guinée, 305 pour la Côte d'Ivoire[104]. Il a maintenu cette avancée jusqu'en 1970. Celle-ci fut évaluée comme suit en 1945.

« Secteur public

- o Enseignement primaire élémentaire, 9264 élèves dont 7721 garçons, et 1743 filles ;
- o Enseignement primaire supérieur, 103 élèves dont 101 garçons et 2 filles ;
- o Enseignement professionnel, 54 élèves.

- Secteur privé :

  - o 8294 élèves dont 5445 garçons et 3219 filles ; soit un total général de 17715 élèves.

Ce chiffre de 17715 représente un pourcentage de 1,28 par rapport à l'effectif total de la population et de 12,8 par rapport à celui de la population d'âge scolaire. Ce pourcentage n'a nulle part été atteint en AOF[105]. »

Entre 1960 et 1974, l'ancien Dahomey occupait la deuxième place en Afrique de l'Ouest francophone dans la formation des étudiants originaires des pays francophones d'Afrique subsaharienne. Ainsi en France, le nombre de ces étudiants était de 1327 en 1960 et de 1218 en 1974. Par cet effectif, le Bénin venait en deuxième position après la Côte d'Ivoire qui possédait en

---

[104] **Maurice Glèlè** (1969) : *Naissance d'un Etat noir*. Paris, Bibliothèque africaine et malgache,

[105] **Desanti, H.** (1945) : *Du Dahomey au Bénin – Niger*. Paris, Éditions Larose, page 143.

France 1778 étudiants en 1960 et 1496 en 1974. La situation de quelques autres pays francophones de l'Afrique de l'Ouest se présente comme suit : Sénégal, 1217 en 1960 et 1774 en 1979, Togo, 871 en 1960 et 751 en 1974, Mali, 737 en 1960, et 684 en 1974[106].

Aujourd'hui, cette situation a beaucoup changé. Les pays comme le Sénégal, la Côte d'Ivoire et le Burkina Faso ont nettement devancé le Bénin dans la formation des cadres supérieurs.

1.3. Le bilan actuel de la formation

Ce bilan est basé sur les acquis actuels. Mais avant, il faudrait rappeler que ce système scolaire présente quatre principaux axes : la maternelle, le primaire, le secondaire et le troisième cycle.

L'enseignement maternel au Bénin n'a commencé que sous la révolution. Il était conçu pour pallier l'absence des crèches qui aident les parents à garder leurs enfants lorsqu'ils sont occupés ailleurs. Sur le plan traditionnel, ce sont les grands-parents qui s'occupaient de cette tâche quand les parents sont au champ, au marché ou en voyage. Cette fonction de gardiennage a été doublée par la nécessité de faciliter la préscolarisation des enfants. Certains de ces établissements maternels doublent ces deux responsabilités par l'apprentissage à la lecture et à l'écriture.

Aujourd'hui, la situation de l'école maternelle est en pleine évolution tant par le nombre des centres d'accueil que par l'effectif des enfants. Ainsi, le tableau social que rédige chaque année l'Institut national de la Statistique et de l'analyse économique devenue actuellement l'Institut national de la statistique et de la démographie (Instad) renseigne bien sur la situation de différents ordres de formation au Bénin.

On compte entre 2016 et 2022 environ 160.448 enfants qui fréquentent la maternelle dont les trois quarts sont des garçons. Le nombre total des écoles maternelles est de 146 et celui des enseignants 312 avec un taux national de 15,6%. A partir de ces données, la formation maternelle ne concerne qu'une infime partie de la population qui se recrute majoritairement dans les principales villes du pays.

Le second niveau de la formation est celui de l'enseignement primaire dont le taux est assez élevé, environ 124,8% en 2015 et 107,8% en 2020. Ce taux est variable d'un département à un autre. Il est le plus élevé dans l'Ouémé (155,6%), l'Atlantique (154%) et le Littoral (138,4%). Il est le plus bas dans l'Alibori avec 61,2%. Le nombre des écoliers se chiffre à 2. 267.835 dont 1.187.161 garçons et 1.050.674 filles. Cet effectif est réparti dans 7.243 écoles et 40. 554 salles de classe. Il représente environ 16,9% de la population et

---

[106] **Mensah, V.** (1981) : La fuite des cerveaux en République populaire du Bénin. Mémoire de maitrise de sociologie. UNB

encadré par 35.938 enseignants titulaires, dont 29.232 hommes et 6.706 femmes.

La situation est moins brillante dans le secondaire où le nombre total des élèves n'est que de 941.689 répartis entre le public pour 799.912 et le privé environ 417.770. Le nombre de salles de classe se chiffre à 17.226 dont 10.744 pour le public et 6.682 pour le privé. Cet effectif d'élèves est encadré par 88.292 enseignants parmi lesquelles on dénombre 62.063 hommes et 26.229 femmes.

L'enseignement technique au niveau du secondaire enregistre 22.098 élèves répartis entre 14.433 garçons et 7.665 filles. Ce type de formation dispose de 1657 salles de classe et 5.060 enseignants dont 4.216 hommes et 850 femmes.

La formation professionnelle dans son ensemble compte 3.934 apprenants dont 2.120 relèvent du public et 1.814 du secteur privé.

Le taux brut de scolarisation dans divers ordres de l'enseignement maternel et primaire fait l'objet du graphique ci-dessous :

Taux brut de scolarisation à divers ordres de l'enseignement de 2015 – 2020

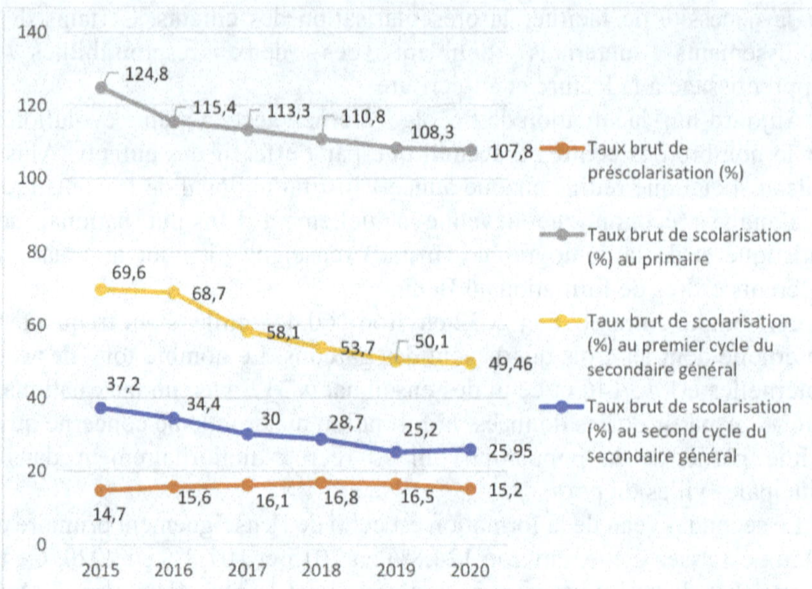

Source : MEMP, Annuaires statistiques (2015-2019) ; MESFTP

De ce graphique, on constate que depuis 2015, le taux de scolarisation a commencé à chuter de façon régulière. Cette baisse est sans doute due au renvoi des anciens contractuels, à leur non-remplacement et à la suppression des primes de motivation qu'avait instaurées le président Yayi Boni pour inciter les enseignants à mieux s'occuper de leur métier notamment dans les zones déshéritées et enclavées.

Quant au supérieur, son avènement date de 1964 par la mise sur pied d'une structure embryonnaire axée sur les sciences dures et les lettres. L'antenne des sciences dures était logée au lycée Béhanzin et celle des lettres au bord de la lagune de Porto-Novo non loin des infrastructures de l'Institut national de formation et de recherche en éducation (Infre) situé sur le boulevard circulaire. Il n'y avait pas la filière économique et juridique dont les étudiants sont jugés pléthoriques à l'époque. C'est l'éclatement de l'Université de Dakar en 1968 suite aux différentes grèves et manifestations violentes qu'organisaient les étudiants sous la houlette de l'Union générale des étudiants d'Afrique occidentale (UGEAO) devenue par la suite l'Union des Étudiants de Dakar (UED) que tous les Etats francophones de l'ancienne Afrique occidentale française (AOF) ont exigé de la France leur propre Université. Le Dahomey d'alors s'était mis en semble avec le Togo pour créer une seule université dont les facultés sont réparties entre les deux pays : les sciences et la médecine à Porto-Novo, les lettres, l'économie et le droit à Lomé. Cette expérience a fonctionné jusqu'en 1969 quand les Togolais ont estimé qu'ils étaient lésés dans cette répartition et ont décidé de créer leur propre université dénommée Université du Bénin. C'est de cette séparation qu'est née l'université du Dahomey. À sa création en 1970, elle avait accueilli 800 étudiants répartis dans toutes les filières de formation. En 1989, elle comptait 8.583 contre 7.348 au Togo, 5.675 au Burkina Faso et 4.506 au Niger. Il n'y a que les universités de la Côte d'Ivoire 19.666 et du Sénégal 14. 883 qui avaient des effectifs supérieurs à celui de l'université du Dahomey.[107]

Aujourd'hui, la formation universitaire est devenue plus importante avec 54 établissements publics et 34 privés en 2016 répartis dans presque tous les départements du pays. Ces établissements publics sont actuellement regroupés en une dizaine de campus dont les plus importants sont Abomey-Calavi, Parakou, Porto-Novo, Abomey et Lokossa. L'effectif total de ces quatre universités publiques en 2016 est de 188.143 étudiants répartis comme suit :

Abomey-Calavi : 78.101
Parakou : 15.616
Porto-Novo : 624

Le nombre d'inscriptions par type de formation se présente comme l'indique le tableau suivant :

[107] **IGUE O. J.** (1994) : *Développement des ressources humaines dans le contexte de l'ajustement et de transition démocratique en Afrique francophone*, UNESCO, Antenne de Dakar

Tableau n° 85: *Nombre d'inscriptions par type de formation*

Universités	Années scolaires	Formation générale	Formation scientifique
Ab-Calavi	2015-2016	64.724	9.768
Parakou	2015-2016	6.414	2.046
Ensemble	2015-2016	71.128	11.814

Source : Tableau de bord social, Insae 2020

Cet effectif d'étudiants est encadré la même année scolaire par 978 enseignants à Abomey-Calavi, 172 à Parakou et 36 à Kétou (Porto-Novo). À cet effectif d'enseignants permanents s'ajoute un nombre important de vacataires estimés à 990, dont 867 hommes et 123 femmes.

Des résultats qui viennent d'être présentés se dégagent quelques remarques :

- la situation de la formation des cadres pour améliorer les ressources humaines est assez bonne dans son ensemble. Le taux de scolarisation primaire dépasse les 100% bien qu'il entraine des charges assez importantes tant pour l'Etat que les populations. Ce sont ces charges qui ont obligé l'Etat à supprimer ces dernières années les postes de vacataires et les primes accordés aux enseignants. Le nombre élevé des chômeurs diplômés pousse les parents d'élèves à ne plus avoir confiance à l'école. Ce sont ces fléaux qui sont à la base de la chute des effectifs actuellement ;
- la question de l'équité est cruciale dans ce système de formation dans la mesure où les meilleures infrastructures et les meilleurs enseignants sont plutôt dans les centres urbains du sud tandis que dans l'arrière-pays rural, ces infrastructures et ces enseignants font cruellement défaut notamment dans les collèges d'enseignement général.

La plupart de ces collèges d'enseignement général ne sont pas dotés de bibliothèque ni de laboratoire et souffrent cruellement de manque d'enseignants qualifiés.

La deuxième forme d'équité porte sur le décalage extrêmement important entre les garçons et les filles pendant que le discours officiel prône la parité entre les hommes et les femmes ;

- enfin il y a la question de la disparité des conditions de formations entre les riches et les pauvres. Les riches qui ont la lourde responsabilité de gérer ce système scolaire envoient plutôt leurs enfants se former à l'étranger notamment dans les pays du nord pour laisser les enfants des pauvres à faire l'expérience du système scolaire qu'ils mettent en place. Pour corriger cela dans le passé, il y avait un système d'internat associé à des bourses de formations au niveau primaire et secondaire qui permettaient aux pauvres d'assurer une meilleure formation à leurs enfants.

Depuis la révolution, ce système d'internat considéré comme élitiste a été supprimé. Depuis lors, les pauvres sont laissés à eux-mêmes et peinent à assurer une formation de qualité à leurs descendants.

Ce système scolaire à plusieurs vitesses ne favorise plus la cohésion nationale. Il est d'autant plus urgent de le revoir que les enfants des riches envoyés à grands frais se former à l'étranger ne reviennent plus dans le pays, posant ainsi de façon cruelle la question du rôle des élites intellectuelles dans le processus de développement du pays ;

- une autre remarque porte sur le caractère général de ces formations. L'école béninoise a besoin d'être recentrée sur les préoccupations actuelles de développement national. Celles-ci concernent essentiellement les secteurs agricoles et du tourisme. Il parait donc indispensable de transformer plusieurs collèges d'enseignement général en lycées agricoles et techniques afin de pouvoir former des élèves qui sortent avec des métiers précis. C'est de cette manière qu'on pourra renforcer la capacité productive du pays ;
- une dernière remarque a rapport aux enjeux de l'école évoqués au début de cette partie dont le plus préoccupant est celui de transformer l'école coloniale pour envisager une nouvelle politique de formation beaucoup plus centrée sur l'identité nationale. Ce faisant, l'on pourra rompre avec le joug colonial et aller de l'avant.

Dans ce sens, il urge de généraliser l'enseignement des langues maternelles dans tout le système primaire afin d'enraciner les enfants dans leur milieu et à leur culture. Cette politique de langue comporte trois avantages : promouvoir l'identité nationale, axer le développement sur les acquis endogènes et rompre enfin le cloisonnement entre les élites et leurs parents en leur permettant de communiquer correctement avec ces derniers.

C'est douloureux pour un parent que ses enfants ne puissent pas s'exprimer dans sa langue du fait de l'école. Dans cette démarche, les pays anglophones ont pris de l'avance sur leurs homologues francophones. Cela se sent aujourd'hui dans leur comportement vis-à-vis de leurs anciens maitres. On peut citer à ce propos le cas du Ghana et du Nigeria. Ces deux pays avancent à grands pas à partir de leur nationalisme, de la valorisation de leur culture à travers l'industrie cinématographique, vestimentaire et musicale. À part quelques rares pays comme la Côte d'Ivoire, les autres sont à la traine et le cas du Bénin fait pitié si l'on se réfère à son passé dans quelques domaines comme celui des luttes politiques et syndicales où la jeunesse estudiantines béninoise a joué un très grand rôle non seulement dans l'échiquier national, mais aussi régional à travers la FEANF et l'UGAO.

Il en est de même des luttes syndicales dont l'engagement a déterminé plusieurs rencontres internationales dans ce pays comme celle de 1968 pour discuter du vote en faveur de l'autonomie interne. Toutes ces luttes s'inscrivaient dans la ligne droite de ce que nos ancêtres ont mené contre la colonisation comme Béhanzin à Abomey, Bio Guerra dans le Borgou, Kaba dans l'Atacora, Otutu Bi Ojo dans le plateau nago du sud-est du pays. Malgré ces références qui font la fierté du pays, les Béninois d'aujourd'hui n'ont plus de boussole ni de référence et se comportent plutôt comme des parvenus, mus essentiellement par l'argent.

Tout compte fait, le bilan quantitatif qui vient d'être fait atteste de l'évolution que connait ce pays en matière de la formation scolaire et universitaire depuis ces 65 dernières années. Ce bilan mérite d'être accompagné du rôle que jouent ces élites dans le fonctionnement de la société béninoise. Pour cela, il importe de jeter un coup d'œil rétrospectif sur l'évolution de ces élites en tant que classe dirigeante.

Émergence des élites

À peine constituée d'1 % de la population, la situation de ces élites a beaucoup changé depuis 1960. À l'origine, elle était largement dominée par les Afro-Brésiliens ayant servi de support à la colonisation française. En raison de leur conversion au catholicisme, leurs enfants avaient massivement bénéficié de la scolarisation. À côté d'eux se trouvaient aussi les enfants de leurs serviteurs et de quelques dignitaires de l'ancien royaume du Danxomé engagés dans la traite de l'huile de palme. On peut donc en déduire que les premières élites intellectuelles béninoises étaient cantonnées dans trois villes : Ouidah, Abomey et Porto-Novo. L'emprise des Afro-Brésiliens et de leurs alliés dans l'administration et dans la politique est allée jusqu'en 1965.

Par la suite, la gratuité de l'enseignement depuis le primaire jusqu'au supérieur étendue à l'ensemble du pays, a permis l'émergence d'une nouvelle catégorie d'intellectuels d'origine paysanne. Il en a résulté deux phénomènes qui ont changé la configuration de la classe dirigeante au Bénin : la forte scolarisation dans la zone de rénovation de la palmeraie et l'exode rural vers Cotonou. Le développement de la culture de tabac et d'arachide dans la partie centrale du pays a aussi permis à cette partie de bénéficier des avantages de la monétisation de la campagne ayant débouché sur l'amélioration de la scolarisation. Le nord ne profitera de cette scolarisation que plus tard, suite au développement de la culture de coton dans le milieu à partir de 1970 seulement.

Le rôle de cette élite d'origine paysanne fut déterminant pendant la période révolutionnaire marquée par l'idéologie marxiste-léniniste qu'elle avait épousée pour mieux prendre sa revanche sur la première classe dirigeante du pays trop impliquée dans l'exploitation coloniale aux côtés des Français.

Actuellement, ce sont les enfants des première et deuxième générations d'élites qui constituent la nouvelle classe dirigeante. Les intellectuels d'origine paysanne deviennent de plus en plus rares depuis la fin des internats dans l'enseignement secondaire promulguée par les marxistes-léninistes vers les années 1975. C'est la lutte contre un système jugé trop élitiste qui a conduit à cette fermeture des internats et qui malheureusement aggrave actuellement la séparation entre les élites d'origine rurale et celles d'origine urbaine.

Cette évolution de la classe dirigeante permet de tirer plusieurs conclusions sur le rôle des intellectuels dans la société béninoise :

- premièrement, la classe dirigeante béninoise est en perpétuelle recomposition ;
- cette recomposition ne lui permet pas de fonctionner comme une nouvelle classe dirigeante par absence d'une assise historique solide ;
- enfin, l'emprise des dirigeants de la nation sur ces élites reste faible. Celles-ci dépendent davantage de leurs bases politiques qui assurent leur protection sociale dans le cadre des différents partis politiques et des alliances de circonstances qui en résultent.

Comme conclusion à cette partie, la formation scolaire et universitaire est profondément en déphasage avec les exigences du développement. Elle reste toujours dépendante de l'école coloniale créée pour servir la métropole d'où sa difficulté à s'enraciner dans la société et aux besoins de celle-ci. C'est comment faire pour changer ces objectifs de l'école qui nous parait actuellement comme le principal défi de cette formation ?

II. La situation des infrastructures de transport

« La réalisation d'infrastructures routières constitue une des priorités pour tout gouvernement qui s'emploie à désenclaver de nombreuses localités, à faciliter le bon écoulement des marchandises, à rendre l'accès aux marchés facile pour les populations. Toutefois, d'énormes défis restent à relever en faveur du réseau routier national. En effet, en 2020, seulement 27,08% du réseau routier national non compris la voirie urbaine est en bon état. Environ 19,1% est en mauvais état et mérite d'être aménagé afin de soulager les populations. Par ailleurs, environ 35% sont en chantier ».[108]

A partir de cette citation, se mesurent bien les enjeux que représentent les infrastructures de transport dans le développement d'un pays. En ce qui concerne le Bénin, ce secteur de développement a beaucoup progressé de 1960 à aujourd'hui.

2.1. Évolution du système de transport au Bénin

Les premières infrastructures de transport relèvent de la colonisation, afin de mettre en place les équipements nécessaires à l'exploitation du pays et au drainage de ses ressources vers la métropole.

---

[108] *Source : MEMP, Annuaires statistiques 2015-2019 ; MESFTP, Page 9*

Avant, les populations traditionnelles n'avaient construit que des pistes de déserte qui reliaient les différentes localités entre elles. La largeur de ces pistes répondait seulement aux exigences de la marche et à l'utilisation des animaux de transport comme les ânes, les mulets et les chevaux.

Ce n'est que durant la colonisation que sont apparues de véritables infrastructures de transport qui sont au nombre de quatre : les routes, les chemins de fer, les ports et les aéroports. Toutes ces infrastructures de transport étaient embryonnaires et parfois inachevées comme c'est le cas des lignes de chemin de fer.

Les routes d'orientation sud-nord étaient en terre, les chemins de fer dénommés Bénin-Niger s'étaient arrêtés à Parakou, le port se limitait au Wharf de Cotonou et l'aéroport, une simple piste d'atterrissage pour les petits avions à hélice.

Le défi à l'indépendance était de reprendre tout cela pour en faire de véritables leviers de développement et favoriser la vie de relation entre les citoyens du nord et du sud. La vocation de ces infrastructures de transport avait totalement changé. On est allé d'une infrastructure d'exploitation coloniale à de véritables artères de développement et d'intégration nationale. Les efforts qui sont déployés de 1960 à ce jour vont dans cette direction.

De 1960 à 1972, les autorités de l'époque, malgré leurs faibles moyens, ont entrepris la modernisation des routes par leur bitumage. La construction d'un véritable port en eau profonde à Cotonou et le réaménagement de l'aéroport pour accueillir les avions à réaction qui ont fait leur apparition en 1963 avec le modèle Caravelle. C'est ainsi qu'il fut bitumé l'axe Cotonou-Abomey en 1965, l'axe Cotonou-Lomé la même année et a démarré la construction du port en eau profonde.

Mais c'est en profitant du choix de Cotonou par le Comité international de la Croix rouge (CICR) basé à Genève en Suisse pour ravitailler le Biafra en nourriture et en équipements militaires que de gros efforts de modernisation ont débuté à l'aéroport de Cotonou. Ceux-ci avaient porté sur l'agrandissement et la transformation du hall de l'aéroport, la construction d'une salle d'honneur et l'élargissement de l'aire du parking. Avant cette intervention du CICR, le parking de l'aéroport mesurait seulement 18.000m2. Le CICR a fait ajouter 15.000 autres m2 pour porter la superficie de ce parking à 33.000 m^2 avec une longueur de 180m et une largeur de 126,7m. Cette extension a amélioré la capacité de stationnement de cet aéroport.

À la révolution, de nouveaux efforts ont été consentis en faveur de l'amélioration des infrastructures de transport comme le bitumage des routes Bohicon-Dassa par la Société LECAT, Dassa-Parakou par les Chinois et l'ouverture de plusieurs pistes rurales pour faciliter l'évacuation du coton, etc.

Du temps du Renouveau démocratique, plusieurs nouvelles routes ont été aménagées et construites :

- le bitumage de la route Azovè-Bohicon-Illara sous Soglo ;
- le bitumage de la route Dassa-Zoumé- Natitingou sous Kérékou ;

- la construction de l'autoroute Cotonou-Sèmè Podji ;
- la réfection de la route Dassa-Parakou Malanville toujours sous Kérékou ;
- la construction de plusieurs passages à niveau à Cotonou sous Yayi Boni ;
- le bitumage de la transversale Djougou-N'dali-Nikki-Yanchikira, Kandi-Ségbanna, Kandi-Banikoara, Biro-Pèrèrè, etc.

Mais c'est du temps de la rupture que de gros efforts ont été fournis pour améliorer les infrastructures de transport et réaménager les voies urbaines. Des multiples programmes routiers du régime de la rupture, on peut mentionner :

- le dédoublement de la route Sèmè-Porto-Novo (10km),
- la réhabilitation et le renforcement de la RNIE n°2 : tronçon Dassa-Parakou, Parakou-Béréboué (142km)
- la reconstruction en deux voies de la RNIE 2 tronçons Missessinto-Allada
- l'aménagement et le bitumage de la route Kota-Kouandé (43,5km)
- la réhabilitation et le bitumage de la route Nikki-Kalalé (43,53km)
- l'aménagement et le bitumage de la route Guéné-Karimama (45,5km)
- l'aménagement et le bitumage de la route Vacon-Avagbodji-Aguégué (13km)
- la réhabilitation de la route Porto-Novo-Avrankou-Igolo (27,44km)
- la reconstruction en deux voies de la route RNIE2 tronçon Bohicon-Dassa ;
- la construction de la route Kétou-Savè (92km)

À cela s'ajoute plusieurs autres bretelles comme :

- l'aménagement et le bitumage de la route Djougou-Pehunco-Kérou-Banikoara (209,68km)
- l'aménagement et le bitumage d'une portion de la route Bétérou-Tchaourou (66,325km)
- l'aménagement et le bitumage de la RNIE 7 tronçon Banikoara-Kérémou, frontière Burkina Faso ((53,60 km)
- la réhabilitation de la route Dassa-Savalou-Djougou (260km)
- l'aménagement et le bitumage de la route des pêches
- l'aménagement et le bitumage de la route Ouèdo-Tori (15km) ;
- l'aménagement et le bitumage des routes Missessinto-Zinvié-Sèdjèdénou- Zè (32km) ; etc. ;

Au vu de ces progrès, l'indice général du réseau routier béninois qui était de 45% en 2016 est passé à 63% en 2020 pour arriver à la fin du régime en 2026 à 80%.

Carte N°7 : Réseau routier

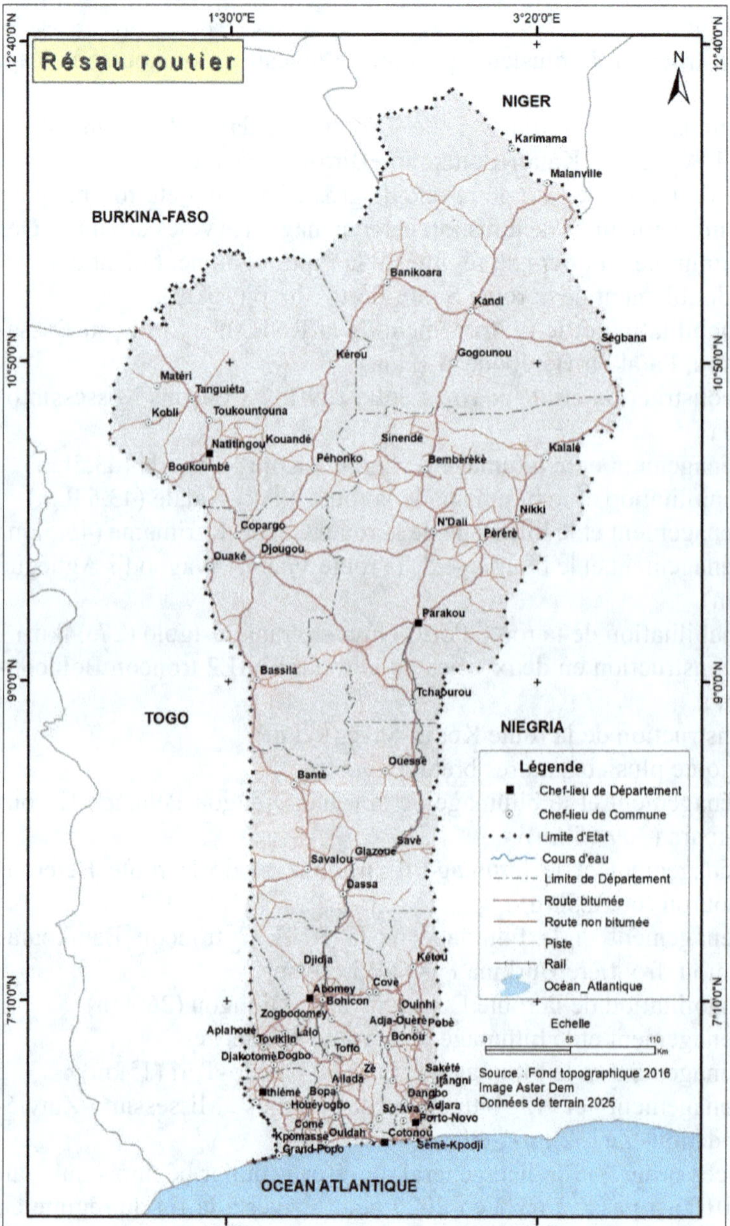

Par ce taux, le Bénin devient le premier pays d'Afrique de l'Ouest en matière d'infrastructure routière du fait de la qualité de ses routes.

L'ensemble du réseau routier béninois, qu'il s'agisse des voies goudronnées ou en terre, se présente comme l'indiquent les tableaux ci-après :

Tableau n°86 : *Indice d'état (%) du réseau routier bitumé de 2015-2020*

Niveau de service	2015	2016	2017	2018	2019	2020
Bon	24,8	33,5	28,4	31,7	29,1	27,08
Passable	42,1	29,0	23,9	27,5	28,9	19,09
Mauvais	9,7	17,3	10,4	16,7	18,8	19,1
En chantier	23,4	20,2	37,3	24,1	23,3	34,74
Total	100,0	100,0	100,0	100,0	100,0	100,0
Longueur du réseau (km)	2329,1	2 684,8	2731,0	2972,3	3130,4	3285,9

Source : DPP/MIT

Tableau n°87 : *Indice d'état (%) du réseau routier en terre de 2015-2020*

Niveau de service	2015	2016	2017	2018	2019	2020
Bon	42,1	3,8	4,5	10,4	4,7	8,71
Passable	34,1	28,2	18,0	31,1	53,1	70,02
Mauvais	17,2	67,9	73,4	58,4	41,9	20,26
En chantier	6,6	0,0	4,1	0,0	0,0	1,02
Total	100,0	100,0	100,0	100,0	100,0	100,0
Longueur du réseau (km)	3 615,5	3 259,8	3 213,6	2 972,3	2 814,1	2 658,6

Source : DPP/MIT

Comme on peut le constater à la lecture des deux tableaux, les voies goudronnées sont allées de 2329,1km en 2015 pour atteindre en 2020, 3 285,9km, soit une augmentation de 958,8km en six ans.

Quant aux pistes en terres, elles sont en diminution consécutive à leur bitumage progressif.

La répartition de ces routes par départements atteste d'une forte disparité qui fait des départements de Borgou-Alibori les mieux dotés en routes bitumées avec 877,62km, suivies de Zou-Collines 535,97km, Atacora-Donga 500,16 km, Ouémé-Plateau : 274,10km, Atlantique-Littoral 257,72km et Mono-Couffo 239,85km.

Quant au réseau routier en terre, c'est l'Atacora-Donga qui vient en première position avec 961,84km suivie respectivement du Borgou-Alibori, 865,93km ; Zou-Collines 791,78km ; Atlantique-Littoral 271,65km ; Ouémé-Plateau 252,83km ; Mono-Couffo 215,74km.

Comparées au passé, ces routes en terres sont en diminution constante du fait de leur bitumage. Ainsi les départements de l'Atacora-Donga sont allés de 1219km à 961,8km ce qui signifie qu'entre 2007 et 2019, 258km de routes ont été bitumés. Presque tous les départements ont subi cette évolution attestant de l'effort que déploient les autorités pour améliorer ces pistes en terre.

Pour continuer dans cette voie de progrès, la gestion des routes est actuellement confiée à la Société des infrastructures routières et de l'aménagement du territoire (SIRAT). Cette société a pour mission de réaliser, gérer, exploiter et entretenir l'ensemble des infrastructures routières du pays.

- ***Les chemins de fer***

La voie ferrée béninoise était la principale artère de circulation, le facteur de liaison entre le sud et le nord et l'animation de la fonction de transit du pays de 1900 à 1980. Avec le bitumage de la voie Cotonou-Malanville sous la révolution, les chemins de fer ont commencé à perdre leur importance du fait de la concurrence routes-rails. De celle-ci, la route a triomphé et les rails sont tombés en crise en raison de leur faible rentabilité.

A partir de 2000, avec la création du Nouveau partenariat pour le développement de l'Afrique (Nepad), les voies ferrées africaines ont fait l'objet de grands projets de rénovation et de réformes structurelles notamment en Afrique orientale. On a alors suggéré de réhabiliter les lignes d'Afrique de l'Ouest en procédant à leur intégration. C'est ainsi que fut née l'idée de développer le corridor ouest-africain de chemins de fer devant relier Cotonou à Abidjan par Niamey et Ouagadougou avec le prolongement des rails Cotonou-Parakou jusqu'à Niamey et la construction d'une nouvelle ligne de Niamey à Ouagadougou. La réalisation de cet ambitieux projet fut récupérée par la CEDEAO et confiée à un Béninois à l'époque. Mais celui-ci fut détrôné par Balloré, entrainant de nombreux contentieux juridiques qui ont poussé à l'arrêt du projet. S'en est suivi la dégradation totale des lignes des chemins de fer béninois entrainant aujourd'hui la destruction complète de la gare de Cotonou et de ses installations, le démantèlement des rails sur une bonne portion de la ligne et la mise en vente de tout le domaine ferroviaire de Cotonou aux opérateurs économiques privés.

Le retour à ce projet pour faire des lignes de chemin de fer le levier de développement ouest-africain est compromis par la sortie des Etats sahéliens de la CEDEAO. Il faudra un autre sursaut patriotique des générations futures pour qu'on reconsidère les lignes des chemins de fer comme levier de développement en Afrique de l'Ouest.

- ***La situation du port de Cotonou***

La construction de ce port a démarré en 1965 sous le régime de PDD Wologuèdè. Les premiers agrandissements ont été réalisés sous la Révolution à partir d'une subvention nigériane. Depuis lors, on n'a jamais cessé de l'agrandir pour porter sa capacité qui était en 2020 de12.300.000 tonnes de marchandises à plus de 25 millions de tonnes à terme.

Aujourd'hui, les échanges commerciaux du Bénin s'effectuent à plus de 90% par voie maritime illustrant ainsi l'importance de ce port dans la vie économique du pays. Du fait de la position géographique du Bénin par rapport à ses voisins immédiats que sont le Nigeria, le Tchad et les pays de l'hinterland sahélien, ce port est un outil précieux.

Malgré sa capacité de 2, 3 millions de tonnes par an, le volume des marchandises traitées entre 2007 et 2016 dépasse largement cette capacité suivant ces données :

2007 : 3.302.984 T	2012 :4. 069.666 T
2008 : 3.584.303 T	2013 :4.038.035 T
2009 : 3.450.319 T	2014 :5.506.437 T
2010 : 3.073.809 T	2015 : 4.021.794 T
2011 : 3.302.387 T	2020 : 12.300.000 T [109]

Au vu de ces évolutions, ce port a largement dépassé sa capacité initiale qui oblige aujourd'hui les dirigeants du pays à élargir cette capacité par l'amélioration de ses infrastructures, notamment l'augmentation de ses quais et de sa profondeur. Ses quais mesurent actuellement 2850m et le tirant d'eau est à 16 m de profondeur au nord et 15m au sud. À côté de ce port, est en train d'être construite une zone logistique destinée à favoriser le développement des activités de très grande valeur ajoutée.

La gestion de ce port depuis ces dernières années est passée par plusieurs sociétés, Maersk Line du temps de Kérékou, Bolloré transformé depuis peu en African Global Logistics (AGL) sous de Yayi Boni, et actuellement par les entreprises du port de Tanger en Espagne.

- ***Le cas de l'aéroport***

Le bénin dispose d'un seul aéroport de classe internationale situé à Cotonou. Sa piste d'atterrissage et de décollage a une longueur de 2400m. Celle-ci est insuffisante pour accueillir certains types d'avions gros porteurs. Les possibilités de son allongement sont limitées par les habitations qui l'entourent. Se pose alors l'urgence de créer un autre aéroport, objet du projet de Glo-Djigbé, qui piétine jusqu'à ce jour, faute d'un financement adéquat.

---

[109] *Source : MEMP, Annuaires statistiques 2015-2019 ; MESFTP, Page 9*

En attendant, cet aéroport international reçoit actuellement environ 10.241 vols commerciaux par an avec 503.358 passagers dont un bon nombre est en transit. À ce trafic passager s'ajoutent 6389 tonnes de fret. Ses installations ont été modernisées ces derniers temps, changeant complètement la physionomie de cet aéroport international. À ce premier aéroport, s'ajoutent six autres aérodromes parmi lesquels celui de Tourou demeure le plus important.

De toutes les catégories des infrastructures de transports qui viennent d'être passées en revue, ce sont les routes qui demeurent de loin les plus importantes et qui subissent d'innombrables aménagements qui permettent au pays de se moderniser très rapidement.

Le port de Cotonou, malgré les investissements qui y sont réalisés est actuellement menacé par trois situations : son installation à l'intérieur de la ville de Cotonou qui constitue de très grands risques notamment à partir de ses différents entrepôts pétroliers et le manque d'un espace de parking pour les camions qui viennent charger ou décharger les marchandises destinées à l'extérieur ou à la consommation locale. À ce problème, s'ajoute la concurrence régionale. Celle-ci exige à long terme une certaine spécialisation des ports d'Afrique de l'Ouest dont le nombre augmente d'année en année. Enfin, la situation qui prévaut actuellement dans les pays sahéliens menace la fonction de transit du Bénin et par conséquent celle des activités portuaires.

III. Le développement urbain

Le Bénin se classe aujourd'hui parmi les pays les plus urbanisés d'Afrique de l'Ouest, après le Nigeria, le Cabo-Verde, le Ghana, la Côte d'Ivoire et le Sénégal. Sa population urbaine dépasse actuellement 7 millions de citadins sur un effectif total de 14 millions d'habitants. Selon les données de l'INSAE, son taux d'urbanisation a déjà atteint les 54% en 2016. Cette évolution urbaine concerne une centaine d'agglomérations de plus de cinq mille (5.000) habitants chacune au centre desquelles la ville de Cotonou, la capitale économique, occupe la première place. Celle-ci se classe désormais parmi les plus importantes villes de la région en raison de la qualité de ses infrastructures derrière les grandes métropoles régionales que sont Lagos, Abidjan, Accra et Dakar. Mais par sa population inférieure à 700.000 habitants, elle vient de loin derrière les chefs-lieux des Etats d'Afrique de l'Ouest à l'exception de Praia (Cabo Verde), de Bissau. Cette population stagne actuellement ou évolue très peu. De 665 000 habitants en 2002, elle ne compte en 2013 que 672,012 habitants soit une petite évolution de 2,09% durant la période 2002-2013. Ce faible taux de croissance est dû à sa difficulté d'extension géographique, coincée entre la mer et le lac Nokoué. Du coup, ce sont ses anciens faubourgs que sont Abomey-Calavi, Sèmè- Kpodji et à moindre degré Ouidah qui récupèrent actuellement l'essentiel de ses habitants. Ainsi, Abomey-Calavi est allé de 28.543 habitants en 2002 à 656 358 habitants en 2013, soit un taux d'accroissement exceptionnel de 43,34%. De même, Sèmè-Kpodji a évolué de 115 238 habitants en 2002 à 224 207 habitants en 2013 soit 6,24% de taux de croissance. Pendant que cette principale ville du pays a de la peine à évoluer, les autres communes du pays de plus de 200 000 habitants ont progressé de 3 en 2002 à 8 en 2013.

Pour montrer les enjeux que représentent les villes béninoises dans le pays, on insistera sur quatre aspects : état actuel des villes béninoises, la typologie urbaine, le rôle de ses villes dans l'organisation de l'espace et leurs perspectives.

3.1. La situation des villes

Cette situation est résumée dans le tableau ci-après qui fait état de l'évolution démographique de quelques agglomérations.

Tableau n°88 : *Évolution démographique des principales villes*

Années / Villes	1960	1970	1980	1990	2000	2013
Cotonou	78.000 hbts	193.000 hbts	350.000 hbts	585.000 hbts	665.100 hbts	679.012 hbts
Ab-Calavi				21.281 hbts	28.543 hbts	656.358 hbts
Porto-Novo	64.000 hbts	101.000 hbts	131.989 hbts	191.000 hbts	223.552 hbts	264.320 hbts
Parakou	15.000 hbts		48.000 hbts	106.000 hbts	149.819 hbts	255.478 hbts
Abomey	26.000 hbts	30.000 hbts	32.527 hbts	67.000 hbts	78.341 hbts	92.266 hbts
Bohicon	5.400 hbts	10.501 hbts		43.453 hbts	65.974 hbts	93.740 hbts
Ouidah	17.000 hbts	24.495 hbts	25.439 hbts	32.454 hbts	37.347 hbts	47.616 hbts
Natitingou		8.998 hbts	29.373 hbts	29.373 hbts	35.029 hbts	45.871 hbts
Djougou			13.924 hbts	38.976 hbts	63.626 hbts	94.773 hbts
Allada			4.848 hbts	12.359 hbts	14.915 hbts	23.287 hbts
Lokossa			5.395 hbts	23.209 hbts	36.954 hbts	47.246 hbts
Kandi			10.236 hbts	21.712 hbts	27.227 hbts	55.896 hbts
Pobè			16.633 hbts	23.427 hbts	28.143 hbts	49.232 hbts
Dassa-Zoumé			12.400 hbts	15.765 hbts	23.068 hbts	29.461 hbts
Malanville				63.757 hbts	101.819 hbts	64.639 hbts
Savè			13.322 hbts	32.284 hbts		31.440 hbts
Savalou			10.787 hbts	21.018 hbts	108.221 hbts	38.168 hbts
Kétou				29.003 hbts	49.081 hbts	39.626 hbts
Comè						42.586 hbts

Source : Elaboré à partir des données sur la population béninoise

De ce tableau, on peut distinguer trois catégories de villes :

- deux centres, Cotonou et Abomey-Calavi peuvent être considérés comme les principales villes du fait de leur population supérieurs à 500 000 habitants. ;
- ensuite viennent deux autres localités de moyenne importance, Porto-Novo et Parakou, dont les populations sont au-dessus de 200.000 habitants ;
- enfin, une dizaine d'agglomérations sont inférieurs à 100.000 habitants chacune au rang desquels Abomey, Bohicon, Djougou, Malanville et Kandi occupent les pelotons de tête avec un effectif supérieur à 50.000 habitants chacune.

Au vu de ce classement, les villes béninoises sont de taille moyenne. Mais par leur origine, elles présentent une autre typologie.

3.2. Typologie des villes béninoises

Par cette typologie, on distingue plusieurs catégories de villes au Bénin.

Les villes traditionnelles, considérées comme les villes de première génération. Elles se regroupent en deux catégories : les « cités palais » et les anciens caravansérails.

-Les « cités palais » selon le qualificatif de (Mondjannangni, 1977) ne sont autres que les villes qui ont servi de capitales aux anciens royaumes. Parmi celles-ci on peut citer Allada, Savi (dans l'Atlantique) ; Porto-Novo (dans l'Ouémé) ; Kétou, Ifangni-Sakété- Pobè (sur le Plateau), Abomey (dans le Zou) ; Dassa-Zoumé, Savè, Savalou (dans les Collines) et Nikki (dans le Borgou).

Carte N°8 : *Réseau urbain*

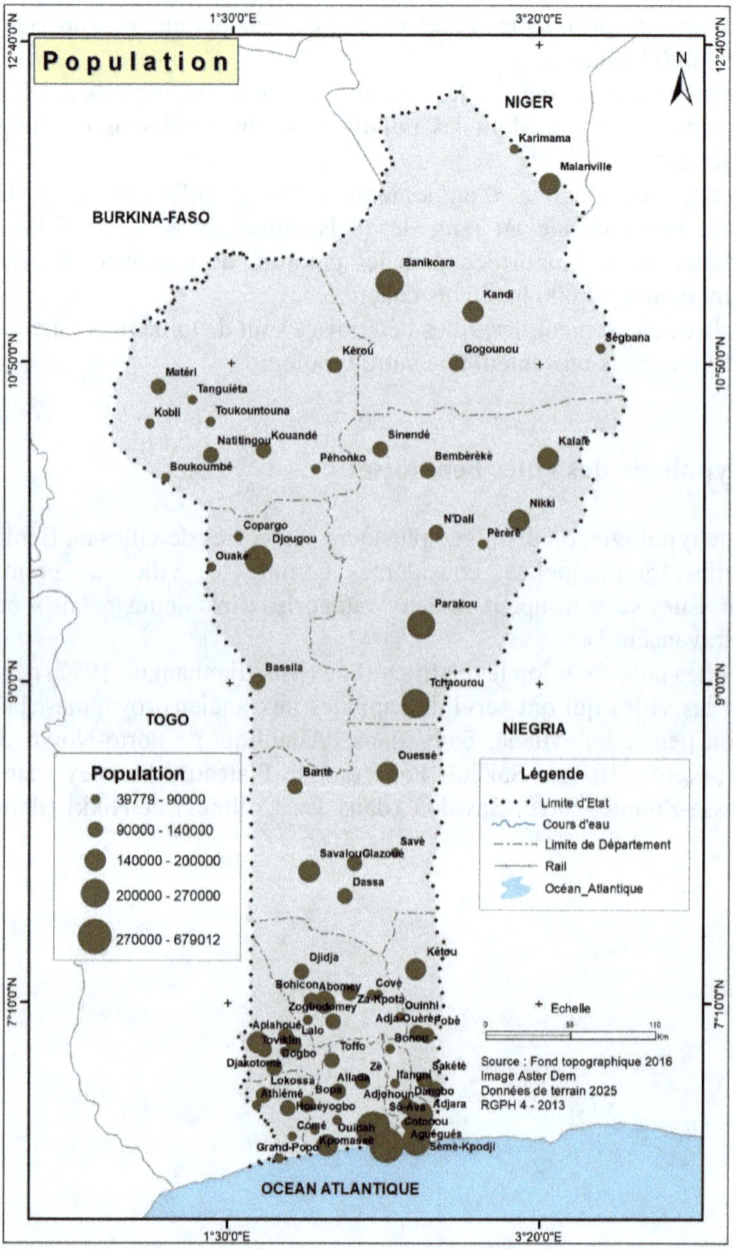

-Les Caravansérails sont des anciennes étapes aux caravanes qui contrôlaient le commerce régional en Afrique de l'Ouest précoloniale. C'est de ces étapes que sont nées les villes du nord comme Parakou et Djougou situées sur l'axe routier qui reliait la ville de Kano (Nigeria actuel) aux marchés de Salaga, Atébubu et Kintampo au nord du Ghana actuel.

Ces villes historiques sont suivies des agglomérations de « deuxième génération » émergées dans le contexte de la traite négrière : Ouidah seule peut être citée dans cette catégorie.

Ensuite, viennent les villes de « troisième génération » constituées de centres d'encadrement administratif et de traite commerciale, nées à l'époque coloniale. Ce sont les plus nombreuses ; c'est parmi elles que se comptent Cotonou, Bohicon, Grand-Popo, Abomey-Calavi, Adjohoun, Covè, Kandi, Malanville, Natitingou, etc.

Enfin, on a aujourd'hui une « concentration générale » de villes nées des relations commerciales de proximité entre le Bénin et ses voisins immédiats que sont le Nigeria, le Niger et le Togo. Elles sont toutes des villes frontalières à l'intérieur desquelles se gèrent ces relations de proximité. C'est le cas de Kraké, de l'ensemble Igolo-Ifangni, Gbawojo et d'Illara à la frontière Bénin-Nigeria. C'est le cas aussi de Agoué-Illacondji, Kassoualah sur la frontière Bénin-Togo et Malanville à la porte du Niger. Toutes ces villes sont à la fois des marchés et des entrepôts pour les échanges qui existent entre ces voisins du Bénin.

Sur la base de ces quatre catégories de villes, on peut identifier sur l'ensemble du territoire national une centaine de localités pouvant être considérées comme villes. Mais en réalité, c'est à peine une trentaine qui possède de véritables équipements urbains.

Ces villes ont fait l'objet d'une autre classification par Ahoyo Royer (1984) :

1. une ville dirigeante d'envergure nationale : Cotonou ;
2. les villes d'encadrement régional : l'auteur en a distingué quatre pour la partie méridionale, Porto-Novo, Abomey, Lokossa, Aplahoué, auxquelles s'ajoutent, pour la partie septentrionale, Parakou, Natitingou et aujourd'hui Djougou, Kandi;
3. les villes d'encadrement local ; seulement quelques chefs-lieux de nouvelles communes dont la population est comprise entre 5 000 et 30 000 habitants font partie de ce groupe. C'est le cas notamment des villes des départements du Mono et du Couffo comme Comè, Dogbo, Klouékamè, Azovè, et Toviklin.

Cette classification de Ahoyo Roger atteste bien du rôle que joue la ville comme facteur d'organisation nationale, régionale et locale.

3.3.Le rôle des villes béninoises dans l'organisation de l'espace national

Ce rôle peut s'apprécier à travers les relations ville-campagne ; la vie de relation ; le rôle des villes dans la formation des pôles de développement économique.

Les relations ville-campagne

La ville n'a pu naître que lorsque les campagnes sont parvenues à dégager un surplus productif permettant de ravitailler les populations citadines. Il s'instaure alors entre la ville et la campagne plusieurs rapports de prélèvement pour ne pas dire d'exploitation comme celui des travailleurs (exode rural) ; des denrées alimentaires et de la mainmise sur le foncier dans certains cas.

À titre d'exemple, si on analyse l'évolution de la croissance des principales villes du Bénin, on constate actuellement une nette régression de la ville de Cotonou à partir de la ponction d'une partie de sa population par ses anciens faubourgs que sont Abomey, Sèmè- Kpodji et Ouidah entrainant du coup une faible croissance de moins de 2% par an.

Après Cotonou, Porto-Novo croît à un taux de 4,1 % par an. L'excédent de cette évolution par rapport au taux national calculé à 2,8 % vient essentiellement de l'impact qu'elle exerce sur son arrière-pays immédiat comme les communes d'Adjohoun, Avrankou et Adjarra.

Parakou progresse à 3 % par an. Ce taux se rapproche de celui de la nation. Cette croissance est également due à l'impact qu'exerce cette ville sur son arrière-pays immédiat ou lointain. En effet, sur un effectif de 255 468 habitants en 2013, les originaires du Borgou deviennent de plus en plus faibles, relégués au second plan par les populations venant du sud, des Collines, de l'Atacora et de la Donga.

Les autres villes d'envergure régionale comme Abomey, Natitingou et Lokossa enregistrent une croissance annuelle inférieure à 2,8 % : Abomey croit à 1,50 % ; Natitingou, 2 %. Cette faible croissance montre l'impact régional limité de ces centres.

Rien qu'en se référant à ce prélèvement démographique, très peu de villes béninoises exercent une emprise nationale ou régionale évidente. La plupart servent plutôt de centre de relais aux travailleurs ruraux qui vont de la campagne à Cotonou dans un premier temps, puis dans les pays étrangers dans un second temps.

La vie de relation

À partir des différents prélèvements qu'opère la ville sur la campagne, celle-ci offre en contrepartie un certain nombre de services tels que : le commerce, la justice, la santé, l'éducation, la culture, etc.

Très peu de ces services sont correctement offerts à la campagne par les villes béninoises. Même si elles arrivent à les lui offrir comme c'est le cas des services commerciaux (rôle du marché Dantokpa) ou de l'éducation (à partir des collèges et des universités), la campagne les paie cher.

Dans d'autres domaines comme celui de la culture, les villes dépendent plutôt des campagnes, pour la plupart. Il suffit de se reporter aux grandes manifestations officielles qui se déroulent en villes (fêtes nationales, visites des chefs d'Etat, etc.). À chaque occasion, les meilleurs danseurs et chanteurs, les plus beaux objets d'art viennent de l'arrière-pays immédiat ou lointain. La ville ne restitue, dans ce domaine culturel, que les valeurs importées de l'extérieur comme la décoloration de la peau, des cheveux, la musique pop, les films, etc.

La plupart des autres services sont mal rendus à cause du maillage des villes béninoises qui ne constituent pas encore un véritable réseau.

Si l'on étudie le rayonnement de ces différentes villes, toutes exercent une faible emprise sur leur environnement régional. Les cas d'Abomey dans le Zou, de Parakou ou de Natitingou dans le nord ou celui de Lokossa au Mono le prouvent bien.

Dans le département du Zou, l'influence d'Abomey s'arrête au village de Seto. Au-delà, il existe une autre région appelée les Collines. Cette partie échappe presque totalement à l'emprise d'Abomey devenue désormais autonome. Les Collines s'organisent plutôt autour du marché de Glazoué. On peut étudier les différents aspects de cette autonomie des Collines en prenant pour exemple le pèlerinage de Dassa-Zoumè ou des manifestations de types identitaires qu'organisent régulièrement Savalou et Savè.

Parakou considérée comme la métropole du Nord exerce davantage son impact sur l'axe routier Parakou-Malanville. Son influence le long de cet axe est d'ailleurs due à la présence des centres relais comme N'Dali, Kandi et surtout Malanville, deuxième marché du pays après Dantokpa à Cotonou. Par contre, les régions enclavées de l'intérieur comme Banikoara et Segbana n'entretiennent pas de rapports journaliers avec Parakou.

Le rôle de Lokossa et de Natitingou est encore plus faible dans le contexte régional. Celle-ci est complètement bloquée dans son rayonnement régional par trois principaux marchés autour desquels s'organise toute la vie de relation dans les départements du Mono et du Couffo: Comè, Dogbo et Azovè.

Quant à Natitingou, son emprise vers le Sud et plus particulièrement vers la commune de Bassila est gênée par Djougou de loin, plus dynamique et plus prospère.

À partir de cette faible emprise des principales villes du pays sur leur arrière-pays, on peut conclure que la vie de relation entre ces différents centres reste encore faible. Les différents rapports qui existent entre ces villes sont plutôt d'ordre vertical. De ce point de vue, elles servent tout au plus de relais entre leur région et la capitale économique, d'une part, entre le monde extérieur et l'espace national, d'autre part. Les décisions qu'elles font répercuter vers le monde rural correspondent parfaitement aux différents besoins du marché mondial.

Le rôle des villes dans la formation des régions

La première idée à souligner est que dans la plupart des pays du monde, l'organisation de l'espace national dépend des relations qui s'établissent entre la ville et le monde rural. Pour reprendre Vidal de la Blache, « les villes et les routes sont des initiatives d'unité qui créent la solidarité des contrées ».

C'est à partir de leurs effets de polarisation que les villes remodèlent l'espace qui les entoure. Ces effets de polarisation se mesurent à partir de plusieurs actions qu'exerce la ville sur son environnement immédiat. Parmi ces actions de polarisation, on peut signaler : les flux monétaires, la dotation des villes en services administratifs, l'installation d'industries, etc.

L'existence de ces éléments débouche sur la formation d'un pôle, c'est-à-dire un ensemble d'unités motrices qui exercent des effets d'entrainement en faveur de tout le territoire national. Lorsque plusieurs centres existent et jouent ce rôle de pôle, il s'instaure un système de réseau, de communication ou de liens de complémentarité régionale (Dollfus, 1970).

Si on cherche à apprécier ces différents éléments, très peu participent correctement à la polarisation régionale.

Prenons par exemple les flux monétaires, qui à partir de la présence des banques, reflètent le niveau de la circulation monétaire dans le pays. La répartition des quatorze banques qui existent actuellement au Bénin reste très faible. Il n'y a que la Banque Of Africa qui couvre l'ensemble du pays par ses agences.

Quant à la situation administrative, la transformation de plusieurs localités en chef-lieu de communes auxquels sont associés les arrondissements a énormément amélioré la couverture administrative du pays.

Quant aux industries, leur faible importance dans le pays limite leur portée dans la structuration de l'espace national. Même les complexes sucrier de Savè et cimentier d'Onigbolo et de Massè n'ont pas débouché sur la création de véritable région industrielle du fait du caractère isolé de ces unités.

La création de la Zone économique spéciale de Glo-Djigbé est même devenue un handicap à l'industrialisation harmonieuse du pays en raison de la concentration excessive des entreprises industrielles qui y sont installées. Cette expérience compromet ainsi le projet de pôle de développement contenu dans l'agenda spatial pourtant adopté par le Gouvernement. En matière de régionalisation du développement, la naissance de la GDIZ reste un facteur bloquant.

Les défis que pose aujourd'hui l'urbanisation au Bénin sont plutôt relatifs à comment aménager les agglomérations existantes pour en faire de véritables supports de développement ?

3.4. Les défis de l'urbanisation au Bénin

Les enjeux des villes béninoises se jouent aujourd'hui autour d'une urbanisation équilibrée, fonctionnelle et capable de servir de support au développement. Cela doit interpeller les politiques d'aménagement du territoire en mettant l'accent sur l'émergence des pôles de croissance et de compétitivité économique, mis en place autour d'une agglomération capable de jouer le rôle d'animateur de ces pôles. Ce besoin devrait pousser les services d'aménagements du territoire à repenser autrement l'avenir des villes béninoises autour des préoccupations suivantes :

1) mieux insérer les villes béninoises au réseau urbain du golfe du Bénin ;
2) faire émerger un réseau urbain fonctionnel capable de servir de base au développement économique ;
3) asseoir une meilleure relation villes-campagnes afin de favoriser une véritable complémentarité entre les deux milieux et mieux faire face à l'exode rural dont les conséquences sont désastreuses tant pour les campagnes que dans les villes ;
4) faire des villes, le support d'une économie de service et d'un marché de consommation dynamique ;
5) enfin, c'est à l'intérieur des villes bien organisées, bien gérées que peuvent circuler les richesses, se développer des compétences intellectuelles et techniques, et favoriser l'émergence d'une société moderne.

Tenant compte de ces exigences, la création d'une armature urbaine et l'insertion des villes qui en résulteraient au réseau urbain côtier du golfe du Bénin, devraient se baser sur le renforcement des fonctions urbaines et surtout sur la hiérarchisation et la différenciation de ces fonctions conformément aux atouts des localités à promouvoir.

C'est aussi par la spécificité et le renforcement de ces fonctions que ces villes pourraient bien intégrer ce réseau des villes côtières de l'Afrique de l'Ouest. Cette préoccupation pourrait se traduire par la mise en place d'une expérience concertée d'aménagement des régions côtières impliquant les voisins immédiats comme le Nigeria, le Togo, le Ghana et la Côte d'Ivoire, notamment en liaison avec le corridor Lagos-Abidjan en construction. Mais en attendant, il devient urgent d'envisager les spécialisations ci-dessous:

- l'avenir des villes côtières polarisées par Cotonou devrait être envisagé de sorte que cette dernière ne devienne pas une macrocéphalie nationale. On doit donc réfléchir à la possibilité de faire émerger sur le littoral béninois plusieurs espaces urbains structurés autour des fonctions qui leur sont propres et qui sont déjà inscrites dans le destin de ces villes côtières ;
- dans cette perspective,
  - Porto-Novo et son arrière-pays devraient exercer la fonction de capitale et de promotion des échanges avec le Nigeria, par le transfert des services liés à ce rôle de capital et la réorganisation des principaux marchés urbains et ruraux y compris les infrastructures de desserte ;
  - Cotonou assumerait la fonction de service et de transit en veillant à la qualité des infrastructures portuaires et aéroportuaires et à un meilleur fonctionnement de toutes les sociétés qui intervient dans cette fonction de service et de transit. La gestion de la ville doit rester une préoccupation constante pour qu'elle devienne plus attrayante et plus accueillante ;
  - Ouidah s'occuperait des fonctions touristiques, autour du reliquat de la traite des esclaves et de ses différents Vodoun ; Grand-Popo pourrait être associée à ce projet touristique à partir des atouts de sa plage et de la « Boca del Rio » ;
  - L'ensemble Allada-Sékou serait chargé des fonctions aéroportuaires et de marchés agricoles structurés autour de la production de l'ananas et des cultures favorisant un meilleur approvisionnement alimentaire de Cotonou. La présence de la Zone économique spéciale de Glo-Djigbé ne devrait que renforcer cette option.

- Les petits centres des départements du Mono et du Couffo qui abritent déjà d'importants marchés agricoles doivent être organisés comme des villes de collecte, de transformation et de distribution des produits agricoles devant alimenter d'une part les villes côtières et d'autre part celles du Togo et du Nigeria ;
- les villes du Centre, en l'occurrence celles du Plateau d'Abomey-Bohicon et des Collines, devraient être organisées autour de plusieurs activités : le renforcement des industries qui sont déjà installées dans la zone, le tourisme religieux et la transformation des denrées agricoles, comme l'arachide, le manioc, l'igname et la noix d'anacarde ;
- Parakou devrait bénéficier des infrastructures nécessaires devant lui permettre de devenir la métropole d'encadrement des villes du nord avec des relais comme Djougou, Natitingou, Kandi et Malanville.

Au total, la création d'une armature urbaine équilibrée et fonctionnelle aura pour finalité de servir de base à un marché de consommation dynamique. Ce faisant, les villes béninoises seront non seulement articulées autour d'un objectif national de production et de développement, mais aussi pourraient mieux s'intégrer à l'ensemble du réseau urbain ouest-africain et singulièrement à celui des villes côtières du Golfe du Bénin à l'intérieur desquelles toutes les villes côtières béninoises sont déjà partie prenante. Sur la base des activités de réexportation, la ville de Cotonou jouera un rôle important dans cet ensemble de villes côtières du golfe du Bénin comme une étape incontournable vers la conquête du marché nigérian.

*

* *

L'analyse de l'impact des transformations qu'a connues le Bénin depuis 1960 atteste des progrès notables. Ces dernières sont nettes dans le domaine des infrastructures et de l'évolution urbaine. Ils sont moins concluants dans les secteurs de la formation parce que les réformes que nécessite l'éducation n'ont pas été opérées.

Les perspectives de l'école béninoise sont à revoir pour éviter que ce système de formation ne produise plus de chômeurs comme c'est le cas actuellement. À titre d'exemple, le Bénin possède aujourd'hui plus de 1500 titulaires de doctorat qui sont au chômage. Cette situation est une menace à la formation, notamment au plus haut niveau. Mais la plus grande faiblesse du système éducatif béninois est son manque d'objectifs autre que l'apprentissage de l'écriture et de la lecture aux enfants. Son fondement d'antan axé sur l'enseignement de l'instruction civique est désormais occulté sans parler de la nécessité d'introduire dans ce système éducatif l'apprentissage des langues nationales au niveau de la maternelle et du primaire afin de mieux intégrer les apprenants à leur milieu de vie.

Les villes béninoises, malgré leur évolution quantitative, ont besoin d'être restructurées afin d'améliorer les problèmes qui se posent à elles en matière d'équipements, de besoins en logements, des denrées alimentaires de première nécessité comme la nourriture, l'eau, l'électricité et la salubrité. Elles ont aussi besoin d'être aménagées en tenant compte de l'environnement régional dont le plus important est celui de leur intégration aux villes côtières du golfe de Guinée. Désormais leur existence et leur développement constituent les principaux éléments d'évolution de la région ouest-africaine.

Les villes du département de l'Ouémé sont en train d'être intégrées à l'environnement de la métropole de Lagos. Il s'en suit que la plupart de leur patrimoine foncier est accaparée actuellement par les Nigérians, depuis Porto-Novo en passant par Kraké pour englober la commune de Sèmè-Kpodji.

La gestion d'un pays ne se limite pas seulement à la recherche d'une bonne croissance économique et de la maitrise des indicateurs macro-économiques. Elle concerne aussi l'impact de ces mesures sur le bien-être et la sécurité des populations. Sur cet aspect, beaucoup de choses restent aujourd'hui à faire du fait de la progression des différentes formes d'intégrisme qu'elles soient religieuses ou mafieuses.

Chapitre X

Les défis de l'avenir

Ce dernier chapitre se penche sur les solutions à préconiser pour conférer au Bénin une réelle personnalité économique. En dehors des concepts *Bénin émergent* et *Bénin révélé*, il devient urgent de positionner le pays autrement. Ces deux concepts qui émanent des deux derniers présidents du pays n'ont pas été formulés autour des piliers évidents. Ils ont été plutôt avancés pour faire mode. Du temps de Yayi Boni, le concept de pays émergents était à la mode dans le monde. Celui-ci était formulé à partir de la participation active de certains pays du Tiers monde comme la Chine, l'Inde et le Brésil au processus du développement mondial. Ce sont ces pays qu'on qualifiait à l'époque de pays émergents. Cela s'est concrétisé par la suite par la création d'une puissance intermédiaire à l'Occident qu'est le BRICS[110].

La notion du *Bénin révélé* lancée par Talon, est un nouveau concept qui n'est utilisé nulle part. Celui-ci a été conçu compte tenu des nouveaux changements que ce président voulait apporter à notre pays. Les éléments de justification de ce concept concernent surtout un audacieux programme urbain, la création de la Zone économique spéciale de Glo-Djigbé, l'instauration d'une journée spéciale appelée *Vodoun day* auxquels s'ajoutent l'amélioration et la construction des infrastructures de desserte.

Toutes ces propositions ne sont pas suffisantes pour tenir compte de la spécificité de ce pays. La particularité du Bénin a déjà fait l'objet du premier chapitre de ce travail. Il s'agit de son positionnement en Afrique de l'Ouest illustré par sa proximité avec le Nigeria et à moindre degré avec le Ghana. Tout ce que l'on doit faire dans ce pays dans le domaine des réformes macro-économiques et dans la recherche du bien-être de la population doit partir de ce positionnement spécial. C'est celui-ci aussi qui peut être considéré comme l'un des principaux défis de ce pays dont le risque est d'être bouffé par son voisin de l'est à qui plusieurs personnes prêtent l'intention de le transformer en un de ses Etats. D'autres, sans exprimer hautement cette intention, présentent le Bénin comme un marché de plus de 250.000.000 de consommateurs. En le disant, ils confirment ainsi les réalités de ce positionnement qui déterminent les activités de production et les échanges commerciaux illustrés par la réexportation.

Malgré ce constat, les analyses que nous venons de faire sur les 65 années d'indépendance du Bénin attestent du fait que l'évolution de l'économie béninoise dépend plutôt des reliquats de la colonisation lesquels sont renforcés ces dernières années par les différentes suggestions qui viennent de

---

[110] BRICS : Brésil, Russie, Inde, Chine et l'Afrique du Sud.

l'extérieur, notamment à partir de l'adoption du Programme d'ajustement structurel et de la volonté de copier ce que font les autres pays de la région.

L'emprise de l'étranger sur les orientations économiques du pays est le résultat de la forte dépendance de l'aide internationale. Les activités économiques à l'étape actuelle visent donc à assurer trois fonctions : pouvoir payer les services de la dette et plus tard la dette elle-même, assurer la sécurité des Béninois et participer au progrès des sociétés africaines.

De ces trois préoccupations, rien n'est lié aux contraintes de proximité avec le Nigeria malgré la volonté des dirigeants de renforcer leur partenariat avec ce pays. Il s'en suit que les principales activités économiques sont menées dans un contexte de concurrence régionale plutôt que de complémentarité déjà évoqué au niveau du chapitre 9.

Notre approche a pour ambition de changer cela pour proposer de nouvelles alternatives de développement économique et de gestion de cette économie. Il s'agit de valoriser les véritables atouts du pays. Cette approche sera formulée après l'identification des principaux goulots de cette économie dont certains sont déjà évoqués dans les différents chapitres de cet ouvrage. En guise de rappel, ces goulots sont de trois ordres :

-les limites des options de développement agricole ;
-les difficultés de l'industrialisation ;
-les contraintes des activités commerciales de réexportation.

C'est après l'analyse de ces différents goulots que seront envisagées les approches de solution et une autre manière de définir le pays qui tient compte de son réel destin.

I. Les limites des options de développement agricole

Celles-ci portent sur les déterminants de la production agricole comme les facteurs environnementaux, la population et les déterminants institutionnels.

1.1. Les déterminants de la production agricole au Bénin

La production agricole au Bénin dépend d'un certain nombre de facteurs qui peuvent être considérés comme ses déterminants. Parmi ceux-ci, les plus importants concernent l'environnement naturel, la croissance de la population, l'essor urbain, le développement extraordinaire de la pauvreté, les modèles actuels de croissance économique et l'instabilité des marchés. On n'insistera que sur quelques aspects de ces facteurs.

L'environnement naturel

Tous les pays de la planète sont actuellement confrontés à la dégradation de l'environnement due au mode de développement choisi et à l'évolution climatique marquée par son réchauffement. Le Bénin n'échappe pas à cette situation. Son environnement naturel subit des changements notables du fait des actions anthropiques doublées ces dernières années du réchauffement climatique.

Ces changements portent principalement sur : i) l'irrégularité des pluies ; ii) la dégradation des terres ; iii) les inondations répétées, etc. Selon une étude du Programme intégré d'adaptation pour la lutte contre les effets néfastes du changement climatique sur la production agricole et la sécurité alimentaire au Bénin (PANA) en 2005, le pays a enregistré plusieurs formes de dégradations de son environnement naturel : i) la sécheresse, les inondations et les pluies tardives ; ii) les vents violents accompagnés de chaleurs excessives ; ces vents emportent régulièrement les habitations et détruisent des pans entiers de forêts ; iii) l'élévation du niveau de la mer entrainant d'importantes érosions côtières devenues des menaces aux agglomérations côtières.

De ces évolutions négatives de l'environnement naturel, celles qui ont rapport avec les activités agricoles concernent la sécheresse, l'irrégularité des pluies, les inondations et les vents violents. Tous ces fléaux agissent négativement sur la productivité des terres et se traduisent par des rendements médiocres des principales spéculations agricoles comme les céréales et les tubercules.

Pour montrer les conséquences de ce phénomène, la dégradation des terres agricoles au Bénin est de l'ordre de 2,2 millions d'hectares, soit 19% de l'ensemble des terres agricoles. De ce chiffre, l'érosion provoque une perte annuelle de plus de 49 millions de tonnes de sols réparties entre les principales unités administratives du pays comme suit : i) Zou-Collines : 13,7 millions de tonnes ; ii) Mono-Couffo : 10 millions de tonnes ; iii) Ouémé-Plateau : 9,4 millions de tonnes ; iv) Borgou-Alibori : 6,7 millions de tonnes ; v) Atlantique : 5,4 millions de tonnes ; vi) Littoral : 4 millions de tonnes.[111]

Toutes ces situations indiquent qu'à terme le Bénin connaitra une baisse substantielle de ses productions agricoles, de l'ordre de 18% par an.[112]

Ces évolutions négatives de l'environnement naturel constituent désormais l'un des défis majeurs de l'agriculture. Les solutions préconisées pour y faire face portent sur l'utilisation abusive des engrais même pour des spéculations comme les tubercules, notamment l'igname. À ces fléaux, qui relèvent de l'écologie, s'ajoutent les contraintes sociodémographiques.

---

[111] Ces données proviennent de la partie analyse diagnostique du plan national de développement 2018-2025

[112] *Plan national de développement 2018-2025*

Les déterminants sociodémographiques

La question soulevée par les paramètres démographiques dans la production agricole est celle de la capacité du pays à produire suffisamment pour nourrir sa population, ou à offrir des conditions socio-économiques appropriées, pour faire face à la demande de ces populations en pleine croissance. Ainsi, les liens entre population et productions agricoles revêtent plusieurs aspects : le modèle de la croissance démographique, la capacité du pays à produire suffisamment pour nourrir ses habitants et pour satisfaire la demande des pays voisins immédiats, de même que pour s'enrichir en exportant les excédents de production vers le marché international.

- **Le modèle de la croissance démographique**

Le modèle de croissance démographique ne permet pas au secteur productif de bénéficier d'une main-d'œuvre abondante et qualifiée du fait de la baisse régulière de la fécondité. Au premier recensement de 1979, le nombre d'enfants par femme était de sept. En 2013, ce nombre est descendu à cinq enfants par femme. Aujourd'hui, il oscille entre trois et quatre enfants.

Cette baisse de fécondité agit négativement sur le disponible en mains-d'œuvre agricoles par la réduction des actifs. Celle-ci est actuellement aggravée par le départ des jeunes de la campagne vers la ville dans un premier temps et de la ville vers les pays étrangers dans un second temps. Ce phénomène d'exode rural est très important dans le pays avec une migration interne assez élevée. Ainsi, du premier recensement de 1979 au dernier de 2013, la population rurale est descendue de 73,47% en 1979 à 55,63% en 2013, soit une baisse de 9,84% en l'espace d'une génération. Cette baisse est la conséquence directe de l'exode rural et du départ des jeunes vers les pays étrangers. Elle aurait pu être compensée par l'arrivée des étrangers devenue importante ces dernières années. La plupart de ces étrangers constitués majoritairement des Sahéliens et des Ibo du Nigeria n'exercent pas dans le secteur agricole. Les Sahéliens qui sont massivement installés au Bénin exercent principalement dans les métiers de service comme les matériels électriques, la vente des tissus et de l'oignon. Les Ibo que l'on rencontre dans toutes les localités du pays apportent dans ces localités les services relatifs à la vente des pièces détachées de motocycles et de véhicules auxquelles s'ajoute le matériel électronique.

Pour montrer l'enjeu du phénomène migratoire dans ce pays, une étude réalisée en 2011 par le Bureau GIP International pour le compte de l'Organisation internationale des migrations (OIM), estime que le Bénin compte à l'extérieur 4 384 686 de ses ressortissants. De ce chiffre, le Nigeria seul accueille 2 965 829. Il est suivi de la Côte d'Ivoire 550 000, du Gabon

15 000 et de Guinée-Équatoriale pour environ 8 000. Ces données attestent que l'essentiel des émigrés béninois vit en Afrique de l'Ouest et du Centre[113].

Mais par rapport à la question de la main-d'œuvre agricole, c'est la situation du Nigeria qui parait intéressante à analyser. C'est ce pays qui accueille actuellement l'essentiel de la main-d'œuvre agricole béninoise.

Le début de l'émigration béninoise vers le Nigeria se situe entre 1969 et 1973 suite au premier choc pétrolier qu'a connu ce pays. Celui-ci a entrainé l'ouverture de grands chantiers dont trois ont provoqué l'arrivée massive des étrangers: l'organisation du Festival des arts et de la culture (FESTAC) en 1972, l'opération *Feed the nation* démarrée en 1980 et la construction de la nouvelle capitale Abuja. Ces trois chantiers ont été de grands consommateurs de la main-d'œuvre pour laquelle le Nigeria avait besoin de ses voisins.

Lors du rapatriement des étrangers du Nigeria en 1984, le nombre des Béninois expulsés s'élevait à 45 000. La majorité venait des régions lacustres de So-Ava, Ganvié, Sotchanhoué, Aguégué (13 525 expulsés). Cette région lacustre est suivie de la commune de Bassila dans la Donga (2 885 refoulés). Actuellement, ce sont les jeunes ruraux des quatre départements du nord auxquels s'ajoutent ceux des Collines qui émigrent massivement au Nigeria.

A partir d'une étude réalisée pour le compte de l'ONG Helvetas[114] entre 2016 et 2017, le nombre de jeunes béninois utilisés comme ouvriers agricoles dans les Etats d'Oyo et de Kwara s'élève à 27 144 individus répartis comme suit : Donga : 12 576 ; Collines : 6 770 ; Atacora : 5 264 ; Borgou : 2 584. Il s'agit là d'une ponction non négligeable de la main-d'œuvre agricole béninoise.

Tous les jeunes qui se dirigent vers le Nigeria ont les mêmes objectifs, se procurer d'une motocyclette de marque Balaj pour faire de taxi-moto au retour de l'exil ou pour aider un parent proche, s'acheter des tôles pour améliorer l'habitat ou de groupe électrogène pour mieux éclairer sa maison au retour. Les jeunes filles qui se rendent au Nigeria pour se faire employer comme filles de ménage y vont-elles aussi pour préparer le trousseau pour leur futur mariage. Malgré la crise actuelle de l'économie nigériane, ce phénomène reste toujours d'actualité, privant ainsi les grandes zones de production agricole béninoise d'une partie de la main-d'œuvre.

Les différentes formes d'émigration béninoises qui viennent d'être présentées attestent bien des difficultés de l'agriculture béninoise à disposer d'une main-d'œuvre abondante pour assurer la productivité de ce secteur. La question est d'autant plus préoccupante que les Béninois qui résident à l'étranger et singulièrement au Nigeria ne reviennent que rarement au pays.

---

[113] **Devillard, H. et Todegnon, T.** (2011) : *Migrations au Bénin : ¨Profil national* 2011, GIP International

[114] **ONG Helvetas** (2016) : *Les migrations internes et internationales dans le Borgou et environs*, Cotonou

Ils élisent domicile de façon définitive dans les zones d'accueils en attendant qu'ils soient expulsés un jour.

Les solutions préconisées pour pallier à ce manque de la main-d'œuvre agricole sont celles de la mécanisation. Malheureusement ce projet de mécanisation agricole rencontre plusieurs difficultés comme la nature des sols rocailleux et peu profonds, le coût excessif des charrues motorisées (9.000.000F CFA) et l'absence des services après-vente.

L'avenir de la mécanisation agricole réside plutôt dans la culture attelée mieux adaptée aux conditions pédologiques et au pouvoir d'achat du paysan. Mais sa généralisation à l'ensemble de la paysannerie béninoise bute contre les obstacles d'ordre psychologique en raison de la peine qu'éprouve la majorité de cette paysannerie à élever et entretenir les animaux de trait.

- **Les difficultés du fait urbain**

Les développements précédents (confère chapitre IX) ont montré que la population béninoise est plus urbaine que rurale. Les citadins représentent actuellement dans ce pays environ 54% de la population. Cette évolution témoigne de la modernité de la population béninoise, mais celle-ci a un coût important pour le développement agricole bien que la demande de ces villes en nourriture soit un important stimulant au progrès du monde rural. Mais à cause du jeu des intermédiaires entre les zones de production et les marchés urbains, les citadins ne constituent plus un centre d'intérêt à la production agricole du fait des prix élevés des produits qui viennent de la campagne comparés à ceux en provenance du marché international. Mais la plus grande difficulté qu'éprouvent ces villes par rapport au monde rural est la ponction qu'exercent celles-ci en matière de mains-d'œuvre comme on vient de le montrer. Dans la plupart des villes d'Afrique aujourd'hui, les citadins ont tendance à consommer ce qui vient de l'extérieur notamment dans la couche la plus aisée. Les riches et la classe moyenne africaine ne vivent que des importations. Le cas du riz asiatique peut être cité comme exemple. Il en est de même des pâtes alimentaires et des boites de conserves dont notamment la tomate en boite. Il en résulte comme conséquence, que la plupart des grandes villes de la nation dépendent à plus de 70% des marchés internationaux que des produits locaux. Du coup, les villes africaines et singulièrement béninoises, en lieu et place du soutien qu'elles devraient apporter aux productions locales, vivent plutôt au rythme du marché international. Ainsi, à la place du marché Dantokpa, les riches de ce pays s'approvisionnent plutôt dans les grands magasins de la place associés aux supermarchés des quartiers. Comment faire pour que les villes deviennent de véritables supports à la production agricole, tel est l'enjeu de la question ? Celle-ci est d'autant plus préoccupante que les descendants de ces citadins préfèrent vivre au rythme du marché international du fait des publicités venant des différents organes de presses, notamment les télévisions.

- **L'insécurité grandissante dans les zones de production agricole**

Le Bénin est actuellement confronté à l'extension des mouvements djihadistes dans la périphérie nord. Ce phénomène entraine beaucoup d'insécurité dans les zones rurales, empêchant les paysans de s'occuper de la production dans une ambiance de paix et de quiétude. Cette situation de crise modifie aussi les conditions de l'offre alimentaire par la destruction des récoltes, le pillage des stocks et la désorganisation des marchés. L'insécurité engendrée par ce phénomène djihadiste entraine d'autres formes d'exodes qui coupent les populations de leurs circuits de production et de ravitaillement habituels, les rendant totalement dépendants des centres urbains qui ne produisent rien, d'où la demande de l'aide alimentaire dont l'existence vient désorganiser complètement les circuits de production.

Enfin, le dernier déterminant de la production agricole, est celui de l'instabilité des prix des principaux produits d'exportation sur le marché international. Celle-ci est restée un fléau récurrent pour les agriculteurs africains. Plus ces derniers se forcent à mieux produire, plus les prix baissent sur le marché international du fait du surplus de l'offre. Ce phénomène empêche les pays africains depuis l'accession à l'autonomie interne de ce pays à faire de l'agriculture le principal levier de développement. Cette instabilité de prix sur le marché international est aggravée par la concurrence à laquelle se livrent tous les pays africains. C'est cette concurrence aussi qui engendre le surplus de l'offre sur lequel jouent les lobbies qui contrôlent le marché international des produits tropicaux pour réduire à néant les efforts des paysans africains. Il est tout de même paradoxal qu'en fournissant plus d'efforts, on devienne plus pauvre. Comment faire pour l'éviter, tel est le plus grand défi du secteur agricole africain pour lequel il n'existe pas encore de solutions alternatives.

Les déterminants institutionnels : stratégies et politiques mises en œuvre

Les politiques mises en œuvre pour accroître la production agricole durant ces dernières années sont analysées selon quatre périodes : de 1960 à 1972, de 1973 à 1990, de 1990 à 2016 et de 2016 à 2026.

De 1960 à 1972, les politiques agricoles menées portaient sur la rénovation du secteur palmier à huile, la mise en valeur de la basse vallée de l'Ouémé et le développement de l'anacarde.

De 1973 à 1990, les objectifs assignés à l'agriculture sont de trois ordres :

- assurer l'autosuffisance alimentaire au niveau national et local ;
- assurer l'approvisionnement des industries nationales en matières premières, de manière à leur permettre de fonctionner à plein rendement ;
- promouvoir l'organisation des producteurs afin qu'ils mettent en commun et gèrent de façon collective certains moyens de production.

La mise en œuvre de ces différentes politiques comporte des mesures portant sur la recherche agronomique centrée sur l'amélioration des principales plantes cultivées (coton, maïs, riz et niébé), la réorganisation des services de vulgarisation, la mise en place d'un nouveau système d'approvisionnement en intrants couplé avec une politique de crédits en adéquation avec les exigences du calendrier agricole, et l'organisation rationnelle de la commercialisation des produits agricoles d'exportation, basée sur la politique des prix incitatifs.

De 1990 à 2016, la politique initiée était axée sur les objectifs ci-après :

- la réduction du rôle de l'Etat ;
- l'amélioration des services et des infrastructures auxquels les populations rurales ont souvent accès ;
- l'accroissement des recettes d'exportation afin de compenser la faiblesse du marché intérieur par l'amélioration des rendements et la diversification des cultures d'exportation ;
- la lutte contre l'insécurité alimentaire ;
- la sauvegarde du patrimoine écologique national par une gestion rationnelle des ressources naturelles plus soucieuse de leur protection.

Pour mener à bien ces différentes politiques, les actions engagées portent sur quatre principaux axes :

- la restructuration des services agricoles ;
- l'élaboration du programme national complet de sécurité alimentaire ;
- la poursuite des actions de réhabilitation de la filière coton et de diversification des productions agricoles ;
- l'élaboration du plan d'action environnemental.

De 2016 à 2026, les politiques menées au plan agricole portent sur la territorialisation du développement, les subventions aux engrais, le retour des privés dans la production agricole, la mécanisation et la création du Fonds national de développement agricole (FNDA). Ces orientations visent à promouvoir la production cotonnière comme principale option de développement agricole.

Pourtant le choix de cette filière devenue l'essentiel des activités agricoles depuis la révolution constitue une menace à cette même filière du fait de la dégradation avancée des terres. Celle-ci est due à l'utilisation abusive des engrais, de l'herbicide et des insecticides utilisés pour le traitement de la plante. Il en résulte une forte pollution des champs cotonniers. Celle-ci a des effets néfastes sur la santé des producteurs dont la plupart souffrent aujourd'hui des maux de reins ajoutés à la diarrhée. Ces maux sont engendrés par la pollution de la nappe phréatique exploitée pour l'alimentation en eau des populations. L'utilisation de ces produits chimiques est d'autant plus dangereuse qu'elle rend à terme les terres improductives.

À ces fléaux d'ordre naturel, l'avenir de cette plante textile est aussi compromis par la concurrence régionale et par l'instabilité des prix sur le marché.

C'est dans cette série de difficultés qu'on peut aussi signaler le manque de main-d'œuvre dû à l'exode rural et l'endettement prononcé des paysans. Cet endettement crée une situation de servitude qui pousse la plupart de ces paysans à l'abandon de la filière.

Pour prévenir ces risques de la monoculture cotonnière, le discours à la mode actuellement est celui de la diversification agricole. Celle-ci a de la peine à se réaliser en raison des multiples avantages tirés de cette filière comme l'amélioration du pouvoir d'achat des producteurs, l'enrichissement de tous les intermédiaires installés le long de la chaine de commercialisation et l'Etat qui y trouve les ressources nécessaires pour payer le service de la dette et plus tard le principal de cette dette.

Tous ces constats constituent actuellement les difficultés du secteur agricole béninois sans oublier les autres contraintes déjà mentionnées.

II. Les difficultés de l'industrialisation

Le Bénin fait figure de parent pauvre en matière de ressources minières. À part le calcaire pour lequel les gisements sont importants, ce pays ne possède que quelques indices relatifs au fer, au pétrole, à l'or, au phosphate et aux pierres ornementales.

La situation industrielle du Bénin est moins reluisante. Elle a connu quatre principales phases :

- celle de la période coloniale marquée par la suprématie des huileries des noix de palme ;
- les premières années des indépendances (1960-1972) caractérisées par la valorisation des ressources naturelles et la recherche de la sécurité alimentaire. Cette période a été sanctionnée par le renforcement des huileries de noix de palme suite à la modernisation du secteur palmier à huile amorcée depuis 1963, la création des premières industries textiles et la fabrication de ciment.

Toutes ces initiatives, à cause de leur état embryonnaire n'ont contribué au PIB que de façon marginale.

Il faudra attendre la période révolutionnaire entre 1972 et 1989 pour que s'amorcent de véritables politiques industrielles avec un investissement massif de 150 milliards de FCFA qui a permis la réalisation d'une trentaine d'unités industrielles réparties sur l'ensemble du territoire national.

De 1990 à 2016, la politique industrielle du pays est basée sur deux objectifs simples consignés dans les différents programmes d'actions du gouvernement : relancer les unités industrielles en difficulté, créer des zones industrielles viabilisées, réaliser une zone franche industrielle à la frontière du Nigeria.

De 2016 à 2026, la politique industrielle est centrée sur la restructuration des anciennes industries et sur la création de la Zone économique spéciale de Glo-Djigbé.

Au total, le secteur industriel béninois compte environ 516 entreprises et établissements industriels.

Ce secteur est dominé par les établissements de transformation de bois et de l'ameublement (54%), d'industrie alimentaire (16%), d'égrainage de coton (2%), d'imprimerie, d'industrie chimique, d'industrie lourde et d'ouvrage en métal, d'industrie textile, d'industrie de fabrication de verre et de matériaux de construction. Tout ce secteur contribue à moins de 15% à la formation du PIB.

Les goulots d'étranglement du secteur industriel portent essentiellement sur l'insuffisance des fonds de roulement, faute d'accès aux crédits, le coût élevé des facteurs de production, notamment celui de la main-d'œuvre par absence de compétence dans le domaine, l'accès au marché, les difficultés d'approvisionnement en matières premières, la faible qualification des ressources humaines et l'insuffisance des infrastructures de soutien à l'industrialisation comme l'eau, l'électricité, etc.

Malgré le caractère modeste du secteur industriel, celui-ci est caractérisé aujourd'hui par la vétusté des installations. C'est la raison pour laquelle le régime actuel a entrepris un vaste programme de modernisation de la plupart de ces entreprises et la création de la Zone économique spéciale de Glo-Djigbé dans laquelle sont installées actuellement une quarantaine d'entreprises.

En dépit de ces efforts de restructuration de ce secteur industriel, les perspectives sont peu radieuses. Celles-ci semblent être hypothéquées par les différentes mutations qui affectent le secteur économique, dont notamment le désengagement de l'Etat au profit du secteur privé. Ce secteur privé n'a jamais été dynamique dans les activités productives. Ainsi la plupart des transferts de propriété réalisés par l'Etat dans le cadre des différents Programmes d'ajustement structurel n'ont profité qu'aux opérateurs étrangers qui sont actuellement les maitres du secteur industriel en contrôlant les unités les plus performantes comme la brasserie, les cimenteries et les industries textiles. Ce sont ces étrangers aussi qui animent actuellement les entreprises de la zone franche industrielle de Sèmè-Kpodji et celle de la Zone économique spéciale de Glo-Djigbé.

Enfin, les conditions actuelles de compétitivité dans le monde et les exigences de normes des qualités empêchent les pays pauvres dont notamment le nôtre de participer activement à l'essor de ce secteur industriel.

L'avenir du secteur industriel au Bénin suppose l'existence d'une technologie de pointe pour laquelle il manque dans ce pays une option claire du fait de l'absence de formation dans ce domaine. En effet, la formation technologique de pointe coûte cher. On voit mal comment le secteur privé qui reste prépondérant dans ce domaine peut s'y investir sérieusement.

Ces différentes remarques illustrent bien les limites de la capacité actuelle du pays à mettre en place une industrie moderne et dynamique. Dans l'étape actuelle du processus de développement national, le secteur industriel béninois a besoin d'un minimum de protection et de régulation sans lesquelles ce secteur restera toujours embryonnaire.

La situation est d'autant plus critique que le désengagement de l'Etat de ce secteur imposé par les différentes réformes suggérées de l'extérieur risque de pénaliser le pays pour longtemps. Or, l'évolution et la modernisation d'un pays dépendent de sa capacité à quitter le secteur primaire pour promouvoir les activités de transformations, gage de l'amélioration des valeurs ajoutées. Des abondantes ressources naturelles dont disposent les pays africains ne constituent pas encore les bases de développement à l'exception de quelques rares cas.

Malgré ses faibles indices en la matière, le Bénin recèle tout de même de quelques potentialités agricoles comme le coton, le palmier à huile, l'anacarde, le karité, l'ananas, le soja, etc., qui peuvent servir de support au développement des industries agroalimentaires devant permettre de se libérer quelque peu du marché international. C'est comment opérer ces mutations qui constitue le principal défi de ce secteur industriel ?

III. Les contraintes des activités commerciales : le cas de la réexportation

3.1. Origine du développement du secteur

Le Bénin entretient trois principales relations économiques avec ses voisins immédiats : dans les secteurs industriels, énergétiques et d'infrastructures de transport. Ces relations font l'objet de la mise sur pied des commissions mixtes et sont sanctionnées par une série d'accords qui constituent le cadre juridique de la coopération entre le Bénin et ses voisins.

Les relations avec les voisins : Origine

Ces relations, particulièrement développées avec le Nigeria, remontent à la fin de la guerre du Biafra en 1969. La fin de cette guerre a coïncidé avec le premier choc pétrolier du Nigeria et l'enrichissement spectaculaire qui en a résulté. Avec ce premier choc pétrolier, le Nigeria est devenu un véritable eldorado comparé à ses voisins immédiats que sont le Bénin, le Cameroun, le Niger et le Tchad.

Suite au soutien que ces pays francophones ont apporté au Nigeria durant la guerre de sécession et en dépit des pressions extérieures, le Nigeria a décidé de les récompenser en partageant avec eux une partie de ses mannes pétrolières. C'est dans ce cadre de fraternité régionale que ce pays a mis en place une vigoureuse politique de coopération transfrontalière dont les principaux bénéficiaires sont d'abord le Bénin et le Niger.

Cette politique a commencé au Bénin avec la construction de la route Igolo-Porto-Novo par Avrankou entre 1973 et 1975. Cette route longue de 25 kilomètres a été entièrement financée par le Nigeria du temps du Président GOWON. Mais c'est avec le régime d'Olusegun OBASANJO entre 1976 et 1980 que cette politique s'est fortement enracinée avec plusieurs réalisations économiques qui ont coûté des milliards de FCFA au Nigeria et qui ont permis la consolidation de la révolution au Bénin. Si ce régime a pu durer dix-sept années, c'est grâce en partie aux soutiens multiples du Nigeria. Ce soutien a pris plusieurs formes, en infrastructures de desserte, en énergie, économie, finances et sécurité. Mais c'est sous sa forme économique qu'il est le plus visible.

Ces relations économiques seront abordées selon deux aspects : les acquis et ses limites pour le Bénin.

3.2. Les acquis des relations Bénin-Nigeria

Ces relations s'inscrivent dans deux logiques, formelle et informelle. Mais entre les deux logiques, il existe peu de barrières étanches en raison de l'importance des activités de réexportation qui obéissent à la fois à la logique formelle et informelle. C'est la raison pour laquelle ces relations seront évoquées en tenant compte de leurs acquis et de leurs limites.

Ces relations sont caractérisées par des évolutions constantes dont la compréhension paraît importante pour mieux mesurer les enjeux que représentent les activités commerciales dans la vie des populations concernées. De ce point de vue, on peut mettre en relief plusieurs phases d'évolution :

- les relations avant les indépendances marquées par le trafic illicite des produits manufacturés comme les textiles et les bicyclettes en provenance du Ghana et du Nigeria. En contrepartie, le Bénin fournissait du maïs et du poisson fumé pêché dans le lac Nokoué, largement vendu à Lagos (Nigeria) ;

- des indépendances à la guerre du Biafra, ces relations se sont amplifiées suite aux crises sociopolitiques qui affectaient le Bénin comme conséquences des multiples rapatriements de ses travailleurs des pays francophones (Côte d'Ivoire en 1958, Niger en 1963, Congo en 1966). Durant cette période difficile, le Bénin servait de relais au Nigeria pour son accès au marché international devenu difficile par la guerre ;
- de la guerre du Biafra au choc pétrolier de 1973, ces relations commerciales se sont amplifiées. C'est la période de la fuite du cacao nigérian vers le Bénin qui devient du coup un exportateur net des fèves jusqu'en 1975. En contrepartie, le Bénin livrait au Nigeria de l'huile rouge et des denrées vivrières de base (maïs, gari et cossettes d'ignames) ;
- la quatrième phase de ces relations commerciales est celle de la période du boom pétrolier au Nigeria entre 1974 et 1981. Cette période est marquée par l'enrichissement spectaculaire du Nigeria et l'augmentation exceptionnelle du pouvoir d'achat des travailleurs. Ces derniers ne trouvaient pas sur place les denrées de base nécessaires à leurs besoins, le Bénin devint alors la cible privilégiée des consommateurs nigérians, notamment ceux des villes yoruba proches. Le pays fonctionnait comme un véritable entrepôt dont l'activité économique est essentiellement rythmée par la réexportation vers le Nigeria des produits de luxe : wax hollandais, dentelles d'Autriche, cigarettes de grandes marques comme Benson et Rothmans, tomates en boite, etc. Les marchés frontaliers étaient pris d'assaut par les Nigérians et certains d'entre eux comme Ifangni et Dantokpa grouillaient de marchandises et d'hommes avec les chiffres d'affaires journaliers de plusieurs millions de FCFA ;
- cette période d'euphorie a été relayée par celle de la crise financière au Nigeria entre 1981 et 1989 due à la baisse drastique du prix de pétrole sur le marché international. Cette période est surtout marquée par la fermeture des frontières en 1984 décidée unilatéralement par le Nigeria. Malgré cette fermeture, le Bénin trouve son compte dans ces relations commerciales avec la réexportation céréalière : blé, farine de blé et riz notamment. Les importations annuelles du riz avoisinaient 350 000 tonnes pendant que la consommation nationale ne dépassait pas 50 000 tonnes. En contrepartie, le Bénin reçoit de l'essence nigérian. C'est le début du commerce illicite de *« kpayo »* ;
- depuis 1990 à ce jour, ces relations sont restées toujours fluctuantes, mais dominées par des activités de réexportation avec

plusieurs produits parmi lesquels dominent les céréales, les huiles végétales et les voitures d'occasion. En contrepartie, le Bénin reçoit toujours de l'essence *« kpayo »* et les matériaux de construction.

Mais à partir de 1990, ces relations commerciales ont connu plusieurs évolutions :

- la libéralisation amorcée vers les années 1996 au Nigeria marquée par la fin de la politique des contrôles de changes et l'autorisation des commerçants nigérians d'importer directement du marché international des céréales comme le riz et le blé, naguère prohibés pour raison d'une politique agricole fondée sur la recherche de l'autosuffisance alimentaire avec le slogan *« feed the nation »* ;
- le retour à la restriction des importations décidé par le Nigeria entre 2002 et 2005. Ainsi en 2003, le Nigeria a interdit l'importation de 44 catégories de produits en provenance du Bénin, du Togo et du Ghana. Parmi ces produits figurent le riz, la viande congelée, les volailles mortes et les huiles alimentaires qui constituent les produits essentiels de la réexportation. Le durcissement du contrôle des prohibitions appliquées par le Nigeria ainsi que la menace de fermetures des frontières terrestres en 2004, ont eu des effets négatifs sur les échanges Bénin-Nigeria. La réexportation a connu une baisse entre 2003 et 2004 passant de 142,2 milliards de FCFA à 120 milliards de FCFA. C'est pendant cette période difficile que les Béninois se sont massivement reportée sur le Ghana;
- l'année 2005 a été marquée par une détente dans les relations commerciales avec le Nigeria à travers un accord bilatéral signé en mai 2005 permettant à quelques entreprises béninoises d'exporter vers le Nigeria des produits fabriqués au Bénin ;
- à l'avènement de Talon en 2016, ces relations ont été perturbées par la longue fermeture des frontières terrestres du temps de Buhari comme ce fut le cas entre 1984 et 1986. Cette longue fermeture des frontières a été accentuée par la pandémie à Coronavirus. Pour y faire face, le Bénin a pratiquement tourné le dos à la réexportation entrainant un refroidissement de ces relations jusqu'à l'arrivée au pouvoir du président Bola Tinubu. Cela s'est traduit par la relance de ces relations dans un contexte de graves crises économiques au Nigeria, qui empêchent aujourd'hui les Nigérians de soutenir les activités de réexportation. Tout de même, durant cette période difficile, quelques produits ont continué à circuler massivement, c'est le cas du riz et des huiles végétales réexportés par le Bénin vers son voisin de l'est en contrepartie duquel celui-ci lui vend toujours de l'essence.

Malgré ces évolutions contrastées, les activités commerciales demeurent toujours assez lucratives. Les raisons qui justifient leur intensification relèvent de la proximité des centres de consommation comme la ville de Lagos peuplée aujourd'hui de plus de 15 millions d'habitants et distante seulement de 90 kilomètres de la frontière béninoise.

Toutes ces activités de réexportations ont entrainé autour du Nigeria et dans le Golfe du Bénin, une intégration des marchés du fait de la proximité des grandes villes. En effet, entre Accra et le Delta du Niger, il n'existe plus de campagnes. Cet espace de plus de 1500km est entièrement structuré par les villes qui sont distantes les unes des autres de moins de 25km. C'est cette proximité urbaine qui justifie cette intégration des marchés à travers laquelle se colportent plusieurs fléaux qui constituent les limites des relations de proximité dans cette zone.

3.3. Ses limites

Celles- ci concernent d'abord la question de l'inflation. Cette dernière a tendance à se propager comme conséquence du niveau élevé de l'intégration par les marchés.

Parmi d'autres aspects négatifs de ces relations, on peut mentionner quelques problèmes majeurs dont la bonne solution dépendra l'avenir du Bénin pour son économie :

- le rapport de parité franc CFA et naira,
- la politique de libéralisation du marché au Nigeria,
- l'environnement politique et social des pays voisins.

La question de rapport FCFA/Naira est d'autant plus préoccupante que c'est à partir de la position forte du franc CFA que s'effectuent des activités de réexportation dont le volet le plus important concerne à la fois les facilités d'accès au marché international et les bas prix des produits nigérians offerts aux consommateurs béninois dont la gamme reste très longue. Ce bas prix des produits nigérians permet aux travailleurs béninois de transformer les bas salaires octroyés par la fonction publique en un important pouvoir d'achat compte tenu de la faible parité de la monnaie nigériane. Cet avantage transforme ainsi le franc CFA en une véritable rente pour le pays au même titre que celle qu'apporte la vente des matières premières d'origine agricole ou minière à d'autres pays. La modification de la parité existante entre les deux monnaies peut donc engendrer de profondes perturbations sociales compte tenu de la très forte dépendance des consommateurs béninois du marché nigérian. D'ailleurs lorsque cette parité est très mauvaise, s'instaure du côté nigérian, une certaine morosité des marchés béninois due à la faible fréquentation de ces Nigérians se traduisant par d'importants stocks d'invendus sur les principaux marchés béninois avec pour finalité leur bradage à terme[115].

La libéralisation du marché au Nigeria, comme c'est le cas depuis quelques années, peut remettre en cause à terme les importants bénéfices réalisés sur la réexportation. Cette libéralisation devenue une exigence du gouvernement depuis la crise financière et économique de 2008, peut aussi agir sur le commerce des principaux produits importés du marché international par le Bénin et réexportés vers le Nigeria (voitures d'occasion, produits alimentaires et textiles).

Toujours parmi ces contraintes, il y a la sécurité des villes béninoises qui fonctionnent désormais au rythme des métropoles nigérianes. En effet, l'élargissement de l'espace national évoqué plus haut fait désormais de Cotonou et de Porto-Novo les faubourgs de Lagos. Ainsi, les activités de vol ou de la drogue très développées au Nigeria ont transformé les principales villes béninoises en des relais pour les grands bandits ou trafiquants de la drogue qui cherchent à se protéger de la police internationale. Cette situation crée aussi beaucoup de risques qui méritent que l'on soit extrêmement vigilant.

Mais ces différents inconvénients sont finalement minimes, comparés au bénéfice que la nation tout entière tire du commerce avec les pays voisins. Celui-ci crée plusieurs opportunités pour les populations béninoises, lesquelles se manifestent désormais par le dynamisme extraordinaire du secteur informel. Aujourd'hui, le Bénin bien que faisant partie de la zone francophone vit davantage au rythme de l'économie et de la société nigériane, d'où d'ailleurs l'intérêt que manifestent les principales villes de l'intérieur à être reliées aux principaux marchés nigérians. On peut le montrer à travers les différents projets de construction routière comme le projet ABOKI (Abomey, Kétou, Ilara) dont l'objectif est de relier le doublet urbain Abomey-Bohicon au marché d'Abeokuta par Ilara.

Somme toute, la maitrise de ces différentes contraintes suppose l'amélioration de la vision que les autorités béninoises auront de la forte dépendance du pays de l'environnement régional. Cela suppose des options claires de développement fondées sur l'affirmation des priorités liées à cet environnement régional telles que les fonctions de service et la nécessité d'avoir une cellule de la gestion des informations sur le contexte régional.

Les relations économiques et commerciales entre le Bénin et ses voisins anglophones du golfe du Bénin s'inscrivent dans un long processus historique et politique dont l'enjeu est de taille pour les populations concernées. Au-delà des effets de la partition coloniale qui ont laissé des cicatrices assez profondes dans un même environnement socioculturel, ces relations économiques et

---

[115] Sur cette question, se référer à **Adjovi E. et Igué O. J.** (2016) : *L'impact du Naira sur l'économie béninoise*, Cotonou-DGAE-ministère de l'Économie et des Finances.

commerciales ont d'abord pour facteur essentiel de leur fonctionnement le maintien des liens séculaires entre les populations de la zone en dépit de l'existence des barrières imposées par la colonisation. Ces barrières constituent aussi l'un des facteurs de ces relations dans la mesure où leur existence a introduit des disparités de politiques économiques assez importantes. Si on considère ces deux aspects socioculturels et économiques, on peut dire que les relations existantes entre le Bénin et ses voisins immédiats visent deux objectifs principaux :

- la résistance contre la partition coloniale avec pour conséquence le développement extraordinaire des espaces frontaliers (entre le Togo et le Ghana : espace Aflao-Lomé au Sud, espace Badou-Kpalimé-Djessika au centre, espace Cinkansé-Bawku au Nord ; entre le Togo et le Bénin : espaces Hilla-Codji-Aného au Sud, Tététou-Aplahoué-Azovè au centre, Kétao-Kassouala-Ouaké au nord ; entre le Bénin et le Nigeria : espace Kraké-Kwemè, Igolo-Idiroko au sud, Kétou-Ilara-Mèko au centre, Nikki-Chikandou-Chikanda au Nord, etc.
- Le partage des bénéfices par les populations des avantages de la partition coloniale.

Analysées sous ces deux aspects, ces relations deviennent donc incontournables. C'est la raison pour laquelle elles ont tendance à s'informaliser lorsque les lois qui régissent le fonctionnement des différents pays de la zone visent à empêcher les populations d'être ensemble ou à les restreindre, soit par des mesures protectionnistes, soit pour raisons de sécurité.

Somme toute, les relations économiques et commerciales de proximité ont de beaux jours devant elles en dépit des difficultés qu'elles engendrent. Elles sont déjà inscrites dans la conscience des peuples. Hier, c'est le bénin qui a eu l'initiative de la création de l'Union des Etats du Golfe du Bénin devant l'impliquer avec le Nigeria, le Togo et le Ghana. Cela s'est soldé par l'appellation de l'ancien Dahomey en République du Bénin. Aujourd'hui, c'est du Nigeria que vient l'idée de la mise en place de la Zone d'alliance de coprospérité (ZACOP).

Cette idée vient de refaire surface à partir de l'intervention du président Talon à Abuja le 30 juin dernier lors du sommet de la CEDEAO. Cela suppose, malgré les conséquences de la colonisation sur la mentalité des populations, qu'il faille grandement tenir compte des changements induits par les effets de proximité pour organiser le secteur économique au Bénin.

IV. L'avenir de l'économie et de la société béninoise

Celui-ci doit se définir autour de deux interrogations : la nécessité d'une profonde rupture et la mise sur pied d'un cadre de réflexion différente des exercices prospectifs à long terme dont les difficultés à les appliquer proviennent de l'absence de ce cadre.

C'est sur cette nécessité de la rupture que c'était organisé les festivités marquant le cinquantième anniversaire de ce pays en 2010. À ce propos, une réflexion fut menée par le comité préparatoire de ce cinquantenaire dirigé par Albert Tévoedjrè. De cette réflexion fut née l'idée de « *l'audace de la rupture* » indispensable pour changer le paradigme de développement en vigueur entre 1960 et 2010. Pour permettre au Bénin de prendre part à l'évolution de l'Afrique et du monde, il devient urgent d'aborder l'avenir par un changement radical des anciens paradigmes formulés de l'extérieur.

De cette nécessité fut produit un rapport structuré autour du thème : *L'audace de la rupture*. Ce rapport fut considéré par les Nations Unies comme la meilleure contribution parmi les réflexions qui furent menées par les dix-sept pays africains ayant accédé à leur autonomie interne en 1960.

Malgré la qualité du travail, celui-ci fut jeté dans les tiroirs sans procéder à la rupture préconisée. Notre avenir est resté tel quel, toujours dépendant de ce que veut le monde qui nous entoure.

La nécessité d'y revenir à la fin de ce travail se justifie par l'incertitude du monde actuel, organisé en pôles concurrents dont plusieurs ont totalement perdu la boussole. Se pose alors la question de savoir, comment se faire guider par un monde en perpétuels mouvements dont certains aspects vont plutôt vers la perdition.

Les puissances colonisatrices qui ont toujours contrôlé les pays pauvres n'ont plus de repères attestant ainsi des limites du libéralisme, option dominante de l'humanité depuis la chute du mur du Berlin en novembre 1989, la fin du communisme et du partage du monde en deux blocs antagonistes.

Le moment est donc venu pour les pauvres de la planète pour qu'ils prennent leur destin en main en se méfiant des concepts avec lesquels ils ont toujours été contrôlés. C'est la raison pour laquelle, *l'audace de la rupture* doit devenir une préoccupation des temps à venir. Cette rupture, telle quelle a été suggérée dans le rapport produit en 2010 sur les cinquante années d'indépendances du Bénin est structurée autour de quatre principales idées :

Le défi de l'aveu et de la rupture

Il s'agit ici de la reconnaissance de notre faiblesse, de notre échec, de notre humiliation et de notre exploitation par les puissances impérialistes. Il s'agit aussi de notre incapacité à faire face à la pesanteur de notre histoire récente. D'où la nécessité de la rupture, c'est-à-dire de s'interroger sur l'avenir et/ou aussi d'interrompre les relations non profitables ou de se séparer de ce qui est nuisible pour l'existence.

Cette rupture doit concerner plusieurs aspects comme :

- le système de la balkanisation actuelle ;

- la culture de la violence pour nous enraciner en nos valeurs propres ;
- le système éducatif hérité de la colonisation ;
- les habitudes de consommer les produits de l'autre ;
- la rupture avec la faillite de la pensée critique.

Cette rupture a besoin pour s'opérer que l'on œuvre à :

- la promotion de la culture citoyenne,
- le contrôle effectif du pouvoir par les citoyens ;
- le retour à la solidarité africaine avec la promotion des biens sociaux sur les biens individuels ;
- la construction d'un espace unitaire de solidarité pour combattre la balkanisation excessive du continent ;
- la reconstruction et la réconciliation des différentes forces des sociétés africaines dont la plupart ont été détruites par la colonisation.

Au regard de ces exigences, le défi de l'aveu et de la rupture doit donc permettre de réfléchir à trois questions fondamentales.

a) Les aspects de la soumission et de l'humiliation

Le fameux discours de Dakar de Nicolas Sarkozy le 26 juillet 2007 à l'Université Cheikh Anta Diop a mis en exergue deux vérités qui ne doivent plus échapper à notre réflexion : les Africains ont été historiquement des peuples faibles, et ses élites politiques et intellectuelles sont encore incapables de poser avec clarté les véritables problèmes de leur peuple en vue de leur trouver les solutions idoines[116].

Les élites au pouvoir n'ont pas cherché à transformer le monde. Elles se sont contentées d'être des consommatrices des biens hérités de la colonisation. Elles ont sacrifié le bonheur collectif sur l'autel de la cupidité et de l'égoïsme[117].

Dans beaucoup de pays, la culture du bien commun reste absente. Il manque cette race d'hommes et de femmes qui peuvent, sans faillir, être des serviteurs de l'Etat. À la place, c'est trop souvent le règne de paraître au détriment du bien-être des populations[118].

Cela se traduit aujourd'hui par plusieurs aspects de mimétisme sans tenir compte des réalités locales imposées par les cultures et les traditions africaines. L'audace de l'aveu doit donc privilégier tout ce qui touche aux acquis des valeurs africaines que la colonisation a détruits et par conséquent constitue des handicaps à la bonne marche des sociétés africaines. C'est le cas du système éducatif qui ne répond plus aux exigences de développement. Cette éducation essentiellement fondée sur le mimétisme de l'occident

---

[116] **Moustapha Kassé** : *50 ans après les Indépendances africaines, quand tout patine, a-t-on droit à la fête* ? Manuscrit.

[117] Jeune Afrique : op cit.

[118] **TSITENGUE Lubagu M.K.** : *Comment gérer l'héritage* ? Jeune Afrique, op cit.

condamne les Africains à être d'éternels dépendants dans leur façon d'être, d'agir et de consommer.

b) Le deuxième aspect de l'aveu peut aussi porter sur les préalables à la rupture comme la refondation des États-nations actuels et le changement radical du paradigme de développement. Les différentes valeurs étrangères comme la religion, et les sectes qui foisonnent désormais dans les sociétés africaines et singulièrement béninoises sont-elles favorables à la rupture. Si oui, quelles sont les armes de cette rupture spirituelle ou matérielle ? Quelle leçon peut-on tirer des sociétés qui ont réussi cette rupture comme c'est le cas dans la plupart des pays asiatiques ?

c) Le troisième aspect de la rupture peut concerner ses avantages comme la possibilité de se libérer des pesanteurs de la colonisation en commençant par la valorisation de la dignité et de la capacité des Africains à oser. Elle peut aussi concerner la possibilité pour certains pays de fonctionner comme un centre d'excellence en émettant des idées nouvelles. Sur ce terrain, on peut rappeler que l'ancienne colonie du Dahomey a toujours été un territoire frondeur. On peut aussi se poser la question de savoir comment est-ce qu'un pays aussi turbulent et insoumis a pu devenir l'un des piliers de la colonisation française en Afrique francophone, à tel point qu'il fut qualifié de Quartier latin de l'Afrique. Les difficultés actuelles de la rupture ne résident-elles pas dans cette situation ambivalente où les réalités d'un pays à faibles ressources économiques ont fini par lui imposer le mimétisme outrageant en lieu et place d'un nationalisme précoce.

L'audace de la science et de l'engagement

Ces différents débats sur la nécessité de rompre avec le passé justifient le second aspect de l'audace, celui de la promotion de la science et de l'engagement. On pourra alors centrer ce second aspect de l'audace autour d'une seule thématique : le bilan de la formation scolaire et universitaire. Ce bilan scolaire et universitaire qui doit être fait tant au niveau qualitatif que quantitatif est important en raison du rôle des ressources humaines dans le changement des sociétés.

Depuis le début du vingtième siècle, le Bénin a toujours été le champion de la formation scolaire en Afrique de l'Ouest francophone.

Aujourd'hui la situation a beaucoup changé. Les pays comme le Sénégal, la Côte d'Ivoire et le Burkina Faso ont nettement devancé notre pays dans la formation des cadres supérieurs.

A partir de ce bilan scolaire, on peut donc conclure que la question de la répartition des ressources humaines de développement a été bien perçue dans ce pays. Quel est aujourd'hui le rôle de ces ressources humaines dans ce développement ? La réponse proviendra de trois sujets essentiels :

- le rôle des élites dans l'engagement politique ;
- le rôle des élites dans le processus de développement national ;
- le rôle de la diaspora béninoise dans le développement et le rayonnement du pays.

L'audace du sacrifice et de la conquête de l'émergence

Les trois thématiques ci-dessus permettront de montrer l'importance du sacrifice et de la conquête de l'émergence des nations africaines. Elles peuvent aussi être complétées par quelques réflexions stratégiques portant sur les sujets ci-après :

- les facteurs du blocage structurel des Etats africains ;
- le paradigme de l'opposition traditionnelle/modernité comme modèle d'analyse des réalités africaines ;
- le rôle de la colonisation dans l'immobilisme des sociétés africaines ;
- la pérennité des structures de dépendance et la reproduction du sous-développement, les formes de gouvernance à travers les expériences démocratiques actuelles : l'éclairage de la culture et de l'histoire ;
- les forces de changement au Bénin (les élites politiques et intellectuelles, les acteurs privés, les femmes et la jeunesse) ;
- les relations du Bénin dans la région et dans le monde.

Ces séries de propositions devraient permettre à l'Afrique et au Bénin de procéder à une relecture exhaustive des facteurs du blocage des Etats africains durant ces soixante-cinq dernières années. Plus spécifiquement, les relations du Bénin dans la région et dans le monde devraient déboucher sur une appréciation objective de l'appartenance du pays aux différentes institutions régionales et internationales à travers ses avantages et contraintes. Au niveau régional, on pourrait s'interroger sur les dynamiques actuelles de la région et de leur impact sur le Bénin :

- dynamique urbaine dans la zone côtière du golfe de Guinée faisant du Bénin un marché de plus de 250 millions de consommateurs ;
- dynamique des relations de proximité à travers les liens avec les Nigeria, en général, et l'Etat de Lagos en particulier, de même que la construction de la zone d'alliance de coprospérité devant impliquer outre le Bénin, le Nigeria, le Togo, et le Ghana, et peut-être à terme la Côte d'Ivoire, le Niger et le Burkina Faso.

Au plan international, les questions essentielles à étudier sont celles de la place que voudrait occuper le Bénin dans le concert des nations à travers la construction de partenariats et d'alliances stratégiques. L'appréciation de ces différentes relations régionales et internationales est en étroite relation avec les types d'activités économiques à promouvoir dans l'avenir pour marquer d'abord la présence du pays en Afrique de l'Ouest et dans le monde et pour mieux garantir le bien-être des populations.

Le triomphe des victoires partagées

Enfin, par le triomphe des victoires partagées, seront abordées les questions stratégiques liées à l'avenir de l'Afrique et singulièrement du Bénin. Ces questions stratégiques concernent plusieurs aspects comme l'avenir des États-nations, la fiabilité des institutions régionales et toutes les dynamiques à l'œuvre çà et là en Afrique subsaharienne telle que la démographie galopante, le dualisme de l'espace géographique avec la formation de mégapoles explosives, les politiques économiques qui ruinent l'agriculture et tournent le dos à l'industrialisation sans se donner les moyens techniques d'une tertiairisation bâtie sur les technologies d'avenir pour préparer l'entrée de l'Afrique dans les sociétés de la connaissance, etc.

Ces différentes questions seront structurées autour de plusieurs enjeux tant nationaux qu'internationaux comme :

- la nécessité du resserrement des liens historiques ;
- la réduction des inégalités entre villes et campagnes en vue de réaliser l'équité nationale ;
- la redéfinition des liens entre les différents niveaux de pouvoir et d'autorité (pouvoirs traditionnels, religieux, et politiques, relations entre l'Etat et les collectivités territoriales décentralisés) ;
- l'avenir de la démocratie en Afrique à travers l'émergence de nouveaux leaders d'envergure nationale et internationale ;
- l'avenir du Bénin en Afrique et dans le monde, etc.

Pour pouvoir concrétiser ces exigences de la rupture, il devient nécessaire de mettre en place dans ce pays, une structure permanente de réflexion sur l'économie et l'avenir du pays qui pourrait prendre comme dénomination *Cellule d'intelligence stratégique*. Celle-ci fonderait sa raison d'être sur la nécessité d'insérer le développement futur du Bénin dans un contexte d'intégration de proximité que tout le monde appelle de ses vœux aujourd'hui.

L'existence de cette cellule se justifierait à partir des exigences suivantes : les limites du Bénin ne peuvent plus s'apprécier à travers ses 114.763 km^2 de superficie, ni par ses 14 millions d'habitants. À cela s'ajoute désormais la zone d'interférence avec les Etats voisins, dont la limite dépend du rayonnement des marchés frontaliers. De façon concrète, cet élargissement se traduit par des avantages substantiels sur le plan économique.

Dans cet ordre d'idées, on peut mentionner les joint-ventures dont le Bénin a bénéficié comme la Société des Ciments d'Onigbolo, la Société Sucrière de Savè, la route Porto-Novo - Igolo par Avrankou, l'autoroute Sèmè-Kraké, l'agrandissement du Port autonome de Cotonou, sans bien sûr oublier la protection de l'espace béninois pendant longtemps par la marine nigériane.

Mais le plus important avantage économique de cet élargissement de l'espace national et du marché béninois est celui du commerce de réexportation devenu le facteur principal des recettes publiques en dépit de l'essor du coton de ces dernières années. Si l'on analyse les activités de réexportation, celles-ci contribuent aux recettes nationales à la fois par la douane et par les impôts qui sont les deux principaux postes budgétaires du pays. À titre d'exemple, ces deux postes depuis la mise en place du système de réexportation rapportent des milliards à l'Etat béninois jusqu'aujourd'hui. C'est dire que la sécurité financière de l'Etat dépend très largement du commerce avec les pays voisins. Cette importance du commerce frontalier dans la structure budgétaire nationale est restée constante depuis 1973, début de l'adoption de la politique de réexportation.

Le troisième avantage de cet élargissement de l'espace frontalier concerne le développement du secteur agricole. Celui-ci offre aux activités rurales un débouché sûr pour les produits vivriers, dérivés de manioc et cossettes d'igname en particulier. Ce marché des produits vivriers fut florissant entre 1975 et 1982. Ainsi, la vente des cossettes d'igname dans le Borgou, notamment dans les postes de Nikki-Chikanda, de Tchatchou et de Tchaourou a largement contribué au financement des équipements agricoles à partir du développement extraordinaire de la culture attelée. De même, le commerce de l'oignon dans la vallée du Niger à Malanville a été aussi capital dans les innovations qu'ont connues les cultures maraîchères le long de cette vallée du Niger. C'est grâce à l'essor de la culture attelée que l'on a pu redémarrer la culture du coton par la suite. On peut aussi mentionner qu'une bonne partie des inputs (engrais, pesticides, etc.) qui servent à l'amélioration de l'agriculture béninoise vient également des pays voisins, sans oublier les motopompes, les tuyauteries pour la culture de l'oignon dans la vallée du Niger, et les nouvelles variétés de plantes comme le haricot, le manioc et la tomate venant tantôt du Nigeria tantôt du Togo ou du Burkina Faso.

De ces avantages de proximité, le pays a l'obligation de structurer autrement son économie pour aller vers de nouvelles options de développement comme la nécessité de :

1- Créer un cadre de gestion stratégique du processus de développement

La création de ce cadre de gestion stratégique du processus de développement peut favoriser la résolution de plusieurs problèmes à la fois :

- d'abord, mieux agir sur un environnement parfois difficile et hostile pour atteindre le but que l'on s'est fixé à court, moyen et long termes ;
- ensuite, assurer l'engagement des différentes parties prenantes dans le processus de développement en créant les conditions de transparence

du processus de prise de décision, en favorisant l'appropriation de ce processus par toutes les parties prenantes ;

- enfin, mettre en place un cadre de concertation qui impliquerait à la fois les acteurs nationaux et leurs partenaires au développement pour :
  - ❖ renforcer la capacité nationale en gestion stratégique de développement,
  - ❖ améliorer le processus de prise de décision,
  - ❖ créer des opportunités de renforcement du dialogue entre le gouvernement et les autres acteurs de la vie publique,
  - ❖ créer un environnement propice à l'investissement et à la croissance,
  - ❖ améliorer les conditions de la mise en œuvre des réformes nécessaires à la bonne marche du pays.

2- Provoquer le changement désiré et établir une bonne gouvernance démocratique

Ici, l'objectif est d'apporter au pays une assistance devant lui permettre de mettre en œuvre un processus de réflexion et de gestion stratégique de développement. Il s'agira surtout de renforcer sa capacité autour des questions visant à lutter contre les pesanteurs et à mieux réorienter le pays vers une meilleure gestion démocratique et transparente. Pour ce faire, il est indispensable que l'on mette en place un cadre institutionnel en faveur de la mise en œuvre des réformes souhaitées. En un mot, il faudrait constituer une équipe formée d'individualités publiques et privées crédibles et de leaders politiques ayant une bonne base de soutien national. Cette équipe aura pour tâche de rechercher dans le pays des compétences pluridisciplinaires capables de gérer au quotidien le processus de réflexion et de gestion stratégique pour devenir le *think tank* du gouvernement pour tout ce qui concerne le renforcement des capacités institutionnelles en gestion des politiques publiques et de la capacité d'anticipation.

3- Favoriser une nouvelle éthique de développement

L'amélioration du capital humain ne peut être profitable à la nation que lorsque les Béninois vont se débarrasser de leur tendance à exploiter les avantages de l'administration à des fins strictement personnelles ou familiales. Tout le monde semble être conscient de l'ampleur de la non-transparence dans l'administration béninoise et de ses conséquences négatives sur les réformes engagées. C'est la raison pour laquelle la Conférence économique nationale organisée en décembre 1996 a longuement insisté sur cet aspect en recommandant *"qu'une vision stratégique et prospective guide désormais le programme de développement économique et la conduite ordonnée des actions"*.

La recherche de cette nouvelle éthique de développement va plus loin que cela. Elle concerne aussi la valorisation de la solidarité familiale et de la communauté, la place à accorder à la culture et aux différentes valeurs de civilisation dans le processus du développement, et enfin la pratique de la bonne gouvernance.

C'est à partir de cette nouvelle éthique que le pays peut mieux bâtir sa vision du futur.

De toutes ces considérations, devrait se dégager une autre manière de caractériser le pays comme **le Bénin, un pays de service et de solidarité** dont les fondements seraient définis à partir des services qu'il a rendus par le passé aux autres Etats francophones du fait de la fuite de cerveaux, et ces dernières années, de sa fonction de pays émetteur d'idées nouvelles.

C'est autour de ces différentes ambitions que se jouera l'avenir du pays conformément à son destin.

*

*   *

Ce dernier chapitre consacré aux défis de l'avenir insiste sur la nécessité de changer le paradigme de développement. Il est temps de donner au Bénin sa vraie vocation. Ce qui est fait durant ces soixante-cinq années d'indépendance n'est que le prolongement de l'héritage colonial.

En rentrant dans le 21e siècle en 2000, les dirigeants de l'époque devraient se préoccuper de la nécessité de rompre définitivement avec le passé colonial. La rédaction des deux documents d'orientation stratégique : le premier concerne le *Plan d'orientation 1998-2002* et le second porte sur les *Études nationales de prospectives à long terme : Bénin Alafia 2025* devrait s'en préoccuper.

Le plan a été rédigé à partir de deux postulats : le renforcement de la démocratie et la bonne gouvernance. Les études nationales de prospective 2025 ont proposé une vision pour le pays « *Le Bénin en 2025, est un pays phare, bien gouverné, uni et de paix, à économie prospère et compétitive, au rayonnement culturel et de bien-être* ». Cette vision a été suggérée en se fondant sur quelques atouts : l'héritage de la fuite de cerveaux pendant la colonisation et la réussite de la Conférence des forces vives de la nation de février 1990, faisant du Bénin le laboratoire des réformes démocratiques et de l'alternance politique en Afrique.

Quant aux fondements de la vision, cette étude prospective s'est focalisée sur la nécessité de l'unité nationale, d'une économie prospère et compétitive et le bien-être de la population. Cette étude insiste aussi sur le statut prestigieux du Bénin à partir de ses acquis culturels comme le *vodoun* et de sa capacité à émettre des idées nouvelles.

Des deux documents élaborés à la fin du 20e siècle et au début du 21e siècle, rien ne transparait qui soit relatif aux vrais atouts du pays comme sa situation de proximité avec le Nigeria et à un moindre degré avec le Ghana et les contraintes qui en résultent.

Le contenu de ce chapitre X est fondé sur les avantages et les contraintes de cette position de proximité pour réfléchir à l'avenir du pays. Prendre ses avantages et les contraintes qui en sont liés pour dessiner l'avenir du pays. C'est la raison pour laquelle elle est structurée autour des acquis et des limites des secteurs agricole, industriel, et commercial.

L'analyse de ces trois secteurs permet de mieux positionner ce pays par rapport à son avenir, lequel avenir ne peut être envisagé sans rompre totalement avec l'héritage colonial, d'où la nécessité de la rupture. En suggérant cette rupture, on n'innove en rien. On voudrait seulement faire justice au rapport élaboré en 2010 comme support intellectuel à la fête d'anniversaire des 50 années de l'autonomie de ce pays.

Cet avenir se jouera dans deux contextes : celui de la proximité avec les voisins immédiats, celui aussi de l'intégration du marché béninois dans ceux des villes côtières du golfe du Bénin depuis Abidjan en Côte d'Ivoire jusqu'au Port Harcourt au Nigeria corroboré actuellement par la construction du corridor Abidjan-Lagos.

La proximité avec les voisins immédiats notamment avec le Nigeria offre l'avantage d'un marché de plus 250 millions de consommateurs impulsé par la ville de Lagos et ses faubourgs comme Ota, Badagry, Ifo et Shagamu, y compris les autres villes yoruba d'Abeokuta, Ibadan et Oyo. Cette question est d'autant plus urgente que désormais, la ville de Porto-Novo, la capitale et ses satellites que sont Adjarra, Akpro-Misserété, Avrankou et Sèmè-Kpodji vivent désormais au rythme de Lagos.

L'influence de ces villes côtières du golfe de Guinée place déjà Cotonou au cœur des flux migratoires qui en résultent avec ses conséquences commerciales comme la circulation des monnaies, de la culture à partir des habitudes vestimentaires et alimentaires. Ces évolutions deviennent ainsi les déterminants à prendre en compte pour rompre avec le passé colonial et envisager l'avenir de notre pays autrement.

Conclusion générale

Le bilan qui vient d'être établi sur l'économie béninoise durant ses 65 années apporte deux leçons : le déficit chronique de la balance commerciale resté endémique durant toute la période et la forte dépendance du pays de ses voisins immédiats, notamment le Nigeria. Ce sont ces deux situations qui déterminent les bases de l'économie. Celles-ci devraient devenir les préoccupations majeures de tous les responsables au plus haut niveau pour déterminer les actions à mener et pour se projeter sur l'avenir.

Le déficit chronique de la balance commerciale crée une fragilité budgétaire contre laquelle toutes les réformes engagées n'apportent pas encore de solution faute d'une production suffisante. Ce déficit entraine aussi la dépendance du pays de l'aide, que celle-ci provienne de l'intérieur ou de l'extérieur.

Un pays qui éprouve de la peine à se défaire de la tutelle des donateurs ne peut pas prétendre à la souveraineté. Il lui sera difficile de choisir son destin et de répondre aux exigences et aux besoins de ses habitants.

C'est grâce aux relations de proximité que la majorité des Béninois arrive à subvenir à leurs besoins. Le cas de l'énergie pétrolière à partir du rôle que joue l'essence importée du Nigeria est fondamental aussi bien pour les populations que pour le pays du fait de la quantité importée, 80% de la consommation entièrement financée sans toucher aux réserves de change.

Mis à part le rôle que joue le pétrole nigérian pour les populations et pour l'Etat, les autres besoins des Béninois sont constitués des boissons gazeuses, de médicaments, de produits plastiques et de matériaux de construction, en provenance du Nigeria.

Cette dépendance est devenue structurelle. Comment s'en sortir ? La solution ne peut venir que d'une alliance profonde nouée avec les pays voisins dont le Nigeria. Tous les dirigeants de ce pays ont œuvré pour cela depuis 1960. Mais ils sont toujours restés dans l'incapacité de créer ce partenariat de proximité[119].

---

[119] Projet de la création de l'Union du Bénin suggéré par notre pays en 1965, renforcé par une coopération bilatérale dynamique dont les résultats ont débouché sur la réalisation d'infrastructures comme la dotation par le Nigeria de la route Igolo-Porto-Novo par Avrankou. Ces relations se sont poursuivies sous la révolution par la création des complexes sucrier de Savè et cimentier d'Onigbolo dont le financement était assuré par le Nigeria. Le Président Soglo a été guéri de sa maladie à partir de l'amitié Bénin-Nigeria. La gestion de la diplomatie nigériane sous Abacha était assurée à partir du Bénin par le président Kérékou, sans oublier l'amitié qui liait Yayi Boni à Jonathan Goodluck afin de favoriser ce partenariat de proximité. Les relations exceptionnelles qui existent entre les présidents Talon et Bola Tinubu sont de la même nature.

Malgré ces tentatives, le Bénin a souvent rencontré des difficultés dans ses relations avec le Nigeria :

- durant la révolution, le pays a failli entrer en guerre avec le Nigeria entre 1987 et 1988. Celui-ci avait occupé militairement une bonne partie du territoire béninois, prétextant de sa lutte contre la contrebande. Il aura fallu l'organisation de la Conférence de Badagry en mai 1988 pour que soit réglé ce litige et que soit suggérée une politique de coopération transfrontalière dynamique et agissante. Malheureusement les textes élaborés pour concrétiser cette politique n'ont jamais été approuvés par les deux pays ;
- sous le président Kérékou entre 1989 et 2000, à cause des agitations des réseaux mafieux béninois portant sur le trafic des voitures volées, les Nigérians ont interdit l'entrée sur leur territoire une quarantaine de produits en provenance du Bénin. Cette interdiction a sensiblement réduit les activités de réexportation entre les deux pays. C'est grâce à l'attachement du Président Olusegun Obasanjo pour ces relations de proximité qu'au cours de l'une de ses visites dans notre pays en 2005, que quelques solutions ont pu être préconisées pour relancer les échanges avec le Nigeria ;
- du temps de Yayi Boni, celui-ci a mis en place une nouvelle diplomatie pour faire avancer les relations Bénin-Nigeria en devenant ami de Jonathan Goodluck avec qui il organise périodiquement des séances de prières. A partir de cette amitié, plusieurs forums économiques de haut niveau entre les deux pays ont pu être organisés impliquant les opérateurs économiques privés à tous les niveaux. Aucune de ces assises n'a débouché sur des résultats concrets. Bien au contraire, les Nigérians partent toujours de Cotonou déçus de l'absence des opérateurs économiques crédibles et capables d'avoir un milliard de francs CFA comme fonds de commerce ;
- du temps du président Talon, son homologue nigérian Buhari avait isolé le Bénin de ces relations durant tout son règne par la longue fermeture des frontières terrestres. Ce n'est qu'avec l'arrivée de son successeur Bola Tinubu qu'il y a eu du dégel dans ces relations. C'est cela qui a permis au président Talon de suggérer à la Conférence de la CEDEAO à Abuja le 30 juin 2025, la nécessité de faire des relations Bénin-Nigeria, l'exemple du tandem France-Allemagne dans l'Union européenne.

Cette proposition est alléchante. Mais sa réalisation bute contre plusieurs obstacles dont trois méritent d'être mentionnées : la nature de l'économie béninoise, les contraintes monétaires et le manque d'opérateurs économiques béninois capable de servir de support à cette idée de tandem Bénin-Nigeria comme pilier de l'intégration au sein de la CEDEAO.

L'économie béninoise est largement tributaire de la réexportation avec une forte dépendance des importations de riz, des huiles végétales et des produits congelés. Les Nigérians ne veulent pas dépendre du Bénin pour ces différents produits de peur que leur pays devienne la poubelle des régions industrialisées du monde. Ils préfèrent construire leur relation avec le Bénin à partir des denrées locales comme l'ananas, la tomate, le soja, les fruits et les tubercules. Bien que la production agricole du Bénin porte sur ces denrées, il est impossible de maitriser la quantité produite et d'assurer la régularité de l'offre sur le marché nigérian. Il est aussi impossible de prouver que toutes ces productions répondent bien aux normes du marché international auxquelles le Nigeria reste très attaché.

Même si le Bénin arrive à satisfaire à ces exigences, se pose le problème des moyens de paiement au niveau officiel et surtout de pouvoir compter sur le pouvoir d'achat des Nigérians. Ce pouvoir d'achat est actuellement érodé par la faible parité du Naira à l'égard du franc CFA resté une monnaie forte et rigide. La garantie des échanges avec le Nigeria dans ces conditions passe par l'existence d'une parité fixe entre les deux monnaies en attendant que se crée un jour la monnaie unique de la CEDEAO. La probabilité de la création de cette monnaie s'éloigne d'année en année du fait de la crise qui affecte actuellement cette institution provoquée d'un côté par la mauvaise gouvernance, de l'autre par la sortie des Etats sahéliens.

Sans cette parité fixe entre le Naira et le franc CFA, il parait difficile que les consommateurs nigérians soient capables de soutenir le marché béninois à travers ses productions au niveau officiel.

Le dernier obstacle à la proposition du président Talon est l'absence d'opérateurs économiques crédibles du côté béninois. En effet, le développement actuel du Nigeria est le fait des opérateurs privés dominés par une quarantaine de milliardaires promus par l'ancien président Olusegun Obasanjo. C'est au centre de ces milliardaires que figure en bonne place le groupe Dangoté. Le Bénin dispose-t-il de pareils opérateurs économiques capables de garantir les accords de partenariat Bénin-Nigeria ? Il est impossible dans un système de dirigisme d'Etat qui est actuellement le mode de gestion au Bénin que se crée entre ce pays et le Nigeria un véritable partenariat économique au niveau officiel.

Dans ce contexte d'incertitude, notre appréciation des quatre périodes évoquées dans ce travail reste nuancée.

Celle allant de 1960 à 1970, marquée par de profondes crises institutionnelles n'a pas apporté des changements significatifs dans la société béninoise du fait de la pauvreté et des abattements successifs des salaires de 10 à 25%. La bouffée d'oxygène n'est venue que de la crise nigériane provoquée par la sécession biafraise. Celle-ci a entrainé la fuite d'une partie du cacao produit par ce voisin de l'est vers le marché béninois. L'achat de ce cacao et sa vente à l'extérieur ont apporté suffisamment d'argent qui a favorisé la naissance des premiers opérateurs économiques béninois et l'ouverture du pays sur ses voisins immédiats. Le Bénin découvre alors une autre dimension dans ses relations avec l'extérieur. Celle-ci est restée salutaire pour les périodes qui ont suivi. C'est grâce à ses relations de proximité que le régime révolutionnaire qui s'est installé entre 1972 et 1989 a pu braver ses ennemies de l'intérieur et de l'extérieur pour survivre pendant dix-sept années.

Cette période révolutionnaire est celle qui a véritablement laissé des empreintes sur l'économie et la société béninoise. Malgré l'appréciation assez subjective que beaucoup de personnes font de cette période, elle est la seule durant laquelle les Béninois se sont regardés en face pour se projeter sur l'avenir.

Quelles que soient ses faiblesses, c'est la seule fois où le pays a eu à se pencher sur son propre destin. Les réformes scolaires de l'époque ont été un succès sur le plan mondial puisque celles-ci ont été récupérées par l'UNESCO pour les suggérer à beaucoup de pays. Tous les enfants béninois qui ont connu cette expérience audacieuse, tant par le coût assez réduit de la formation que par le temps à s'y consacrer n'en ont pas porté le tar. Parmi ces enfants, se recrutent aujourd'hui plusieurs intellectuels béninois tant dans le domaine des sciences sociales, de la médecine que des sciences dures. La réduction du coût et du temps de la formation a eu un impact considérable sur la capacité économique du pays.

En dehors des réformes scolaires, on peut aussi évoquer les acquis sécuritaires et culturels. L'organisation de la société béninoise en structures de masse a énormément apporté dans ce pays la paix et la sécurité, de même que la rapidité dans la circulation des informations dont les dirigeants ont besoin pour gouverner.

Durant cette période, il y a eu moins de vols et l'absence quasi totale des groupes mafieux qui gangrènent aujourd'hui la société béninoise. Enfin, cette période a promu la culture et l'abnégation face aux biens publics. C'est le temps où les artistes béninois comme Poly rythmo dominaient la région. Toutes les chansons qu'exécute aujourd'hui l'armée béninoise viennent de cette époque, etc.

Le Renouveau démocratique qui a duré seize années et que tout le monde appelle aujourd'hui de ses vœux ne s'est soldé que par le retour à la domination, à la disparition des qualités morales qui fondent une nation. On est parti de l'ébauche d'un nationalisme vers une société éclatée entre les intérêts tribalistes illustrés par 258 partis politiques qui se sont enregistrés au ministère de l'Intérieur entrainant l'éclatement du pays entre plusieurs organisations sociales antagonistes mues uniquement par le partage des maigres rentes de la nation autour des intérêts inavoués. Au nom de la démocratie et de la liberté retrouvée, le pays avait perdu le contrôle de son propre destin au profit des clubs, des sectes et des croyances de toutes sortes. Il s'en est suivi la perte de la sécurité nationale que l'on cherche à assurer aujourd'hui par le recrutement massif de policiers auxquels s'ajoutent une kyrielle de sociétés de gardiennage dont les pratiques morales sont douteuses. Aucune visibilité sur l'avenir du pays malgré la rédaction du document prospectif Alafia 2025 et le concept de Bénin émergent lancé par le président Yayi Boni.

Le régime de la rupture est caractérisé par un dirigisme d'Etat qui est en anachronisme profond avec l'option libérale choisie par le pays. Ce dirigisme est aussi en contradiction avec la pratique de la démocratie et de la liberté des citoyens, fleuron du Renouveau démocratique. Il a plutôt exclu les citoyens de leurs contributions au développement, parce que peu consultés sur les questions essentielles du pays. Mais son plus grand défaut est le manque de partage des fruits de la croissance malgré de notables progrès dans ce domaine.

Les agrégats économiques ne sont pas toujours rassurants. Le taux de scolarisation est en baisse et le pouvoir d'achat des travailleurs érodé malgré un revenu par tête d'habitant de 1450 dollars US. Il y a là un grand paradoxe. Avec ce revenu per capita de 1450 dollars, le pays devrait disposer d'une classe moyenne dynamique pour supporter la consommation. Cela n'est pas le cas si l'on s'en tient aux plaintes de la population corroborées par l'augmentation de la pauvreté. Celle-ci est corrélée avec un nombre très élevé de chômeurs. Ainsi, malgré les réformes du secteur de la contrebande des hydrocarbures, celui-ci demeure toujours le principal refuge de ces chômeurs.

Le monde actuel est marqué par de profondes crises dans une ambiance d'incertitudes généralisées. Celles-ci donnent l'occasion au courant populiste de progresser dans le monde. C'est une illusion. L'avenir ne se jouera pas dans le cloisonnement des peuples, mais plutôt dans leurs ouvertures mutuelles, gage de la mise en commun des acquis de notre époque dans le domaine des sciences, de la technologie et de la richesse. Ceux qui peuvent se charger de cette mutualisation des bienfaits de l'humanité proviendront du courant social-démocratie et des mouvements de gauche malgré leurs crises actuelles.

Bibliographie

ABEPEC (2010) : Analyse de l'offre et de la demande de l'ananas au Bénin, ministère du Commerce et de l'Industrie, Cotonou

ABOUDOU, F. & Al (2014) : Les cultures maraichères au Bénin, Lares, Cotonou

ACMA : Promotion de la filière Soja au Bénin, https 2 ACMA

ADJOVI E. & IGUE J. O. (2016) : L'impact du naira sur l'économie béninoise, Cotonou-DGAE-ministère de l'économie et des Finances

ALMEIDA (d') C. (1998) : Monnaie et financement de l'économie béninoise, document CDAL, Cotonou

ALMEIDA (d') C. (1998) : Le devenir du franc CFA face à l'euro, Perspectives africaines, Cotonou

ALMEIDA (d') C. & al (1996) : Mobilisation des ressources et financement de l'économie, Conférence économique nationale, Cotonou

AGBO, V. (1974) : introduction à l'étude des mouvements de population dans l'Atacora et leur impact sur l'économie régionale, IRAD, Porto-Novo

AKINDES A. S. (2016) : Essai d'Histoire du Temps Présent au Bénin Postcolonial : problématique d'un engagement politique, (4 tomes), Star éditions, Cotonou

ARE (2023) : La production de l'électricité au Bénin

CAGD (2024) : Bulletin statistique de la dette publique, ministère de l'Economie et des Finances,

CAGD (2022) : Bulletin statistique de la dette publique, ministère de l'Economie et des Finances,

CTA (2008) : L'association interprofessionnelle du coton au Bénin, septembre

COQUERY- VIDROVITCH (1971): De la traite des esclaves à l'exploitation de l'huile de palme et de palmistes au Dahomey. In Meillassux, CL : L'évolution du commerce en Afrique de l'Ouest, Oxford University press, PP 117-123

DESANTI, H. (1945) : Du Dahomey Au Bénin, Paris édition La rose

DISSOU, M . (1992) : La palmeraie béninoise, exploitation traditionnelle et aménagement volontaire, Thèse de doctorat d'Etat, Université de Paris X Nanterre

DGAE (2020) : Analyse de la situation de l'énergie électrique au Bénin et ses implications sur l'économie nationale, Bipen Editions, décembre

DGAE (1998) : Bilan et perspectives à court et à moyen termes de l'économie nationale, 2e édition, ministère des finances, juillet

DGFD (2020) : Rapport sur la coopération pour le développement : profit de la coopération pour le développement 2011-2018, ministère d'Etat chargé du plan et du développement, décembre

GBENOU, P. (2024) : Situation de la filière riz et des initiatives au Bénin, Comité de concertation des riziculteurs du Bénin, octobre

GENTIL, P. & al (1981) : Evaluation du projet Grand-Hinvi, Iram, Paris

GNIDEHOU, J. (1995) : l'évaluation de l'économie, de la politique et des programmes de développement du Bénin (1980-1995) ministère du Plan

GLELE, M. (1969) : Naissance d'un Etat noir, Bibliothèque africaine et malgache, Paris

HOUSSA, R. (2023) : The Benin institutional diagnostic project, Cambrich university press, England

HOUNTONDJI P. (2000) : Société et économie béninoise, l'Harmattan, Paris

IGUE, J. O. (2019) : Les activités du secteur informel au Bénin : des rentes d'opportunité à la compétitivité nationale, Editions Karthala, Paris

IGUE, J. O. (1999) : Le bénin et la mondialisation de l'économie : les limites de l'intégrisme du marché, Editions Karthala, Paris

IGUE, J. O. (1976) : l'impact de la guerre du Biafra sur l'économie dahoméenne, Editions Renaissance, Cotonou

IGUE, J. O. & ABOUDOU F. (2015) : La logistique agricole entre le Bénin et le Nigeria : cas de la tomate, du piment et de l'ananas, Buck Consultants international, Netherland Embassy, Septembre

IGUE, J. O. & SOULE B. G. (1992) : l'Etat-entrepôt au Bénin : secteur informel ou solution à la crise, Editions Karthala

INSAE (2022) : Tableau de bord social 2016-2022, ministère de l'Economie et des Fiances, Cotonou

INSTAD (2023) : Performances économiques : le Bénin affermit sa croissance économique en 2023, ministère de l'Economie et des Finances

INSTAD (2023) : Commerce extérieur du Bénin en 2022, ministère de l'Economie et des Fiances, Juillet

KAMBU, M. Z. (2001) : Audit environnemental des usines d'égrenage de la Sonapra, Sonapra, mars

KASSE, M. (2010) : Cinquante ans après les indépendances africaines, quand tout patines, a-t'on droit à la fête ? Manuscrit

LADIKPO, R. (1973) : Réformes agraires au Bénin, un cas concret : les périmètres d'aménagement rural d'Agonvi, Dakar, décembre

LARES (1995) : Commerce informel et dévaluation du franc CFA, les échanges frontaliers des produits manufacturés Bénin-Nigeria, *Notes et études*, N° 56, CFD, Paris, décembre,

LARES (1995) : Analyse descriptive des marchés agricoles au Bénin

LARES (1995) : Coûts de production et alternatives à la culture du coton dans le zou et le sud Borgou, novembre

MAEP (2021) : Stratégie nationale de mécanisation agricole au Bénin (2021-2026)

MAEP (2020) : Rapport de performances du secteur agricole au Bénin,

MDEF (2006): Le Bénin, rapport 2004, coopération pour le développement

MEF (2024) : Bulletin mensuel d'exécution du budget de l'Etat, mars

MEF (2022) : Bulletin mensuel d'exécution du budget de l'Etat, juin

MEF (2020) : Présentation du Programme d'investissement publique 2024-2026

MEF (2019) : Instruction et modalités d'exécution du budget de l'Etat

MEF (2010) : L'essentiel sur le budget de l'Etat

MENSAH, V. (1981) : La fuite des cerveaux en République populaire du Bénin, Mémoire de maitrise en sociologie, UNB

ONC/GTZ (1992) : Le financement de l'agriculture béninoise et ses implications sur la sécurité alimentaire, février

ONC/GTZ (1991) : La production agricole béninoise face aux marchés régionaux : le cas des produits vivriers, juin

ONC/GTZ (1991) : Culture du coton et sécurité alimentaire au Bénin, juin

PASCIB (2013) : La filière coton au Bénin, regard et analyse prospective de sociétés civiles par la plateforme des acteurs de la société civile au Bénin, Friedrich Ebert Stifturg, Cotonou

PASER (2014) : Plan de développement à moyen terme de la filière ananas dans la commune de Calavi pour la période 2013-2017

POGNON Guy S. André (2003) : Navigation dans l'espace de l'économie : économie, combat contre la rareté et la pauvreté : combat pour le service de la vie ; Cotonou : Editions Catholiques du Bénin

PNUD (2010) : Stratégie de financement pour l'atteinte des objectifs des OMD au Bénin, Août

PRESIDENCE DE LA REPUBLIQUE (2021): Programme d'action du gouvernement 2021-2026

PRESIDENCE DE LA REPUBLIQUE (2019): Plan national de développement 2018-2026

PRESIDENCE DE LA REPUBLIQUE (2016): Programme d'action du gouvernement 2016-2021

PRESIDENCE DE LA REPUBLIQUE (2011): Rapport sur l'économie du Bénin 2006- 2010

SEDAGRI (1972) : Aménagement hydroagricole de la vallée de l'Ouémé

SOULE B. G. & BORGUI Y. (2000) : Analyse descriptive du marché des produits agricoles au Bénin, Lares

TCHANOU, R. (2022) : La remontada économique du Bénin, *Afrique tribune*, 04 avril

THAM, W. (1972) : Aménagement hydroagricole pilote dans la vallée de l'Ouémé : Economie de production et rentabilité, FAO, Bénin

TSITENGUE, LUBAGU, M. K : Comment gérer l'héritage ? *Jeune Afrique*

Table des sigles

ABD : Agriculture Benin development
ACMA : Approche communale pour le marché agricole
AEF : Afrique équatoriale française
AFC : Afrique Finance Corporation
AFD : Agence française de développement
AFVP : Association française de volontaires du progrès
AGRIMATEC : Société d'agriculture d'investissement, de management et technique
AIC : Association interprofessionnelle de coton
ANAMA: Agence nationale de matériels agricoles
AOF : Afrique occidentale française
APBEF : Association professionnelle des banques et établissements financiers
APEB : Association professionnelle des égreneurs de coton
ARE : Agence nationale d'électrification
AVA : Analyse de la viabilité de la dette
BAD : Banque africaine de développement
BCEAO : Banque centrale d'Afrique de l'Ouest
BCFI : Banque gabonaise de financement international
BCID : Banque internationale pour le développement
BDD : Banque dahoméenne de développement
BDPA : Bureau pour le développement de la production agricole
BIAO : Banque internationale d'Afrique de l'Ouest
BID : Banque internationale pour le développement
BIRD : Banque internationale pour la reconstruction et le développement
BISC : Banque spéciale pour l'industrie et le commerce
BOA : Bank of Africa
BOAD : Banque ouest africaine pour le développement
BR : Bloc Républicain
BRGM : Bureau de recherches géologiques et des mines
BTP : Bâtiments et travaux publics
CAGD : Caisse autonome de la gestion de la dette
CARDER : Centre d'action régional pour le développement rural
CCDB : Centre chinois de développement du Bénin
CEDEAO : Communauté économique des Etats d'Afrique de l'Ouest
CEPAG : Centre de perfectionnement et d'assistance en gestion
CEREPE : Centre de promotion des entreprises Privées étrangères

CFA : Colonie française d'Afrique
CFAO : Compagnie française d'Afrique occidentale
CFDT : Compagnie française de développement des fibres et textiles
CIC : Commission intrants coton
CILSS : Comité inter-Etat de lutte contre la sécheresse au sahel
CIMAO : Cimenterie d'Afrique de l'Ouest
CLCAM : Caisse locale de crédits agricoles mutuels
CMAO : Compagnie monétaire d'Afrique de l'Ouest
CNIDC : Commission nationale des importations et distribution d'intrants de coton
CNV : Centre national de volontaires du développement
CODES : Centre des opérations économiques pour le développement économique et social
COPROAMA : Coopération de productions d'ananas et de manioc
CRCAM : Caisse régionale de crédits agricoles mutuels
CREP : Caisse rurale d'épargne
CSD : Centre de séchage des produits tropicaux
CTA : Centre technique agricole
DAGRI : Direction de l'agriculture
DCRE : Direction centrale de restructuration économique
DDCRE : Direction de la documentation comptable pour la recherche économique
DGAE : Direction générale d'Analyse économique
DGIFD : Direction générale d'indicateurs financiers et du développement
DPF : Direction de programmation financière
DSRP : Document de stratégies de réduction de la pauvreté
FAC : Fonds d'aide et de coopération
FAD : Fonds africain de développement
FAIB : Fonds d'appui aux initiatives à la base
FAO : Food and agriculture organization
FCBE : Force Cauris pour un Bénin émergent
FDV : Fonds de développements villageois
FEANF : Fédération des étudiants d'Afrique noire
FECECAM : Fédération des caisses d'épargne et de crédits agricoles mutuels
FED : Fonds européen de développement
FEV : Fonds d'équipements villageois
FIDA : Fonds international de développement agricole
FIDES : Fonds d'investissements pour le Développement économique et social
FMI : Fonds monétaire international

FND : Fonds national de la microfinance
FNDA : Fonds national de développement agricole
GDIZ : Glo-Djigbé industrial zone
GFPD : Groupement des femmes pour le développement
GPDIA : Groupement professionnel des distributeurs d'intrants agricoles
IBETEX : Industrie béninoise de textiles
IDACY : Industrie dahoméenne de cycles
IDATEK : Industrie dahoméenne de textiles
INSTAD : Institut national de la statistique d'analyse et de la démographique
IRAT : Institut de recherches agronomiques tropicales
IRHO : Institut de recherches pour les huiles et oléagineux
JOC : Jeunesse ouvrière catholique
LCB : Label coton du Bénin
MADEP : Mouvement africain pour le développement et le progrès
MANUCIA : Manufacture de cigarettes et d'allumettes
MCA : Millenium Challenge Account
MDB : Mutuelle pour le développement à la base
MEF : Ministère de l'Economie et des Finances
MIPME : Ministère de l'industrie, des petites et moyennes entreprises
MPDEAP : Ministère du plan, du développement économique et d'analyse prospective
MPSAE : Ministère du plan, de la statistique et d'analyse économique
MST : Maladies sexuellement transmissibles
NLTPS : National long term prospective studies
OCDE : Organisation de coopération et de développement économique
ODD : Objectifs de développement durable
ONG : Organisations non gouvernementales
OUA : Organisation de l'unité africaine
PADME : Projet d'appui au développement des microfinances
PAG : Programme d'action du gouvernement
PANA : Programme intégré d'adaptation pour la lutte contre les effets néfastes du changement climatique sur la production agricole et la sécurité alimentaire au Bénin
PAPME : Projet d'appui aux petites et moyennes entreprises
PAS : Programmes d'ajustement structurel
PASCIB : Plateforme des acteurs de la société civile au Bénin
PDA : Programme de développement agricole
PDD : Parti démocratique dahoméen

PDU : Parti dahoméen de l'unité
PIB : Produit intérieur brut
PIP : Programme d'investissement public
PMA : Pays les moins avancés
PNUD : Programme des Nations Unies pour le développement
PRPB : Parti de la révolution populaire du Bénin
PSD : Parti social-démocrate
PSDA : Plan spécial de développement agricole
RB : Renaissance du Bénin
RDC : République démocratique du Congo
SADEVO : Société de développement de la vallée de l'Ouémé
SATEC : Société d'aide technique et de coopération
SCO : Société des ciments d'Onigbolo
SCOA : Société commerciale d'Afrique de l'Ouest
SITEX : Société industrielle de textile
SNAFOR : Société nationale d'exploitation des Forêts
SNAHDA : Société nationale des huileries du Dahomey
SOBEBRA : Société béninoise de brasserie
SOCEDA : Société de céramiques du Dahomey
SODATEX : Société dahoméenne de textiles
SODECO : Société nationale de développement du coton
SOFRECO : Société française de réalisation d'études et de conseils
SONACO : Société nationale de coton
SONADER : Société nationale de développement rural
SONAMA : Société nationale de mécanisation agricole
SONAPRA : Société nationale de promotion agricole
SONIAH : Société nationale d'aménagement et d'irrigation
SRP : Secteur de rénovation du palmier à huile
SSS : Société sucrière de Savè
SUCOBE : Sucrière complant du Bénin
UBA : United bank of Africa
UED : Union des étudiants d'Afrique noire
UEMOA : Union économique et monétaire ouest africaine
UGAO : Union générale des étudiants d'Afrique occidentale
UGPAT : Union des groupements de production agricole de Toffo
UNESCO : Organisation des Nations Unies pour l'éducation, la science et la culture
UP : Union progressiste du Bénin
USC : Union Suisse de coopération
WALTPS : West african long term prospective studies
WAPCO : West african pipeline company
ZFI : Zone franche industrielle

Table des matières

Pages

Troisième partie
Acquis et défis du futur

Revue « Marché et Organisations »

Promouvoir la recherche originale sur les relations de plus en plus étroites entre le marché et les organisations. Les acteurs économiques de taille, de puissance et de pouvoir différents dont les intérêts peuvent être convergents, complémentaires ou, le plus souvent, antagoniques, ont tendance à organiser les marchés. La raison du marché, pourtant, est la référence stratégique pour l'entreprise ainsi que pour les institutions publiques de décision économique.

N°6 : Entrepreneuriat et accompagnement. Outils, actions et paradigmes nouveaux, 2008
N°7 : Développement durable des territoires. Economie sociale, environnement et innovations, 2008
N°8 : Développement durable et responsabilité sociale des acteurs, 2009
N°9 : Gouvernance : exercices de pouvoir, 2009
N°10 : Le travail collaboratif. Une innovation générique, 2009
N°11 : Economie sociale et solidaire. Nouvelles trajectoires d'innovations, 2010
N°12 : Relations à la marque et marques de la relation. Regards croisés sur le management relationnel de la marque, 2010
N°13 : Les contrats au service de la recherche ?, 2011
N°14 : Le potentiel économique de l'Afrique subsaharienne, 2011
N°15 : Management de la distribution, 2012
N°16 : Territoire Vert. Entreprises, Institutions, Innovations, 2012
N°17 : Eco-conception, conception et innovation. Les nouveaux défis de l'entreprise, 2013
N°18 : Intelligence économique : entreprises et territoires, 2013
N°19 : La finance globale. Un monde fini, 2013
N°20 : La crise du « développement », 2014
N°21 : La Chine innove. Politiques publiques et stratégies d'entreprise, 2014
N°22 : Go East! Nouvelles Economies de Marché, 2015
N°23 : L'économie du changement, 2015
N°24 : Le temps des artisans. Permanences et mutations, 2015
N°25 : Innovations de proximité et esprit d'entreprise, 2016
N°26 : L'avenir des économies du Maghreb : entre inertie structurelle et envie de rupture, 2016/3 (n° 27)
N°27 : Le sport aux frontières du marché du travail, 2016
N°28 : Dynamiques internationales des entreprises, 2017
N°29 : L'univers du risque, 2017
N°30 : Les petites entreprises dans l'histoire industrielle, 2017
N°31 : Economie sociale et *social business* ? Au défi d'entreprendre et se financer, 2018
N°32 : Éducation et fertilisation des économies africaines, 2018
N°33 : L'entrepreneuriat innovant dans les pays du Maghreb, 2018
N°34 : L'entrepreneuriat scientifique : institutions et innovation, 2019
N°35 : Le champ économique de la culture, 2019
N°36 : Economie sociale et solidaire ? Modèles d'innovation et modes de gouvernance, 2019
N°37 : Rethinking Luxury Business, 2020
N°38 : La santé connectée. Nouvelles technologies et réorganisation des soins, 2020
N°39 : Options stratégiques et systèmes complexes d'innovation, 2020
N°40 : Les services : intégration des systèmes productifs et lien social, 2021
N°41 : Crise pandémique, crise globale. Réalité et controverses théoriques, 2021
N°42 : La crise de la covid-19. Le marché et les organisations en perspective, 2021
N°43 : (Re)faire système. *Bug & reset*, 2022
N°44 : Aléas du marché et management du risque, 2022
N°45 : Le renouveau du transport et de la logistique : les systèmes d'information, 2022
N°46 : Entrepreneuriat et innovation dans l'enseignement supérieur, 2023
N°47 : Le tourisme créatif. Culture, créativité, patrimoine, management, 2023
N°48 : L'Afrique : questions de performances, 2023
N°49 : *Fintech* en sciences du management, 2024
https://www.cairn.info/revue-marche-et-organisations.htm

Collection « L'esprit économique »
fondée par Sophie Boutillier et Dimitri Uzunidis en 1996

Dernières parutions

► ***Série Economie et Innovation***
Y. EL YAHYAOUI, *Economie des plateformes numériques. Captation de la valeur, pouvoir de marché et communs collaboratifs*, 2021.
G. DUTHIL, *Handicap et insertion professionnelle*, 2022.
T. MICHAUD, *La science-fiction institutionnelle*, 2023.
M. TOMAS, *Gouvernance territoriale et développement économique au Maroc : l'opportunité d'une étude économétrique*, 2025.
► ***Série Le Monde en Question***
O. MUMBERE MUHONGYA, *Efficacité de l'aide publique au développement. Question de la qualité des données*, 2024.
M. CAMARA, *Être ministre de l'Économie et des Finances de la République de Guinée*, 2024.
R. A. OBAM NLONG, *Du franc CFA à l'Afrix : la nécessaire refonte du Fonds Monétaire Africain*, 2024.
A. N. BASAHAG, *La réforme budgétaire dans les États de la Communauté économique et monétaire d'Afrique centrale (CEMAC)*, 2025.
A. OUCHEN, *Analyse des crises financières de grande ampleur : étude économétrique de contagion*, 2025.
O. S. AWAL, *Dette publique et développement au Cameroun : outils, stratégies et souveraineté économique*, 2025.
M.-C. DJIENA WEMBOU, E. B. AKONO, *Réformes économiques et financières en Afrique centrale : bilan et perspectives*, 2025.
E. FAKABA SISSOKO, *L'État, le marché et la fragilité : dynamiques croisées de l'investissement public et privé dans l'Alliance des États du Sahel (AES)*, 2025.
► ***Série Krisis***
G. MINART, *Condorcet économiste : un libéralisme économique au service du bien public*, 2023.
A. MANRAY, *Petit traité de gouvernance à l'usage des despotes éclairés*, 2024.
B. LANDAIS, *Théorie générale de la croissance économique et du développement*, 2024.
V. SOYER, *Critique de la théorie contemporaine de la valeur*, 2024.
E. CARREY, H. LANDIER, *De l'économie financière à l'économie du sens et du soin*, 2025.
► ***Série Clichés***
B. S. BONBON, *Géométrie parabolique tridimensionnelle ou perspective parabolique*, 2023.
S. BOUTILLIER, B. LAPERCHE, S. T. K. LE, *Ports industriels en transition : De l'économie circulaire à la décarbonation*, 2024.
B. HAGIARIAN, *En route vers le capitalisme.* Suivi de *Qu'est-ce qu'un supermarché ?*, 2025.
► ***Série Cours Principaux***
Z. FIRANO, *Fondements de la finance de marché. Théories et applications*, 2022.
Y. KEHO, *Introduction à l'économétrie appliquée sous EVIEWS, Rappels de cours et illustrations pratiques*, 2023.
K. AMZILE, *Intelligence artificielle et modélisation du risque de crédit*, 2023.
B. LANDAIS, *Macroéconomie. Les fondamentaux*, 2024.
A. KATFI, O. EL MNOUER (dir.), *Mathématiques financières. Cours d'initiation et exercices corrigés*, 2024.
J. NGONGO NGOY, *Manuel d'analyse financière*, 2024.
H. GUENICHI, *Analyse avancée de données de panel : aperçu du cadre théorique et applications avec Stata et R*, 2025.
► ***Série L'économie formelle***
J.-P. ROSELLO, *Marchés financiers, capital financier et crises systémiques*, 2024.
J.-L. VILLOUTREIX, *L'eau coule à Aguad : un conte économique*, 2024.
B. MEUNIER, *L'insoutenable dette publique de la France*, 2024.
J. LATREILLE, *Le PIB, ou la mesure de notre démesure*, 2024.
C. MEIDINGER, *Controverses macroéconomiques contemporaines*, 2024.
J.-M. RUFFIE, *La loi de l'offre et du besoin : décrocher de la demande*, 2025.
J.-N. COTTIER, *Les financières de l'immobilier locatif : SCPI, OPCI (SPPICAV et FPI) et SIIC*, 2025.

Structures éditoriales du groupe L'Harmattan

L'Harmattan Italie
Via degli Artisti, 15
10124 Torino
harmattan.italia@gmail.com

L'Harmattan Hongrie
Kossuth l. u. 14-16.
1053 Budapest
harmattan@harmattan.hu

L'Harmattan Sénégal
10 VDN SICAP AMITIE 3
BP 45034 Dakar-Fann
direction@senharmattan.com

L'Harmattan Cameroun
Tsinga/Derrière polyclinique FECAFOOT
BP 11486 Yaoundé
Jacques.koukam@harmattan.fr

L'Harmattan Burkina Faso
Villa 281, secteur 23 623, rue 14.32
Ouagadougou
zagbie@outlook.fr

L'Harmattan Guinée
Almamya, rue KA 028 OKB Agency
BP 3470 Conakry
harmattanguinee@yahoo.fr

L'Harmattan RDC
185, avenue Nyangwe
Commune de Lingwala - Kinshasa
matangilamusadila@yahoo.fr

L'Harmattan Congo
219, avenue Nelson Mandela
BP 2874 Brazzaville
deunovmikhael@gmail.com

L'Harmattan Mali
Immeuble Mgr Jean Marie Cissé
Aci Hamadallaye
BP 145 Bamako
syllaka@yahoo.fr

L'Harmattan Togo
Djidjole - Maison Amela
face EPP BATOME
02 BP 20680 Lomé
didieramela11@gmail.com

L'Harmattan Côte d'Ivoire
Résidence Karl - Cité des Arts
Abidjan-Cocody
03 BP 1588 Abidjan
harmattan.ivoire@gmail.com

L'Harmattan Bénin
Rue 604, (Immeuble à l'entrée
de la rue UCAO- Cite de Saint-Jean)
Cotonou
stepcorpus@gmail.com

Nos librairies en France

Librairie internationale
16, rue des Écoles
75005 Paris
librairie.internationale@harmattan.fr
01 40 46 79 11
www.librairieharmattan.com

Librairie des savoirs
21, rue des Écoles
75005 Paris
librairie.sh@harmattan.fr
01 46 34 13 71
www.librairieharmattansh.com

www.ingramcontent.com/pod-product-compliance
Lightning Source LLC
LaVergne TN
LVHW080926071026
849535LV00013B/4117